U0925880

李大钊研究丛书

丛书主编◎朱文通

李大钊研究在河北

1982-2019

裴赞芬 张静/编

河北出版传媒集团
河北人民出版社
石家庄

图书在版编目（CIP）数据

李大钊研究在河北 ： 1982-2019 / 裴赞芬，张静编
. -- 石家庄 ： 河北人民出版社，2022.3
（李大钊研究丛书 / 朱文通主编）
ISBN 978-7-202-12637-0

Ⅰ. ①李… Ⅱ. ①裴… ②张… Ⅲ. ①李大钊（1889-1927）—人物研究 Ⅳ. ①K827=6

中国版本图书馆CIP数据核字(2022)第002513号

丛 书 名　李大钊研究丛书
丛书主编　朱文通
书　　名　李大钊研究在河北（1982－2019）
编　　者　裴赞芬　张　静

策划编辑　王斌贤　李成轩
责任编辑　沈鸿雁
特约编辑　梁　瑛
美术编辑　于艳红
责任校对　付敬华

出版发行　河北出版传媒集团　河北人民出版社
（石家庄市友谊北大街 330 号）
印　　刷　河北新华第一印刷有限责任公司
开　　本　787 毫米×1092 毫米　1/16
印　　张　39
字　　数　448 000
版　　次　2022 年 3 月第 1 版　　2022 年 3 月第 1 次印刷
书　　号　ISBN 978-7-202-12637-0
定　　价　75.00 元

丛书编委会

序　言

李大钊是中国共产主义运动的先驱、伟大的马克思主义者、杰出的无产阶级革命家、中国共产党的主要创始人之一。李大钊为民族独立和人民解放、国家富强建立了不朽功勋，在中共党史、中国近现代史上占有崇高的历史地位。王沪宁同志在纪念李大钊同志诞辰 130 周年座谈会上的讲话中指出："李大钊同志一生的奋斗历程，同马克思主义在中国传播的历史紧密相连，同中国共产党创建的历史紧密相连，同中国共产党领导的为中国人民谋幸福的历史紧密相连。"李大钊用生命践行了中国共产党人的初心和使命，他的革命思想、崇高精神、伟大人格永远值得我们学习。

河北是李大钊同志的故乡，研究李大钊、宣传和弘扬李大钊的崇高精神是我们义不容辞的责任和义务。中共河北省委、省政府一直高度重视李大钊的宣传、研究工作。自 1979 年开始，河北省哲学社会科学研究所（今河北省社会科学院前身）历史研究室就成立了李大钊研究课题组。同年，河北省哲学社会科学研究所举办了"纪念李大钊诞辰 90 周年报告会"，这次会议为此后省内外李大钊研究开辟了道路、奠定了基础。1984 年，河北省社会科学院与中共河北省委宣传部等单位在乐亭联合召开了纪念李大钊诞辰 95 周年学术研讨会，这是第一次全国性的李大钊研讨会，自此掀起了全国性李大钊研究的热潮。1989 年中国李大钊研究会成立，同年河北省李大钊研究会成立，河北省社会科学院历史研究所李大钊研究课题组改为李大钊研究室。如今，李大钊研究已经成为河北省社会科学院历史研究所的优势学科。从1989年开始，河北省社会科学院与中共河北省委宣传部、北京大学、中国李大钊研究会等单位多次联合举办李大钊学术会议，其中规模较大的有：纪念李大钊诞辰100周年学术研讨会、110周年学术研讨会、115周年学术研讨会、120周年学术座谈会、130周年学术研讨会，以及纪念建党80周年的“李大钊与中华民族精神学术研讨会”、纪念建党90周年的“李大钊与早期中国共产党学术研讨会”等，为李大钊研究提供了重要的发展契机和交流平台，有力推动了李大钊研究工作的深入开展。

多年来，河北学者在研究李大钊、宣传和学习李大钊方面作了很多努力，取得了丰硕的成果。出版的专著、编著主要有：《李大钊年谱》编写组编《李大钊年谱》（甘肃人民出版社1984年版），韩一德、王树棣编《李大钊研究论文集》（上下册）（河北人民出版社1984年版），董宝瑞著《李大钊与五峰山》（河北人民出版社1984年版），中共河北省委党史资料征集编审委员会编《李大钊在河北》（河北人民出版社1989年版），李权兴等编著《李大钊研究辞典》（红旗出版社1994年版），河北省李大钊研究会编《李大钊研究》（共8辑），朱文通、王小梅、裴赞芬等编《李大钊全集》（河北教育出版社1999年版），中共河北省委党史研究室、唐山市李大钊研究会编《李大钊人格风范》（红旗出版社1999年版），多媒体光盘《中国共产主义运动的先驱——李大钊》（方圆电子音像出版社2001年版），董宝瑞著《性乐山人——李大钊与秦皇岛》（红旗出版社2002年版），朱文通主编《李大钊传》（天津古籍出版社2005年版），杜全忠编著《李大钊研读》（中央编译出版社2006年版），朱文通主编《李大钊年谱长编》（中国社会科学出版社2009年版），刘建军等著《李大钊思想评传》（福建人民出版社2011年版），裴赞芬、宋杉岐合著《李大钊与早期中国共产党》(河北教育出版社 2011 年版),王艳萍著《李大钊与唐山》(中央文献出版社 2012 年版),中共河北省委党史研究室、中共唐山市委党史研究室编《李大钊史事探微》(河北人民出版社 2016 年版),董宝瑞著《李大钊评传》(燕山大学出版社 2017 年版)等。

在研究论文方面,学者们从时代发展的认识高度不断推陈出新,坚持与时俱进,开拓新领域,选取新角度,将李大钊研究纳入改革开放的社会发展进程中,纳入新的时代背景下。基于跨学科研究方法,将政治学、经济学、法学、哲学、史学等诸学科的研究方法运用其中,破解重大理论和现实问题,开展战略性、前沿性问题研究,坚持与时代同步伐,以人民为中心,在正本清源上展现新担当,在守正创新上实现新作为。多年来,河北学者在《人民日报》《光明日报》《近代史研究》《中共党史研究》《党的文献》《河北学刊》等报刊发表了多篇高质量的李大钊研究论文,许多优秀论文被《中国人民大学复印报刊资料》《新华文摘》等转载或论点摘登。

进入新时代,为把李大钊研究推向深入,河北省社会科学院历史研究所推出了《李大钊研究丛书》,包括《李大钊生平史料编年(增补新编)》《李大钊与近代中国社团》《李大钊研究在河北(1982—2019)》。三部图书内容各有侧重:《李大钊生平史料编年(增补新编)》属史料的整理和完善,以 1984 年版《李大钊生平史料编年》为基础,吸收多年来李大钊研究成果,客观真实地记述李大钊的生平、经历、思想和实践活动,全方位展示李大钊作为杰出的无产阶级革命家的高尚道德情操,以及他在中国近现代思想文化史上的丰富理论遗产。《李大钊与近代中国社团》一书,力求通过新视角开拓李大钊研究的新领域,从近代中国社团史研究的视角,考察李大钊的社团活动和其思想发展之间的互动关系,同时考察李大钊的社团活动和建党活动之间的互动关系及内在联系，从而揭示出中国共产党建立的历史必然性等。《李大钊研究在河北（1982—2019）》作为一部论文的结集，从多年的研究中，甄选53篇有代表性的论文，并以专题的形式对所选论文进行归类，梳理和总结了河北学者在李大钊研究方面思考和探讨的重点问题，集中展示改革开放以来河北李大钊研究的整体水平，渐次呈现出河北李大钊研究的学术动向和发展走势，同时见证河北学者在回应时代之问、回答时代课题方面所作的努力。三部著述既有系统研究，又有资料整理，还有微观阐释；既有个人著述，又有集体成果，从多方面展示了河北李大钊研究的整体实力和水平。

当今世界正经历百年未有之大变局，当代中国也正处于实现中华民族伟大复兴的关键时期，正经历着历史上最为广泛而深刻的社会变革，正在进行着人类历史上最为宏大而独特的实践创新。习近平总书记说："一切有理想、有抱负的哲学社会科学工作者都应该立时代之潮头、通古今之变化、发思想之先声，积极为党和人民述学立论、建言献策，担负起历史赋予的光荣使命。"站在"两个一百年"奋斗目标的历史交汇点上，广大李大钊研究工作者更要学习李大钊同志，学习他不忘初心、勇为先驱，不畏牺牲、对党忠诚，敢于担当、勇于斗争；更要传承李大钊的崇高精神，"铁肩担道义"，把红色基因一代代传下去，让先驱开创的革命事业薪火相传、血脉永续；更要紧扣时代脉搏，再接再厉，探索创新，不断开掘李大钊研究的深度和广度，多出精品力作，再掀研究热潮。

康振海

2020年9月6日

前　言

2021年是中国共产党成立100周年。回望百年党史，我们自然会想到我党初创时的那段峥嵘岁月，想到“南陈北李，相约建党”的历史佳话。作为“北李”的李大钊是河北人的骄傲，研究李大钊、学习和弘扬李大钊的崇高精神更是家乡人义不容辞的责任。改革开放以来，李大钊研究成为河北社科界、党史界重点研究的领域。为了进一步梳理和总结河北学者在李大钊研究方面思考和探讨的重点和热点，我们特别编辑了《李大钊研究在河北（1982—2019）》。

回顾和梳理河北李大钊研究的重点，为改革开放以来河北的李大钊研究作一次阶段性的总结，目的在于为河北李大钊研究的学术史做一些承上启下、继往开来的工作。我们期望通过本书，呈现近40年来河北李大钊研究的重点和热点及研究选题、视角、方法，并展现几代河北学者的学术取向和学术特点。总体来看，近40年来河北的李大钊研究，在研究内容、研究视角、研究方法等方面均有所突破和拓展，学术成果有了丰厚的积累，发展势头良好，在全国李大钊研究中占有重要的地位，有着重要的学术话语权。就河北李大钊研究的队伍来看，既有坚持不懈一直奋战在该领域的老一辈研究者，也有承前启后的学术中坚，还有脱颖而出的学术新锐。就研究特点和走势而言，能够与时俱进，力图突破传统的思维模式和研究视角，不断拓展研究空间，力求研究范式的多样化。就研究成果的周期性来看，它与一些重要的时间节点息息相关，如1989年（李大钊诞辰100周年）、1999年（李大钊诞辰110周年）、2011年（建党90周年）、2019年（李大钊诞辰130周年）等，成果可以说是喷涌而出；而一般情况下，则不温不火，但基本能保持连续性和延展性。

据不完全统计，近40年来，河北学者在《人民日报》《光明日报》《近代史研究》《中共党史研究》《党的文献》《河北学刊》等省级以上刊物发表李大钊研究论文500余篇，其中很多优秀论文被《中国人民大学复印报刊资料》《新华文摘》等转载或论点摘登。从多年的研究成果即数百篇论文中选出几十篇，并非易事。可能在大多数人看来，选编论文集的学术含量不高。如果是单纯的会议论文或者个人的论文，选编起来或许相对容易些；但是近40年的研究成果并非全部摆放在眼前，如果没有相当的学术积累，不可能轻易完成这项工作。

本书选文基本上遵循以下几个原则：一是注重研究成果的创新性和前瞻性，注重研究内容的深化；二是注重发表期刊的质量；三是尽可能收集每个时期的优秀成果，尤其在重要的时间节点上。这样，经过几轮筛选，我们最终选定了53篇代表性论文。虽然难免存在挂一漏万、顾此失彼之处，但大体上反映了多年来研究的基本情况，力求突出重点和热点。有的论文尽管在某些问题上有真知灼见，但出于整体性和全局性考虑而没被收录，有的专家学者在该领域建树较多，但也只能选其中二三。

本书作为一本论文的结集，选题广泛，内容丰富，既包括对李大钊的政治、经济、社会、文化等诸多思想的研究和探讨，也有对李大钊生平史实的商榷与辨析；既有宏观把握，也有微观解读；既有学理阐释，又有理论思考。从谋篇布局来看，本书没有单纯按照发表的时间顺序进行编排，而是先进行了简单的分类，即分为三大板块：生平史实·革命实践，思想·理论，文化·学术·传播，每个板块下面又根据内容分为不同的专题。比如说在“思想·理论”板块之下，又分为“早期思想发展轨迹”“宣传马克思主义”“民生思想”“妇女解放思想及统战思想”四个专题，以专题的形式进行归类，专题之下文章则按照李大钊生平活动及思想发展的历程来编排。这样一来，论题更直观、更醒目，全书的整体性更为突出，无零乱之感。在编选过程中，我们注重收集各个时期具有代表性的文章，力求客观、全面地反映近40年的研究状况。本书忠于原刊原作，对文章内容尽量不作删减。收录的论文，尤其是早期的研究论文，可能会存在引用版本老旧的问题，或者是一些旧的提法还存在，如“共产主义小组”等字眼会在论文中呈现，或者论文整体感觉不太符合现在的学术规范，而这恰恰反映出了学术研究不断规范的演变过程；文中注释统一改为页下注，注释内容亦尊重原作，只按照图书注释格式做了统一编排。

关于研究热点，多集中在以下几个方面：一、李大钊的生平史实、革命实践方面。生平史实的研究和考证，为研究某些争议和源流提供新的思考和创见；革命实践活动方面，相关的论题如李大钊与中国共产党的创建、李大钊与北方各地中共党组织的建立和发展、李大钊与北方工人运动、李大钊与第一次国共合作、李大钊与共产国际等问题的研究及李大钊对农民问题的探索等。二、对李大钊各种思想理论的阐释或解读。李大钊的早期思想研究中，多以李大钊的宪政思想、调和思想、少年中国的理想及早期思想的转变历程等为重点阐释内容，李大钊的社会主义思想、对马克思主义中国化的诠释、统战思想、妇女解放思想等既是河北学术界多年来一直坚持的研究方向，同时又是相对比较成熟的研究领域。三、李大钊的文化观、史学思想、哲学思想、法学思想、政治学思想、经济学思想等以及他在知识传播和学术建构中的突出贡献均为学者们长期以来不断解读和阐释的重点。

纵观河北的李大钊研究，不难窥见其学术脉络和学术成就。总的来说，学者们在积极维护学术规范、倡导学术创新的同时，研究视野不断拓宽，研究内容不断深化，因而李大钊研究取得了长足的进步。但河北的李大钊研究和其他省（市）的李大钊研究相比，也存在诸多不足，如在研究能力与创新能力的提升方面，我们还有很大空间，应该向兄弟省（市）学习。特别要树立话语意识，提高学术质量；加强系统性的专题研究，加大国家社科基金项目申报力度；整合研究力量，加强科研队伍建设。当务之急，应该准确定位，找准思路，既要抓好基础性的工作，又要开展系统性的深化研究，使河北李大钊研究形成一门更加成熟的学科，走上更加有序、良性发展的道路。

改革开放以来，越来越多的河北学者成为李大钊研究的参与者和推动者。这一方面凸显了李大钊研究的学术价值及现实意义，另一方面反映了河北学者的时代担当。特别是有些学者为李大钊研究所付出的辛苦和努力有目共睹、令人钦佩，如韩一德（韩先生后调往辽宁师范大学，但仍从事相关领域的研究）、杜荣泉、李权兴、董宝瑞、朱文通、王小梅、张同乐、裴赞芬、刘建军、冯铁金、王艳萍等各位老师，向他们表示崇高的敬意。需要特别提及的是，长期致力于这一领域的董宝瑞老师、李权兴老师等相继辞世，这是我们李大钊研究界的重大损失，让我们向他们表示深切的缅怀！

本论文集的选编，一方面是对过去李大钊研究工作的总结和反思，另一方面也是为新的研究起点作一观照。新时代，我们更应该有新的思考，特别是要在系统研究、理论创新、精品生产等方面应有所成就。我们相信，随着越来越多的学者关注李大钊研究，河北的李大钊研究会取得更多的硕果！

限于篇幅，也有很多优秀论文没被收录进来，这不能不说是一种缺憾。另外，专题分类或许不够科学，或稍显牵强，再加上水平所限，编选方面疏漏舛误之处在所难免，望得到各位专家学者的批评指正。

编　者

2020 年 9 月 6 日

目 录

生平史实 · 革命实践

李大钊用自己的行动，在中国革命史上谱写了壮丽的诗篇，让生命的音响和光华更加灿烂。生平史实的考证，既是长期以来研究的重点，也为研究某些争议和源流提供新的思考和创见；李大钊的革命实践活动，见证了李大钊等早期中国共产党人的初心，彰显了他们的丰功伟绩和精神风范。革命实践的研究，在河北学界是经久不衰的课题。

一、生平史实

二、革命实践

思想 · 理论

在李大钊的思想发展历程中，贯穿着一条思想解放、追求真理的主线。从参加立宪请愿运动到拥护资产阶级民主共和制，到最终选择马克思主义，是他思想解放、与时俱进的最好诠释。他留下的思想理论遗产不可磨灭，因为这是“先驱者的遗产，革命史上的丰碑”。

一、早期思想发展轨迹

二、宣传马克思主义

三、民生思想

四、妇女解放思想及统战思想

文化 · 学术 · 传播

李大钊兼具深厚的中国传统文化底蕴和西方现代文化的视野，博古通今，学贯中西；在史学、哲学、文学、法学、社会学、政治学等领域颇有造诣和建树；为多家报刊撰写政论、时评、通讯等，议论精辟，文笔雄健，他一生留下了很多珍贵的精神财富。“铁肩担道义，妙手著文章”是他一生的真实写照。李大钊的学术思想及其在知识传播和学术建构中的突出贡献，成为学者们长期以来不断解读和阐释的重点。

一、文化教育

二、历史学与哲学

三、报刊传媒

生平史实·革命实践

李大钊用自己的行动，在中国革命史上谱写了壮丽的诗篇，让生命的音响和光华更加灿烂。生平史实的考证，既是长期以来研究的重点，也为研究某些争议和源流提供新的思考和创见；李大钊的革命实践活动，见证了李大钊等早期中国共产党人的初心，彰显了他们的丰功伟绩和精神风范。革命实践的研究，在河北学界是经久不衰的课题。

李大钊研究在河北（1982—2019）

一、生平史实

关于李大钊曾经参与策动
辛亥滦州起义问题的再探讨

一、有关李大钊早期业绩的一份史证

在笔者进行起义史料挖掘的第四年，即1964年，发现李大钊曾经在北方共和会组织下参与了辛亥滦州起义之策动。北方共和会一般简称共和会，是天津法政学校革命派学生发起组织的革命团体。共和会员刘清扬同志1963年曾撰文指明："共和会当时的任务是策划滦州起义，而后进攻北京。"[①]那么，正在该校就读的李大钊与共和会究竟有没有关系呢？

考察发现，1936年3月27日，共和会发起人之一凌钺曾向国民政府呈送《辛亥滦州起义记》，该文内有三处提及李大钊，其中二、三两处尤为直接：

第二处在原文第3节，共和会之发起，时在滦州起义之前："革命同志久已愤恨，又经此次挫折（指1910年立宪请愿被镇压），势非团结前进，不能立足。由凌钺、王法勤、李大钊、张良坤、汪瀛、胡宪、于树德等，密约至日租界荣华里开会，公决实行严密组织，广求革命同志，又以同盟会易引起敌探之注意，特取避人耳目

① 刘清扬：《辛亥革命时期的天津共和会》，载中国人民政治协商会议全国委员会文史资料委员会编：《辛亥革命回忆录》第六集，文史资料出版社1963年版，第67页。

之手段，组织北方共和会，总机关密设于法租界梨栈生昌酒店”，“在俄租界大王庄添设秘密制造炸弹所”，“又于法租界生昌木器行添设保管所”。武昌起义爆发后，共和会“迭开严密紧急会议”，“继续往滦州向第二十镇各级官长进行……”①

第三处在原文第18节，滦州起义惨遭镇压之后：“……会中同志如马浩、汪瀛、李大钊、徐铮、凤文祺等数十人，或愤恨而悲痛失声，或疾首痛心而莫知所措，或搔首问天愤不欲生，或疑信参半，化装亲至唐山、开平、古冶（按：当时均属滦州——引者）密探真相，悲歌慷慨，惨极一时”，又“急在生昌酒店召开会议”，“决计誓不短气，急为死难烈士复仇……”②

这是目前所知83年来有关李大钊之辛亥革命业绩的唯一的具体史证。要证实上述史证，实际上必须面对两个领域的双重难度：

先从李大钊史料而言：一、当年与李大钊共组共和会并策动滦州起义者，后来大多成为国民党人士，李大钊则是中共主要创始人之一，分道扬镳，知情者多不言及。二、李大钊于1927年即被北洋军阀残酷处绞，蒋介石也密电“立即处决”，白色恐怖之下，知情者更加回避。三、有关史档奇缺，正如《李大钊年谱》编者所说：有关李大钊的“历史档案资料保存甚少，他的手稿也几乎全部遗失”③。四、中华人民共和国成立后，权威著述迄未论及“李大钊之参与策动滦州起义”，强化了“定论”心理。

再从滦州起义史料而言：一、爆发于京畿，立即惨遭绞杀，清廷且采取“保密”政策，内情未得公布。二、起义的镇压者袁世

① 凌钺：《辛亥滦州起义记》，台湾正中书局1964年印行，第275~276页。
② 同上书，第277、285页。
③《李大钊年谱》，甘肃人民出版社1984年版，第279页。

凯、曹锟、王怀庆等先后窃踞民国总统及京畿卫戍司令要职，掩盖罪证，反复“清剿”，“言者成祸，片纸不留”。三、日伪时期继续禁止宣传，甚至因此而杀害了县志局局长。四、日降以后，原辛亥滦州起义志士冯玉祥、王葆真等投入反蒋斗争，当局对起义业绩株连犯忌。五、中华人民共和国成立后，受“左”的干扰，民国史的研究长期视为禁区，辛亥滦州起义未能得到应有的探讨与弘扬，长期处于史绩不彰、史隐不清、史表不列①、《辞海》不收②的状态，民间更是湮灭已久，故而留下大量史疑，“李大钊与辛亥滦州起义的关系”就是其中之一。

戴逸教授有言：“近现代史十分错综复杂，事态的矛盾、后果，需要经过较长时间才能暴露。”③历经30年的岁月，对于上述凌钺所提供的李大钊早期史证，已有内证两项、外证五项、旁证三项、直证五项，证明原论不是孤证，确认属实。

二、内证两项

本文把史料自身包含的证据称为“内证”。

第一，揭载上述李大钊史料的《辛亥滦州起义记》不是一人所写，而是凌钺、张良坤二人撰述。1934年10月6日，凌、张二人向最高当局申诉：“滦州起义促成共和，关系至大而事迹湮灭”，“恐有误史乘”。署名“辛亥北伐炸弹敢死队队长兼北军（‘北方革命

① 如《中国百科年鉴·1981》附录第570~577页为《辛亥革命大事表：1907年7月至1913年9月》，中国大百科全书出版社1981年版；再如中山大学《共和国的追求与挫折——辛亥革命》画册后附《辛亥革命运动大事年表》（1894年11月至1913年9月），文物出版社1991年版，所列甚详，但均无辛亥滦州起义。

② 如《辞海》1985年印本“滦”字项下有“滦州”“滦县”“滦河”“滦南”“滦河新桥”等词目，却没有“滦州起义”。

③ 戴逸：《中国近代史研究应当怎样深入》，《人民日报》1987年7月17日。

军’简称‘北军’）军政府外交部部长凌钺，北军军政府秘书长张良坤”[①]。1936年3月27日凌钺致函当局：

“……关于滦州起义事迹，嘱钺详述”，“当即会同滦州北军军政府秘书长张良坤同志，据其记忆者，按当日工作程序，记成一册，附函送上……毫无假借……”[②]

1940年2月28日，凌钺给张继信中也说：“……与辛亥北伐炸弹敢死队队员、滦州军政府秘书长共同记述之《滦州光复记》一卷……一并送呈……”[③]这就是说：李大钊参与发起共和会并策动滦州起义，是由两名当事人共同出证。两人的特点有八：一、都是法政学校李大钊的同学。二、都是共和会发起人。三、都参与策动滦州起义。四、起义后都在军政府担任要职。五、都为滦州起义史绩的湮灭而痛心。六、都敢于为李大钊的早期业绩出证。七、都敢于保证史料的确凿性“以昭信史”。八、都敢于冒杀身之祸，将当时所谓“异党首犯”的有关史证直呈最高当局。这样的一份史证，从诞生之始就不是个人行为，怎么能称为“孤证”呢？

第二，前述“共和会发起人”的亲历史料，除李大钊之外，还提到凌钺、王法勤、张良坤、汪瀛、胡宪、于树德等6人。史载，“共和会当时的主要任务是策划滦州起义”。那么，这6位共和会发起人是否参与策动滦州起义呢？经查，确曾参与，而且，都有突出业绩。首先如凌钺：起义前任敢死队队长，化装往滦州，说服警察所所长和滦州知州投身起义，起义后任军政府外交部部长，接见外国领事代表，取得外交承认。义军西进时，受命与大都督王金铭

① 民国二十三年十月六日凌钺、张良坤《致中央执行委员会通电》复印件。

② 民国二十五年三月二十七日凌钺《致党史会函》复印件。

③ 民国二十五年三月二十七日凌钺《致张溥泉快邮代电》复印件。

共同攻占天津直隶部督衙门，雷庄血战中幸存。其二，王法勤：奉派由天津去滦州接洽起义军通过天津时列强干预问题和筹措粮饷问题[①]之人。其三，张良坤：起义前以卖仁丹为掩护来滦侦察联络，后任军政府秘书长，“一切文告函电均出其一人之手”[②]。其四，汪瀛：参与起义策动，“其人深沉不露，遇事能持镇静”，起义时“任留守之责”[③]。其五，胡宪即胡寅伯：共和会副会长，曾陪同北方革命协会会长胡鄂公来滦州部署起义事宜，带来“信炮”几枚，确定起义大都督和总司令人选，后仍“经常与之接洽”[④]。其六，于树德：起义前奉派投毒除掉顽固派标统，又去古冶截断电信联络，起义后去迁安寻找起义军[⑤]。——总之，史料中提供共和会7名主要发起人，其中已有6人确证参与策动滦州起义并有重大建树，唯有李大钊一人因白色恐怖而未能留下具体记载，但是，他如果置身事外，又岂能名列其中？事实上，他当时被誉为“法政三杰”之一，声望才学佼佼，又是7位主要发起人中唯一熟悉滦州社情的冀东老乡，揆情度理当有更多作为。所以，6位发起人的经历说明有关李大钊的这一史证不是孤证。

三、外证五项

本文把史证所涉及的外部证据，称为外证。

第一，从提出史证的背景来看。

李大钊壮烈牺牲后，知情的国民党人士对其早期业绩多取回避

① 凌钺：《辛亥滦州起义记》，台湾正中书局1964年印行，第299页。

② 同上书，第282页。

③ 同上书，第275页。

④ 胡鄂公：《辛亥革命北方实录十月二十五日》，中华书局1948年版，第210页。

⑤ 于树德：《回忆滦州起义与共和会》，载中国人民政治协商会议全国委员会文史资料委员会编：《辛亥革命回忆录》第五集，文史资料出版社1963年版，第425~429页。

态度。李大钊就义 6 年之后，移灵万安公墓，各界在途中公祭，再次遭到大逮捕。在这样的背景下，凌钺为什么敢于提出李大钊的辛亥业绩呢？

原来，凌钺性格耿直，历尽坎坷。民国建立后，当年的起义者，“生多显贵，死皆不朽”，他却孑然病床被人遗忘，“湮灭无闻至二十余年”，他认为原因在于“未有明确记载以传其事耳！”为了申辩自身历史，他破釜沉舟，抱病留史，披露了外人不敢讲的李大钊之史实为证，亦几次上书当局，陈述：“对于是役之前因后果，知之者说”，“今以案关信史……一笔若假，全史无人置信”，“既为当事之人，深恐有误史乘”，“知而不言，罪亦难逃”[①]。这些激烈之词很值得注意。“异党首犯”，惨遭非刑；言之罹祸，避之务远；知情人俱在。众目睽睽，凌钺以李大钊一证来申诉个人历史，上书当局，岂容作假！这种特殊背景反倒证明李大钊之参与策动，必属确凿。

第二，从当局的处置结论来看。

凌、张所撰史证于 1936 年 3 月 27 日上交当局，经“党史史料编纂委员会”审查，结论是：“签注认为确定，该记亦成史案”[②]，这当然也包括了对李大钊早期史料的认可，而且，正是在上交史料之后，凌钺才得以重返政界，1937 年与马寅初、王昆仑、屈武等担任立法委员，1946 年 5 月推为“国大代表”，8 月 3 日病逝，清贫“无以为殓”，经当局给以“褒恤”。这就引出两个问题：其一，如果凌钺所写李大钊一事不实，那就不是一般笔误，而是“为异党首犯张

① 凌钺等：《对中常会决议之意见》，《关于滦州起义史实之辨正代电》，台湾正中书局 1964 年印行，第 293~330 页。

② 凌钺：《致张继夫妇函》（民国二十五年五月二十九日）复印件。

目”，暴政之下，后果可知，何以会“签注属实”并安排任职呢？其二，从凌钺上书到去世，长达十年。所写李大钊史证如果不实，早已查清伏法，何以会由当局“褒恤”而终呢？可见，李大钊之参与共和会之发起和滦州起义之策动确属不虚。

第三，从张继先生的举措来看。

张继，字溥泉，同盟会元老，参与策动北方革命，与李大钊一起留学日本并一起回国，是李大钊早期业绩的知情人。后来正是由张继引荐李大钊与孙中山相见，并介绍李大钊加入中国国民党。1925 年 11 月以后，张继成为“西山会议派”反共骨干，1927 年 4 月李大钊以“共党首犯”被害，他当然是清楚的。凌钺将包含李大钊早期业绩的亲撰史料上交“党史会”之后，时任该会主任兼国史馆长的张继有三项举措值得注意。一是“签注认为属实”，二是安排凌钺为“党史会名誉编纂”，三是十年后凌钺去世时，他与另外 4 位民国要员联名提案，“给以褒恤”。李大钊其人其证，当时十分危险，一语一实，万劫不复，张继举措如此，可见李大钊之参与策动确凿无疑。

第四，从崔震华女士的态度来看。

崔震华原是天津女师学生，共和会会员，策动并参与辛亥滦州起义，贡献卓著，称“北方奇女子”，1919 年与同盟会元老张继结婚。

凌钺在 1936 年 3 月 27 日呈送史证时，曾附函郑重写明：“张溥泉之夫人崔剑云（即崔震华）女士……为天津组织讫机关之重要分子。”[①] 5 月 29 日又“致函张继夫妇”，内称：“是役，钺为当事主干之人”，“崔同志剑云女士……系参加主力运动，自可证明”[②]。崔

① 民国二十五年三月二十七日凌钺《函复党史会》复印件。

② 民国二十八年四月二十日凌钺《致邹委员海滨函》复印件。

震华以刚烈敢言著称。1912 年同盟会改组为国民党时，党章规定不收女党员，她南下与孙中山当面相争，终于驳回原议，豪勇可见一斑[①]。凌钺所送史证，不仅有李大钊之名，且多处提及崔震华。凌钺既向当局言明，又曾致函张继夫妇，就崔女士而言，所写有她的亲历且点名作为证人，其夫又是“党史会”主任，于公于私，她不能不阅。如果李大钊之事不实，按女士之利害关系与刚烈性格，她决不能容忍，必向“党史会”直陈其伪，“党史会”也必定断然推翻，凌钺也必有不测之灾。然而，“党史会”的结论是：“签注认为属实”，这也就表明了崔女士作为重要证明人的态度。《唐山党史通讯》有一文稿对此也认为：“张继的夫人崔振（按：应是震）华，也曾是北方共和会的会员，并曾亲历滦州起义。而她如见到凌钺的文稿未置异议，当可视为对凌文的一种肯定。”

第五，从台湾史籍的处置来看。

1961 年为辛亥革命 50 周年。台湾当局组织史学署编纂大型史籍，库藏多年的凌钺、张良坤撰述史料也被收入。当时，台湾当局正掀起反共高潮，崔女士也在台担任“监察委员”。官方史籍中赫然印着中共主要创始人之一李大钊的早期业绩，无论是军政当局、历史学家或崔女士本人，当然都是清楚的，但仍作为《滦州起义》专题的首篇文献公之于世，而且至今没有任何异议。总之，外证五项，均证明：李大钊之参与发起共和会和策动辛亥滦州起义属实。

四、旁证三项

本文把原证自身并未涉及但能证明原证属实的侧面证据，称为旁证。

---

①《张溥泉夫人崔监察委员震华行状》复印件。

第一，民国十六年（1927 年） 5 月 23 日《中央副刊》载有高一涵所撰《李大钊同志传略》，内称:“辛亥革命，守常奔走之力亦极多。”[①]

虽是短短一句，李大钊研究者却都很重视。其一，高一涵是陈独秀创办《新青年》杂志时的主要支柱之一，学者认为“实际上起到这一时期主将的作用”[②]。李大钊对他的撰论文十分仰慕，曾设法寻访半年，最后在东京得以相见。“因纵谈国事，所见无不合，遂相交”[③]，因此高一涵成为李大钊早期业绩的重要知情者。其二，此文发表于李大钊遇难第 25 天，白色恐怖笼罩。一语不实，杀身之祸，因此它具有很强的可信性。至于文中所说李大钊奔走“辛亥革命”，是否就是指参与策动滦州起义，那是没有问题的，武昌起义爆发后，天津革命青年一部分南下，一部分则认为“北方为清廷重心所在”，“为此北方应速响应”。根据北方革命全局的形势，最后决策“京津稍缓，树义帜于滦州”；北方共和会更明确规定“任务就是策划滦州起义，而后进攻北京”。李大钊正是共和会发起人之一，史证说明，他不但参与了起义之策动，而且“奔走之力极多”。

第二，1980 年，87 岁高龄的张申府撰述《忆守常》一文，也称:“守常同志本是中国共产党最早的党员中之一人。但他其实早参加过辛亥革命了。”[④]

这是有分量的旁证，因为张申府是中国共产党建党时期的重要人物之一。他与李大钊同在北大任教，与李大钊共同创办《每周评论》，共同担任《新青年》编委，共同参加五四运动，共同加入少

---

① 高一涵:《李大钊同志传略》，《中央副刊》第 60 号，1927 年 5 月 23 日。
② 朱成甲:《李大钊早期思想与近代中国》，河北人民出版社 1989 年版，第 502 页。
③ 高一涵:《李大钊同志传略》，《中央副刊》第 60 号，1927 年 5 月 23 日。
④ 张申府:《忆守常》，《文史精华》1993 年第 6 期，第 32 页。

年中国学会，共同编辑《少年中国》杂志，共同筹组“北京工读互助团”，共同建立北京共产主义小组。他后任中共旅法小组负责人，留法期间，他与刘清扬结为夫妇（他们夫妇又共同介绍周恩来加入中国共产党），而刘清扬正是参与策动辛亥滦州起义的共和会女会员。后来，李大钊任北大图书馆主任时，张申府长期辅佐馆务，工作室“就在主任室旁边”，“时与守常同志聚谈”，是其早期业绩另一位重要知情人，所述“他其实早参加过辛亥革命了”可以作为凌钺史料的另一重要佐证。

第三，1936年3月27日，凌钺向当局送呈《辛亥滦州起义记》亲历史料时，为证明是“亲笔直书”之“革命信史”，特附一函给当局“党史会”，内称：“……王同志法勤、王同志葆真、于同志树德、崔同志剑云女士、汪同志云女士，均系参加主力运动，自可证明”。这是再一次主动举荐旁证，这些旁证人均是国民党人士，且当时不难找到：王法勤时任国民党中执委，王葆真任职战地委员会，于树德任监察委员，崔剑云为“党史会”主任张继之妻，汪云为王葆真之妻。“党史会”在向凌钺索要滦州起义史料之初，曾明确表示，请将史料“详述送会，俾便考证”，这就是说，当局对凌钺所提各点，本来就是要稽核考证的。因此，上述各位必然要经历一番考察出证的过程，而最终结论是“签注认为属实，该记亦成史案”。表明各证明人均提供了“原证属实”的佐证。

总之，三项旁证证明李大钊之参与发起共和会并策动滦州起义属实。

五、直证五项

本文把本人提供的直接亲历史证称为直证。

有的同志担心“没有一个地方谈到他（李大钊）自己参加过北方共和会，参加过滦州起义”似乎也对，但我们也要考虑到两个方面的严峻情况，从滦州起义而言，先被残酷绞杀，后又血腥封禁，前人称为“言者成祸，片纸不留”，故民间没能保存任何书证，从李大钊而言，白色恐怖，英年殉国，正如学者考察的结论：“他的手稿几乎全部遗失或被烧毁了。”① 所以，我们如果想找到滦州起义的大批现成史料，或者读到李大钊的全部手稿，可以说已经办不到了。但是，只要出于治史的公允与客观，那么，在仅存的李大钊文稿里仍然可以发现确凿的直证。

先请看专家学者提供的一个先例：

李大钊《十八年来之回顾》一文讲到清末北洋法政学堂的情形：

“……上海的《克复报》、福建的《民心报》、香港的《中国报》，对于革命思想，充量介绍。同学订阅该报不少。大家都抢着看报，情愿不上班，也得看报。”②

这里李大钊只是说“同学”“大家”，并没有说到“我”，但是，包括不包括“我”呢？当然包括！语境文意，不言自明，不但清楚，而且确切，集体性内容和包容多数的称谓已经清楚地表明了其中有他本人。李大钊研究专家朱成甲先生正是由此而得出下列的分析与结论：“我们从他对于革命报纸的浓厚兴趣，对于革命形势的热切关心……可以看出，他的思想和革命已经是紧紧相连。”③

现在要问：“同样的表述方式，可不可以也用来判断他参与革命

① 刘清扬：《辛亥革命时期的天津共和会》，载中国人民政治协商会议全国委员会文史资料委员会编：《辛亥革命回忆录》第六集，文史资料出版社 1963 年版，第 67 页。

②《李大钊文集》（下），人民出版社 1984 年版，第 700 页。

③ 朱成甲：《李大钊早期思想与近代中国》，河北人民出版社 1989 年版，第 102 页。

的其他史证呢？”

当然可以！

明乎此，再读李大钊的《十八年来之回顾》一文，便豁然开朗，直证如山了：

第一，“这次风潮（指立宪请愿被镇压），算立宪运动失败，而革命派进行越发有力，从此立宪派的人也都倾向革命派”。——此项直证证明李大钊已经从立宪派转化为革命派。

第二，“革命派组织秘密团体……同学奔走革命的，白雅雨、于永滋往滦州，王德斋往徐州。白先生平时很古板的，这时也作革命的运动”。——如果李大钊本人没有参加革命秘密团体，他又何以知道“革命派组织秘密团体”？又何以知道秘密团体成员的秘密动向？又怎么断定“古板的”白先生也在“作革命的运动”呢？所以，上引自述可以作为李大钊参加秘密团体即共和会的直证。

第三，“滦州革命失败后……噩耗传来，大家悲伤得很”！——此项直证至少说明李大钊与滦州起义命运相连，苦乐与共。他没有细讲当时的情景，但恰好与凌钺的亲书史证互参互补——起义失败，“会中同志如马浩、汪瀛、李大钊、徐铮、凤文祺等数十人，或愤恨而悲痛失声，或疾首痛心而莫知所措，或搔首问天愤不欲生，或疑信参半，化装亲至唐山、开平、古冶密探真相，悲歌慷慨，惨极一时”。二者互证，李大钊确属“会中同志”。

第四，“同学参加政治运动的死了大半，而民国建设还没有成功”，“我们没有开出路子来，觉着非常的惭愧”。——这一直证证明李大钊确实参与了辛亥革命之策动。因为肇造“民国”的“政治运动”正是辛亥革命，而共和会在辛亥革命中的任务正是“策划滦州起义”。如果他没有参与，怎么能代表革命者表示“惭愧”与反思，甚至说“我们没有开出路子来”呢？这种集体性内容和称谓显然包含了李大钊自身，这难道还有什么疑问么？

李大钊研究学者朱成甲先生指出：“李大钊自己即使在谈到这次运动时，也都从不提到他个人，他尽量避免谈自己的作用。”[①] 这是深知李大钊为人的卓见，也有助于我们理解上述各项直证中那种直而不露、融己于群的表述方式的博大襟怀。

多年来，由于人们没有从这样的角度去体味原文，加之辛亥滦州起义久湮不彰，所以疏忽了其中的蕴意。其实，《十八年来之回顾》虽然李大钊没有使用自传式用语，但是，关于他参加共和会和参与策动滦州起义一事，却是谦逊而不隐晦，明确而不夸耀，已经达到不言而喻、呼之欲出的程度。

第五，1913 年 4 月 1 日《言治》月刊刊有李大钊《岁晚寄友》诗二首。

其一，“江山依旧是，风景已全非。九世仇堪报，十年愿未违。辽宫昔时燕，今向汉家飞。岁晚军书急，行人归未归？”

其二，“几载不相见，沧桑又一时。廿年余壮志，千里寄新诗。慷慨思投笔，艰难未去师。何不驱漠北，遍树汉家旗！”

按：清朝自顺治至宣统，共历十帝，但同治与光绪系弟兄相继，虽为二帝，实为一世，故清朝实历九世；“九世仇”即指弥漫全国的反清思潮。“风景已全非”“遍树汉家旗”，正是武昌首义后至辛亥年末（即所谓“岁晚”）的革命风云，在北方，应指共和会参与策动的辛亥滦州起义，而李大钊正是共和会发起人之一。那么，他与滦州起义的关系如何呢？其中四句提供了直接史证：

第一，起义发动之前——“慷慨思投笔”。意为壮怀激烈，热

---

① 朱成甲：《李大钊早期思想与近代中国》，河北人民出版社 1989 年版，第 86 页。

望着投笔从戎。如凌钺所说，他们“不计一切，为义所趋”，“身冒奇险，始终不渝”。

第二，起义发动之后——“岁晚军书急”。天津既是共和会的大本营，又是滦州起义军的首攻目标，为了及时决策，“军书”不断地由滦州急传天津。李大钊能够接触这种军书机密，并且深知其“急”，可见他确实参与了起义策动。

第三，虽然“慷慨思投笔”，但李大钊“艰难未去师”，意为：因为面临更加艰难的使命而未能亲上前线（师：师旅，指军伍，代指战场）。据史料，当时“会中同志数十人”均未来滦，依情势判断，他们的任务应是在滦州起义军到达天津时策应天津的占领，“然后进攻北京”。这一任务要比在滦州宣布起义艰难得多，因为，以当时的眼光看来滦州的军政首脑已经归顺起义，列强的阻挡已经危险，西进的粮饷和武器已经解决，所以起义本身与攻占津京相对而言，更艰难的是后者（至于中途受阻、雷庄血战、曹锟北上、开平绞杀等情形，乃突然性事变，事前并未料到）。共和会骨干王法勤、汪瀛，天津知名人士裴廷楹、李津舟等都是为攻占天津而奔走，李大钊是“法政三杰”之首，因此而未赴滦州是可以理解的。

第四，他虽然未到滦州参战，但是——“岁晚军书急，行人归未归？”即一边处理紧急军情一边惦念着东去滦州的共和会会员能否顺利归来（行人指亲赴战场的会中同志，以别于像他这样的“未去师”者）。这种对起义志士牵肠挂肚的关切之情，恰好与凌钺所撰史料中李大钊等人“疾首痛心”的记载互参互证。

上述分析，可知《岁晚寄友》两首诗与《十八年来的回顾》一文所反映的史实是一致的：第一，李大钊未能亲赴滦州起义战场；第二，李大钊确曾参与辛亥滦州起义之策动。

六、结论

以上内证两项、外证五项、旁证三项、直证五项，从各个方面证明：

（一）凌钺 1936 年 3 月 27 日向当局所呈亲历史料中关于李大钊早期业绩的史料，属实。

（二）李大钊系 1911 年天津法政学校秘密团体北方共和会成员，并系发起人之一。

（三）李大钊未能亲赴辛亥滦州起义战场，但确曾参与辛亥滦州起义之策动。

上述结论，为滦州起义 83 年来一直未被海内外论及，经 3 年多挖掘，收获如上，妥否，尚请指正。

（唐向荣，原载《李大钊研究》第七辑，《河北学刊》1997 年增刊）

李大钊赴日本留学时间辨析

关于李大钊赴日本留学的时间问题，由于缺乏原始而又明确的史料记载，所以中外学者只能根据自己对有关资料的理解，作出大致的判断。因对史料的理解不同，导致史学界对这一问题的看法也众说不一。概括起来，中外学者的观点主要有以下三种：一、1913年底，或1913年冬；二、1914年初，或1914年1月；三、1913年秋，或1913年10月上旬。

笔者认为，1913年底或1913年冬李大钊到达日本一说基本属实，较为可信。兹略加辨析，不当之处，敬请指正。

1913年6月，李大钊毕业于北洋法政专门学校。不久，应同学凤予、袭明之邀赴北京主持进步党政客汤化龙创办的《法言报》。7月，二次革命爆发，李大钊对此十分不解，持反对态度。这导致他心情十分不好，“中情郁悒，莫可申诉”[①]。8月6日，中国社会党北京支部负责人陈翼龙被袁世凯杀害，万国社会党中国总部和天津支部被查封，当局缉捕社会党人，李大钊作为中国社会党天津支部庶务干事，不得已和社会党天津支部另一主要成员子默即郭须静[②]一同赴乐亭县祥云岛避难。一个多月后，即9月中旬避难结束，二

①《李大钊文集》（上），人民出版社1984年版，第95页。

② 董宝瑞在《李大钊与昌黎五峰山》（载河北省李大钊研究会编《李大钊研究》第三辑，以《河北学刊》1992年增刊形式出版）一文中指出：子默即郭须静。此说极是，笔者在《言治》第五期发现《论奢侈》一文的译者署名郭子默，子默姓郭，当确系郭须静在北洋法政专门学校读书期间所用笔名无疑。

人同游昌黎五峰山。后“以京友函招”[①]，李大钊中断五峰山之游回到北京，不久，写下了优美动人的《游碣石山杂记》一文。文中写道:“惟此荏苒十日间，昌黎惨毙路警五人，已孤棺冷落，寄地藏寺中。”[②]由此判断，李大钊、郭须静同游五峰山系在“昌黎惨毙路警”事件发生之后。驻昌黎日军惨毙路警事件发生于1913年9月11日晚,13日验尸完毕[③]，此后不久，装棺入殓寄地藏寺中。李大钊和郭须静同游五峰山前后共用10天，当系1913年9月中下旬之交，而李大钊应北京友人之召赶回北京则必在1913年9月下旬。

由于受陈翼龙之死等事件的刺激，李大钊本来就有的厌倦风尘的出世思想，更加强烈起来。在《游碣石山杂记》中直抒胸臆:“噫！安得黄金三百万，买尽香山净土，为朋辈招隐之所。”[④]这是他的“非常羡慕一种适于出世思想的净土社会生活”[⑤]，这与前述他数月内“中情郁悒，莫可申诉”的痛苦心情是一致的。“恰好在这时”，李大钊的朋友要他“到东京来与他们一起继续”[⑥]学习，于是李大钊下定决心去日本留学，其时当在9月底或10月初。又1913年11月4日以后才出版的《言治》第五期上，发表了李大钊《论宪法公布权当属宪法会议》一文，内称“自顷以来，宪法将次制成，其一部已由宪法会议议决、宣布矣。则宪法公布权，已灼然有攸归属；而行政部以不满意于此宪法，横起波澜……”[⑦]文内所谓“宪法”即

①《李大钊文集》(上)，人民出版社1984年版，第87页。

② 同上书，第87页。

③ 北京大学图书馆、北京李大钊研究会编:《李大钊史事综录》，北京大学出版社1989年版，第63、65页。

④《李大钊文集》(上)，人民出版社1984年版，第86页。

⑤ 同上书，第114页。

⑥ 同上书，第114页。

⑦ 同上书，第61页。

《中华民国宪法草案》，起草工作由国会宪法起草委员会负责。按照法理程序应先定宪法再选举总统，由于袁世凯迫不及待地要当大总统，于是国会被迫先制定通过并公布了《总统选举法》(即李大钊上述所言“其一部已由宪法会议议决、宣布”者)。根据此法，袁世凯于1913年10月6日被选为正式大总统，10月10日就职。而恰在此时，宪法起草工作已经基本完成，只待国会最后逐条通过即可公布。由于袁世凯意欲专权独裁，把个人凌驾于宪法之上，遂于10月18日提出“所有之法令，均须经大总统公布，始能有效”[①]。10月25日，袁世凯又通电各省都督、民政长等，提出宪法还需要逐条研究，限五日内条陈电复意见。虽然国会于10月31日正式通过了《中华民国宪法草案》，但是由于袁世凯的破坏，终未公布。李大钊文中所谓“横起波澜”即指上述情况。根据上述事实及李大钊的行文语气“自顷以来”等，笔者认为《论宪法公布权当属宪法会议》一文当写于1913年10月底或11月初，《言治》第五期所发李大钊讨论同一问题的另一篇文章《法律颁行程序与元首》，恐与上文系先后在同一段时间内完成。这说明1913年10月底11月初尚在国内从容撰文。

李大钊是和同学泽民[②]、凝修[③]共同赴日本留学的。大钊家住乐亭县，泽民家住武强县，凝修家住衡水县，三人分别在家准备，小住数日，然后再相聚天津，预定船票，极有可能还要等船，所有这些都是颇费时日的。因此，笔者认为李大钊等不可能于1913年11月20日内即从天津启程赴日本。

---

① 1913年10月23日《政府公报》，转引自朱成甲:《李大钊早期思想和近代中国》，河北人民出版社1989年版，第224页。

② 张润之，字泽民，1889年生，直隶（今河北）武强人，卒年不详。

③ 李培基，字凝修，1887年生，直隶（今河北）衡水人，卒年不详。

那么，李大钊究竟是何时到达日本的呢？首先，李大钊自己说他是 1913 年到达日本的，请看以下几段文字——

一、李大钊在写于 1914 年初的《〈自然律与衡平律〉识》一文中说："吾友夏竞民，青年锐志，奋学不懈。去岁初秋航海来江户，余亦与泽民、凝修相继至。"①

二、在 1914 年 8 月 10 日发表于《甲寅》杂志上的《物价与货币购买力》一文中，李大钊这样说："去岁南中再乱……中情郁悒，莫可申诉。残冬风雪，迺从二三朋辈，东来瀛岛。"②

三、在写于 1915 年初的《〈中华国际法论〉译叙中》，李大钊指出《中华国际法论》的作者即他在北洋法政专门学校时的老师今井嘉幸先生系"前岁解约东归，译者亦于是年卒业，旋即游学此邦。去年春，访之东京旅舍"③。

综上可知，李大钊在 1914 年和 1915 年先后三次比较明确地说他到达日本的时间是 1913 年。根据前面笔者的研究，李大钊不可能于 1913 年 11 月 20 日以前从天津启程赴日本。那么可以断定李大钊到达日本的时间应在 1913 年 12 月之内。而其从天津启程的时间很可能是 1913 年 11 月底或 12 月初。当时从天津乘船到日本神户最少需要 11 天，而从神户乘火车至东京又需一天④。因此即使李大钊于 1913 年 11 月下旬启程，其到达日本的时间也一定是 12 月。

既然李大钊三次比较明确地说他到达日本的时间是 1913 年，这是当事人亲笔所写，任何人都没有理由怀疑这一说法的准确性。

①《李大钊文集》(上)，人民出版社 1984 年版，第 88 页。

② 同上书，第 95 页。

③ 同上书，第 125 页。按："译者"系指李大钊和张润之，二人合力并译《中华国际法论》。

④ [日] 实藤惠秀著，谭汝谦、林启彦译:《中国人留学日本史》，生活·读书·新知三联书店 1983 年版，第 153 页。

主张1914年1月李大钊到达日本一说者，认为李大钊是1913年“残冬风雪”之时到达日本的，换算成阳历应是1914年1月。笔者认为这一换算是错误的。因为李大钊当时已经习惯于用阳历，倘用阴历则必注明，如现存有李大钊的注明拍于甲寅二月的照片，注明写于乙亥残腊的诗等。既然李大钊在自述到达日本的时间时未注明是阴历，我们又何必仅仅依据所谓“残冬风雪”一词，就把简单问题复杂化呢？!

其实，“残冬风雪”一词的词义如何理解，并不十分重要。不过，既然问题已经提出，笔者认为有必要略加探讨。第一，用“残冬风雪”这一文学修辞意味浓厚的词汇来表示时间的意义，并非特别准确。第二，李大钊首次用“残冬风雪”表示时间意义，并不是主张1914年1月说者所认定的是李大钊到达日本的时间，而是指他和夏勤[①]等在“海外相逢”的时间。李大钊说：“吾友夏竞民……去岁初秋航海来江户，余亦与泽民、凝修相继至。残冬风雪，海外相逢，感朋友之私，则相与欣喜；谈祖国政俗之衰，则相与唏嘘感慨。”[②]这里的“残冬风雪”之时，显然是指李大钊和夏勤等在日本东京相见的时间，而绝非李大钊到达日本的时间。第三，这里的“残冬风雪”大致是何时呢？李大钊和夏勤等“残冬风雪，海外相逢”后“未几，学会以书来征文”[③]，李大钊遂向“学会”推荐了夏勤的译文《自然律与衡平律》，并为之写了“识”。《言治》发表文章，文末多附跋、识之类，李大钊如此作法，属于正常。李大钊所说的“学会”系指北洋法政学会，《言治》杂志为该会机关刊物。

---

① 夏勤（1892~1950），字敬民，又字竞民，江苏泰州人。

②《李大钊文集》（上），人民出版社1984年版，第88页。

③ 同上。

我们不知道李大钊是何时收到北洋法政学会的征稿信的，但笔者发现曾和李大钊同任北洋法政学会编辑部长的郁嶷也曾收到征稿信。郁嶷于1914年3月12日《复北洋法政学会书》中说："在里接奉辱书，临行仓卒，致稽裁答，勿罪。弟以月之十一号抵奉"，"缓当择言邮进，用酬拳念。但出版已迫，亦不需候也。"[①] 由此推断，郁嶷接到北洋法政学会的信恐系在2月底或3月初，其发出时间当在1914年2月中旬。如果这一推理正确，很可能北洋法政学会给李大钊的征稿信也是1914年2月中旬发出，而李大钊收到信的时间也当系在1914年2月底或3月初。明白了这一点，则李大钊和夏勤等"残冬风雪，海外相逢"之时当系1914年2月15日前后。

总之，在李大钊赴日本留学的时间问题上，我们应尊重李大钊本人的叙述，本着这一原则，笔者经上述考订后认为李大钊到达日本的时间是1913年12月。

（朱文通，原载《近代史研究》1996年第2期）

---

① 郁嶷:《郁嶷文集》，和记印写馆1922年版，第43页。

留学日本对李大钊一生所起的作用

李大钊是中国最早的马克思主义者，是中国共产主义运动的先驱。他为开创和发展中国的共产主义运动，创建中国共产党，致使中国走上社会主义道路，起到了独特的作用，建立了不可磨灭的功勋。今天在纪念李大钊诞辰100周年之际，重新回顾其一生走过的革命历程，笔者认为，对他在日本留学时期的经历，应当给予充分的评价。

众所周知，一百多年前，中国和日本的近代化进程几乎是同时开始的。但日本在明治维新后很短时期内就取得了成功，而中国却拖延了很长一个历史时期，这使得本世纪（20世纪）初叶，中国出现了留学日本的热潮。待李大钊踏上日本国土之际，中国的留日学生已经数以万计。按说，当时他去日本留学已不算什么奇事，但他却获得了不平常的经历，并使这段经历对其一生产生了很大的作用和影响。

李大钊的家乡所在地——河北省乐亭县，濒临渤海，距中国近代工业的主要发祥地——唐山较近。一百年前他出生时，那一带的近代工业企业已经初具规模，唐山至天津的铁路修成后正欲向秦皇岛、山海关展修。这使他自幼就受到近代化思想的影响，极想富国强民，使国家早日完成近代化的进程。基于此，他接触新学较早。在永平府中学读书两载后，就在京奉铁路全线通车的1907年夏天，他“感于国势之危迫，急思深研政理，求得挽救民族、振奋国群之良策，乃赴天津投考北洋法政专门学校”[①]。天津当时为直隶总督府所在地。北洋法政专门学校是袁世凯创立的一所新兴学校，在这所开办了不少新学科的新式学校里，李大钊除继续学习英语之外，开始学习日语，并阅读了大量西方资产阶级革命时代的书籍，深受反封建主义、要求民主自由的思潮的影响，开始逐渐树立民主主义的观点。由于他“随政治知识之日进，而再建中国之志趣亦日益腾高”[②]，在辛亥革命爆发前后，就开始投身革命洪流。特别是在中华民国成立以后，他忧国忧民，感慨悲歌，接连写出《隐忧篇》《大哀篇》等针砭时弊的文章，表达了自己初步的政治见解，颇引人注目。临近毕业时，他不仅与一些同学组织了北洋政法学会，创办《言治》月刊，还到北京接触一些政界人物，直接参加了中国社会党，为毕业后在社会上大干一番事业做了准备。可以说，待其结束在津门六载的苦读生活时，他不仅以能写“造意树义，一以民生为念，阐扬先哲贻德为急”的文章，“翩然起众人中”[③]，而且已成为一个年轻有为的激进民主主义革命者。本来，他可以直接跻身政界去施展抱负，为何又在毕业后数月去日本留学？究其原因大致有这样几个方面：一是他尽管在北洋法政专门学校毕业，“仍感学识之不足”[④]，有到国外继续求学的必要，用其同窗学友郁嶷的话是“君顾自视缺然不足所修，要欲游学日本专究社会经济学，研考民生凋敝之原，探所以抑强横扶羸弱者，归而造德蚩蚩”，并赞其“志远而识阔”[⑤]。二是他在毕业后思想一度陷于苦闷之中，急欲到更加广阔

①《李大钊文集》(下)，人民出版社 1984 年版，第 888 页。

② 同上书，第 889 页。

③ 郁嶷:《送李龟年游学日本序》,《言治》月刊，1913 年第四期。

④《李大钊文集》(下)，人民出版社 1984 年版，第 889 页。

⑤ 郁嶷:《送李龟年游学日本序》,《言治》月刊，1913 年第四期。

的天地开阔视野，寻找救国救民的真理。1913 年夏天，他毕业后即去北京与几个同学筹办《法言报》。当时正值中国政局出现严重混乱的现象，他心情很不好，再加上正赶上社会党人陈翼龙在北京被袁世凯杀害，对其刺激很大，极度紊乱的思绪缠绕，使他一时“非常羡慕一种适于出世思想的净土社会生活”[①]。恰在这时有了到日本留学的机会，他乐得出国一走，到日本去一趟，他还有一个隐衷，即当时他对“义不媚清，四至日本”而客死东瀛的明末爱国志士朱舜水异常敬慕，极想去日本寻朱舜水的遗迹。再有就是当时他颇得政界风云人物汤化龙、孙洪伊的器重，二人十分愿意资助他到日本深造，以便归以重用。这种种缘由，促成了他的日本之行，在异国的土地上开始了自己颇感新鲜的留学生活。

李大钊是在 1913 年冬天到达日本首都东京的。他下榻于牛込区下户塚町五二〇号基督教青年会内的中国留学生宿舍。经过一段时间的准备，他于 1914 年 9 月 8 日考入早稻田大学大政一科（系大学部政治经济科），成为日本高等学府的正式在校学生。他的学号是八十四号。第一学年十一门课程的考试平均成绩居全班第四十位，功课学得尚算不错。如果他继续学习下去，取得早稻田大学的毕业文凭，应该是没有什么问题。但是，校方在其入学一年半时，却以“长期欠席”为由，在 1916 年 2 月 2 日将他除名了。李大钊何以“长期欠席”以致失去自己的学籍，主要是因国内局势发生急剧变化，事关国家命运的斗争使他无法在各方面都较好的学校里静心读书，不得不中断学业。

李大钊到达日本后，结识了许多朋友，时常与他们谈论政治经济文化教育各方面的问题，探讨对宇宙和人生的看法。同时，由

①《李大钊文集》（上），人民出版社 1984 年版，第 114 页。

于当时正值“二次革命”失败以后，孙中山等一批革命志士流亡日本，也使得他得以同其中某些人相识，受到他们很大的影响。在进入早稻田大学前后，他用已经熟练掌握的日、英两种文字，读了不少书，接触了大量的欧洲社会主义思潮，并开始研究关于介绍马克思主义的著作，使已在日本广泛传播的社会主义和马克思主义学说对自己的思想开始产生触动和影响。这样一来，他的眼界大开，思想深处发生很大变化，使强烈的爱国主义和革命民主主义思想有了进一步发展，成为充满爱国热情的革命民主主义战士。他身在日本，密切注视国内形势的发展变化，接连在《甲寅》等杂志发表了《风俗》《国情》等文章，表达自己新的政见。1915 年 1 月，日本政府向袁世凯提出了企图灭亡中国的“二十一条”，李大钊得知后，立刻与留日学生一起投入反对“二十一条”的斗争。他被留日学生总会任命为文牍干事，负责起草了通电《警告全国父老书》，后来，又编印了《国耻纪念录》，写出《国民之薪胆》一文，表现了他誓雪国耻的坚定信念和大无畏精神。同年 12 月，袁世凯不顾全国人民的反对，公然宣布恢复帝制，李大钊又一马当先，站在反袁斗争的最前列。1916 年 1 月底，他为与跻身反袁斗争行列的汤化龙、孙洪伊等联系反袁斗争事宜，特受中国留日学生总会委托，回国去了一趟上海，前后大约用了两周时间。就在他回国期间，早稻田大学因其旷课过多，将其除名。由上海返回东京后，李大钊没有再回学校，出任留日学生总会文事委员会的编辑主任，搬到东京近郊的高田村月印精舍，主要从事筹办进行反袁宣传的《民彝》杂志工作。3 个月后，他干脆结束了在日本的留学生活，回国参加反袁斗争，从此开始了新的革命生涯。

李大钊在《狱中自述》中讲自己“留东三年”，实际不足两年半的时间。这两年半，时间不算长，但这段经历对其一生的作为却有着很重要的意义，甚至可以断定，若无这两年半的经历，极可能没有后来的李大钊，李大钊也极可能不会成为中国具有划时代意义的、开创新业的伟大政治家、思想家。也就是说，对于李大钊来讲，这段经历有与没有大不一样。

笔者认为，留学日本对李大钊能够在中国早期共产主义运动中占据举足轻重的地位，至少在以下几个方面发挥了作用：

其一，共产主义思想开始传到中国，并不是直接由德国，而是通过日本传入的，而李大钊留学日本，对通过日本传入共产主义思想起到了关键性的作用。李大钊到日本时，社会主义和马克思主义学说在日本已经广泛传播，不仅早有《共产党宣言》的日译本，还建立了“社会主义研究会”“社会主义协会”等组织，这使得李大钊有机会在深入钻研社会经济学的同时，读到了马克思的原著，对社会主义思想有了广泛接触，并受到了较深的影响。这对于他后来的思想发展，最先在中国完成从革命民主主义者向马克思主义者的转变，起到了很大的作用。如果当时他不到日本留学，就不会较早地接触共产主义思想，也不会在俄国十月革命爆发半年多以后，就认识和接受马克思主义，成为中国的“马列第一人”。

其二，李大钊在日本留学期间迈出人生关键的一步，初步形成了自己的“青春”宇宙观和人生观，使自己的思想迅速攀登到革命民主主义思想的高峰，从而为在马克思列宁主义传入中国后，能够迅速接受它，并开始向共产主义者转变，准备了重要的思想条件。他的这种“青春”宇宙观和人生观，形成于留学日本后期，集中表现在他于1916年3月写于高田村月印精舍的长篇文章《青春》中。

在这篇文章中，他“益感再造中国之不可缓”[①]，以“创造青春中华”为主旨，系统地阐述了自己对宇宙、对人生、对国家和民族前途的看法，表达了明显的唯物主义思想，歌颂了积极进取的革命乐观主义的精神，提出了“青春”的宇宙观和人生观，即他的革命民主主义的宇宙观和人生观。李大钊到日本后，眼界大开，思想不断深化，革命激情日益高涨，终于在回国前写出了这篇在新文化运动中产生重大影响的文章，不能说不是他思想上政治上的又一重大收获。

其三，直接参与政治活动，锻炼了自己的组织能力，发挥了自己各方面的才干，积累了一定的革命经验，提高了自己的知名度，为回国后从事新文化运动，领导五四运动，创建和领导中国共产党打下了基础。李大钊在日本留学期间，先后参加反对“二十一条”和反袁斗争，经历了极其难得的革命实践，并在斗争中崭露头角，成为留日学生中知名度较高的革命斗士。应当说，他即便不去日本，在这两场斗争中也不会寂寞。但国内的斗争情况与条件毕竟与日本有所不同，极可能对他施展斗争才干有所局限。而在日本，斗争环境和条件比国内要优越得多。之所以这样说，是因为在戊戌变法之后，日本政府对流亡到日本的中国变革派人物采取宽容，甚至保护的态度，使得有一个时期日本几乎成了中国资产阶级革命的主要基地。辛亥革命前，孙中山等在日本停留过很长时间，在东京组织成立了中国同盟会，吸收了很多留日学生参加，同盟会的很多活动，也是在日本计划、策划，并有留日学生参与的。这种情况，到中华民国成立后的一段时间之内也没多大改变。“二次革命”失败之后，孙中山等相继去了日本，在东京组建了中华革命党。李大钊

①《李大钊文集》（下），人民出版社 1984 年版，第 889 页。

留学日本时，东京云集着大批革命志士。留日学生受他们的影响，革命热情十分高涨，一有斗争便一触即发。这使得李大钊毫无顾忌地投身斗争的漩涡，充分施展自己的才干，以自己的实际行动在留日学生中赢得很高的威望。从某种意义上，可以说是留日学生的两场大的政治斗争，把他推向了中国政治斗争的核心舞台，使他成为影响中国数十年，以至数百年历史进程的伟大人物。

其四，不可忽视的是，李大钊通过到日本留学，结识了不少志同道合的革命战友，有的对其后来的作为起到重要的作用。李大钊为人耿直宽厚，善于结朋会友。他在日本先后与留日同学组织了一些学会，参加了留日学生总会的重大活动，并在其中担任重要职务，这使得他后来从事革命活动受益匪浅。在此笔者想着重指出三个人，一是章士钊，一是陈独秀，一是林伯渠。曾任上海《苏报》主编的老同盟会会员章士钊，在“二次革命”失败后流亡日本，于1914年5月在东京创办了《甲寅》杂志，李大钊为《甲寅》撰稿，两人得以结识，并成为保持多年友谊的挚友。后来，章士钊在李大钊离开晨钟报社后，请他主编《甲寅》日刊，又推荐他到北大任图书馆主任，使李大钊找到了一个极好的工作岗位和从事马克思主义宣传与新文化运动的阵地。此外，李大钊通过章士钊，得以在日本同中国共产党的另一主要创始人陈独秀结识。陈独秀与章士钊结识较早，交往密切，在章士钊到日本办《甲寅》杂志时，他也到了东京（为第三次赴日），任《甲寅》杂志编辑，至1915年夏天才回国。由于李大钊为《甲寅》杂志的主要撰稿人之一，章士钊又“惊其温文醇懿，神似欧公”，极力推崇他的文章，不可能不引荐陈独秀与李大钊相识。现在尚无资料表明陈、李二人初交时的情景与时间、地点，不过从当时的情况看，极可能始于日本东京，引线人当为热情待人的章士钊。后来的事实也表明这一点。陈独秀由日本回国后在上海于1915年9月创办了标志新文化运动开端的《青年杂志》，除寄给章士钊之外，也寄给了李大钊，并约李大钊为《青年杂志》撰稿。李大钊在临离开日本写的《青春》，就是专为《青年杂志》而撰，而且是受陈独秀发表于《青年杂志》第一卷第五号的《一九一六年》引发而一挥而就的。陈独秀对李大钊写的《青春》十分欣赏，不仅将其发表于《青年杂志》第二卷第一号显著位置，还从该期起，将《青年杂志》改刊名为《新青年》。《青春》的发表，是陈独秀与李大钊紧紧结合在一起的标志，“南陈北李”公开结体的开端。另据梁漱溟回忆，他曾在李大钊创办《晨钟报》期间，参加李大钊为到北京办事的陈独秀接风的宴会。这表明，李大钊在回国后，已同陈独秀为老熟人，说两人结识于日本，并非无端推断。李大钊与陈独秀在日本期间即建立交谊，是很有意义的。如无这种交谊，两个对中国革命进程影响极大的历史人物的结识，可能要推迟一些时间，也不会像后来那样珠联璧合，共同在北大红楼开创出中国无产阶级革命的宏伟事业。林伯渠与李大钊的革命友谊也是在日本建立的。两人一见如故，很快成为知己，并将各自组织的学会合并为“神州学会”，一起从事反袁斗争。李大钊回国后继续同林伯渠保持密切联系，不断把一些社会主义的宣传品寄给林伯渠。后经李大钊引荐给陈独秀，林伯渠成了中国共产党最早的一批党员之一。由于林伯渠在日本时与孙中山交往较深，待国共合作工作开始时，林伯渠成了李大钊代表中国共产党与孙中山会谈的最佳引荐人，使李大钊极好地完成了充当国共合作的一位适当“主角”的任务，为实现第一次国共合作作出了重大贡献。此外，李大钊在日本留学期间，还结识了一些日本、美国朋友，对其后来的工作、治学和从事革命活动，也很有益处，在此不一一赘述。

综上所述，不难看出，留学日本是李大钊革命人生中极其重要的一页。如果没有这一页，李大钊的一生很可能是另外一种样子。当然，马克思主义在俄国十月革命爆发后，不可避免地迅速在中国传播，有其历史的必然性。但这种传播首先能体现到李大钊身上，就有着种种偶然因素。倘若李大钊没有留学日本这段经历，不能及早接触已在日本得以传入的马克思著作和社会主义思想，也没有通过直接参与政治运动而获得斗争经验，并结识一些影响其后来命运的革命志士和朋友，他就有可能晚几年认识和接受马克思主义，不能成为中国共产党的两个主要创始人之一。毫无疑问，历史是不能假设的，李大钊的革命经历有其必然性和偶然性，笔者之所以想指明这一点，主要是想说明，对李大钊留学日本这一经历应引起更加足够的重视，以便从中找出李大钊思想形成的基因，更好地研究李大钊的思想和生平。

（董宝瑞，原载《李大钊研究》第一辑，河北人民出版社 1991 年版）

李大钊与章士钊

李大钊与章士钊是中国现代史上两位著名的人物，但是他们之间曾经有过亲密的关系和友谊，却是一般人不太熟知的。章士钊与李大钊的友谊达 14 年之久，是对李大钊一生产生过重要影响的人物，研究李大钊的思想，尤其是他的早期思想，不能不研究章士钊对李大钊早期思想的影响。本文试图从这个方面进行一些探索以就教于史学界前辈和同仁。

一

李大钊与章士钊的友谊始于 1914 年夏。章士钊后来曾追忆他们初次见面的情形：“1914 年，余创刊《甲寅》于日本东京，图以文字与天下贤豪相接，从邮件中突接论文一首，余读之，惊其温文醇懿，神似欧公，察其自署，则赫然李守常也。余既不识其人，朋友中亦无知者，不获已，巽言复之，请其来见，翌日，守常果至，于是在小石林町一斗室中。吾二人交谊，以士相见之礼意而开始，以迄守常见危致命于北京，亘十有四年，从无间断。”①

章士钊参加二次革命失败后，随流亡的革命党人来到东京，和陈独秀等人创办了《甲寅》月刊，以“条陈时弊朴实说理为宗旨”，反对袁世凯的独裁统治。但它主张缓进，态度较平和，在当时国内

① 章士钊：《李大钊先生传·序》，载张次溪编著：《李大钊先生传》，北京宣文书店 1951 年印行。

外知识界有一定影响。李大钊 1913 年 6 月从北洋法政专门学校毕业，大约是这年的冬天来到东京。1914 年春、夏季一直在中华基督教青年会馆内学习日语和英语，与章士钊相识正是在这期间。但是他对章士钊的神往，却早在两年之前。李大钊自己曾在给章士钊的信中，追溯了详细情景："仆向者喜读《独立周报》，因于足下及率群先生，敬慕之情，兼乎师友。去岁南中再乱，《周报》忽焉不赓，政俗靡敝，讹言繁兴，不得说论以匡正之者数月；而戎马江南，音书隔绝，即私人问学之通讯，不得诸先生教导之者亦复数月；中情郁悒，莫可申诉。残冬风雪，迺从二三朋辈，东来瀛岛，问难无地，索居寡欢，偶于书廛，得《雅言》读之，知为率群先生所作，则喜。继得《甲寅》出版之告，知为足下所作，则更喜，喜今后有质疑匡谬之所也。"[①]在这封信中，李大钊称章士钊为"师友"，把章所办《独立周报》视为"质疑匡谬之所"，这些绝非是客套的溢美之词。

《独立周报》是章士钊离开《民立报》之后创办的周刊，1912 年 9 月在上海创刊，1913 年 6 月停办。章士钊以"不偏不倚"为宗旨，继续宣传他在《民立报》时期的政治思想，主张两党制，发表了大量政论时评文章。笔者曾在北京大学图书馆查阅了李大钊 1918 年 4 月 29 日捐赠给北大图书馆的《独立周报》杂志[②]，1~35 期共 32 本（其中第 28 和 29 期、第 30 和 31 期、第 32 和 33 期是合刊），也就是说李大钊曾保存了全套的《独立周报》。在捐赠的这套杂志里，许多文章题目上画有着重符号，重要的段落下面也都画有水波

①《甲寅》杂志第一卷第三号，1914 年 8 月 10 日。

② 见《北京大学日刊》1918 年 4 月 29 日。这套杂志现在保存在北京大学图书馆，每期封面上都印有"李大钊先生捐赠"字样的菱形图章。

线表示。其中有两处写有中英文的眉批，据有关专家鉴定，笔迹是李大钊所写。这些足以说明李大钊当时非常认真地研读了《独立周报》。李大钊不仅是《独立周报》的忠实读者，同时也是它热心的推销者。从《独立周报》第3期起，在该刊“外埠各代派处”中就有“天津李钊”或“天津法政学校李钊”的字样。李大钊承担了该刊在天津的发行工作，其中的艰辛是可想而知的。如果我们再比较一下《独立周报》和李大钊任编辑部长的《言治》月刊，章士钊对李大钊的影响更是显而易见。《独立周报》以“不偏不倚”“朴实说理”为宗旨;《言治》月刊则“无所于党”“以群居研学为帜志”。在内容上，李大钊发表的许多文章都与《独立周报》相呼应，如建都问题上，在“张方案”及《临时约法》问题上，在“宋案”问题上，以及拥袁和对待国民党的态度上，都直接或间接受到章士钊观点的影响，关于二者之间的思想渊源，近两年国内已有学者进行了专门的研究[①]，本文不准备再多赘言，只是想特别指出一点,《言治》与《独立周报》不仅在思想观点上关系密切，主要栏目设置、论文文体也有很多相似之处，如《独立周报》设有政论栏“社论”,《言治》则设有同样内容的“通论”;《独立周报》和《言治》都设有研究法理的“专论”；此外如“纪事”“文苑”“杂论”等栏目，两刊也非常类似。再看李大钊等人的《大哀篇》《悲学篇》等文章，几乎是直接仿照《独立周报》的文体，而在当时其他杂志上，这种文体是不多见的。因此，李大钊视章士钊为“师友”，以《独立周报》“质疑匡谬之所”，的确是李、章二人相识前关系的真实写照。

---

① 相关研究见刘桂生:《辛亥革命时期李大钊政论试析》,《清华大学学报》(社科版)1986年第1期；朱成甲:《近代中国社会与李大钊早期思想》，河北人民出版社1989年版。

章士钊，字行严，笔名黄中黄、秋桐等，湖南善化县（今长沙）人，生于1881年3月20日。虽然他只大李大钊八岁，但在他们相识时章无论在学识、经历、社会地位等方面，都堪称是李大钊的前辈。1903年4月的拒俄运动中，章士钊与林力山率领陆师学生赴上海，参加蔡元培组织的军国民教育会，并与章太炎、张继、邹容结拜为异姓兄弟。章士钊还翻译了宫崎寅藏的《三十三年落花梦》，题为《大革命家孙逸仙》，国人始知孙中山这个伟大的名字。章士钊到沪后不久开始主笔《苏报》，发表了一系列反清的革命文章，使《苏报》声名鹊起。在"苏报案"之后，章又与陈独秀等人创办了另一份革命刊物《国民日报》。章士钊还与黄兴一起筹建华兴会，并担任华兴会外围组织"爱国协会"的副会长，组织起义和暗杀活动，事泄被捕入狱，出狱后东渡日本留学。这一串闪光的经历奠定了章士钊辛亥革命元勋的历史地位。1905年以后，章士钊在反省自己的活动后，志趣开始转向学术，准备走科学救国的道路。所以他固执地谢绝了孙、黄等人要其加入同盟会的劝说，于1907年赴英国入爱丁堡大学，学习法律政治兼攻逻辑学。留英五年中，章士钊曾为国内报刊撰写了大量介绍西欧资产阶级政治学说的文章。辛亥革命爆发后，他放弃即将取得的硕士学位于1912年春回国，应邀主持《民立报》，但因章提出"毁党造党说"遭同盟会会员的反对而离开，这就是章士钊办《独立周报》的背景。由于章士钊具有深厚的西方法律政治学说基础，学术水平远非一般革命党人所比拟，加之提倡朴实说理的文风，易为知识阶层所接受，在国内舆论界很有影响。袁世凯曾委任章士钊为北京大学校长，章固辞未就。虽然其中包含袁世凯对章的笼络，但也说明了章士钊的学术水平和地位。而李大钊则是一名刚出校门的青年学生，在他与章士钊结识时，甚至还不是一名大学生（李大钊是1914年9月6日入早稻田大学的）。所以章士钊在这之前对李大钊“初不经有人介绍，亦不闻有人游扬”，“心目中并无此人迹象”[①]，但他却从李大钊的文章中，发现了这位青年的才华，以此成为相识的契机，结为终生的挚友。

李大钊首次发表在《甲寅》第一卷第三号上的文章是“通讯”栏的《物价与货币购买力》（署名李大钊），和“论坛”栏的《风俗》（署名李守常），时间为1914年8月10日。从章士钊的回忆来看，章最初读到的文章似乎应是《风俗》一文[②]。李大钊在这篇文章中从历史上旁征博引论述了风俗及国风、民风与国家的关系。他对当时“将军变色于庙堂，豺狼横行于道路，雄豪自专其政柄，强藩把持其兵权”的现实痛心疾首，提出昌学“以澄清世运、纲纪人心为己任”，以求尽匹夫之责，“国一日未亡，责一日未卸，我尽我责，以求亡国之后，无憾而已”[③]，反映出他忧国忧民，而又找不出解救办法的苦闷心情。这篇文章仍属于时评性的论文。《物价与货币购买力》是以通信形式，对康率群发表在《雅言》第5期《吾国今日物价问题与货币之关系》一文中的观点提出不同的看法。章士钊为该文加了编者的话。他先是鼓励李大钊的热情“尊论极是，析理如此，可以愧宿学”，继而又耐心地解释了康率群文中所说“购买力”的具体含义，以平等、讨论的方式回答了李大钊信中所提的问题。

---

① 章士钊：《李大钊先生传·序》，载张次溪编著：《李大钊先生传》，北京宣文书店1951年印行。

② 章士钊回忆中曾两次提及此事：“察其自署，则赫然李守常也。在东京，余曾戏问焉。曰：‘守常者为名乎字乎？’君曰‘字耳’。‘然则文稿中君何不署名？’君怃然为问曰：‘投文于甲寅，吾何敢与先生同名?!’吾知守常之本名为大钊。”另外，李大钊发表在《甲寅》杂志上的文章，也只此一篇署名李守常。

③《甲寅》杂志第一卷第三号，1914年8月10日。

在《甲寅》第一卷第四号李大钊发表的《国情》一文篇末，章士钊作了如下的按语："按此篇著社已久，前期幅满，为手民仓卒抽出，未及排入，深以为歉。然文中所含真理，历久不渝，且古氏之论，恶果甚深，正赖有人随时匡救。作者或不以出版之迟速为意也。"[①]文字间充满了对李大钊文章的欣赏、称赞之意。

章士钊这期间在《甲寅》发表了大量的政治和学术论文如《政本》《调和立国论》《学理上联邦论》等等，持论严正，为舆论界所称道。著名记者黄远庸说："以今日号称以言论救世者，惟足下能副其实。"[②]李大钊与章士钊相识不久便进入早稻田大学政治经济学科，开始广泛地接触资产阶级政治学说。他经常到章士钊的住所讨论各种问题，而谈得较多的则是如何把中国的传统学说与资产阶级政治学说联系起来，尤其是黑格尔的辩证法，更是他们谈论的中心。李大钊初来东京时曾感到"索居寡欢"，在他与章士钊结识后，这种感觉很快消失了。研究李大钊这一时期发表的文章可以明显地看出，一是学术性逐渐增强；二是很多方面受到章士钊观点的影响，如调和立国论、养成政治的对抗力、反对好同恶异以及对西方民主政治的崇尚，等等。章士钊广博的学术造诣，他同国民党人的密切关系（此时章是欧事研究会的书记，《甲寅》与《民国》是国民党人两面旗帜），以及他特殊的社会地位，使李大钊接触到北洋体系之外一种新的思想体系和新的社会关系，这在李大钊一生中是一个非常重要的转折。章士钊反对袁世凯称帝的政治态度，也同样影响着李大钊。仔细分析李大钊在反对"二十一条"和袁世凯称帝斗争中的策略变化，会很明显地看出这一点。如果说李大钊留学日本得

①《甲寅》杂志第一卷第四号，1914 年 11 月 10 日。
②《甲寅》杂志第一卷第十号，1915 年 10 月 10 日。

到很多收获的话，那么与章士钊相识是他留学的最大收获之一，他与章士钊从相识到相知，对他后来的生活道路产生了重要影响。

二

1916年5月，为了进一步推动反袁斗争，李大钊回国抵达上海。章士钊已先期回国担任护国军政府的秘书长。7月初，章士钊因病住在上海白克路宝隆医院，李大钊曾两次去探望，并介绍北洋法政学堂的同窗好友白坚武与章相识[①]。袁世凯病死后，黎元洪继位，恢复了国会，章士钊随后以议员身份北上，旋即转入学术界，任北京大学教授兼图书馆主任。李大钊也在7月上旬离沪来到北京。不久，应汤化龙之邀创办了《晨钟报》，任该报主笔，发表了一系列文章。在李大钊任《晨钟报》主笔期间，国内政治形势发生剧烈变化。1916年八九月间，由原进步党议员组成的“宪法研究会”和由国民党议员组成的“宪法商榷会”相继成立，两派在国会中展开激烈角逐。《晨钟报》就是“宪法研究会”的机关报。9月6日，李大钊因不满研究系与官僚强权相勾结的行为，在《晨钟报》仅工作二十多天便辞职，并作小说《别泪》，告诫研究系即早悔悟[②]。脱离《晨钟报》后，李大钊与白坚武等人创办《宪法公言》，同时进入孙洪伊的地方自治法规起草班子。

孙洪伊（1870—1936年），字伯兰，天津人，清末立宪党激烈派领袖。1913年加入进步党，二次革命后转向国民党，并积极参加反袁斗争。袁死后，孙洪伊被黎元洪任命为内务部长。李大钊早在

① 中国社会科学院近代史研究所编:《白坚武日记》第一册，江苏古籍出版社1992年版，第30~31页。

② 李大钊在《辟伪调和》一文中有“愚曩与缓进派之一部分人士过从颇稔。亦尝时时为述若斯之感想。方愚去某报时，临别赠言，托辞寓意以为讽劝”，当指此事。

1912 年就与孙洪伊有过接触，孙欣赏李大钊的才华，同汤化龙一起资助李赴日留学。1916 年 5 月，李大钊从日本回到上海后，住在孙洪伊的家中，并参加了孙等人组织的宪法研究会。值得注意的是，这个宪法研究会与汤化龙同年 8 月 23 日组织的“宪法（案）研究会”是两个组织[①]。它是后来商榷系中“韬园系”的前身。《宪法公言》就是韬园系的喉舌。1916 年 10 月至 12 月，研究系与商榷系国会的主要斗争集中在省制加入宪法问题上。李大钊发表了《省制与宪法》一文，支持商榷系议员的观点。这期间，李大钊与孙洪伊以及韬园系关系密切，仅《白坚武日记》中记载与白一起同孙洪伊的接触就达 5 次之多。由于孙洪伊是商榷系与研究系斗争的旗帜，一直与段祺瑞抗衡，段对孙极端仇视。1917 年 1 月初，段祺瑞派刺客暗杀孙洪伊，孙被迫离京。

李大钊就是这时接受章士钊的邀请，参加《甲寅》日刊的编辑工作。章士钊也曾给李大钊主办的《宪法公言》写过许多文章，但他们的共事却是从《甲寅》日刊开始的。《甲寅》日刊创办于 1917 年 1 月 28 日，到同年 6 月停刊，共出版 150 期。这是章士钊在东京所办《甲寅》杂志的继续。李大钊、章士钊、高一涵是主要撰稿人。李大钊在《甲寅》日刊共发表文章 70 篇，占他当年发表文章的 90%。这些文章内容非常丰富：有介绍欧洲和俄国革命方面的；有关于反对封建迷信和偶像崇拜，提倡思想解放和信仰自由的；有反对帝国主义侵略的；有同情劳动人民抨击现实社会弊端的，等等。其中分析世界大战的原因、介绍欧洲和俄国革命运动的篇章，表明李大钊已经开始注意到了俄国革命这一重要事件的巨大意义。

① 中国社会科学院近代史研究所编：《白坚武日记》第一册，江苏古籍出版社 1992 年版，第 24~25 页。

1917年是李大钊接受马克思主义之前思想剧烈变化的时期，是研究李大钊由崇尚西方民主政治转变为信仰马克思主义的关键阶段。长期以来，研究李大钊在《甲寅》日刊时期的文章比较少，即使谈到这一阶段，也都认为李大钊后来因与章士钊政见不一致而离开。此说源于与李大钊一起创办《甲寅》日刊的高一涵。高文说："章士钊在北京创办《甲寅》日刊，邀我们替他写社论。今天由守常写，明天由我写，后天由守常写，再后天由我写，如此轮流，每人隔一天给《甲寅》日刊写一篇社论。我们在文章中攻击研究系，攻击现政府；而章士钊是维护他们的，他不赞成我们的主张。守常又只顾真理，不顾什么情面，不合心意的，他就要痛骂，章士钊不敢去和守常交涉，便托我去和他商量。这怎么行呢？一个人的主张是不能够随便更改的。后来彼此谈妥：不谈内政，只写国外新闻。""于是，守常便连续介绍俄国革命。我们把各报上主张较新的消息综合起来，介绍给国人，后来又遭到章士钊的反对。到张勋复辟时，我们便登报声明，脱离了《甲寅》日刊。"[①]李大钊究竟与章士钊有什么不同的政见，这是我们研究章、李二人之间关系时不能不提出的一个问题。章士钊本人谈到这个问题时曾说："一九一七年，吾发行《甲寅》日刊于北京，约守常共事，守常在日刊所写文章较吾为多，排日到馆办事亦较吾为勤。但此刊意在纠正当时政治偏向，与所持学理所奉主义无涉。未几，彼此都觉厌倦，因将日刊停止。"[②]李大钊自1月28日《甲寅》日刊创刊，到5月5日因夫人生病返乡，一直是《甲寅》日刊的主要撰稿人，在故乡他曾寄过几

① 《回忆李大钊》，人民出版社1980年版，第164~165页。

② 章士钊：《李大钊先生传·序》，载张次溪编著：《李大钊先生传》，北京宣文书店1951年印行。

篇文章，6 月 22 日才返回北京，不久因张勋复辟而避走上海，而《甲寅》日刊也就此停刊了，这些还不能作为章、李二人有不同政见的依据。《甲寅》日刊是一份以时评为主的刊物，分析这样一份刊物的思想倾向自然需要看看当时的政治舆论中心是什么，以此来判断刊物作者的政治倾向。

1917 年初，美国准备对德宣战。2 月 1 日美国宣布与德国断交，同时对中国政府施加压力。2 月 9 日，北京政府就德国潜艇封锁公海一事向德国政府提出了抗议。于是对德外交问题在朝野上下引起激烈争论，并成为国内舆论的主题。段祺瑞为扩充自己的势力，在日本的支持和怂恿下，决心立即实施对德绝交，并准备宣战。黎元洪则惧怕段祺瑞在参战名义下，进一步加强对自己和国会的控制，反对参战，形成新的“府院之争”。研究系在这个问题上完全追随段祺瑞，坚决主张参战；而孙中山以及商榷系中的丙辰俱乐部、韬园系议员则主张中国保持中立国立场，反对对德绝交和参战[①]。3 月 14 日，北京政府宣布对德绝交，参战问题成为府院和国会两派斗争的焦点，在国会内外、朝野上下形成强烈地反对参战的舆论。

《甲寅》日刊刚刚创办，即参加了对德外交问题的争论。章士钊对此初持反对态度，他认为：“吾国既生存于东方均势主义之下”，“东方均势主义不破，吾即无发言权，两方为维持其主义起见，其所争亦必间接有利于吾。”[②] 他主张政府要慎重考虑，不应贸然与德绝交，使中国陷入不利的地位。北京政府 2 月 14 日最后通牒发出后，章士钊发表《临崖勒马之外交》一文，认为“美德国交尚且不

① 孙中山口授要点，由朱执信执笔，出版《中国存亡问题》一书，申明反对参战的观点。

②《甲寅》日刊，1917 年 2 月 11 日。

必即断”，政府应悬崖勒马，据理力争，不应马上与德断交。但他又在另一篇文章表示“此等方针，关乎国家存亡者至钜”，“爱国之士纵明知其不可，亦当披发缨冠而赴其难，决无余地可容小丈夫悻悻之为。其有尚能为亡羊补牢之计者，未始不可逆于政府意旨，有所主张。然只立于补救地位，而非立于对抗地位。若根本上无益非难，甚至藉此以快其攻讦政府之意者，愚期期以为未当也”[①]，在随后发表的《约法上宣战同意之解释》等文章中，章士钊再次申明自己“于政府所定外交政策，始终为怀疑之一人。惟若为国家前途设想，亦不肯固执己见”，他表示愿牺牲个人的观点来赞成政府的意见。章士钊这时不仅主张中国放弃中立国地位对德绝交，加入协约国，而且从法律上解释断绝国交之必纳入宣战范围以内[②]，为段祺瑞参战寻找理论根据。

李大钊在对德绝交问题上态度一直非常明朗，1917 年 2 月 7 日发表《中国与中立国》一文，反对中国持中立态度。2 月 9 日又发表《美德邦交既绝我国不可不有所表示》《我国外交之曙光》两篇文章。称北洋政府对德国潜艇封锁公海商船一事的抗议为“我国数十年来于外交历史上，特放一线曙光”。李大钊还向北京政府建议“迅与诸联盟国接洽，表示加入之态度，并与磋议加入之办法”。他还幻想，入协约国后我国以输出劳工形式参战，这样“既能尽我职务，则我虽有所要求，亦必不致见拒矣”。李大钊还号召国民以“执铁血以为政府盾”为己任，再三告诫反对参战的商榷系议员：“转全国之视线集中于对外之关系，使趋于举国一致之一途，勿复

①《甲寅》日刊，1917 年 2 月 15 日、16 日。
②《甲寅》日刊，1917 年 3 月 10 日、4 月 4 日。

播无谓之党争”[①]，并说：“似此关系国家存亡之外交问题，不惟不可资以为攻讦政府之柄，即欲利用此机会以攘取一部之权，而因以自效，亦非爱国之士所出。”[②]李大钊还考虑到中德断交后的一些具体问题，提醒政府在西北国防、安排原聘之德国人、处理德国租界及德国在华之财产等方面做出必要的准备。他对黎、段在参战问题上的“府院之争”十分忧虑，“焦盼吾仁明之总统及刚直之总理，均宜以国家体面为重，速谋转圜之道，而利外交之进行，免误事机，而生意外之枝节”，“吾人不得不垂泣涕而道，以冀当局之悔悟”[③]。恳切之情，跃然纸上。李大钊再次告诫各在野党派，在“府院之争”中“亦宜肃静诚恳之度，挽回此紊棼凌乱之时局，幸勿借题发挥，施其挑拨之伎俩，以图乘时攘权而快私意”[④]。当然，这只能是李大钊个人良好的希望而已，参战问题所包含的政治和军事意义，李大钊并没有完全理解。笔者不准备详细分析，评价李大钊在参战问题上观点、立场的是与非，仅仅是举上述史实说明在李大钊与章士钊之间并没有什么根本分歧，如果一定说有什么不同的话，倒是李大钊一开始便明确支持段祺瑞的外交政策，章士钊是在大局已定的情况下放弃自己原来的观点来支持段的政策。

李大钊不仅在中德外交问题上与章士钊观点相同，章的“调和”思想也仍为李大钊所推崇，李大钊发表在《甲寅》日刊和《太平洋》杂志上的文章中清楚地反映了这一点，正是由于章、李二人在共事中，加深了互相了解，才有当年 11 月章士钊推荐李大钊代他继任北京大学图书馆主任之举。

---

①《甲寅》日刊，1917 年 2 月 11 日。

②《甲寅》日刊，1917 年 2 月 17 日。

③《甲寅》日刊，1917 年 3 月 7 日。

④ 同上。

三

张勋复辟后，李大钊避难上海，住在孙洪伊家中[①]。对于研究系政客“与官僚武人相结，附敌同攻，助纣为虐，而一而再，不自悛悔”[②]，李大钊感到痛心失望，指出：他们“倚傍而外无生活，趋承而外无意思，反覆而外无举动，挑拨而外无作用”[③]，这样做的结果是“将以自存适以自毁，欲以自利反以自杀”[④]。但是李大钊对国民党人的行动也不满意。他希望是用一种在现政权允许的条件下，发展壮大“新势力”，然后新陈代谢“而无为武力之革命与推倒之争斗”。李大钊在《辟伪调和》与《暴力与政治》中，先后阐述了这种思想。不过李大钊在行动上还是参加了护法军政府的部分工作。孙洪伊被孙中山任命为高等顾问兼护法军政府内政总长，以长江宣抚使的身份派驻上海，利用冯国璋与段祺瑞的矛盾，进行争取直系、瓦解段武力统一的工作。1917 年 11 月 9 日，李大钊奉孙洪伊之命到南京，与江苏督军李纯进行了密谈[⑤]。11 月 18 日，李纯等长江四督联名通电，主张撤兵停战，与护法军和平解决。

在避居上海的日子里，李大钊反思由日本回国一年多的政治生活，思想非常苦闷，在给其好友白坚武的信中写道：“兄试澄心以思，吾等所夙夜寐兴所构求之好消息，实亦至无聊赖。放眼神州，即吾济所谓好消息之一境，衡诸国家政治之性质品位，尚不知相去

① 中国社会科学院近代史研究所编：《白坚武日记》第一册，江苏古籍出版社 1992 年版，第 80 页。

②《太平洋》杂志第一卷第六号。

③ 同上。

④ 同上。

⑤ 中国社会科学院近代史研究所编：《白坚武日记》第一册，江苏古籍出版社 1992 年版，第 98~99 页。

几千万里，此真所谓沧海横流，人间何世也矣！”[①]他开始对自己所从事的政治活动产生怀疑。在给另一位朋友李泰棻的信中，李大钊也流露出这种失望心情，他认为：“今日之民党，已失其正系，不偏于弱，则流于暴，求能平心静气，刚毅不挠，依据法律，以与强暴之势力为恒久之抵拒者，盖无闻焉矣。”[②]正在李大钊彷徨、思索之际，他接到了章士钊的召唤，遂于1917年11月11日北上返京。

章士钊1917年任北大教授，同年9月起兼任北大图书馆主任。不久，章士钊向蔡元培推荐李大钊继他任北大图书馆主任。关于此事经过，章士钊曾有过具体的回忆：“吾入北京大学讲逻辑，以教授兼图书馆主任。其所以兼图书馆主任者，无非为著述参考之便，而以吾萦心于政治之故，虽拥有此好环境，实未能充分利用；以谓约守常来，当远较吾为优，于是有请守常代替吾职之动议。时校长蔡孑民、学长陈独秀，两君皆推重守常，当然一说即行。又守常充图书馆主任，而后为教授，还有一段可笑之回忆。盖守常虽学问优长，其时实至而声不至，北大同僚，皆擅有欧美大学之镀金品质，独守常无有，浅薄者流，致不免以樊哙视守常。时北京民主运动正在萌芽，守常志在得北大一席，以便发踪指示，初于位分之高低，同事之不合理情绪，了不厝意。由今观之，自后凡全国趋向民主之一举一动，从五四说起，几无不唯守常之马首是瞻，何也？守常之强，其诚挚之性感人深也。”[③]以李大钊当时的学历仅仅是大学肄业生，而北京大学在蔡元培任校长后，实行“兼收并蓄，兼容并

① 中国社会科学院近代史研究所编：《白坚武日记》第一册，江苏古籍出版社1992年版，第87~88页。

② 姚维斗、杨芹编注：《李大钊遗文补编》，黑龙江人民出版社1989年版，第56页。

③ 章士钊：《李大钊先生传 · 序》，载张次溪编著：《李大钊先生传》，北京宣文书店1951年印行。

包”的办学方针，全国学术界精英荟萃，章士钊敢于向北大推荐李大钊，有着超常的胆识。章士钊一生侠肝义胆，帮助过许多人，李大钊就是其中之一。以伯乐识千里马相喻，并不过分。正是由于章士钊的“动议”和蔡元培的首肯，李大钊1917年11月来到北大图书馆。

进入北大，是李大钊人生道路的重要转折，这一转折的意义是非常大的。李大钊来到北大，脱离了政客集团的政治纷争，与代表当时新思想的思想界精英陈独秀、胡适、鲁迅等人相识，正式加入新文化的战斗阵营，在北大学术空气中接触、吸收着各种新思想，不断探索，使他由一个资产阶级民主主义者转变为马克思主义者。李大钊参加了《新青年》编辑部，并与陈独秀创办了《每周评论》，组织了马克思主义研究会。他还参与发起了少年中国学会，支持国民、新潮等进步社团的活动，为中国共产党的成立做了思想上和组织上的准备。

章士钊1918年5月应岑春煊之邀南下，任军政府秘书长。在随后的两三年中章士钊因为政局变幻和出国考察，与李大钊很少直接交往，但是章的家庭始终与李大钊保持关系。周作人回忆：有一次他去图书馆主任室访问李大钊，“不久吴弱男女士也进来了，吴女士谈起章行严家里的事情来，她说道：‘周先生也不是外人，说也没有妨碍。’便说章家老辈很希望儿子出去做官，但是她总是反对，劝他不要加入政界。”[①]由谈话内容可以看出两家关系非常密切。现在经常被各种书刊引用的一张李大钊照片，是1920年1月李大钊赠送给章士钊夫人吴弱男女士的，照片上有李大钊亲笔题字，“弱男同志惠存　李大钊敬赠”。这张照片一直被章家保存至全国解放。

①《周作人回忆录》（内部发行），湖南人民出版社1982年版，第443页。

1922 年 11 月，章士钊回到北京被聘为北京农业大学校长。这时李大钊已经是中国共产党北京党组织的负责人。章士钊回忆说："守常则时以共产主义向吾启示，并约吾共同奋斗，然吾之赋性，最为守常所了解，相视而莫逆者，则吾实乃一个性特重，不适宜于群众运动之人也。"[①] 李大钊还邀请章士钊参加了与苏联特使越飞的会谈。章士钊也侃侃而谈，不觉得自己不是共产党员而有所避忌。章士钊认为他与李大钊，"两人政见，初若相合，卒乃相去弥远"[②]。相合时期大致是在日本以及李大钊进入北大之前。而后李大钊加入中国共产党，而章士钊始终在宦海沉浮，1924 年还参加了段祺瑞的内阁，两人政治上越来越远。但是章、李两家的关系却更亲密。李大钊为章士钊三个孩子讲授社会政治学，每星期到东城魏家胡同的章宅上课两次。李大钊的长女星华则认章夫人为义母，李夫人赵纫兰也经常带孩子到章宅来，饮食谈笑，俨然如一家人。二七惨案后，李大钊曾与多年好友——吴佩孚的幕僚白坚武断交。但对于章士钊不仅向其宣传共产主义学说，并对章夫人吴弱男和其他朋友说："行严沉溺太深，吾不能救，独吾何能卸却保护其家属之责任？"[③] 由此可知李大钊对章士钊的感情非同一般，诚挚之情感人之至。

1927 年 4 月 6 日，李大钊被奉系军阀逮捕，事前章士钊从杨度处得到消息，章夫人假借为儿子签护照，到苏联大使馆劝李大钊火速离京前往苏联，并建议先化装离开使馆至章宅暂匿。但李大钊坚持让其他同志先走，自己坚守北京。李大钊被捕后，章士钊从天津

① 章士钊：《李大钊先生传 · 序》，载张次溪编著：《李大钊先生传》，北京宣文书店 1951 年印行。

② 同上。

③ 同上。

赶来营救，面见张学良、杨宇霆，甚至还直接求见张作霖，但终未能成功。李大钊牺牲的当天，吴弱男首先赶至李宅慰问李夫人。章士钊又与夫人同往长椿寺祭奠。李大钊一生助人危急，为革命慷慨解囊，自奉甚俭，身后无分文积蓄。章士钊与夫人多方奔走，为李夫人和孩子筹到2000余元钱来安殓烈士、赡养遗属。在当时的环境中，有些人避犹不及，章士钊的举动实在是难能可贵，再次说明了他卓越的胆识以及对李大钊深厚的感情。

（金淑琴，原载《李大钊研究》第一辑，河北人民出版社1991年版）

新发现李大钊、顾孟余合影考证

近日查阅资料中发现一幅登载于《良友》画报 1926 年第 5 期的李大钊与顾孟余的合影照片。该期《良友》画报封面标明出版时间是 1926 年 6 月 15 日，刊首目录为“北大教授北方共产党领袖李大钊与顾孟余合影”，照片上方说明文字为“右北大教授共产党北方领袖李大钊氏”“左北大教务处长北京教育会长顾孟余氏”。但很

良友 4

中國根泰廠啟

外埠分銷處

◎刊有李大钊、顾孟余合影（左下角）的《良友》画报

可惜没有注明是李大钊与顾孟余出席什么活动的合影，也没有标明合影的时间和地点。查阅解放军文艺出版社 1989 年出版的《李大钊》画册等有关著作，均未发现这张承载着厚重历史信息的照片。

一、由照片承载的信息判断，此照片应是 1926 年 3 月 12 日上午李大钊出席国民党左派在北京三殿（由天安门起，直至太和殿）举行的纪念孙中山逝世一周年公祭活动时的合影

考察李大钊与顾孟余合影的背景，通过对照片背景的比对和分析，照片上李大钊与顾孟余身后的古建筑应是北京故宫的太和殿。

从合影照片中李大钊与顾孟余的装束看，二人均穿长衫，李大钊胸前佩戴一朵花，花的下方有一字条。但可惜照片太小，看不到其上是否有文字。

◎李大钊（右）、顾孟余合影截图

判断李大钊与顾孟余合影照片的时间，有必要考证发表这幅照片的《良友》画报的编辑和出版情况。从《良友》画报征稿编辑的角度分析，李大钊与顾孟余合影照片的时间上限锁定在《良友》画报 1926 年 2 月 15 日创刊之后，下限在 1926 年 6 月 15 日《良友》画报 1926 年第 5 期出刊之前。但从李大钊与顾孟余在北京一起共事的角度考察，1926 年三一八惨案发生后，段祺瑞执政府在 3 月 18 日晚决定通缉徐谦、李大钊、李煜瀛（李石曾）、易培基、顾兆熊

（顾孟余）。据三一八惨案发生后进入苏俄大使馆西院旧兵营避难的革命者刘清扬回忆，三一八惨案发生后不久“国民党领袖徐谦、顾孟余、陈友仁、丁惟汾相继离京。为了迎接北伐高潮，保存革命力量，中共党组织决定将许多同志调离北京。从此，北京国共两党的领导责任都担在李大钊一人身上”[①]。刘清扬的回忆证明了顾孟余是在1926年3月底离开北京的。据此推断，李大钊与顾孟余合影最迟时间应在1926年3月底之前。根据这一时段有关报刊的新闻报道以及后人编写的李大钊生平年谱，通过逐日检索、考证，得出一个结论：自1926年2月中旬至3月底的一个多月里，李大钊和顾孟余一起在故宫太和殿参加的活动，只有1926年3月12日纪念孙中山先生逝世一周年公祭活动。

通过照片承载的上述信息推断，笔者认为，此照片应是1926年3月12日上午9时余李大钊、顾孟余出席国民党左派在北京三殿（由天安门起，直至太和殿）举行的纪念孙中山逝世一周年公祭活动时的合影。照片中李大钊、顾孟余身着庄重的长衫，且李大钊胸前佩戴着一朵白花，从合影者装束亦可印证是出席国民党左派在太和殿举行的纪念孙中山逝世一周年的公祭活动。

二、从《晨报》的新闻报道，考证照片的拍摄时间和地点

北京《晨报》1926年3月13日发表《昨日国民党公祭孙文》的报道，这篇报道说：“昨日国民党开会纪念孙文者，计有三派：（一）右派（即南花园之市党部）在中央公园举行。（二）左派（即翠花园胡同之市党部）在太和殿举行。（三）为自称国民党同人之一

①《访问刘清扬记录》，载朱文通主编：《李大钊年谱长编》，中国社会科学出版社2009年版，第461页。

派……昨日则在西山公祭也。”[①]“昨日国民党左派则在三殿举行。由天安门起，直至太和殿，均为会场。天安门扎素牌楼一座，左右两石龙柱悬蓝布白字对一副，沿途石栏及树枝上，均挂有青天白日之纸旗。端午门亦扎有牌楼，太和殿为礼堂，殿内设孙文遗像及各团体匾额，私人祭联与花圈等物。上午九时余，在场者有于右任、徐谦、李大钊、吴稚晖、李石曾、丁惟汾、顾孟余、于树德、黄昌谷、柏烈武等。至十时二十分，即宣告开会，公推徐谦为主席，并致开会词。于右任宣读遗嘱，读毕大众向孙文遗像行三鞠躬礼，又推杨景山唱哀悼歌，并唱国民革命歌，礼毕奏乐，由孙中山之孙致答词，至下午二时，即行闭门。闻因会内有人主张用红旗以致引起冲突，故突于二时，闭门散会云。”[②]

新闻记者的上述记述表明，3 月 12 日国民党左派举行的纪念孙中山逝世周年三殿活动的会场是由天安门至太和殿，以太和殿为礼堂，殿内设孙文遗像以供祭奠。这证明照片上李大钊、顾孟余身后的古建筑毫无疑问是北京故宫的太和殿。通过与太和殿的有关照片反复比对，也证明李大钊、顾孟余合影的地点是太和殿前的广场。

《东方杂志》第二十三卷第五号（1926 年 3 月 10 日发行）发表各地举行孙中山先生去世之一周年纪念活动的 8 幅照片，其中一幅为“太和殿之各界纪念”[③]，记录下了太和殿纪念活动的场面。可惜照片中人物太小，不好辨认。但可佐证《晨报》报道的 1926 年 3 月 12 日上午国民党左派于右任、徐谦、李大钊、吴稚晖、李石曾、丁惟汾、顾孟余、于树德、黄昌谷、柏烈武等出席了太和殿举行的

①《昨日国民党公祭孙文》，《晨报》1926 年 3 月 13 日第 6 版，载张静如等编：《李大钊生平史料编年》，上海人民出版社 1984 年版，第 279 页。

② 同上。

③《东方杂志》第二十三卷第五号（1926 年 3 月 10 日发行）。

孙中山逝世一周年纪念活动。

《东方杂志》第二十三卷第八号（1926 年 4 月 25 日发行）《时事日志》载:“孙中山逝世周年纪念，在北京上海南京各地有盛大之纪念典礼。南京紫金山小茅山之孙墓，举行奠基典礼。”[①]天津《益世报》1926 年 3 月 13 日第 3 版报道:“孙中山陵［灵］车共十七节，载千余人，民党新旧两派在公共体育场筹备纪念会，预料将有冲突。”[②]

从当时有关报刊资料、照片考证，也证明了这幅照片是李大钊、顾孟余出席国民党左派在太和殿举行的纪念孙中山逝世一周年公祭活动时的合影。

三、从有关专家学者的研究成果中也可印证该照片是李大钊、顾孟余出席国民党左派在太和殿举行的纪念孙中山逝世一周年公祭活动的合影

著名学者、北京师范大学张静如教授等所编《李大钊生平史料编年》引用了《晨报》1926 年 3 月 13 日《昨日国民党公祭孙文》的报道。

朱文通主编《李大钊年谱长编》记载:1926 年 3 月 12 日，“为纪念孙中山逝世一周年，北京 20 万人举行盛大公祭活动。上午 9 时，李大钊作为国民党公祭主席团成员出席了国民党左派在太和殿举行的纪念活动”[③]。《李大钊年谱长编》的编者在此条目下加一脚注:“1926 年 3 月 13 日《京报》《晨报》”[④]。可见，朱文通主编的《李大钊年谱长编》与张静如教授的《李大钊生平史料编年》依据

①《时事日志》,《东方杂志》第二十三卷第八号（1926 年 4 月 25 日发行）。
②《益世报》1926 年 3 月 13 日第 3 版。
③ 朱文通主编:《李大钊年谱长编》，中国社会科学出版社 2009 年版，第 457 页。
④ 同上。

的史料是基本一致的。

李权兴等编著的《李大钊研究辞典》有如下叙述:“在1926年3月12日，李大钊又为纪念孙中山大会所唱挽歌作词，歌词发表在1926年3月13日的《晨报》上”[①]，全词是:“呜呼孙中山先生弃我们而去矣！人们痛哭以伤悲。先生努力国民革命四十年，打倒军阀和帝国主义。先生而今离我们去矣。先生的事业，千古昭垂，先生的遗产，是中国国民党，先生的遗爱，是国民和全人类。我们后死的将何所依？惟有记取先生的遗言:‘革命尚未成功，同志仍须努力。’”[②]但《李大钊研究辞典》没有说明纪念孙中山大会的时间和地点。

四、有关资料表明，1926年3月12日上午李大钊、顾孟余出席国民党左派在北京三殿举行的纪念孙中山逝世一周年公祭活动，是李大钊参加的纪念孙中山逝世一周年系列活动中的一次

1926年3月12日，李大钊在《国民新报·孙中山先生逝世周年纪念特刊》发表纪念文章《孙中山先生在中国民族革命史上之位置》。李大钊在文中总结和分析了孙中山生前和身后对中国民族革命的影响，高度评价了孙中山在民族革命运动中所发挥的重要指导作用。指出:“孙中山先生所指导的国民革命运动，在中国民族解放全部历史中，实据有中心的位置，实为最重要的部分。他承接了太平天国民族革命的系统，而把那个时代农业经济所反映出来的帝王思想，以及随着帝国主义进来的宗教迷信，一一淘洗净尽。他整理

① 李权兴等编著:《李大钊研究辞典》，红旗出版社1994年版，第96页。笔者在1926年3月13日的《晨报》上未能找到该挽歌的歌词。人民出版社、河北教育出版社出版的两个版本《李大钊全集》均未收入此挽歌歌词。

② 转引自李权兴等编著:《李大钊研究辞典》，红旗出版社1994年版，第96页。

了许多明季清初流下来以反清复明为基础的、后来因为受了帝国主义压迫而渐次扩大着有仇洋色彩的下层结社，使他们渐渐的脱弃农业的宗法的社会的会党的性质而入于国民革命的正轨。他揭破清朝以预备立宪、欺骗民众的奸计，使那些实在起于民族解放运动而趋入于立宪运动的民众，不能不渐渐的回头，重新集合于革命旗帜之下。他经过了长时期矫正盲目的排外仇洋运动，以后更指导着国民革命的力量集中于很鲜明的反帝国主义的战斗。他接受了代表中国工农阶级利益的共产党员，改组了中国国民党，使国民党注重工农的组织而成为普遍的群众的党，使中国国民运动很密切的与世界革命运动相联结。”①

（3月）“13日上午9时，参加国立中俄大学纪念孙中山逝世一周年大会，并作演讲。14时，同陈毅一起参加清华学校举行的孙中山周年纪念会，并发表演说”②。“14日赴天津指导该市党的工作，并在天津群众举行的孙中山逝世一周年的演说会上发表演说。”③

3月17日，《清华周刊》发表李大钊在出席清华学校纪念孙中山逝世一周年大会的演说。李大钊高度评价了孙中山在国民革命中的地位，指出：“孙中山所处的时代，是一个中国被外力所侵略、为外人经济很盛的时代。孙中山先生提倡三民主义，以抵抗一切帝国主义者，则是一方面结束以前的历史，一方开一新的道路，其为功实堪伟大。”④

从上述李大钊参加的纪念孙中山逝世一周年系列活动中可以看出，1926年3月12日上午李大钊、顾孟余出席国民党左派在北京

① 朱文通等整理编辑：《李大钊全集》第四卷，河北教育出版社1999年版，第644页。
② 朱文通主编：《李大钊年谱长编》，中国社会科学出版社2009年版，第457页。
③ 同上。
④ 朱文通等整理编辑：《李大钊全集》第四卷，河北教育出版社1999年版，第651页。

三殿举行的纪念孙中山逝世一周年公祭活动，是李大钊参加的纪念孙中山逝世一周年系列活动中的重要一次，是纪念活动的高潮。尽管目前对这幅照片的拍摄者还难以确定，对其拍摄目的尚难以考证，但他捕捉到了具有历史意义的珍贵瞬间。

五、1926年3月26日，段祺瑞执政府在《世界画报》发出通缉徐谦、李大钊、李煜瀛、易培基、顾兆熊（顾孟余）五人的照片和通缉令。《世界画报》所发《被段祺瑞通缉之五人》使用的却是后来《良友》画报1926年第5期李大钊、顾孟余合影中李大钊的照片[①]

1926年3月，北京举行的一系列悼念孙中山逝世一周年活动，实质上演变成为宣传国民革命思想、反对帝国主义、反对北洋军阀统治的群众运动。而李大钊、顾孟余则是这场运动的重要领导者。

1926年3月14日，“为孙文逝世周年纪念会第3日，自上午8时起，前往太和殿行礼者尚不少。10时有济难会及其他各团体致祭”[②]，原来国民党员拟定3月14日下午全体往西山碧云寺孙之灵前致祭。《晨报》3月15日报道说：“嗣因大沽口事件，遂于昨日下午，改在太和殿、天安门等处讲演，向会众说明日本帝国主义向中国民众加紧进攻之狂暴，并闻该党拟即日发起开国民大会，督促北京政府力向日本严重交涉，对于日本此事侵略行为，誓死反对。至昨日晚7时，该纪念会一律闭幕矣。”[③]显然，3月14日下午太和殿、天安门等处纪念孙文逝世周年纪念会，已经演变为严正抗议日军炮击

①《李大钊》画册编辑委员会编：《李大钊》，解放军文艺出版社1989年版，第146页；朱成甲：《李大钊传》（上），中国社会科学出版社2009年版，书前插图。

②《孙文逝世周年纪念会昨日闭幕》，《晨报》1926年3月15日第6版。

③ 同上。

大沽口的声讨会。

3月16日，日本纠集英、美、法、意、荷、比、西等八国公使，以所谓维护《辛丑条约》为名，向段祺瑞执政府提出最后通牒，要求国民军撤除大沽口国防工事等无理要求。3月17日，李大钊、顾孟余等率领北京各校爱国学生、各团体代表径赴国务院、外交部，要求段祺瑞执政府以强硬态度“驳复”日本等国的“最后通牒”，驱逐签署通牒的八国公使。段祺瑞执政府卫兵当场刺伤多人。

3月18日，北京市总工会、学生会等200多个团体10万多人集会天安门，召开国民大会。会后，群众赴段祺瑞执政府请愿。北洋军阀政府下令开枪打死请愿的民众47人，重伤200多人，制造了震惊中外的三一八惨案。李大钊头部和双手受伤。

3月18日夜，经段祺瑞主持的内阁会议议决，发出对徐谦、李大钊、李煜瀛（李石曾）、易培基、顾兆熊（顾孟余）五人的通缉令。该通缉令以近年来徐谦、李大钊、李石曾、易培基、顾孟余等五人“假借共产学说，啸聚群众，屡肇事端”①的罪名，令“严重查究……并着京外一体严拿，尽法惩办，用儆效尤”②。3月20日，《京报》《申报》等报刊刊登了段祺瑞执政府的通缉令。3月26日，段祺瑞执政府在《世界画报》刊登对徐谦、李大钊、李煜瀛、易培基、顾兆熊（顾孟余）五人的照片和通缉令。

耐人寻味的是，《世界画报》所发《被段祺瑞通缉之五人》使用的李大钊的照片，竟是后来1926年第5期《良友》画报登载的李大钊、顾孟余的合影照片，只不过经过了加工制作，去掉了照片上的背景以及顾孟余像那部分，仅留李大钊一人的照片，不过其刮

①《段祺瑞执政府的通缉令》，《京报》1920年3月20日。

② 同上。

擦制作痕迹明显可见。段祺瑞执政府在《世界画报》通缉顾孟余的照片则另选了一张半身免冠头像。这表明段祺瑞执政府在《世界画报》通缉李大钊时，很可能是一时难以找到李大钊的半身免冠照片，仓促间迫不及待地用了李大钊、顾孟余合影照片的李大钊部分。

六、《良友》画报1926年第5期发表李大钊与顾孟余在太和殿纪念孙中山逝世一周年活动合影的缘由

世界画报

三月十八日惨案特刊

◎《世界画报》中的李大钊照片（中立者）

还需要解答一个重要问题是为什么《良友》画报1926年第5期选择李大钊与顾孟余在太和殿纪念孙中山逝世一周年时的合影发表。

这需要从当时李大钊与顾孟余的身份探讨。

一是在工作和人际关系上，李大钊时任北京大学教授，顾孟余时任北京大学教务长、北京教育会长，二人均在北京大学任教，是同一所学校的同事、朋友，同为北京大学的著名学者。由于工作和人际关系密切，合影就成为自然之中的事情了。

二是政治身份和政治倾向上，李大钊是中国共产党北方领袖，国民党第一届、第二届中央执行委员会委员；而顾孟余则在1926年1月当选国民党第二届中央执行委员会委员。李、顾同为北京地区国民党左派（即翠花园胡同之市党部）领袖、北京市党部领导成员，可以说二人是并肩战斗的革命战友。

基于密切的业缘关系、共同的政治志向，以及北京市党部工作上的默契配合，所以才有李大钊与顾孟余在这个特殊场合的合影。

七、《良友》画报刊出李大钊、顾孟余合影照片的特殊意义

《良友》画报第5期出刊于1926年6月15日，在此时刊出3个月之前李大钊、顾孟余在北京太和殿广场的合影是具有深刻含义的。这应该是为配合国民革命军誓师北伐而刊发的一组照片中的一幅。这一组照片包括国民党第二次全国代表大会代表合影，这应是该组照片的中心。苏联顾问鲍罗廷的照片……北伐战争就是完成孙中山先生的未竟之业，国共两党北京党部的负责人在太和殿前合影，所有这一切都预示着国共两党第一次合作，并肩奋斗，推翻帝国主义和北洋军阀的反动统治。同时还有与北京政府针锋相对、拨乱反正的意义，将北京政府在《世界画报》通缉李大钊的照片的完整版发表在《良友》画报第5期，这就意味着在北京政府严令缉拿的"鼓动暴动"的"罪犯"李大钊、顾孟余，实际上是反帝反封、推翻北洋军阀黑暗统治的英雄。再则发表李大钊、顾孟余参加北京三殿举行的纪念孙中山先生逝世一周年的合影照片，是对国共两党合作、继承孙中山先生的遗志的贴切象征。它是北伐战争之前国民革命宣传活动的一个部分，预示着大规模革命风暴的来临。顺此思路推测，1926年5月开始担任国民党中央宣传部部长的顾孟余，有

可能是发表此照片的策划者。

总之,《良友》画报第5期发表李大钊与顾孟余在太和殿纪念孙中山逝世一周年公祭活动的合影，宣传了国共合作、继承孙中山遗志、开展国民革命的主题，其寓意深远。

（张同乐，原载《近现代史与文物研究》2015年第3期）

李大钊在狱中为何以国民党人身份写自述

1927 年 4 月 6 日，奉系军阀张作霖在北京逮捕了中国共产党北方区委书记、中国国民党在北方的主要负责人李大钊。在狱中，李大钊留下了两份珍贵的文献资料——《狱中供词》和《狱中自述》[①]。《狱中供词》是李大钊被敌人审问时的回答，而《狱中自述》则是他以书面形式向敌人作出的回答。文中李大钊以国民党人自称，从未谈及中国共产党。李大钊为何要以国民党人的身份写自述呢？

这还需要从李大钊被捕前的工作谈起。

1921 年中国共产党成立后，李大钊一直在北京负责党在北方的主要领导工作。1924 年中国国民党一大召开以后，国共合作以“党内合作”方式正式开始，李大钊按照共产国际和党中央的要求加入国民党，担负国民党在北方的主要领导责任。此后，他领导国共两党在北方的党组织，充分利用革命统一战线，团结各界群众，扩大革命势力，促进了北方人民反对帝国主义、反对北洋政府统治运动的蓬勃发展，有力配合了五卅运动后全国革命形势的高涨和北伐军的胜利进军。因此，北洋政府一直视李大钊为“心腹大患”。1926 年三一八惨案发生后，段祺瑞执政府紧急下令，以“假借共产学说，啸聚群众，屡肇事端”的罪名，通缉李大钊。形势危急，李大钊考虑到还有许多工作要做，坚持转入地下从事秘密工作，并于

① 两文参见朱文通等整理编辑:《李大钊全集》第四卷，河北教育出版社 1999 年版，第 698~719 页。

1926 年 3 月底将国共两党北方领导机关迁入东交民巷苏联驻华使馆西院的旧兵营内。

1926 年 4 月 18 日，张作霖占领北京，加紧对共产党人及倾向共产党的革命者进行迫害。当时，北京城贴满了这样的告示："宣传赤化，主张共产，不分首从，一律死刑"，就连一些主张进步的报纸主编，如《京报》主笔邵飘萍、《社会日报》主笔林白水等，也都被残酷枪杀。在白色恐怖日益严重的情况下，李大钊不顾生命危险，秘密开展工作，使北方革命力量不断壮大。自 1926 年三一八惨案至 1927 年 2 月，仅北京一地，共产党员就由三百多人发展到一千多人，国民党员也由两千多人发展到四千多人，共青团员也有了很大发展。同时，李大钊组织国共两党深入农村，建立农民协会和武装，使直隶、内蒙古、山西等地的农民运动迅速发展起来。但是，帝国主义对中国革命的迅猛发展，惴惴不安，逐步联合起来进行干涉。1927 年 4 月 6 日，在获得帝国主义公使团的默许后，张作霖不顾国际公法，悍然派兵闯进苏联驻华使馆，实行蓄谋已久的疯狂搜捕，李大钊与妻子、两个女儿，连同国共两党北方领导机关人员和苏方人员共 60 余人一同被捕。4 月 12 日，蒋介石在上海发动反革命政变。4 月 15 日，广州也发生反革命政变。一时黑云滚滚，白色恐怖笼罩四方。

在这种险恶形势下，李大钊在生死抉择面前，首先考虑的是如何避免党的组织再次遭到破坏。这就需要在恪守原则的前提下，采取灵活的斗争策略。鉴于张作霖极端仇视共产党，如果李大钊在狱中明确亮出自己中共领导人的身份，其结果可想而知。如果考虑到孙中山曾与张作霖结成军事联盟，国民党在北方处于半公开地位，张作霖正在拉拢国民党这层关系，"以子之矛，攻子之盾"，与敌周旋，则可以在最大限度内保护被捕同志。所以，李大钊在狱中绝口不谈共产党，却谈国民党，这是正确运用革命的策略，来反对反革命的策略。

从《狱中供词》和《狱中自述》的字里行间，我们可以体会到，无论是敌人动用酷刑，还是威逼利诱，都没有动摇李大钊维护革命利益的坚定意志，都没有说自己是中国共产党的领导人，没有泄露党的任何秘密，没有说一句有损党的荣誉和利益的话。这一点，就连敌人也不得不对报界承认“李无确供”。在《狱中供词》中，他明确说“我在（国民党）北方区担任特别市党部政治委员”“我是国民党左派”“是国民党中的共产派”“（国民党）北方首领只我一人”。在《狱中自述》中，他介绍了由孙中山亲自主盟加入国民党的经过。经过慎重考虑，还谈了一些国民党众所周知的情况。此外，为了迷惑敌人，李大钊在《狱中自述》中还写了一些假情况，例如，说国民党“在北方并无重要工作”，说“北京为学术中心，非工业中心”，故“无工会之组织”，说传言党人在北京有如何之举动，“皆属杯弓市虎之谣”，等等。事实证明，李大钊以其国民党人身份在狱中与敌周旋的立场、做法，正是为了掩护和他一起被捕的革命同志，表现出他高超的政治智慧。

在《狱中供词》和《狱中自述》中，李大钊还借国民党人的身份申明共产党人的一些“目的”和“主张”。例如，在《狱中自述》中，李大钊说：“今日之世界，乃为资本主义渐次崩颓之时期，故必须采用一种新政策。对外联合以平等待我之民族及被压迫之弱小民族，并列强本国内之多数民众；对内唤起国内之多数民众，共同团结于一个挽救全民族之政治纲领之下，以抵制列强之压迫，而达到建立一恢复民族自主、保护民众利益、发达国家产业之国家之目的。”又如，他在《狱中供词》中阐述道：“我的目的在建设良好政府、恢复国权、定出新经济政策，用国家的力量发展财力，使国民贫富阶级不至悬殊”；“我是国民党左派，主张打倒帝国主义，取消不平等条约，最主要的是希望民族在世界上得一平等地位”；“我是拥护农工利益，要完成中国国民革命”；“中国革命紧接着就是世界革命，中国革命完成即促进世界革命”等。处此危难时刻，李大钊依然坚定地宣传救国救民的真理，这需要何等的勇气！

在狱中的 22 天里，李大钊对同时被捕的妻女及家事从不提及，却希望敌人对于被捕的爱国青年宽大处理，不事株连。为了使党组织不再遭受损失，其他同志不再做出牺牲，他不同意北方铁路工人的劫狱计划，并向敌人说明这是谣言，不要轻信。他还希望敌人能够保存他平时搜集的书籍，以利文化。

1927 年 4 月 28 日，奉系军阀不顾社会舆论的强烈反对，秘密进行军法会审，以所谓“宣传赤化”“意图扰乱公安”“颠覆政府”的罪名，悍然对李大钊等 20 人宣判死刑。李大钊视死如归，首登刑架，神色不变，从容就义，时年 38 岁。对于李大钊的殉难，曾在他的领导下工作过的陈毅后来写诗缅怀称颂：“先驱好肝胆，松柏耐岁寒。”

李大钊的《狱中供词》和《狱中自述》，充分显示了他身陷囹圄却心系党的事业，胸怀人民大众，志在民族解放的精神，展示了他坚贞不屈的崇高革命气节，以及作为中国共产党人的崇高品质和政治智慧。

（谷新德，原载《党的文献》2012 年第 1 期）

中共创建者李大钊身后事

一、献身主义

1927年4月28日上午10时，北洋政府安国军总司令部军法处、京畿卫戍司令部、京师高等审判厅、京师警察厅四机关组成的军事法庭，在经过4月25日、26日两次预审后开庭，进一步核实了李大钊等被捕党人的姓名、年龄、籍贯、出身及入党年月、服务工作等，当庭宣判，以“意图扰害公安、颠覆政府，实犯刑律之内乱罪及陆军刑事条例之叛乱罪”判处李大钊等20人死刑，宣判后立即执行。李大钊等被押解至司法部街后身刑场。下午2时，宪兵营长高继武监刑，执行绞刑。李大钊首登绞刑台。当时在北京任京师高等审判厅推事的何隽曾亲历现场，据他回忆，在受刑之前，指挥行刑官曾询问过李大钊对家属如何处分，李大钊说道：“我是崇信共产主义者，知有主义不知有家，为主义而死分也，何函为？”没有为家属留下任何遗言。行刑之时，“经行刑人拥登绞台左绞绳下铁盖上，其另一受刑人则拥登右绞绳下铁盖上，均面南左右并肩立，一位行刑人反接两手，缠缚全身，并折结环，神色自若不变。最后，李大钊高呼‘为主义而牺牲’者再，毅然延颈就环”[①]。

李大钊等牺牲后被警方装殓在薄棺之中，寄厝宣武门外北头路西土地庙下斜街长椿寺内，派警察看守。当晚，也遭囚禁的他的夫人赵纫兰和女儿李星华、李炎华获释，回到灰厂豁子内朝阳里四号

① 中共福建省委党史资料征集编写委员会编:《革命人物》，1985年第1期。

家中。

同日，安国军总司令部将判决结果刊登在《警察公报》《顺天时报》等报刊上。1927 年 5 月 11 日的京师警察厅公函（十六年字第一四六号），较为全面地反映了判决情况，特录如下：

> 安国军总司令部令：开案查前据该厅在东交民巷俄使馆附属房屋内破获共产党犯李大钊等三十名，检同证据送请讯办等情。当经本部组织临时军法会审，一再研讯，并检查证据证明李大钊等确系共产党犯，意图扰害公安、颠覆政府，实犯刑律之内乱罪及陆军刑事条例之叛乱罪，业于四月二十八日依法判决宣示：李大钊、谭祖尧、邓文辉、谢伯俞、莫同荣、姚彦、李银连、杨景山、范鸿劼、谢承常、路友于、英华、吴平地、方伯务等二十名均处死刑；舒启昌等四名各处一等有期徒刑十二年；李云贵、韩子明、吕玉如、张之旺、赵玉发、张全印等六名各处四等有期徒刑二年。除李大钊等业已执行外，合行令仰该厅遵照将舒启昌等十名转送监狱执行。具报此令，等因奉此相应将舒启昌等十名函送贵厅查收，转交监狱执行实纫公谊。

李大钊牺牲后，家中生活惨状引起各报纸的普遍关注。《晨报》《京报》《东方时报》等纷纷报道，就连日本人主办的充斥着侵略色彩的《顺天时报》都撰文说，“李大钊平昔不事储蓄，身后极为萧条”，李宅室中“空无家具，即有亦甚破烂”。北京档案馆的祝力军在查阅京师警察厅档案时，整理了李大钊妻女被捕后的史料，撰写了《先烈遭残害　眷属受株连》一文，累述了警察厅严密监视之下赵纫兰母子的生活情况：直至第二天早晨看到报纸时，他们才知道自己的亲人已被施了绞刑。这噩耗犹如晴天霹雳，使李大钊夫人

“悲痛号泣，气绝复苏者数次，病乃愈益加剧，以致卧床不起”，小儿女“绕榻环立，其孤苦伶仃之惨状，见者莫不泪下”。对于手无缚鸡之力的孤儿寡母，反动当局并没有善罢甘休，仍继续派人进行监视。李大钊妻小因经常受到流氓、打手的滋扰，只好阖家迁移到李青峰[①]的宅中居住。京师警察厅总监陈兴亚在放出李大钊妻女时，即命令中一区警察署：“查李大钊遗族既在京养病，应由该管区署妥为保护为要。合行令仰遵照。”此令名曰“保护”，实则派暗探跟踪盯梢。侦缉处处长吴郁文秉承主子的旨意，屡次报告李大钊遗眷的行动。如五月二十日，吴郁文报告：“寄居南池子葡萄园十号李青峰家内已故李大钊之妻女，于本月十一日下午七时余，经李青峰用汽车一辆，将大钊之妻李赵氏及其女兴［星］华、艳［炎］华并李赵氏之胞弟赵小山［峰］等，送往东车站，乘京奉通车出京。”[②]

据此，赵纫兰从 4 月 28 日李大钊遇害，至 5 月中旬幸得李大钊生前好友的大力相助，才能暂避风险，携子女离京，回乡度日。

二、移棺浙寺

李大钊被杀害的消息传出之后，友人纷纷前往探望家属。梁漱溟在回忆文章中曾有专门讲述，很能说明北大同人及李大钊生前友好奔走相助的情形：“当我闻悉守常被害，立即从西郊赶入城内，一面看望其家属情况，一面看视他的装殓的情况……我望见守常夫人卧床哀泣不起。我随即留下十元钱，退出来，改往下斜街长椿寺——据闻守常遗体停柩在此……只见棺材菲薄不堪，即从寺内通

① 据李权兴、李继华二人考证，李青峰为李采岩（采言）。1908 年、1910 年的两份《北洋法政学校同学录》载：李青峰，直隶冀州人，号采岩。李大钊和李青峰都就读于预科英文甲班（后称 1 班）。李青峰长李大钊两岁，后任内务部警政司佥事。

②《北京档案史料》，1989 年第 3 期。

电话于章宅吴弱男[1]夫人……弱男夫人来到时，各方面人士亦陆续而来，共议改行装殓之事。”[2]

当此之时，李大钊同乡好友白眉初、李采言、李凌斗等人也分别到李大钊家中看望赵纫兰并到长椿寺准备领出李大钊棺木。大家在征求了赵纫兰的意见后，决定为李大钊换棺，并募捐办理后事。李凌斗找到德昌杠房的掌柜伊寿山，讲明要购买棺材重新装殓李大钊遗体。伊寿山推荐了一口标价 260 块大洋的柏木棺材，因为价格太高，李凌斗说明情况，请求伊寿山降价。伊寿山“生平不识李先生，并绝对反对共产主义，因连日看报，对于其个人人格确有相当钦佩，只索银一百四十元，此亦北京城破天荒之举动也”[3]。李凌斗走后，伊寿山又请师傅用了 20 多斤松香和桐油熬在一起，十几斤黑生大漆，里里外外给棺木上了五道漆。正是因为经过这样精心的打造，1983 年党中央将李大钊的棺柩移至李大钊烈士陵园时，棺木出土完好，李大钊的遗骸得到较好的保护。

5 月 1 日上午，伊寿山带领 16 名工人扛着棺材到达宣武门外长椿寺，重新装殓李大钊遗体。杠房用药水洗擦遗体，穿上九层寿衣，头戴帽子，脚穿鞋，安置妥帖，转入新棺，又用漆封上口。在场诸人，无不含泪悲愤，李星华、李炎华更是大声哭喊着爸爸，扶父亲入新棺，再三祭拜。11 时左右，又由 24 人抬着李大钊的新棺到妙光阁街浙寺，暂厝浙寺南院，安放祭拜。寺主人因李大钊为政府绞刑不愿收留，经多方疏通，才允许暂时停放，租费为每月四

① 吴弱男，章士钊夫人。1914 年，李大钊与章士钊在日本相识，1917 年底在章士钊推荐下，李大钊入北京大学，后接替章士钊任北京大学图书馆主任。两家交好，常有来往。

②《回忆李大钊》，人民出版社 1980 年版，第 88~89 页。

③《顺天时报》1927 年 5 月 2 日。

元，先预付三月费用12元。可没想到的是，由于政府迫害，加上时局变幻，这一放就是六年。就连帮忙入殓的伊寿山也被警察逮捕，后经保释才得出狱。

李大钊生前好友及学界同仁也陆续祭奠，并到家中看望赵纫兰，留下钱物以示馈赠及赙仪。北京、天津及上海等各地李大钊生前好友在得知李大钊牺牲的消息后纷纷捐款。时在杭州的章廷谦曾经回忆："就在这一年的五月中，我收到北平的朋友寄来为募集李大钊家属赡养费的捐册。发起募捐就我现在记得的人是：余文灿、白眉初、章士钊、吴弱男、马裕藻、陶玄诸位……我于是只好先向在杭州的北大同人蔡孑民、蒋梦麟、马夷初、许昂若几位'党政'首要中去捐募，不成问题，都慷慨认捐了——还记得马夷初在捐册上所写的并不如普通捐册上写的那样：'某某捐 ×× 元。'他写的是：'马叙伦敬赙 ×× 元。'他那时是浙江省政府委员兼民政厅长。然后，我就坦然地再向张仁杰、邵元冲、蒋伯诚……几位去捐，结果成绩很好。"[①] 章廷谦将所募得款项按照捐启中所指定的收款人寄到了北京。

1927年5月20日，在李采言的护送之下，赵纫兰带着幼小的孩子回到了大黑坨李大钊老家。1928年，李乐光[②] 寒假回乡，专程到大黑坨村看望赵纫兰及李星华姐妹兄弟，详细了解了他们回乡后的生活情况。在李乐光临走之时，赵纫兰嘱托李乐光回京后到北京大学周作人等处，托他与周作人等先生商议李星华、李炎华等姐弟学业、以后生活等有关事宜。不久后，赵纫兰又请弟弟赵小峰代笔

①《回忆李大钊》，人民出版社1980年版，第112页。

② 李乐光，即李兆瑞，李秀峰之子，曾跟随李大钊在北京读中学，并参加五四运动，1926年入清华大学读书，1931年参加革命，1932年入党，1933年以李大钊亲属名义参与公葬活动。

修书一封给周作人，再次恳请周作人帮忙筹划，解决李星华、李炎华等姐弟的读书问题，以求完成学业，不负先烈。周作人接信后，即和北大同人商议，可惜在反动政府的恐怖统治之下，各教授虽多次讨论商议，终无能为力，直到 1931 年夏，才通过多方安排，接李星华和李炎华姐妹俩回北京复学，分别入孔德学校初中部和小学部读书。李星华入孔德学校后半工半读，周作人给她安排了为学校刻法文讲义的工作来补贴生活。

在这里需要说明的是李大钊长子李葆华的情况。1927 年 4 月 6 日这一天正好是清明节，也是当时的植树节，李葆华随同周作人等一起出城植树，并于当晚住在城外沈士远教授家里。4 月 7 日，李大钊被捕的消息传来以后，沈尹默立即打电话给大哥沈士远请他保护好李葆华。但因为海淀侦缉队就在沈家附近，不便久留，于是又请周作人借去燕京大学上课的机会，将李葆华带回城里。4 月 28 日，即在李大钊遇害当天，周作人将李葆华接到八道湾家中，隐藏在后宅小屋内，直至 7 月，在沈尹默等人的联系之下李葆华赴日本留学。当时，李葆华还不满十八岁，但是他的沉稳与镇静却如一位久经沙场的老兵，周作人等人深为折服。周作人在回忆录里这样写道:“这天是四月二十九日，又是吃了一惊。守常已于前一日执行了死刑，报上大书特书，而且他和路友于、张挹兰几个人照相，就登载在报上第一面。如何告诉他儿子知道呢？过一会儿他总是要过来看报的，这又使得我没有办法，便叫电话去请教尹默，他回答说就来，因为我们朋友里还是他会得想办法。尹默来了之后，大家商量一番，让他说话，先来安慰几句，如说令尊为主义而牺牲，本是预先有觉悟的。及至说了，乃等于没有说，因为他的镇定有觉悟，远在说话人之上，听了之后又仔细看报，默然退去。”[①]

当时，沈尹默为李葆华办理了孔德学校的毕业文凭，离开北京到天津，从天津乘船到日本，进入位于东京神田区中猿乐町的东亚高等预备学校，学习日文。1928 年 1 月，李葆华考取东京高等师范学校理化系。在日本的一切花销全部是自费，临行前周作人、沈尹默等人支援的生活费已全部用完，李葆华的生活处于极度的困窘之中。1928 年 8 月初，李葆华回国，暂住周作人家中，又于月底回日本。1929 年，沈尹默担任河北省教育厅厅长，费尽周折，把李葆华由自费改为公费，才使得他的生活和学业都得到了保障。1931 年，李葆华在日本东京加入中国共产党，7 月任中共东京特别支部书记。九一八事变爆发后，中国十七省留日学生代表集会，决议全体回国参加抗日斗争。1931 年 11 月，李葆华由日本长崎登轮回国。从此后，继承父业，开始了革命生涯。

三、公祭公葬

1933 年，日本加紧了对华北的侵略步伐。1 月 3 日，日本关东军攻占山海关，并迅速向长城以内推进。很快，滦县失陷，李大钊的家乡乐亭被日伪占据。3 月，李星华回家乡接病重的母亲来京避难。而这时，李大钊的灵柩已在浙寺停放了整整六年。为了让逝者入土为安，赵纫兰带李星华姐妹又一次找到了周作人、沈尹默、蒋梦麟、胡适等北大同人，恳求帮助，时任校长的蒋梦麟慨然允诺。

4 月 10 日，由北大校长蒋梦麟领衔，北大同人王烈、何基鸿、沈尹默、沈兼士、周作人、胡适、马裕藻、马衡、傅斯年、樊际昌、刘复、钱玄同 13 人联合发起，共担公葬重任，做了以下几项

① 《周作人回忆录》（内部发行），湖南人民出版社 1982 年版，第 445~446 页。

工作：

（一）发起捐款。13 位发起人向社会广泛地发起了捐款活动，北京大学师生及外地故友纷纷捐款。如蒋梦麟、胡适、沈尹默、周作人、傅斯年、刘半农、钱玄同、马裕藻、马衡等捐款 20 元，沈兼士、李四光、郑奠等各捐 10 元，梁漱溟 50 元，与李大钊有着师友关系的陶玄捐款 100 元，外地好友鲁迅、胡小石捐款 50 元。国民党一些要人也出钱捐助。这些善款由北大会计科代收，据一本保存至今的《捐助李守常先生营葬费收据》显示，捐款名录 94 人，共募得赙金 2377 元。捐赠收据是否仅此一本尚不得考，有些捐助人也很可能直接捐助赵纫兰，而未交付北京大学会计科。如周作人除在 4 月 25 日北京大学发薪时代扣捐款 20 元外，还在 22 日下午往下斜街浙寺凭吊时送奠仪 10 元。

（二）协商购买李大钊及夫人墓地。李大钊纪念馆展出的一张万安公墓户账表第 97 号，即是当时为李大钊的认墓穴书，该表“认穴人”一栏填写“李大钊守常宅”，认购区域为“特字区仁字组第十号至十一号，共计二穴”，说明一栏填写“蒋梦麟君代办”，摘要一栏填写“李夫人墓，李大钊墓”，时间为“中华民国二十二年四月十三日”即 1933 年 4 月 13 日。在交费记录一栏里显示着购置墓穴时的交费情况，除 4 月 13 日当日的交费情况外，紧挨一栏即是 5 月 28 日的交费登记，注明“章矛尘交来”。章矛尘即章廷谦，北京大学校长室秘书。5 月 28 日交款是为安葬李夫人而为。另一栏民国二十三年六月六日刻字收费，是为李大钊墓和李夫人墓刻碑的记录，也是经章廷谦之手。到万安公墓购置墓地时，公墓经营者、曾任过北洋政府交通部司长的浙江人蒋彬侯，因为害怕受连累，一度拒绝接纳李大钊入葬。4 月 13 日，蒋梦麟亲自出面方才勉强办妥。

蒋彬侯非常小心谨慎，所以在说明一栏里，特别注明由蒋梦麟代办。

（三）撰写碑文。为李大钊立碑，这是13位发起人的心愿，大家推请语言学家刘半农撰写碑文。4月15日，刘半农拟出了《故国立北京大学教授李君墓碑》碑文，全文如下：

君讳大钊，字守常，河北乐亭县人。早岁入北洋法政专门学校，习政治经济之学。既卒业，东游日本，入早稻田大学，所诣益精。归国后，作为文章，布之《甲寅》《新青年》诸报，理致谨严，思度闳远，见者称道。以民国七年一月主任国立北京大学图书馆事。九年九月，改任政治、史学两系教授，兼任北京高等师范学校、女子高等师范等校教员。君温良长厚，处己以约，接物以诚，为学不疲，诲人不倦，是以从游日众，名满域中。会张作霖自称大元帅于北京，政出武夫，儒冠可溺，遂逮君及同游六十余众，而令何丰林按其狱，君与路友于、张伯华、邓文辉等二十人遂同罹于难。风凄雨横，摧此英贤，呜呼伤哉！君生于清光绪十五年十月六日，死于民国十六年四月二十八日，春秋三十有九。夫人赵氏纫兰。子三：震华[①]、光华、欣华。女二：星华、炎华。越六年，其友王烈、何基鸿、沈尹默、沈兼士、周作人、胡适、马裕藻、马衡、傅斯年、蒋梦麟、樊际昌、刘复、钱玄同等创议募资为营窀穸，遂于民国二十二年〇月〇日葬君于北平西山万安公墓，载临斯穴，挥涕悽怆，惟神魄之得所，迪吾民于恺康。

可惜，因为反动当局的破坏，这块饱含着北大同人深情的墓碑并没有能立在李大钊墓前。

① 文中“子三”之后的“震华”，为故意写成，代李葆华之名，为保护之意。

（四）大规模公祭公葬。李大钊的牺牲，大革命的失败，蒋介石南京国民政府对北平（1928 年 6 月 20 日，南京国民政府明令改北京为北平特别市）的黑暗统治，流氓打手的特务活动，使北方党组织受到严重破坏。时值日本帝国主义疯狂入侵东北、华北，北平广大民众尤其是知识分子、青年学生挽救民族危亡的抗日斗争，也遭到残酷镇压，抗日进步人士、共产党人被大肆搜杀，北平全城笼罩在法西斯恐怖之中。加之共产党“左”倾关门主义的错误指导，在多次示威运动中暴露了力量，大批党员被捕，中国革命处于低潮之中。

北方党组织在得知李大钊公葬的消息后，想通过这次出殡，搞一次群众性的悼念活动，以揭露反动派残杀共产党的暴行，祭奠烈士，伸张革命正义。

为了广泛地发起群众和照顾家属的安全，“事先以死者家属的名义，在报纸上发一个讣告，把出殡的时间、地点等公布出去。这样既可组织群众参加悼念活动，壮大游行队伍；如果发生意外，又可以推说，群众是看了讣告后才来的，而不暴露我们家里与党组织的联系，使家庭遭受新的迫害”①。

1933 年 4 月 22 日，在妙光阁浙寺内举行公祭。“祭堂设于浙寺昆卢殿前，陈设甚为简单。中悬李氏遗像，像前陈列祭品。席间则悬有黄少谷、李书华、沈尹默、李蒸、白眉初等所赠花圈、挽联及祭幢等。北大公祭李大钊先生同学会，及文艺前线社及易培基、李书华、周作人等教育界闻人等皆前往致祭。”② 李书华时任国民政府教育部长，易培基任农矿部长兼故宫博物院院长，黄少谷是国民党

① 徐兴信、李权兴主编：《回忆父亲李大钊》，《乐亭文史资料》第八辑，第 181 页。
②《京报》1933 年 4 月 23 日。

中央候补监委，他们公开出面，既是对李大钊的缅怀，也在很大程度上保障了公祭现场的安全。李星华姐弟四人环立在祭堂一侧，向祭者答礼拜谢。赵纫兰因为连日来悲伤过度病情加重，倒卧在灵堂侧，坚持参加公祭。据《北平晨报》报道："昆卢殿上供李之遗像，教育界及各文化团体，所赠之花圈挽联颇多。计有北平文化总联盟，革命互济会，文学杂志社，妇女抗日救国联合会，北平社会科学作家联盟等等。更有日人名山田太郎者，送日文诔文，兹译之如下：'亲爱的我等无产阶级的导师，同志李大钊，同志尸体，虽埋藏于地下，但同志奋斗之余波，业经昂扬，同志既流之血，已成我辈之力！同志哟！瞑目静眠罢！我辈誓作殊死战，切断枷锁！获取自由！'更有一朝鲜人以韩文制幛一付，亦为可纪之一事。"[①]

4月23日上午8时，蒋梦麟、马裕藻等北大同人及教育界人士，各大中学青年学生，工人及军人700多人，陆续赶到李大钊灵前致祭，参加出殡仪式。据报载：

> 九时半起灵，送葬者有教育界及男女学生七百余人，起灵时全体肃立，唱国际歌，继即静默志哀悼。殡仪最前列为旗伞执事，次为影亭，中供李大钊遗像，后即棺罩。由李之子女在前执幡，送葬者均在棺后。亲执挽联二十余付，最前一联，下款为"北平青年恭送李大钊安葬"，横联为"李大钊先烈精神不死"，左右联为："在压迫下生活，在压迫下呻吟，生者何憾；为革命而奋斗，为革命而牺牲，死固无恨"。其余各联，均系平市教育界名人及各文化团体所送，中有妇女联合抗日救国会一联，文为"南陈已囚，空教前贤笑后死；北李如在，那用我辈哭先烈"

①《北平晨报》1933年4月24日。

（南陈当指陈独秀）。此外清华大学史学教授张崧年所送布幛一付，仅在上款书“守常先生不死”，下书“张崧年”，幛中无字。[①]

送葬队伍由浙寺出发，一路之上，人们高喊着口号，散发着传单，不断地有人加入，送葬的队伍越来越大，声势也越来越高，最终发展成为一场示威游行。这引起了军警的禁止和破坏，将到西四牌楼时，国民党宪兵出动，堵住路口，不许就地举行公祭。送殡群众提出抗议，引起激烈冲突，宪兵开枪抓捕，青年受伤，送葬队伍被冲散。后经一番努力，找回杠夫，李星华姐弟及亲友收拾起被冲散踩碎在地上的花圈、挽联和鲜花等，护送灵柩起程，直到黄昏时分才到达墓地，由北大同人扶灵下葬。

因为当时的残酷环境，中共北方党组织没有公开出面组织这场活动，而是以河北革命互济会[②]的名义全程参与，在公祭之时赠送了花圈、挽联，派人秘密保护灵堂，组织工人、群众及军人参加公葬，印刷并散发了《河北革命互济会为公葬无产阶级革命导师李大钊同志宣言》等传单，组织路祭、演讲活动等，以宣传李大钊先烈的英勇革命精神来激发群众的斗志，点燃革命的热情，反抗日本帝国主义的侵略和当局的黑暗统治。中共北方党组织还以北平互济会的名义为李大钊书写了“革命导师李大钊之墓”的墓碑，由一辆骡车送达万安公墓。但迫于当时紧张的政治环境，墓碑没有立在李大钊墓前，而是因循六朝墓志的方法将之同棺椁一起埋入地下，直到1983年为李大钊修建烈士陵园移灵时才出土，得见天日。碑文由赫

①《北平晨报》1933年4月24日。

② 革命互济会，是中共北方区委领导下的公开群众团体，专做援助被捕同志和抚恤烈士家属的工作。

洵撰写，此碑的设立体现了当时党组织对李大钊历史贡献的充分肯定。碑文如下：

李大钊是马克思列宁主义最忠实最坚决的信徒，曾于一九二一年发起组织中国共产党的运动，并且实际领导北方工农劳苦群众，为他们本身利益和整个阶级利益而斗争。

一九二五年——一九二七年的中国大革命爆发了，使得民族资产阶级国民党竟无耻的投降了帝国主义和封建势力，并且在帝国主义直接指挥之下，于肆月六日大举反共运动，勾结张作霖搜查苏联使馆，拘捕了李大钊同志等八十余人，在肆月二十八日被绞死于京师地方法院看守所，同难者八十余人。这种伟大牺牲的精神，正奠定了中国反帝与土地革命胜利的基础，给无产阶级的战士一个最有力最好的榜样。现在中华苏维埃和红军的巩固与扩大，也正是死难同志们的伟大牺牲的结果。

公葬中被内四区警署捕去的青年，在审讯中避重就轻，拒不承认散发传单等情，很机智地进行了自我保护。如有的供词说："我曾跟李大钊受过业，今日他移灵我去送殡，随队喊叫口号'打倒日本帝国主义'口号，先不知姓名金流星、沈继芳、朱治民、王时英、董崇岳、王菱舟、林永光、宋志温、工吉平等在后随行，至西四牌楼大街地方被警查获带署。蒙讯，我等并未散发传单。"[①] 由供词可以看出，军警的讯问重点在于是否有散发传单、扰乱治安等行为，所以他们统一口径，承认为老师送葬，否认破坏治安，从事革命活动等行为。他们的口供几乎完全一致，由此可见，他们参加公葬活动前是做了充分准备的。中国共产党参与组织的这次公葬活动，是

①《北京档案史料》1989 年第 3 期。

在革命斗争屡屡受挫的情况下举行的，广大青年学生、工人群众冒着生命的危险广泛参与，并以强烈的热情掀起声势浩大的游行示威，足以证明李大钊精神、思想及人格对人民的影响。

因为连日的劳累和出殡时的惊吓，赵纫兰病倒在床，在公葬完李大钊一个月之后，“二十七日，入协和医院，于当晚十二时余去世。昨日由其戚友料理身后，即在协和入殓。移柩至后门外嘉兴寺暂厝。定三十日接三，已由李宅分头通知。并定三十一日发引。即就万安公墓李大钊墓侧安葬”[①]。赵纫兰病逝后，北大同人再一次出面，于 1933 年 5 月 28 日将赵纫兰安葬于万安公墓李大钊的墓侧。1934 年 6 月 6 日，北大再一次请刘半农书写碑文，为李大钊和夫人立碑。碑的正面正中位置分别刻“李先生墓”“李夫人墓”，从右至左竖行撰写碑文。限于当时的环境，碑文十分简略，仅说明了李大钊及夫人的讳字、籍贯、生卒年月日及立碑子女姓名。

母亲去世后，李星华承担起照顾弟妹的生活重担，后在北大同人及李大钊生前好友熊希龄、刘静君等人的安排下，姐弟分别入学读书。

赵纫兰生前最关心的李大钊文集，也交由周作人负责，先后联系了上海群众图书公司的曹聚仁和北新书局的李晓峰，后由北新书局出版。鲁迅为其撰写了《题记》。不幸的是，1933 年文稿送审时被扣，直到 1939 年《守常全集》才得以出版。也因为当局限制，出版后只当事人留有几本，即全部被收回。1949 年 7 月，上海解放以后，仍以原版改名为《守常文集》出版发行，并于 1950 年再版。

1982 年，中共中央决定修建李大钊烈士陵园。陵园位于北京万安公墓中央，占地面积 2200 平方米，坐西朝东，是在 20 世纪 30

①《京报》1933 年 5 月 30 日。

年代万安公墓主体建筑的基础上改建的，牌楼式的园门，上悬挂李大钊烈士陵园匾额。对着园门是李大钊汉白玉立式雕像，雕像背后是李大钊烈士及夫人赵纫兰墓地。墓后竖有一块花岗岩石碑，正面镌刻着邓小平的题词："共产主义运动的先驱伟大的马克思主义者李大钊烈士永垂不朽"。背面题写的是由中共中央撰写的《李大钊烈士碑文》。1983 年 10 月 29 日，在李大钊 94 周年诞辰之际，中共中央在北京隆重举行李大钊烈士陵园落成典礼，党和国家领导人、李大钊家属及各方面人士 500 多人，参加了落成典礼。开放以来，李大钊烈士陵园已成为爱国主义教育和革命传统教育的重要基地，接待国内外、党内外各界人士前来瞻仰。

（刘晓艳，原载《党的文献》2016 年第 4 期）

二、革命实践

论李大钊与中国共产党的创建

中国共产党是中国工人运动和马克思列宁主义相结合的产物。这种结合是在中国历史上形成的，经历了自己独特的道路，并且是一个非常艰难的过程。中国的早期共产主义者，根据当时中国社会提供的条件，进行艰苦卓绝的斗争，推动马克思列宁主义与中国工人运动相结合，促成中国共产党的建立。在这个伟大事业中，李大钊是一位杰出的代表。他是中国最早的系统地宣传马克思列宁主义的马克思主义者，影响和推动了一批革命知识分子走上共产主义道路。他是中国共产主义运动的先驱。他的建党活动，体现了马克思列宁主义与中国革命实际结合的方向。他既是马克思主义的理论家，又是领导革命斗争的杰出组织者和实践家。他在思想准备和组织准备上都为中国共产党的建立作出了卓越的贡献。

1919 年爆发的五四运动，促进了马克思列宁主义与中国工人运动的结合，使中国革命进入了新的阶段。李大钊作为组织者和领导者之一，曾经对这次运动产生了重大影响。

李大钊是中国共产党的主要创始人之一和党早期的杰出领袖。在建党过程中，他接受共产国际的帮助，配合陈独秀在上海的活动，积极促进各地共产党小组的建立和中国共产党第一次全国代表大会的召开，同陈独秀一起被誉为“南陈北李，两大星辰”。李大钊虽然没有出席党的第一次代表大会，党成立后也没有担任主要领导职务，但这并不影响他在建党历史上所占有的重要地位。他对建党的伟大贡献，应当得到充分的肯定。

本文试就在建党过程中李大钊的活动、贡献及其特点，作一概略论述。

一、传播马克思列宁主义，奠定了建党的思想基础

虽然马克思的名字早在1920年就已出现在梁启超的文章中，后来民主派的著名理论家朱执信又对马克思、恩格斯及其学说作了一些介绍，但这些片段的介绍还谈不上是真正意义上的马克思主义传播，因而也没有在群众中产生什么影响。

马克思、恩格斯指出："一定时代的革命思想的存在是以革命阶级的存在为前提的。"[①]在中国，这样的社会历史前提，是在国际上爆发了第一次世界大战和俄国十月社会主义革命胜利之后才具备的。

第一次世界大战期间，由于帝国主义国家忙于战争，中国的民族工业曾经出现了一个短暂的"黄金时代"。受近代企业的冲击，大批纺织、面粉、制盐、开矿等手工作坊，代之以机器生产转化为近代工厂，从而使中国的产业工人队伍由大战前夕的六十多万，急增到二百万左右。随着工人阶级队伍的壮大，工人的罢工斗争日益频繁，规模不断扩大。在中国人民与帝国主义、封建军阀的矛盾急剧尖锐化的情况下，新兴的中国工人阶级受到俄国和世界革命潮流的影响，"他们的文化程度虽然落后……然而街谈巷议……是听着的"，他们被这个潮流惊醒了，唤起了"工人之国"在中国早日实

①《马克思恩格斯选集》第一卷，人民出版社1972年版，第53页。

现的希望，这时中国的工人运动“已经开始它的黎明期了”[①]。然而要从这种黎明期的自觉性的萌芽状态前进到阶级的自觉，在中国革命的转变中代替软弱的资产阶级，担负起领导者的责任来，就必须有马克思列宁主义的理论指导。中国工人运动的这种发展，就给马克思列宁主义作为科学社会主义体系在中国的传播提供了阶级基础。

辛亥革命失败后，中国的先进分子在寻求救国救民出路的斗争中，1915 年以陈独秀创办《青年杂志》为标志，掀起了提倡科学与民主的反封建的新文化运动。这个运动的性质虽然仍属于旧民主主义的范畴，但它是近代中国空前的思想解放运动，极大地启发了人们民主主义的觉醒，客观上为马克思列宁主义在中国的传播扫清了障碍，准备了思想前提。

李大钊曾经作为陈独秀的战友，投入了新文化运动的行列。但他在这个运动中急速地突破了民主主义的眼界，举起马克思列宁主义的旗帜，揭开了在中国传播马克思列宁主义的序幕，从此开创了科学社会主义的传播运动，使马克思列宁主义在新文化运动开辟的道路上迅速发展并逐步与中国人民的斗争相结合，打开了中国革命的新局面。

1918 年 7 月，李大钊在《言治》季刊第三期发表的《法俄革命之比较观》一文，可以看作是马克思列宁主义传播运动的开篇之作。这篇文章指出了俄国十月社会主义革命与 18 世纪法国大革命的本质区别，说明世界历史潮流已经进入了一个完全新的时期。同年 12 月，他又在中央公园北京大学组织的庆祝协约国胜利的讲演会上，发表了题为《庶民的胜利》的演说，不久又撰写了《布尔什

① 邓中夏:《中国职工运动简史（1919—1926）》，人民出版社 1953 年版，第 13 页。

维主义的胜利》的论文[①]。在这两篇著作中，李大钊进一步揭露了帝国主义战争的本质，明确指出第一次世界大战的胜利，不是联合国的胜利，更不是我国徒事内争托名参战的军人和那投机取巧卖乖弄巧的政客的胜利，是社会主义的胜利，是布尔什维主义的胜利，是赤旗的胜利。这功业是列宁的功业，是马客士（即马克思——笔者）的功业。他热情宣传俄国十月社会主义革命的伟大意义，指出“一九一七年的俄国革命是二十世纪世界革命的先声”和“世界人类全体的新曙光”。而布尔什维主义则是“二十世纪世界革命的新信条”。他对社会主义革命的前途充满信心，认为一切皇帝、贵族、军阀、帝国主义、资本主义……都将被这无法防遏的滔滔滚滚的潮流所摧毁，“由今以后，到处所见的，都是布尔什维主义战胜的旗，到处所闻的，都是布尔什维主义凯歌的声……试看将来的环球，必是赤旗的世界！”

不久，他又在《每周评论》第三期社论里发表重要论文《新纪元》，文中宣称：现在的时代，“是人类生活中的新纪元”，“是世界革命的新纪元”，“是人类觉醒的新纪元”。他欢呼中国人民已经看到了这个“新纪元的曙光”，“好比在沉沉深夜中得到一个小小的明星，照见新人生的道路”。号召中国人民乘着这线光明去打碎黑暗的、死寂的牢笼，为创造新的生活而奋斗。

毛泽东指出：“中国人找到马克思主义，是经过俄国人介绍的。”“十月革命一声炮响，给我们送来了马克思列宁主义。”[②]俄国革命的爆发，使在寻找革命真理过程中屡遭失败的先进分子产生了民族解放的新希望，他们从俄国革命的经验中，认识到马克思列宁

①《新青年》第五卷第五号。

②《毛泽东选集》第四卷，人民出版社 1960 年版，第 1407~1408 页。

主义真理，开始了对它的追求和研究。李大钊这个时期对俄国革命和布尔什维主义的宣传，代表了中国先进分子的这种新觉醒，反映了马克思列宁主义传入中国过程中的这一历史特点。

《庶民的胜利》《布尔什维主义的胜利》和《新纪元》的发表，表明李大钊已经开始运用马克思列宁主义的宇宙观作为观察世界和国家命运的工具，实现了从民主主义者向共产主义者的转变，成为中国最早的马克思主义宣传家。只要看一看新文化运动当时的主要代表人物陈独秀、胡适、蔡元培等人在这个时期发表的文章就不难发现，李大钊一旦掌握了马克思主义观点，他就能够从本质上分析第一次世界大战后的形势，得出关于世界革命和中国革命的新结论，从而在思想上明显地超出他的同时代人，站到更高的水平线上。[在《新青年》第五卷第五号上发表的陈独秀的文章《克林德碑》，是对第一次世界大战的庆祝中，北京人拆毁克林德碑发出的感慨。文中指出，何以有此碑的设立，是“因为义和团无故杀了德国公使克林德氏……”，“你说中国何等可耻，义和团何等可恶”。进而指出，拆除克林德碑不值得欢喜，因为中国既还存在道教、佛教、孔教、儒释道教合一的中国戏和妄自尊大的守旧党这些原因，将来义和团的事必将还要发生。蔡元培的文章《劳工神圣》指出，此次世界大战的胜利“可以消灭种种黑暗的主义，发展种种光明的主义”，“……此后的世界，全是劳工的世界”。蔡公在此所指的劳工，是为从事正当职业，非贪官污吏、不劳而获的剥削者或投机商人的工农商学各界。陶孟和的文章《欧战以后的政治》，指出欧战政治上的教训有：(一)秘密外交，(二)背弃法律，(三)军人干政，(四)独裁政治。上文都没有触及这次大战的实质问题。]

李大钊在参加新文化运动之前，已经表现出思想上的某些特点，他具有深沉的爱国主义思想和强烈的忧国忧民的情感，他相信中国人民具有“良智良能”，能够自立于世界民族之林，他在革命的奋斗中乐观、进取，不断地批判现实，追求真理。早在1913年至1916年日本留学期间，他就受到日本早期马克思主义者幸德秋水和河上肇的影响，阅读了马克思主义的著作，奠定了马克思主义唯物史观的思想基础。同时，他又投身于反袁反帝的斗争，寻求着救国救民，“创造青春中华”的出路。因此俄国十月革命爆发后，他就有可能比较快地接受其影响，确立马克思主义的观点，从思想上到行动上迅速跨进新的领域，成为中国早期共产主义者的优秀代表。而陈独秀开始转向马克思主义则是在1920年5月左右，陈独秀之成为马克思主义者也在一定程度上受到了他的推动。所以，众所公认李大钊在马克思主义的传播中，起到了“首传真”[①]的启蒙作用，成为这个运动的旗手和主将。

马克思主义的传播，使新文化运动出现了新的飞跃，在思想上突破了资产阶级民主主义的范围，具有了社会主义因素，政治上唤起了人民政治斗争的重新活跃。1918年12月，李大钊和陈独秀等创办的《每周评论》的出版，便是这一新形势下的产物。该刊抛弃了《新青年》出版时宣称的“批评时政，非其旨也”[②]的信条，无情抨击反动军阀统治的黑暗现实，揭露帝国主义的侵略本质，广泛报道世界革命的动态，直接号召和推动人民起来进行爱国政治斗争。虽然这个刊物直接编辑者的政治倾向很不一致，但他们一度在反军阀、反帝国主义的大方向上采取了共同步骤，因而对五四运动的酝酿和发动起了重要作用。李大钊则把它作为宣传马克思列宁主义的

① 林伯渠为《李大钊选集》（人民出版社1959年版）的题词。

②《新青年》第一卷第一号。

阵地，他的许多重要文章都是在该刊上发表的。1919 年 5 月，当学生爱国运动爆发之际，李大钊在该刊发表《秘密外交与强盗世界》一文，揭露帝国主义的侵略本质，提出“改造强盗世界，不认秘密外交，实行民族自决”的三大信誓。这对五四运动坚持不妥协的反帝国主义方向有深刻影响。

五四运动促成了中国工人运动和马克思列宁主义的结合，为党的成立做了准备。“五四”以后，人民的思想空前活跃，以社会主义为主要倾向的刊物如雨后春笋，在短期内达到二百余种，一个空前广泛的学习和宣传马克思列宁主义的思想运动已经形成。而李大钊一直站在这个运动的前列。

1919 年 5 月 5 日为马克思诞辰 101 周年，李大钊帮助《晨报》副刊开辟《马克思研究》专栏。这个专栏存在 6 个月，曾连续刊载了马克思的《劳动与资本》等文章。李大钊还把由他负责编辑的《新青年》第六卷第五号，编成“马克思主义专号”，集中了大量介绍“马克思研究”“马克思生平”和“马克思学说”的文字，其中还刊有河上肇著《马克思的唯物史观》的译文，文中详细介绍了《共产党宣言》的基本思想。而从本期首载的、李大钊的长文《我的马克思主义观》，则是中国第一篇比较完整地、系统地介绍马克思主义基本原理的重要文献。这篇文章冠之以“我的马克思主义观”的题目，在当时极其醒目，充分表现了李大钊对马克思主义的坚定信仰和革命胆识。文中指出，“自俄国革命以来，‘马克思主义’几有风靡世界的势头，德奥匈诸国的社会革命相继而起，也都是奉‘马克思主义’为正宗。”他申明写这篇文章的目的是要使“这为世界改造原动的学说，在我们的思辨中，有点正确的解释”。这篇文章比较详细地介绍了马克思主义的三个组成部分——唯物史观、政治经济学说和科学社会主义的基本内容，说明了这三个部分有不可分割的联系，而阶级斗争恰如一条金线，把这三大原理从根本上联络起来。最后他指出，马克思主义的伟大功绩在于告诫无产阶级，社会主义的实现绝离不开人民本身的斗争，因此马克思、恩格斯号召全世界无产者联合起来！这篇文章尽管还有个别不准确或者错误之处，但他对马克思主义的科学体系及其革命意义的了解无疑是正确的。这个时期，他还写了《阶级竞争与互动》《物质变动与道德变动》《由经济上解释中国近代思想变动的原因》等多篇论文。又在北大、女高师等校讲授“唯物史观”“社会主义与社会运动”“史学思想史”等课程。李大钊的论文和演讲对宣传马克思主义，推动马克思主义传播运动的深入发展具有重要指导意义。在这一时期，受到五四运动的推动和李大钊的影响，一批早期共产主义知识分子实现了世界观的转变，形成了中国初具规模的马克思主义者的队伍。

马克思主义运动如滚滚江河奔腾向前。如果说反动军阀政府对曾经声称“不议时政”①的新文化运动尚能容许，而对以推翻帝国主义和封建军阀为直接目标的共产主义运动则表现了极大的仇视和恐慌，军阀政府的内务部发公文、张告示，查禁“过激主义”，捉拿“过激派”；《每周评论》《湘江评论》等进步刊物被查封；马克思的《资本论》、列宁的《国家与革命》等83种进步读物被列为禁书。在革命阵营内部，新文化运动初期共产主义知识分子、小资产阶级和资产阶级知识分子三部分人的统一战线开始分裂。那些打着社会主义招牌的改良主义、无政府主义、工团主义、新村主义等资产阶级、小资产阶级社会思潮，在中国社会大转变的舞台上表演一番之后，也逐渐暴露出反社会主义的真面目。这表明，一场马克思主义

① 陈独秀：《今日中国之政治问题》，《新青年》第五卷第一号。

与各色各样社会思潮的论战已经不可避免。

1919年7月，胡适在《每周评论》第三十一期上[①]发表《多研究些问题，少谈些“主义”》一文，公开站出来挑起了这场论战。胡适在他的文章中诬蔑宣传马克思主义是“阿猫阿狗”“鹦鹉和留声机”都能做的事。他极力反对所谓“外来进口的主义”，声称宣传主义不但“没有用处”，而且“是很危险的”。他主张去研究一个一个的具体问题进行点滴改良，其实质就是借口不适合中国国情而反对马克思主义的传播，反对进行社会革命。

李大钊是在临去五峰山避难之时看到胡适的文章，他以马克思主义者的敏锐当即洞察到胡适这篇文章的实质和这场论争的严重意义，毅然挺身而出，在五峰山的孤灯石室中写就了给胡适的《再论问题与主义》的公开信，发表在1919年8月出版的《每周评论》第三十五期上。《再论问题与主义》一文首先肯定了在中国宣传马克思主义的必要，指出：“一个社会问题的解决，必须靠着社会上多数人共同的运动……应该使这社会上可以共同解决这个那个社会问题的多数人先有一个共同趋向的理想、主义。”他驳斥了胡适的改良主义主张，强调要改造中国“必须有一个根本解决，才有把一个一个具体问题都解决了的希望”。这个“根本解决”就是要推翻反动阶级的国家政权，而用主义去教育和组织群众，正是为这种根本解决创造必要的条件。针对敌人的攻击，李大钊公开声明：“我可以自白，我是喜欢谈谈布尔什维主义的……我总觉得布尔什维主义的流行，实在是世界文化史上的一大变动，我们应当研究他、介绍他、把他的实象昭布在人类社会。”表现了他对马克思主义的坚定立场和对敌人的蔑视。

① 时值陈独秀被捕入狱，李大钊被迫流亡，由胡适担任编辑。

在这场论战中，李大钊又着重指出，我们宣传主义，最终是要“使社会上多数人都能用它作材料、作工具”并“本着主义去作实际的运动”。他强调“一个社会主义者，为使他的主义在世界上发生一些影响，必须要研究怎么可以把他的理想尽量应用于环绕着他的实境”。也就是要以马克思主义为指导，通过革命手段根本解决中国的问题。这不仅从根本上捍卫了马克思主义，也给马克思主义运动的发展指明了正确方向。

继问题与主义的论战，李大钊又在随后发生的关于社会主义的论战及与无政府主义者的论战中，写了《中国的社会主义与世界的资本主义》《社会主义下之实业》《自由与秩序》等文，与陈独秀、李达等更多的同志一起，继续开展对各种反动社会思潮的批判。这场持续两年之久的论战有如大浪淘沙，使马克思主义传播初期不可避免的百说杂陈的局面得到清理，马克思主义在斗争中得到正确解释，它的革命真髓日益为中国人民接受，逐步形成为新文化运动的主流。

到 1921 年 3 月，李大钊已经对建党提出了明确的主张并号召为迅速组织中国共产主义者的政党而斗争。他在《曙光》杂志第二卷第二号上发表的《团体的训练与革新的事业》一文中指出，中国“彻底大改革”的事业，“要靠民众的势力去完成”，而民众要靠团体去组织训练。“俄罗斯共产党，党员六十万，以六十万人之大活跃，而建设一个赤色国家。”“所以我们现在要急急组织一个团体，这个团体不是政客组织的政党，也不是中产阶级的民主党，乃是平民的劳动家的政党，即是社会主义团体。”这个政党是由“C 派朋友”组成的，是“强固精密”的团体，在国际上它以“第三国际为之中枢”与“各国的‘C 派朋友’相呼应”。在这里，李大钊已经明确指出中国共产党应当是由共产主义者组成的，以中国的彻底大改革为其奋斗目标的，有严格组织性纪律性的政党，是共产国际领导之下的马克思列宁主义政党。这个建党思想的提出反映了中国马克思主义运动的客观要求，进一步武装了早期共产主义者，推动了中国共产党的建立。

二、培养共产主义干部，为建党做了组织准备

重视革命的实际运动，是李大钊在马克思列宁主义传播中的一个显著特点。随着对马克思列宁主义研究的深入，他更加注意用革命的组织手段来推进和巩固运动的发展，在斗争中培养大批干部并以他们为桥梁促进马克思列宁主义与中国工人运动相结合。

1917 年底李大钊接替章士钊担任北京大学图书馆主任。在北京大学这块新文化阵地上，以他激进的思想、高尚的品格和对公众事业的热心，很快与周围群众发生了密切联系。这个时期，他参加了当时主要社团的创建，通过社团的活动，影响和推动了一批进步知识分子走上马克思主义的道路。

社团的出现，是五四时期马克思列宁主义传播运动从思想斗争走向政治斗争的产物，每个社团根据自己的宗旨出版刊物并实行团体的结合以实践其宗旨。社团里云集了许多先进分子，在组织上为五四运动做了准备。1918 年 6 月 3 日，李大钊参加发起成立少年中国学会，这是五四时期有较大影响的社团之一。在成立会上，经他提议将学会宗旨定为“本科学的精神，为社会的活动，以‘创造少年中国’”。在这里，他把“创造少年中国”作为一个理想提出来，曾产生很大积极影响。学会成立后，李大钊被推举为学会机关刊物《少年中国》的编辑主任。他积极参加学会活动，一直担任评议员、编辑等领导职务，学会的不少会议就是在他的办公室召开的。李大

钊曾经希望这个学会能够负起研究和介绍马克思主义的任务并为此尽了很大努力。但由于它是一个统一战线性质的团体，在谋求共同的主义问题上不能取得一致，最后终于走向分裂而于 1925 年停止了活动。学会历时七年，会员有 120 多人，不少人后来成为著名的共产党人，如毛泽东、张闻天、邓中夏、恽代英、高尚德（君宇）、黄日葵、刘云汉（天章）、田汉等[①]。

1918 年 10 月，北京大学爱国激进青年邓中夏、许德珩等，发起成立国民杂志社，出版《国民》杂志。李大钊应邀担任该社的导师，对该社的成立和刊物的出版给予了热心的帮助和指导。李大钊的重要论文《大亚细亚主义与新亚细亚主义》，就发表在 1919 年元旦出版的《国民》第一卷第二号上。这篇文章指出日本军国主义者宣扬的"大亚细亚主义"，就是"并吞中国的隐语"，"是侵略的主义"，"是吞并弱小民族的帝国主义"。在中国这是第一次以马克思列宁主义观点提出的帝国主义概念。李大钊又在该社的周年纪念会上发表了高度评价五四运动的演说[②]。国民杂志社的会员曾发展到 180 余人，该社由于受到李大钊和陈独秀的影响，政治倾向很激进，公开谈论政治，坚决反对日本帝国主义。他们在"民国八年发起五四运动并为这个运动的中坚。五四运动之后，这一群的倾向越发分明了，他们显然是社会主义——尤其是布尔什维克主义的仰慕者了"[③]。

1918 年 12 月，北大的又一著名社团新潮社在《北大日刊》发表成立启事，李大钊也是这个社团的顾问之一，曾在红楼拨了一间

① 张允侯等：《五四时期的社团》（一），生活 · 读书 · 新知三联书店 1979 年版，第 240~241 页。

②《李大钊选集》，人民出版社 1959 年版，第 255 页。

③ 张允侯等：《五四时期的社团》（二），生活 · 读书 · 新知三联书店 1979 年版，第 35 页。

房子供该社使用并积极支持《新潮》月刊的出版。新潮社初期在伦理革命和文学革命方面起过一定的作用，但由于受到胡适的影响，它的主要成员在“五四”以后走上了所谓“国故整理”的资产阶级改良主义道路。

当时在国民杂志社和新潮社之间，由于思想倾向不同经常发生对立，李大钊则多方面调解促进，使他们在反对帝国主义侵略中国的共同点上联合起来，组织在北大学生会周围，从而加强了五四运动中进步青年的团结。

1919 年二三月间，李大钊在《青年与农村》《现代青年活动的方向》中指出知识分子要与工农相结合，这对社团的发展曾经产生了一定的影响。他在这两篇文章中提出，改造中国社会，“非把知识阶级与劳工阶级打成一气不可”，号召青年在“新世界曙光”的照耀下，到劳动人民中间去，“要晓得痛苦的人，是些什么人？痛苦的事，是些什么事？痛苦的原因，在什么地方？”然后大家一齐消灭这痛苦的原因。这里虽然不同程度地保留了俄国民粹派的影响，但在当时却推动了知识分子迈出与工农群众结合的步伐，因而有北大平民教育讲演团的产生。1919 年 3 月，邓中夏等在北大平民教育讲演团的发起宣言中声明，该团以“增进平民知识，唤起平民之自觉心为宗旨”，“以露天讲演为方法”[①]。他们决心“打破从来的少数有知识的人保守他那个阶级的制度”，“现在我们要改革社会，自然要从灌输人民知识上入手”，但“中国劳动阶级的人，识字不多，所以第一步的方法就在于讲演了”[②]。该团有团员 150余人，从

① 张允侯等:《五四时期的社团》(二)，生活·读书·新知三联书店 1979 年版，第 134 页。

② 同上书，第 155 页。

成立到1925年坚持宣传反帝反封建和科学社会主义思想；讲演的对象从市民扩展到工农群众；方法从街头演说到举行民意测验，进行社会调查，组织工人团体。北大平民教育讲演团代表了五四时期社团发展的正确方向，北大的早期共产主义知识分子大都参加了该团的活动，他们在与工农结合的道路上，坚韧不拔，艰苦奋斗，取得了显著成绩。

社团的建立和活动，在李大钊周围聚集了一批具有初步共产主义思想的先进分子，他们面对民族危机的日益紧迫和军阀政府腐败无能的黑暗现实，逐步认识到只靠宣传教育、出版等活动已不能适应斗争形势的需要，越来越热烈地讨论着“直接行动”的问题。所谓“直接行动”，这是李大钊在介绍国际工人运动经验时多次提到的，即不经当局批准，直接采取“正规范围”以外的行动达到革命的目的。五四运动就是爱国青年走上“直接行动”的斗争。在五四运动中，李大钊和陈独秀参加散发的《北京市民宣言》，向人们提出了“直接行动”的斗争目标，它要求保持国家主权完整、废除与日本订立的密约；取消步军统领和警备司令两机关，保安队由市民组织；市民须有绝对的集会和言论自由权等，声明政府若不“听从市民之希望”，人民“惟有直接行动以图根本之改造”。陈独秀在散发《宣言》时被捕，李大钊立即设法营救。陈独秀出狱后，他又亲自护送陈独秀取道天津转移到上海。经过这次考验陈独秀的思想更加激进，不久便走上马克思主义道路。

五四运动后，随着马克思主义传播运动的发展，社团遍于全国。1919年9月，觉悟社在天津成立。李大钊曾应邀赴津与觉悟社的社员见面，他给了这个思想先进、组织严密、男女平等的天津社团以热情的赞扬。1920年8月，觉悟社提出团体联合、共同行动、挽救中国危亡的倡议，全体社员到北京请李大钊指导和帮助。李大钊热烈支持团体联合的主张，8月16日在陶然亭举行商讨联合的茶话会，北京的少年中国学会、曙光社、人道社、青年工读团派了代表出席。会上周恩来代表觉悟社说明联合进步团体，共谋社会改造的意义。李大钊在讲话中，强调各团体有标明主义的必要，他指出近年以来世界思潮已有显然的倾向，一个进步团体如不标明主义，对内既不足以齐一全体心态，对外更不能与他人有联合的行动。这次会议产生了《改造联合宣言》和《改造联合约章》两个文件。在马克思列宁主义目标下的团体联合，是“五四”以后社团发展方向的一个尝试，但由于在谋求主义问题上不能统一，实际上这种联合没有实现。

随着革命形势的急速发展，早期共产主义者已经不满足于一般的结合，觉悟到有成立严密的共产主义政党的必要。因而李大钊于1920年3月组织了秘密的北京大学马克思学说研究会。它的最初会员有邓中夏、高尚德、何孟雄、黄日葵、朱务善、李梅羹、张国焘、罗章龙、刘仁静等，基本上都是后来北京党组织的最早成员。1921年7月党成立后，根据中共中央关于迅速发展的方针，中共北京党支部决定马克思学说研究会公开活动，在北大校内取得合法地位。于是1921年11月17日在《北大日刊》发布了启事，召开成立大会，建立“亢慕义斋”图书室。在启事中，李大钊这位组织者并没有列为发起人，“是因为当时我们组织上考虑到，他是党的领导人，对外界说他还是以一个教授和一个马克思主义理论家的身份出现，所以开始时李大钊同志并未出头露面，而只是在党内指导”①。他曾以教授身份在成立会上发表了演说。马克思学说研究

① 张允侯等:《五四时期的社团》(二)，生活·读书·新知三联书店1979年版，第264页。

会，从1921年公开征求会员到成立大会时有60多人，以后陆续增加到110人，至1923年二七罢工之前已达300人左右，其中有百分之二十工人会员，并有少数民族会员[①]。学会的主要活动是大力搜集德、英、法、日等各种文版的马克思、恩格斯原著达数百部，进行编译、刊印，为研究马克思主义提供必要的条件。还组织会员就唯物史观、阶级斗争、剩余价值等马克思主义基本理论进行专题研究，主办讲演会。李大钊曾为研究会作了《马克思的经济学说》的专题讲演。研究会还经常讨论国内外大事，关注实际斗争，进行广泛的宣传和组织活动，如举行过马克思诞辰104周年纪念会，发表启事支援唐山3万工人的罢工斗争，举行纪念李卜克内西、卢森堡殉难四周年大会等。北京大学马克思学说研究会在中国共产党成立前后，对马克思列宁主义的传播和造就中国早期的共产主义者起了重要作用。它是社团向共产党组织发展的过渡形态，北京共产党小组就是在这个基础上建立起来的。

1920年四五月间，列宁领导的共产国际派出代表维经斯基、马迈耶夫和翻译杨明斋来到北京，通过北京大学俄籍教授鲍立伟会见李大钊（张太雷任翻译，陪同谈话）。他们共同分析了中国革命的形势，讨论了有关工人运动和建立中国共产党的问题。会谈之后，李大钊介绍维经斯基一行去上海与陈独秀会见，李大钊则在北京积极展开建党的准备工作。1920年8月，陈独秀在上海成立中国共产党发起组并不断来信与李大钊商量建党事宜，李大钊派张国焘专程去上海与陈独秀具体磋商。1920年10月李大钊在北大图书馆主任室召开建党小组会议，参加者有邓中夏、罗章龙、张国焘、刘仁静以及无政府主义者黄凌霜、陈德荣（他们不久即退出）等，李大钊

① 参见罗章龙:《亢斋回忆录》，载《回忆李大钊》，人民出版社1980年版，第43页。

作了有关建立共产党的意义及今后任务的报告，张国焘作了关于与陈独秀会谈情况的报告。这次会议一致通过决定正式成立北京共产党小组，李大钊为小组领导人。不久北京共产党小组通过决定改为支部，推举李大钊为支部书记，张国焘负责组织，分管职工运动，罗章龙负责宣传，主编《劳动音》。

继维经斯基之后，共产国际派代表格林来华。1920 年 11 月，北京社会主义青年团亦宣告成立。当时党组织的成员李大钊等均参加了团组织，并直接领导团组织的工作。到 1921 年 3 月底，团员已发展到 55 人。

此外，山东的早期共产主义者王尽美、邓恩铭，在李大钊影响下，于 1919 年 11 月成立励新学会，这个学会与北大马克思学说研究会建立了联系，李大钊派陈为人到济南协助，1920 年 9 月建立了山东共产党小组。

早期共产主义知识分子队伍的形成，大致经历了从民主主义性质的社团到过渡性的马克思学说研究会，再到共产党小组的过程。其中推动他们前进的主要动力是对马克思主义信念的加深和参加反帝反军阀政治斗争的实际锻炼，而在这两个方面，李大钊都是一位最有影响的引路人。

三、促进马克思列宁主义与工人运动的结合

马克思主义的广泛传播和早期共产主义知识分子的成长，是马克思列宁主义与中国工人运动相结合取得的伟大成绩，也是促进这种结合进一步发展的必要条件。

早在 1919 年初，李大钊就针对唐山煤矿工人的状况，指出必须建立工人团体和劳动补习教育机关，以启发工人的阶级觉悟，改

变牛马不如的境遇[①]。北京共产党小组成立后，他便把注意的重心转向工人运动，领导小组成员以长辛店为基地，在铁路工人中灌输马克思列宁主义思想，组织工会，进一步加强建党的阶级基础。

长辛店是位于京汉路北段的一个大站，这里集中了3000多名机车修理工人。五四时期，北京大学的进步学生和在长辛店留法预备班工读的爱国青年，曾在这里组织"救国十人团"，发动工人参加抵制日货的游行和罢工。北大平民教育讲演团成立后，根据"注重乡村和工厂讲演"的方针，逐渐把讲演伸延到长辛店和丰台的工厂、农村中，建立了知识分子与工农群众的最初联系。北京共产党小组成立后，便在长辛店租了房子，建立起长期固定的据点，不断扩大了工作的范围。1920年11月7日，向工人进行通俗马克思列宁主义宣传的《劳动音》创刊。北京共产党小组把它作为自己的机关刊物，表明了对工人运动的重视。在创刊号上《我们为什么出版这个〈劳动音〉呢？》一文中，指出它的宗旨是："阐明真理，增进一般劳动同胞的知识，研究些方法，以指导一般劳动同胞的进行"；同时"又登载世界劳动者的运动状况，以促进国内劳动同胞的团结与世界劳动者携手，共同去干社会改造的事情"。《劳动音》很注重马克思列宁主义宣传与工人实际运动的结合，指出："只向知识阶级作学理的宣传，而不向无产阶级作实际运动，结果只是空谈"[②]，强调要使刊物成为"阶级斗争的工具"[③]。该刊还用大量篇幅反映工人的悲惨生活，报道罢工消息，如在第一期上，以《矿局年利八倍于资本》《几十分钟内死工人五六百》《工人一命只值六十元》的醒

①《李大钊选集》，人民出版社1959年版，第138、153页。

②《劳动运动的新生命》，《劳动音》第一期。

③《我们为什么出版这个〈劳动音〉呢？》，《劳动音》第一期。

目标题，报道了1920年10月唐山煤矿瓦斯爆炸，工人死亡五六百人的重大事故。第五期上，又报道了南京万余机织工人捣毁省议会的情况，并针对这些事件发表评论，指出斗争的目标和方法。因此《劳动音》成为启发工人觉醒的教科书，受到长辛店等地工人的热烈欢迎，到1920年底每期销售已达两千多份。

举办劳动补习学校是北京共产党小组向工人传播马克思列宁主义的又一重要方式。长辛店劳动补习学校于1920年12月，由北大学生会和平民教育讲演团出面筹办，1921年元旦正式开学，主持人是邓中夏，李大钊和小组其他成员也都曾来视察和讲课。这所学校的日班教工人子弟，夜班教工人，最初的工人学员只有史文彬、杨宝琨等二十几人。课本由教员编写，上课时把课文抄在黑板上，先教识字，再讲解内容。如宣传“劳工神圣”的道路时，便指出做工最光荣，劳动最伟大，这就叫“劳工神圣”。教员用通俗的事例说明当时社会的不合理，指出“只有大伙心齐、结结实实抱成团儿，什么事都能办到，就有法子不受压迫了”。他们还讲解了“工人为什么要有政党”“为什么要承认苏俄”“为什么要组织工会”[①]，学校的教学活动采取多种形式如访问工人家庭、个别谈心，或把革命道路编成话剧、歌词表演。这里还备有《劳动音》《共产党》《工人周刊》等进步刊物，辅导工人阅读。经过宣传教育，工人的觉悟迅速提高，他们“正在进行劳动团体的组织，预备和上海及各埠的劳动者——他们最亲爱的朋友——联络一致并进而与全世界的劳动者握手”[②]。这样，劳动补习学校成为中国共产党团结教育工人、组织产

①《长辛店工人发起劳动补习学校》,《劳动界》第十五期。

② 长辛店机车车辆工厂厂史编委会编:《北方的红星》，作家出版社1960年版，第57~69页。

业工会的有效形式，在各地普遍被采用。

1921 年的五一国际劳动节，北京共产党小组在长辛店组织了隆重的庆祝大会，有 1000 多名工人参加，并有从市内和天津、保定等地远道而来的工人代表出席。这次大会正式通过了工会的成立并举行了游行示威。工人的口号是："工会是最好的法子！""最合理的事情是每人工作八小时，休息八小时，教育一小时！""我们的仇敌是不劳而食的人！""劳动万岁！""五一节万岁！"[①] 这次游行使李大钊在一年前所寄予的，要使五一节由三五文人"纸面上的笔墨运动"变为劳工阶级"街市上的群众运动"的期望成为现实[②]。长辛店工会是在中国共产党领导下最早成立的工会。《共产党》月刊称赞它"办会很有条理"，"实可令人佩服，不愧乎北方劳动界的一颗明星"[③]。

经过一年的辛勤工作，在长辛店工人中形成了一批骨干力量，其中史文彬、杨宝琨等被介绍入党，他们后来成为京汉线工人运动和二七罢工的领导人。长辛店工人运动在中国共产党历史上开辟了新的一章，这就是首先觉悟的知识分子把马克思列宁主义灌输到工人运动中，促进工人阶级走上自觉的团结斗争的道路，从而直接推动了工人阶级政党的建立。早期共产主义知识分子实行了与工人运动的结合而走上领导中国革命斗争的道路，李大钊、邓中夏等有着不可磨灭的贡献。

（韩一德、杨树升，原载《新民主主义革命时期论文选辑》第四集，中共中央党校出版社 1982 年版）

① 长辛店机车车辆工厂厂史编委会编:《北方的红星》，作家出版社 1960 年版，第 57~69 页。

②《李大钊选集》，人民出版社 1959 年版，第 324 页。

③《共产党》月刊第六期。

李大钊与中共北方党组织的建立和发展

李大钊是中国共产主义运动的伟大先驱，是中国共产党的主要创始人之一，是中共北方党组织的奠基人。他是最早提出在中国建立共产党的理论家和实践家，他不仅重视在工人中建党，而且重视在农民、少数民族和军队中建立党组织。“在他领导下，北方党组织派出许多同志在冀、鲁、豫、晋、陕、内蒙古和东北的广大地区开展了党、团工作”[①]，建立了各地的党组织。

在宣传俄国十月革命经验和马克思主义过程中，李大钊逐渐认识到：中国要走俄国十月革命的道路，必须建立共产党。他在《团体的训练与革新的事业》一文中指出：“俄罗斯共产党，党员六十万人，以六十万人之活跃，而建设了一个赤色国家。”[②]而要彻底改造中国，走俄国十月革命的道路，必须建立一个像俄国布尔什维克那样的党。李大钊关于在中国建立一个无产阶级政党的思想，推动了中国共产党的创立。

五四运动以后，在马克思主义传播和工人运动发展的基础上，1920 年 3 月，李大钊在北京大学秘密建立了马克思学说研究会，在思想上和干部上为在北方建党做了准备。同年 10 月，在共产国际代表的帮助下，李大钊、张国焘、张申府在北京大学图书馆主任室秘密成立了北京共产主义小组。随后又吸收邓中夏、罗章龙、刘

①《李大钊文集》(上)，人民出版社 1984 年版，第 4 页。

②《李大钊文集》(下)，人民出版社 1984 年版，第 42 页。

仁静、何孟雄等人加入小组，李大钊为小组领导人。不久北京共产主义小组改名为中共北京支部，李大钊任书记。中国共产党成立以后，中共北京支部先后改名为中共北京地委、中共北京区委和中共北方区委，李大钊为主要领导人。在中国共产党成立前后，李大钊多次派遣北大马克思学说研究会成员和北京党组织成员到北方各地宣传马克思主义，开展工人运动，建立共产党组织。

李大钊与河北工人中党组织的建立

当时的河北产业工人（包括北京、天津）在数量上，除上海以外，比任何一个省份都多。李大钊非常重视工人阶级在革命中的地位和作用。在 1920 年春天至 1921 年春天，李大钊多次派遣罗章龙等人到唐山进行社会调查，开展工人运动。1921 年春，京奉铁路唐山制造厂（以下简称南厂）先进工人邓培经罗章龙介绍加入北京共产主义小组。同时，李大钊派社会主义青年团员北大旁听生李树彝到唐山帮助邓培开展革命活动。1922 年 3 月，邓培在参加远东人民代表大会从苏俄回国以后，根据中共北京地委关于发展党员、建立党组织的指示，在南厂的社会主义青年团和工人骨干中发展了阮章、王麟书、许作彬、李华添、刘玉堂等人入党，在此基础上，同年 4 月，建立了中共京奉铁路唐山制造厂支部，由邓培任书记，隶属于中共北京地委[①]。党的二大以后，经中共北京区委批准，建立了中共唐山地方委员会，邓培任书记，隶属于中共北京区委。从此以后，唐山成为京奉铁路和京东地区工人运动的中心。

李大钊非常关心在铁路工人中建立党组织。1920 年，他就派遣

① 王树信、刘建才：《马克思主义在唐山的传播与党团组织的建立》，《河北党史资料》第七辑。

北京共产主义小组成员到铁路工人集中的张家口、石家庄等地传播马克思主义，建立工会组织，发展党、团员。1922 年，李大钊利用直系军阀与奉系军阀的矛盾，经北京政府交通总长高恩洪允许，派遣张昆弟、安体诚、陈为人、何孟雄、包惠僧、袁子贞等 6 名共产党员到京汉、京奉、京绥、陇海、正太、津浦等铁路以密查员的身份开展工人运动，建立党的组织。1922 年春，何孟雄以京绥铁路密查员的身份到达张家口，他和共产党员张隐韬等一起在铁路工人中组织了没有员司参加的“车务工人同人会”，并介绍先进工人李泽入党。6 月份又发展了康庄车站工人李连生、周振声入党，建立了张家口的第一个党小组，称为“中国劳动组合书记部张家口铁路工人小组”。10 月，又发展张树珊、张小珊、魏华池、付国忠 4 人入党，小组改名为“中共张家口铁路工人小组”。到 1923 年初，已在张家口的铁路系统中建立了 3 个党员小组。二七惨案以后，工人运动转入低潮，何孟雄根据李大钊的指示，采取“隐蔽斗争、秘密联络”的方针，使党组织得到进一步发展。1924 年春，建立了中共京绥铁路支部，书记何孟雄，隶属于中共北京区委。在以国共合作为基础的革命统一战线建立以后，为了贯彻党的三届一中全会决议，中共北京区委和李大钊派遣王仲一、江浩、张良翰等共产党员到张家口，他们在建立国民党组织的同时，秘密建立共产党组织。1925 年初，王仲一、江浩等人根据李大钊的指示，为了统一张家口地区的党组织，建立了中共张家口特别支部，由王仲一任书记。李大钊认为，张垣乃西北一带的枢纽与关键，急需建立党的统一领导机构。于是，又派出肖子暲（肖三）、杨洪涛等人到张家口。他们与原特支领导人王仲一、江浩等人一起开始筹备中共张家口地方委员会，在筹备过程中，李大钊亲自与他们谈话，布置任务。1925 年

10月，中共张家口地方委员会正式成立，书记肖子暲（后由王仲一、丁孜孜担任），地委秘密代号“章迪芳”，对外公开用国民党察哈尔特别行政区党部的名义。党内刊物《西北响导》[①]。

石家庄的党组织是在李大钊的关怀下建立起来的。1920年，在李大钊的影响下，邓中夏、朱务善率领“平民教育讲演团”到石家庄铁路工人中宣传马克思主义。1921年冬，经罗章龙介绍，石家庄铁路机厂先进工人孙云鹏在北大西斋入党。1922年8月，李大钊派遣张昆弟以正太铁路密查员的身份到石家庄开展工人运动。1922年12月，在成立正太铁路总工会的同时，成立了正太铁路总工会党团，由张昆弟任书记。李大钊很重视石家庄的工作，他认为石家庄有现代纺织工业，又系东西南北的交通枢纽，战略地位很重要。这些地区的工作应加以重视[②]。根据李大钊的意见，1925年12月，中共北方区委决定在石家庄建立党的特支，并派共产党员王光宇（王斐然）到石家庄负责筹备工作。1926年1月，王光宇与先期由全国铁总派到石家庄从事工人运动的共产党员王謇昆（王鹤寿）、傅茂公（彭真）一起建立了中共石家庄特别支部。由王光宇任书记，隶属于中共北方区委[③]。

李大钊与北方农村党组织的建立

早在五四运动期间，李大钊就提出了“到农村去”的口号。他在《土地与农民》一文中提出：在半殖民地的中国，在“估量革命动力时，不能不注意到农民是其重要的成分”[④]。李大钊在北方工人

---

① 参见《中共张家口市委组织史资料》。

② 同上。

③ 参见《石家庄党组织建立和发展概况》，《河北党史资料》第七辑。

④《李大钊文集》（下），人民出版社1984年版，第824页。

中创建党组织的同时，也很重视在农民中发展党员，建立党组织。在中共北方区委建立以后，李大钊曾亲自领导农委工作。根据李大钊关于在农村中建党的思想，中共北京党组织派出党员到各地农村开展建党活动。

中国北方农村最早建立共产党组织的是河北安平县。1923 年 3 月，李大钊介绍弓仲韬（安平县台城村人）入党。同年 8 月，根据李大钊的指示，弓仲韬回到原籍开展革命活动，发展了农民弓凤洲、弓成山入党。10 月，建立了中共安平县台城特支，由弓仲韬任书记，隶属于中共北京区委。李锡九系安平县任庄村人，早年留学日本，曾任国会议员。俄国十月革命以后，在北京结识李大钊，1922 年由李大钊介绍入党。1923 年 4 月，根据李大钊的指示，李锡九回安平一带开展建党工作。1924 年初，李锡九介绍安平县北关高小校长李少楼和李振庭、李汉晖等人入党。2 月，建立了中共安平县北关高小支部，书记李少楼，隶属于中共北京区委。1924 年春，弓仲韬与李少楼取得联系，他们共同介绍教育界知名人士张麟阁入党。3 月，建立了中共安平县敬思村支部，书记张麟阁，隶属于中共北京区委。为加强安平党组织的统一领导，1924 年 8 月 15 日，在敬思村召开了中共安平县第一次党员代表会议，选举产生了中共安平县委员会，书记弓仲韬，隶属于中共北京区委。

1924 年春，李大钊寄书李锡九，希望他发展在饶阳县影响较大的进步知识分子韩子木入党。韩子木是李锡九的好友，曾任直隶省议会议员。韩子木入党后，很快地在饶阳县发展一批新党员，并成为饶阳县建党的中坚力量。在党组织发展的基础上，1925 年 10 月，安平县委与饶阳县党组织合并，建立了中共安饶联合县委，书记弓仲韬。1926 年 7 月，建立了中共安饶深中心县委，书记刘金玉（后弓仲韬），下属组织有 10 个党支部。

乐亭县是李大钊的故乡。乐亭县党组织是在李大钊的关怀下建立起来的。1923 年 9 月，直隶省教育厅决定在乐亭县立高小的基础上成立乐亭中学。李大钊利用他在乐亭社会上的影响，推荐在北京大学图书馆工作的共产党员王岑伯（乐亭王滩人）任乐亭中学校长。1924 年 1 月，李大钊又派遣北京工业大学毕业生共产党员王德周以英语教员的身份到乐亭中学从事革命活动。王岑伯和王德周通过教学改革，向学生传播新思想。1924 年冬，王德周根据中共北京区委的指示，将徐凌汉、贾坤普、葛玉田、王成奎等 4 名年满 18 岁的团员转为共产党员，建立了中共乐亭县支部，书记王德周，隶属于中共北京区委。中共乐亭县支部建立以后，便向周围农村发展党员。1925 年，建立了中共乐亭地方委员会，书记王德周，隶属于中共北京区委①。

玉田县的第一名共产党员江浩是 1921 年由李大钊介绍加入北京共产主义小组的。1925 年夏，作为中共天津地委委员的江浩根据李大钊和中共天津地委的要求，利用关系和在县教育局开办小学教师暑期讲习班的机会，成立了国民党玉田县党部，并介绍国民党中的优秀分子李立元、张明远、肖志斋、王佩青等 4 人加入共产党。1926 年 5 月，为了加强对玉田县反捐抗税斗争的领导，共产党员肖志斋、李立元、王佩青在县教育局内成立中共玉田支部。因遭反动当局破坏，8 月停止活动。同年 9 月，李大钊派遣从广州农讲所学习回来的张明远和在开滦煤矿从事工人运动的共产党员杨春林以农民运动特派员的身份到玉田县开展农民运动，恢复党的组织。10 月底，根据中共北方区委农委的指示，召开全体党员会议，成立了中

① 参见《乐亭县组织的创建发展及其主要活动》，《河北党史资料》第七辑。

共玉田县特支，书记张明远，隶属于中共北方区委。1927 年 1 月，张明远代表中共玉田县特支到北京向中共北方区委汇报工作时，李大钊表扬了玉田特支的工作，认为反抗“旗地变民”的斗争对于推动整个北方农民运动做出了突出的贡献。他明确告诉张明远，中国是一个农业国，农民是革命的主力军，对革命战争的成败极为重要。他要求玉田党组织要提高对中国国情的认识，把农民组织起来，用自己的力量解放自己。他还批准了玉田特支建立县委的请求，指定张明远任书记[①]。

此外，中共北京区委和李大钊还通过中共天津地委派共产党员刘格平在津南的沧县、献县、吴桥县、庆云县、盐城县等县的农村建立了党组织，派北京党组织成员王子清在磁县农村建立了党组织，派何资深、杨洪涛等共产党员在张家口郊区的孤石村和东湾子察哈尔农林试验场建立了党组织。到 1927 年春，已在河北的大部分农村建立了党组织。

李大钊与天津党组织的建立

天津的党组织是在李大钊的关怀下建立起来的。1919 年 9 月，李大钊应觉悟社的邀请赴天津讲学，1920 年 8 月，参加觉悟社在陶然亭的集会并发言。1920 年在他的指导下，新生社改组为马克思主义研究会，成为在天津建团的基础。1920 年 11 月，李大钊派遣北京共产主义小组成员张太雷去天津筹备社会主义青年团，并建立天津的第一个团小组。1921 年 1 月，张太雷赴苏俄参加共产国际远东局工作，团小组停止活动。在这种情况下，李大钊指导于方舟、韩麟符等人以马克思主义研究会为基础，建立了社会主义青年

① 参见《玉田早期的农民运动和武装暴动》，《天津文史资料通讯》1984 年第 2 期。

团小组。中国共产党成立后，根据中共中央关于对青年团进行整顿的指示，1921年11月，在天津建立社会主义青年团支部，在此基础上，在李大钊的培育下，在天津的青年团员中发展一批党员，从1921年至1923年，李大钊亲自介绍马骏、安体诚、于树德、韩麟符等人入党，在建立以国共合作为基础的革命统一战线以后，在革命形势不断发展和天津的党团员不断增加的情况下，中共中央决定由于方舟、江浩、李锡九在天津建立地方党组织。在李大钊的指导下，1924年3月，于方舟等在天津高等工业学校召开青年团成立大会，于方舟在会上传达了中央通告，说明了团组织在天津的活动范围、方法。会议选举于方舟、邓颖超等十人为执行委员会委员和候补委员，建立了中国社会主义青年团天津地方委员会，由于方舟任委员长①，并召开中共天津地方委员会成立大会，由于方舟任书记，江浩任组织委员，李锡九任宣传委员，隶属于中共北京区委。中共天津地委建立以后，派党员到工人聚居的地区开办平民学校，开展工人运动，并逐步建立了党的基层组织和工会组织。

李大钊与内蒙古党组织的建立

李大钊非常重视和关心民族问题，他亲自主持成立了民族问题研究小组，他曾指出，应该把研究民族问题当作研究马克思主义的重要内容。他认为，蒙古族人民必须和汉族人民团结在一起，才能谋求自身的彻底解放。李大钊在领导北方革命运动的同时，即着手在内蒙古地区的建党工作。当时，由于帝国主义、封建军阀和内蒙古封建王公的政治压迫与经济掠夺，内蒙古地区的民族矛盾和阶级

① 中共党史人物研究会编:《中共党史人物传》第十一卷，陕西人民出版社1983年版，第160页。

矛盾非常尖锐。1923 年夏，一批蒙古族有志青年来到北洋军阀政府开办的北京蒙藏学校学习，李大钊和中共北京区委关心和重视蒙藏学校的工作，为了培养蒙古族干部，李大钊和邓中夏、赵世炎、韩麟符等人多次到蒙藏学校宣传马克思主义，并组织蒙藏学校的进步学生参加北京大学的革命活动，使他们逐渐懂得了民族斗争与阶级斗争的关系，认识到了内蒙古人民的解放斗争和全国各民族解放斗争的一致性。1924 年 4 月，在蒙藏学校建立了内蒙古人民革命青年团，到年底，该校的进步学生多松年、张良翰、吉雅泰、云泽（乌兰夫）等 38 人加入了共产党。在革命统一战线建立以后，为了开展内蒙古地区党的工作，李大钊派遣张良翰、多松年到绥远、察哈尔地区，他们在发展国民党组织的同时，秘密建立共产党组织。与此同时，在李大钊影响下的热河进步青年韩麟符、陈镜湖、郑丕烈、杜真生等人先后加入共产党，李大钊把他们派回热河开展建党工作。在冯玉祥的国民军进驻张家口以后，李大钊认为在内蒙古建党的条件已经成熟，便决定在绥远、察哈尔、热河、包头建立中共工作委员会，由吉雅泰任中共绥远工委书记，张良翰（后多松年）任中共察哈尔工委书记，陈印潭（后杜真生）任中共热河工委书记，翌年又派李裕智去包头建立了中共包头工委并任书记。以上人员，除陈印潭、杜真生以外，系蒙藏学校学生。

1925 年 10 月，在共产国际和中国共产党的关怀下，在张家口成立了内蒙古人民革命党。它是内蒙古地区坚持反帝反封建纲领，代表内蒙古劳动人民利益的统一战线性质的组织。成立以前，李大钊曾亲自向吉雅泰作了重要指示，并指派江浩、王仲一作为中共北方区委代表参加成立大会，江浩以首席代表的身份讲了话。吉雅泰、乌兰夫等人被选为内蒙古人民革命党的候补执委。内蒙古人民革命党的成立，对于团结内蒙古各阶层人民反对帝国主义和封建王公的特权制度，开展内蒙古地区的革命斗争，起了积极作用。

李大钊与晋豫陕甘和东北地区党组织的建立

山西党组织是李大钊派遣北京共产主义小组成员高尚德到太原建立起来的。1921 年 4 月，高尚德被李大钊派回山西筹建社会主义青年团，5 月 1 日，在太原成立了山西社会主义青年团小组。1924 年 5 月，高尚德受中共北京区委和李大钊的指派，再次回到太原开展建党活动，建立了山西的第一个党小组。在此基础上，于同年秋建立了中共太原支部，隶属于中共北京区委。

河南早期的党组织是在李大钊的关怀下建立起来的。1921 年，河南的第一名共产党员赵子健在郑州从事革命活动期间，经常得到李大钊的指导。河南第一个党小组的负责人游天祥和在河南建党过程中起到重要作用的刘天章，都是由李大钊亲自介绍入党的。在建立革命统一战线以后，李大钊通过与国民二军军长胡景翼的统战关系，派刘天章到驻守在河南开封的国民二军创办学生军并担任学员队大队长。刘天章利用这一有利时机，在学员队里建立了党团组织。不到一年的时间，发展党员近百名。与此同时，刘天章还和冯昌毅等共产党员一起在河南省立第一师范、省立第二中等学校的进步师生中发展一批党团员，并建立开封团地委[①]。在此期间，李大钊多次听取河南党组织的汇报并作出指示。在李大钊的关怀下，1925 年 10 月，成立中共豫陕区委，促进了河南工农革命运动的发展。

陕西的党组织是李大钊派遣魏野畴等共产党员建立的。魏野畴

---

① 中共党史人物研究会编:《中共党史人物传》第十二卷，陕西人民出版社 1983 年版，第 165 页。

于1923年初由李大钊介绍加入共产党。1924年春至1926年春，魏野畴在西安省立第一中学和第三中学任教期间，以教书为掩护发展党的组织。魏野畴与吴化之等共产党员一起整顿了西安的团组织，成立了共青团西安地方委员会。在此基础上，成立了中共西安特别支部，由吴化之任书记，魏野畴和雷晋笙任委员。1926年初，经中共豫陕区委批准，成立了中共西安地方委员会[①]。从此以后，陕西的革命运动有了很大的发展。

甘肃省的建党工作是在李大钊的直接关怀下，通过在冯玉祥的国民军工作的共产党员进行的。1925年1月，冯玉祥任西北边防督办，李大钊针对这一有利革命形势，决定把统一战线工作的重点放在张家口，做争取冯玉祥国民军的工作。李大钊与徐谦一起到张家口与冯玉祥长谈，为冯玉祥的思想转变打下了基础。在李大钊的倡议下，中共中央先后由中央机关和中共北方区委派遣200多名共产党员到冯玉祥的国民军中工作。1925年5月，中共北方区委派遣的王一飞、张兆丰、孙莼萱、郝久亭等共产党员建立了中共国民军三军三旅军校支部。五卅运动以后，根据李大钊和徐谦的建议，冯玉祥组织700多名由全国各地奔赴张家口的青年学生，成立了西北陆军干部学校，我党在军校学员中发展一批党员。1925年10月，成立了中共西北陆军干部学校支部。1926年9月国民军五原誓师以后，我党还发展了蒲化人、南汉宸、刘仲华等国民军高级军官入党。我党的工作，对于国民军进军甘陕，与北伐军会师中原起了重要作用。

1925年春，中共中央派遣宣侠父等9名共产党员到达北京。经李大钊推荐，他们以左派国民党员的身份到国民军中工作，宣侠父

① 中共党史人物研究会编:《中共党史人物传》第五卷，陕西人民出版社1982年版，第152页。

被任命为宣传员。同年10月，国民军二师师长刘郁芬被冯玉祥任命为甘肃省代理督办，宣侠父随二师西征到达兰州后，与共产党员钱清泉一起在二师秘密发展共产党员，建立党的组织。1925年冬，根据中共北方区委的指示，宣侠父、钱清泉和在兰州的共产党员张一吾一起建立中共甘肃特别支部[①]，从而使甘肃的工农革命运动有较大的发展。

李大钊对东北地区复杂的斗争形势极为重视。1922年2月，中共北京地委派遣马骏到哈尔滨，利用《晨光报》开展革命活动，并在他的家乡吉林省宁安县建立起东北的第一个党小组。1923年，中共北京区委派陈为人、李震瀛到哈尔滨、沈阳、大连等地从事革命活动。吴丽石由李大钊推荐到莫斯科东方大学学习。1924年秋，吴丽石从苏联回国后，被中共北方区委派到哈尔滨从事建党工作。他到三十六棚中东路总厂机务段以小工的身份从事工人运动，并发展先进青年工人张有仁、姜文洲等人入党，成立了三十六棚党支部。根据李大钊的指示，创办《哈尔滨日报》。1925年11月，成立了以吴丽石为书记的中共哈尔滨特支。1926年初，成立了中共北满地方委员会，由吴丽石任书记[②]。五卅运动以后，李大钊派遣共产党员任国桢回原籍奉天（沈阳）开展建党工作。任国桢和吴晓天一起利用开办暑期同学会的机会，发展一批党团员，建立了党小组。同年8月，成立了中共奉天（沈阳）支部。1926年中共北方区委又派邓如皋等人到大连建立了党组织。到1927年春天，已在奉天、大连、哈尔滨、吉林、长春、牡丹江、双城、北宁路、台安等地建立

① 中共党史人物研究会编:《中共党史人物传》第十五卷，陕西人民出版社1984年版。
② 中共党史人物研究会编:《中共党史人物传》第十二卷，陕西人民出版社1983年版。

了党、团组织[1]。另外，在北京共产主义小组成立以后，李大钊与山东济南的王尽美、邓恩铭取得了联系，并派吴慧铭、陈为人到济南向他们介绍北京共产主义小组的经验，帮助他们在山东建立共产党组织。

综上所述，从1920年10月北京共产主义小组成立以后，李大钊通过北京党组织派遣共产党员先后到北方各地建立共产党组织，到1927年春天，除北京以外，已在河北、天津、内蒙古、热河、山西、河南、陕西、甘肃、辽宁、吉林、黑龙江、山东等北方的广大地区建立了共产党组织，北方各地党组织的建立，对于开展工农革命运动，配合北伐军的胜利进军，起了重要的作用。四一二反革命政变以后，李大钊被奉系军阀杀害，北方党的组织遭到严重破坏，但不少地区的党组织在极严重的白色恐怖下，继续坚持斗争，不仅保存了革命火种，而且为迎接中国革命高潮的到来，做了必要的准备。

（张振寰，原载《纪念李大钊诞辰100周年李大钊研究文集》，中共党史出版社1991年版）

① 中共党史人物研究会编:《中共党史人物传》第十八卷，陕西人民出版社1984年版。

李大钊与北方早期工人运动

中国共产党成立后不久，中国工人阶级在党的领导下掀起了第一次工人运动高潮。这个高潮从1921年11月陇海铁路工人大罢工开始，到1923年2月京汉铁路工人大罢工结束，前后历时一年零四个月。罢工的范围遍及祖国南北，次数逾百，人数超过30万，是中国新民主主义革命史上一个重大事件。北方各路矿工人的罢工斗争是这一高潮的重要组成部分。这些斗争是在当时的中共北京区委和中国劳动组合书记部北京分部的领导下进行的。李大钊是北京共产主义小组的负责人，以后又是中共北京区委书记和中国劳动组合书记部北京分部主任。李大钊对北方早期工人运动的发展，做出了不可磨灭的贡献。

一、李大钊进行了大量的启蒙教育，帮助北方工人阶级觉悟

列宁指出："没有革命的理论，就不会有革命的运动。"工人阶级从自在阶级变为自为阶级，工人运动从自发阶段发展到自觉阶段，是革命理论武装的结果。"工人本来也不可能有社会民主主义的意识，这种意识只能从外面灌输进去。"[①] 李大钊在对工人阶级灌输革命思想、进行启蒙教育方面做了大量的工作。

1. 注重调查工人阶级状况，揭露资本家剥削工人的秘密，启迪工人的阶级觉悟。中国工人阶级自诞生之日起就处于社会的最下

①《列宁选集》第一卷，人民出版社1962年版，第241、247页。

层，是一个世界上受压迫最重、受剥削最深的阶级。李大钊在他还是一个革命民主主义者的时候，就对这个阶级倾注了炽热的感情，关注着它的命运。在五四运动之前，他就在北京、唐山等地深入到工人中去进行调查，指出北京人之生活，“以人力车夫为最可怜”；唐山煤厂工人过着“尚不如骡马的生活”。他们终日在地狱般的“炭坑里作工，面目都成漆黑的色。人世间的空气阳光，他们都不能十分享受……有时炭坑颓塌，他们不幸就活活压死”。“工人的生命，尚不如骡马的生命了。”① 中国工人阶级的生活为什么这样穷苦呢？五四运动之后，他进一步指出：这完全是资本家剥削的结果，是资本主义社会的罪恶。李大钊在详尽地揭露了资本家剥削工人剩余价值的秘密之后愤怒地说：“掠夺工人的，并不是资本家，乃是资本主义。”“这不是资本家的无情，全是资本主义的罪恶。”② 李大钊对工人阶级非人生活的申诉，对资本主义制度不合理性的揭露和控诉，通过当时知识青年到工人中去宣传，启迪了工人阶级的觉醒。

2. 宣传十月革命和马克思主义，介绍“五一”运动，帮助工人阶级认清自己的阶级地位和历史使命。十月革命以后，李大钊连续发表文章，热烈欢呼十月革命的胜利。高度评价工人阶级的历史作用。他认为，十月革命之后，世界各国工人阶级将效仿俄国的工人阶级纷纷起来打倒本国的资本家，建立自己的政权。这是“世界的新潮流”，是“二十世纪的群众运动”。在这风靡云涌、山鸣谷应的群众运动中间，历史上残余的东西，都像枯黄的树叶遇见凛冽的秋风一般，一个一个地飞落在地。从此，“赤旗到处翻飞，劳工会纷

①《李大钊文集》（上），人民出版社 1984 年版，第 281、658 页。
②《李大钊文集》（下），人民出版社 1984 年版，第 69~73 页。

纷成立”，“今后的世界，变成劳工的世界”①。五四运动以后，李大钊撰写了《我的马克思主义观》一文，系统地介绍了马克思主义的基本原理，论述了资本主义的发生、发展直到灭亡的进程；而消灭资本主义的正是工人阶级。他说：资本主义的“脚下伏下了很多的敌兵，有加无已，就是那无产阶级。这无产阶级本来是资本主义下的产物，到后来灭资本主义的也就是他”②。明确指出工人阶级是资本主义制度的掘墓人，使工人阶级进一步看清了自己的历史重任。

从 1919 年到 1924 年的每年“五一”节，李大钊都发表文章或演说，介绍“五一”节的来历和多年来各国工人阶级纪念“五一”节的情况，热情地歌颂工人阶级的斗争精神，号召中国的劳工同胞把“五一”运动变为真正的“劳工阶级的运动”和“街市上的群众运动”，而不应“只是三五文人的运动”和“纸面上的笔墨运动”。李大钊在他的纪念文章中还提出了庆祝“五一”的具体标语：“反对国际的军阀财阀的压迫”“改善工人境遇”“八小时工作，额外工作加薪”“假期停工给薪”“男女同工同酬”“取缔童工”等③。这些标语，以后成为北方工人罢工斗争的统一口号。

3. 建立工人夜校，创办工人刊物，直接向工人灌输革命思想。在北方，当时较为著名的工人刊物有 1920 年 11 月创办的《劳动音》、1921 年 7 月创办的《工人周刊》；较为著名的工人夜校有 1921 年 1 月建立的长辛店劳动补习学校、同年 9 月创办的天津工人工余补习学校和唐山工人夜校。这些刊物和夜校虽然不是直接由李大钊创办的，但与李大钊有密切的联系。如：长辛店劳动补习学

①《李大钊文集》（上），人民出版社 1984 年版，第 595、602 页。

②《李大钊文集》（下），人民出版社 1984 年版，第 84 页。

③ 同上书，第 229、561 页。

校是李大钊派邓中夏、张国焘到长辛店与铁路工人史文彬一起建立的，李大钊曾去视察过。《工人周刊》的主编是罗章龙。在筹建过程中，李大钊指示“一定要办好这件事”。创刊后，李大钊还担任过编委会常委。李大钊和北方党组织在工人刊物上着重报道工人的悲惨生活、国内外工人组织和工人运动的情况，并发表评论，宣传马克思主义，“颇受工人的欢迎”。他们在工人夜校中号召工人团结起来跟资本家作斗争：“五人团结赛老虎，十人团结一条龙，百人团结像泰山，谁也搬不动，枪炮也没有办法。”“无产阶级快起来，拿起铁锤去进攻。红旗一举千里明，铁锤一举山河动，只要我们团结紧啊！冲破乌云满天红。”①李大钊还亲自到工人夜校去讲课。1921年3月，他到郑州视察工人运动时，在工人夜校里对工人说：“你们工人可不矮呀！工人够上天那么高呀！”说着，他转过身去在黑板上写了个“工”字，又在“工”字下面写个“人”字，接着把两个字连在一起成了个“天”字。然后他回过身来接着说，“你们要好好努力，工人的前途远大得很呢！”②

北方的工人在李大钊及其领导下的北京党组织和劳动组合书记部北京分部的启发教育下，思想觉悟迅速提高，为罢工斗争的开展奠定了思想基础。

二、北方的工人阶级是在李大钊的帮助下逐步组织起来的

马克思主义告诉我们：无产阶级在反对资产阶级的斗争中，必须建立许多组织，如工会、青年团、妇女团体，等等。“所有这些

---

① 参见罗章龙：《椿园载记》，生活·读书·新知三联书店1984年版，第127页；长辛店机车车辆工厂厂史编委会编：《北方的红星》，作家出版社1960年版，第66、69页；《冀东革命史大事记1919—1949》，河北人民出版社1988年版，第13~14页。

②《李大钊年谱》，甘肃人民出版社1984年版，第125页。

组织，在某种条件下都是工人阶级所绝对必需的，因为如果没有这些组织，就不能巩固无产阶级在各种斗争中的阶级阵地；因为如果没有这些组织，就不能锻炼无产阶级这个负有以社会主义制度代替资本主义制度的使命的力量。”[①] 中国共产主义运动的先驱李大钊在从事工人运动的过程中，非常重视建立工人组织的问题。

1. 宣传组织起来的思想。在五四运动之前，李大钊就指出：“劳工阶级要联合他们全世界的同胞，作一个合理生产者的结合，去打破国界，打倒全世界资本的阶级。”[②] 他曾为唐山煤矿工人罢工因没有“工人组织的团体”领导而失败感到惋惜。在北京共产主义小组成立前后，李大钊反复宣传组织起来的思想，殷切希望“现在的劳工阶级，无产阶级联合起来”，“望大家奋起，把已有的职业团体改造起来，没有团体的职业也该速速联合同业，组织起来”，“以推翻君主官僚的势力”，“反抗富权阶级，资产阶级”[③]。

2. 努力组织工会和建立党团组织。早在北京共产主义小组建立之初，李大钊就确定了铁路工人较为集中的长辛店、丰台、南口、唐山四处为开展工人运动的据点，在这些地区和其他地方建立工人组织。1920 年底，李大钊派张国焘到唐山，跟京奉铁路唐山制造厂（今唐山机车车辆厂）工人邓培组织了唐山制造厂工会（初称职工同人会）[④]。1921 年冬，通过阮章、王麟书等成立了“唐山工人图书馆”。该馆有严密的组织法，实质上是我党领导下的一个工会组织[⑤]。

①《斯大林全集》第六卷，人民出版社 1956 年版，第 155 页。

②《李大钊文集》（上），人民出版社 1984 年版，第 608 页。

③《李大钊文集》（下），人民出版社 1984 年版，第 202、241 页。

④ 谌小岑：《李大钊先生与觉悟社》，载《回忆李大钊》，人民出版社 1980 年版，第 95 页。

⑤ 参见《唐山革命史资料汇编》（第六辑），第 74 页。

1921年5月，李大钊派邓中夏到长辛店建立了长辛店铁路工会。10月，在北京党组织的领导下，邓中夏对工会进行了整顿，改名为“工人俱乐部”，并制作了证章，制定了简章，严密了组织结构[①]。长辛店工人俱乐部的成立，对北方乃至全国影响很大，很多地方的工人派代表去学习，回去后也组织起工人俱乐部，从此，“‘工人俱乐部’这一名称，相习成风，成为当时全国各地（广州除外）工会通用的名称”[②]。此外，在李大钊领导的北京党组织成员的帮助下成立的工会还有：1921年9月成立的天津铁路机务段工会，同年底成立的山海关工友俱乐部，1922年8月成立的京绥路车务工人同人会，以及同年10月成立的正太铁路工会，等等[③]。各地工会的成立，为工人罢工斗争的开展奠定了坚定的组织基础，准备了骨干力量。

李大钊在帮助各地组织工人群众团体的同时，更重视在先进工人中发展党团员，建立党团组织。1920年10月，李大钊派张太雷到天津，建立了天津社会主义青年团小组[④]。11月，李大钊在北京建立了社会主义青年团之后，派遣团员到各地开展建团工作。1921年春，李大钊吸收了京秦铁路唐山制造厂工人邓培为北京共产主义小组成员，并派他回唐山在工人中开展建团工作，同时派北京社会主义青年团团员李树彝（后为党员）常驻唐山，协助邓培开展工作。他们在工人中发展团员，于1921年7月建立了唐山社会主义青年团。中国共产党成立以后，中共北京区委加紧了唐山的建党工作，注意在工人中发展党员。1922年8月，中共唐山地委成立，邓培任书

---

① 长辛店机车车辆工厂厂史编委会编：《北方的红星》，作家出版社1960年版，第90~93页。

② 邓中夏：《中国职工运动简史（1919—1926）》，人民出版社1953年版，第16页。

③ 参见《天津铁路工人运动历史线索》，《天津工运史资料》1985年第四期；《河北文史资料选辑》第六辑；《河北文史资料选辑》第五辑。

④ 谌小岑：《李大钊先生与觉悟社》，载《回忆李大钊》，人民出版社1980年版，第95页。

记[①]。唐山党团组织的建立，为后来的工人罢工斗争准备了领导核心。

三、中国北方第一次罢工高潮是在李大钊的发动和领导下形成的

北方早期的工人运动是从1921年11月陇海铁路大罢工开始的。主要的罢工斗争有：1922年8月长辛店铁路工人的大罢工斗争，同年10月山海关铁工厂工人的罢工斗争，唐山制造厂工人的罢工斗争，开滦五矿工人同盟大罢工斗争，京绥铁路车务工人的罢工斗争，12月正太铁路工人的罢工斗争和1923年2月京汉铁路工人大罢工斗争等。这些罢工斗争的出现，是当时中国北方社会矛盾发展的结果，同时也是北方党组织对工人运动加强领导的结果。多年来，在李大钊和中共北京区委、中国劳动组合书记部北京分部的努力下，北方工人阶级开展罢工斗争有了坚实的思想基础和组织基础，有了统一的经济斗争和政治斗争口号，有了统一的组织指挥机构。应该强调指出：中国劳动组合书记部北京分部成立后，李大钊向各条铁路派出的特派员以及李大钊利用军阀吴佩孚与交通系的矛盾派出的"密查员"，对于组织、发动和领导各条铁路的工人罢工斗争，发挥了巨大的作用。在这些罢工斗争中，有不少是李大钊直接参与领导和指挥的。如陇海铁路工人的罢工斗争，当罗章龙把罢工斗争已发起的消息告诉李大钊之后，李大钊立即召开了中共北京区委扩大会议，决定以书记部的名义派人前去领导，并通知各地工会捐款援助，当讨论到派谁前往时，李大钊捻须颔首目视罗章龙说："还是你去一趟吧！"罗临行时，李大钊与他做了长谈，并嘱咐罗此行不能让当地军阀和交通部的人知道，说："你不要大意，应谨慎应付，以防万一"，"陇海的事'大而化之'完全交你去办"（"大

① 参见《唐山革命史资料汇编》第六辑，第4~10页。

而化之”是李大钊说话时的口头语)[①]。又如:山海关铁工厂工人的罢工斗争发动后,李大钊立即通知各地工会组织支援,并派罗章龙来唐山,与王尽美、邓培组成领导罢工的最高党团,统一指挥山海关、秦皇岛、唐山一带的罢工斗争。在开滦五矿工人同盟大罢工正式爆发之前,在李大钊领导的劳动组合书记部北京分部的帮助下,成立了开滦五矿工人俱乐部,李大钊在北京接见了工人代表,研究了情况,决定了斗争策略。罢工发起后,中共北京区委和劳动组合书记部北京分部派出两名特派员驻唐就地指挥,帮助起草罢工宣言并通告全国,在《工人周刊》上详细报道罢工情况;在北京举行招待会,向社会各界、参众两院议员和中外记者介绍情况,揭露敌人残杀工人的暴行。中共北京区委还报告党中央,由党中央函达全国各地工会开展支援活动。李大钊亲自在北京马克思学说研究会中成立“北京开滦矿工后援会”,派人到各地向各界募捐和联合声援[②]。再如京汉铁路工人的“二月罢工”,也是和李大钊的名字连在一起的。1923年1月,中共北京区委在李大钊的主持下召开会议,总结北方各路矿工人罢工斗争的经验教训,决定今后斗争的方向,要求各工会多组织政治斗争,在斗争中应提出反帝国主义、反对军阀、争取组织工会的自由权利等要求,把政治斗争口号放在首位。会议决定2月初在郑州公开举行京汉铁路总工会成立大会。一月会议以后,李大钊去武汉讲学。临行时,他与罗章龙讨论了总工会成立大会事宜,并对吴佩孚会不会出兵干涉进行了讨论[③]。二七惨案发生前,李大钊曾会见过罢工领导人陈潭秋、施洋等人。惨案发生后,

① 罗章龙:《椿园载记》,生活·读书·新知三联书店1984年版,第154页。
② 参见唐山市总工会办公室工运史研究组编:《唐山工运史资料汇辑》第一辑。
③ 罗章龙:《椿园载记》,生活·读书·新知三联书店1984年版,第105、204页。

他又与李汉俊等人分析了形势，指挥罢工领导人撤退[①]。他还领导善后救援工作，抚恤遇难烈士家属，救济失业工人，营救被捕工人[②]。李大钊无愧于中国工人运动的伟大先驱。

北方早期的工人运动波及顺直、山东、山西、河南、陕西、热河、察哈尔、绥远、甘肃、奉天等10多个省和天津、唐山、秦皇岛、山海关、开封、太原、济南、青岛、西安、兰州、沈阳、郑州、洛阳、徐州、蚌埠、石家庄、张家口等近20个城市，参加罢工人数达10多万，在中国第一次工人运动高潮中占有十分重要的位置。这些罢工斗争是发端于陇海铁路工人大罢工的。陈独秀说："陇海罢工捷报先传，东起连云，西达陕西，横亘中州，震动畿辅，远及南方，这是我党初显身手的重大事件。"[③]因此，我们认为，中国第一次工人运动高潮应以陇海铁路工人罢工为起点。

四、李大钊对北方早期工人运动进行了科学的总结

二七惨案之后，中国工人运动转入低潮。李大钊对北方早期工人运动进行了科学的总结。在总结中，他热情歌颂工人阶级的英勇行为，阐述第一次罢工高潮的伟大意义，分析京汉铁路工人大罢工失败的原因，总结经验教训。李大钊认为：封建军阀联合帝国主义对中国人民的革命斗争实行武力镇压，是这次斗争失败的根本原因。他说，太平天国革命运动是英帝国主义用武力帮助清政府镇压

① 朱务善：《回忆守常同志》，载《回忆李大钊》，人民出版社1980年版，第160、161页。

② 乐天宇：《我所知道的中共北京地委早期革命活动》，载中国人民政治协商会议北京市委员会文史资料委员会编：《文史资料选编》第十一辑，北京出版社1981年版，第8页。

③ 中国革命博物馆编：《北方地区工人运动资料选编（1921—1923）》，北京出版社1981年版，第55页。

的。“自此以后，帝国主义者之侵略中国，盖完全采此手段——即利用反革命势力以压制革命。中国革命之所以至今不能成功者，此即其大因。”李大钊呼吁：“京汉路工热烈奋勇战斗的精神既已开了国民革命和阶级革命的第一幕，我们工人阶级和那些献身于无产阶级革命的战士们，更要奋勇万倍地高扬着鲜红的旗帜，踏着先烈的血路，向帝国主义者和军阀进攻！”①

通过对失败原因的分析，李大钊认识到建立革命统一战线的必要性。李大钊指出：“在今日列强的半殖民地的中国……想脱除列强的帝国主义及那媚事列强的军阀的二重压迫，非依全国国民即全民族的力量去做国民革命运动不可。若想完成此国民革命的事业，非有一个统一而普遍的国民革命党不可。”而在当时，“环顾国中，有历史、有主义、有领袖的革命党，只有国民党”。因此，一切“反抗军阀与外国帝国主义的民众……集合在国民党旗帜之下，结成一个向军阀与外国帝国主义作战的联合战线”。李大钊认为：“列宁主义是帝国主义时代无产阶级革命的理论与策略，中山主义是帝国主义时代被压迫民族革命的理论与策略。在理论上，中山主义与列宁主义是可以联合成一贯，策略上也是能连贯一致的。”因此，国民党和共产党应该紧紧地联合起来，共同反对帝国主义和封建军阀②。李大钊的这些论述，对于国共合作和统一战线的形成和巩固，无疑是起了积极作用的。

没有自己的武装力量，没有与农民结成巩固的联盟，工人阶级孤军作战，也是第一次工人运动失败的原因之一。在当时，李大钊还没有认识到这点。在以后的革命实践中他才意识到发动农民、组

①《李大钊文集》（下），人民出版社 1984 年版，第 794、802 页。
② 同上书，第 648、703、845 页。

织革命武装的重要性。在1925年至1926年间，他多次撰文谈道："在经济落后沦为半殖民地的中国，农民约占总人口百分之七十以上，在全人口中占主要的位置，农业尚为其国民经济之基础。故当估量革命动力时，不能不注意到农民是其重要的成分。"他认为：我党今后在农村的工作，应是教育农民，提高农民的觉悟，改善农民的组织，建立"农民协会"和"武装自卫团"等。李大钊预言："中国的浩大农民群众，如果能够组织起来，参加国民革命，中国国民革命的成功就不远了。"①

李大钊对中国北方早期工人运动的总结，使中国共产党人对中国革命的一些基本问题的认识提高了一步，明确了下一步革命斗争的方向。此后，我党采取积极的步骤去联合国民党，组织革命统一战线，帮助国民党建立革命军队；同时，我党开始深入农村，开展农村革命斗争，从而为第一次国内革命战争奠定了坚实的基础。

（王士力、钟群庄，原载《李大钊研究》第一辑，河北人民出版社1991年版）

①《李大钊文集》（下），人民出版社1984年版，第824、834页。

浅论李大钊对农民问题探索的杰出贡献

李大钊是中国最早的马克思主义者，伟大的共产主义先驱。他始终站在中国革命潮流的前沿，运用马克思主义的观点，从中国的国情出发，对中国革命诸问题特别是农民问题进行了探索，做出了杰出贡献。农民问题是近现代中国革命的基本问题。李大钊一直关心和注重农民问题，在理论和实践的结合上进行了富有开创性的探索，他探索形成的关于农民问题的可贵思想，对以后农村包围城市武装夺取政权道路的开辟和土地革命运动的开发产生了深刻的影响。本文试对李大钊对农民问题的探索作一初步的探讨。

一

1895 年，李大钊开始入乡间私塾读书，固然他受到的主要是中国传统文化的教育，但也不乏新思想的冲击。9 岁的李大钊抄录当时被视为救国救民的灵丹妙药《富国策》[①]，可见李大钊童年所受的并不只是《四书》《五经》的封建教育，进步思潮的传播同时也冲击影响着李大钊的成长，正如李大钊在《狱中自述》中所说："钊自束发受书，即矢志努力于民族解放之事业。"[②]

1905 年李大钊考入永平府中学，在这里接触到启蒙科学、康梁的文章和英语等新知识。此时李大钊"感于国势之陵夷不振，慨然

① 中国革命博物馆馆存材料。

②《李大钊文集》(下)，人民出版社 1984 年版，第 893 页。

起研究政治，以期挽救民族、振奋国群之思想”[1]。从1907年始，李大钊在天津北洋法政专门学堂度过了近6年的学习生活，受到了系统的西方政治法律学说的专门教育，并开始了再兴民族之斗争。

李大钊在青少年时代耳闻目睹了沦为半殖民地半封建的中国的内忧外患和人民群众所遭受的苦难。他的家乡大黑坨村，有7000多亩土地，绝大部分掌握在几家地主手里，地主残酷剥削和压迫，加上连年天灾，使广大农民饥寒交迫[2]。早在1912年李大钊就对地主剥削“连年水旱”造成的“农叹于野”[3]表示了忧虑。1913年李大钊在《大哀篇》中揭露民初诸多政党，以党谋私的罪恶行径，并反映了广大人民的苦难生活。特别是“农失其田”“父母兄弟妻子离散茕焉，不得安其居，刀兵水火、灭灾乘之，人祸临之，荡析离居，转死沟洫，尸骸暴露，饿殍横野”[4]。他迫切希望结束这种“少数豪暴狡狯之专政”，社会动乱，农民破产的旧局面。为造就真正的民国和人民的幸福，寻求强国富民之策，他明确提出“振农”为首的思想[5]。

为了深入了解农民，李大钊总是利用探家的机会在农村进行广泛的社会调查。1917年5月李大钊回家探亲，他把自己的所见所闻以通信的形式寄给《甲寅》日刊发表，以探索解决农民问题的良策。1918年初，李大钊把从家乡收集来的反映农民疾苦的民谣向刘复编的《新民谣》集供稿，如“瘦马拉搭脖、糠饭秕子活”[6]，是指地主若以糠饭待雇工，雇工也会用秕子活来对付地主。李大钊这

①《李大钊文集》（下），人民出版社1984年版，第893页。
②《李大钊传》，人民出版社1979年版，第5页。
③《李大钊文集》（上），人民出版社1984年版，第1页。
④ 同上书，第6页。
⑤ 同上书，第5页。
⑥ 段宝林：《从李大钊同志搜集的民谣谈起》，载1918年《北大日刊》。

样做的目的是唤起知识界对农民的同情，让更多的人了解农民的疾苦，并为解决农民疾苦而斗争。

李大钊关注和同情农民的同时，对农民逐步有了认识。1914 年 11 月，他在《政治对抗力之养成》一文中指出："群众势力，有如日中天之势，权威赫赫，无敢侮者。"[①] 1916年李大钊依据古今中外历史，尤其中国历代农民起义造成的朝代更迭，更明确指出："一部廿四史，斩木揭竿，狐鸣篝火……民彝者，可创造历史，而历史者不可以束制民彝。"[②] 基本说农民起义是推动历史前进的动力。李大钊认为"政治上、社会上一切改革，罔不酿于劳动阶级之运动"[③]。更为可贵的是李大钊认识到乡间民众是革命力量的重要所在，正如他说的"真正之舆论在乡间，不在都会"[④]。

当然，此时李大钊对农民的认识虽不乏唯物辩证的观点，但还夹杂着资产阶级民主主义思想，总的来讲李大钊虽然关注农民，提出振农、通商、惠工，以振农为首的主张，但未找到正确指导思想和实现振兴实业的正确道路。尽管如此，笔者认为李大钊对农民的了解和同情和他对农民的这些初步认识为他以后探索农民问题奠定了基础。

二

"十月革命一声炮响，给我们送来了马克思列宁主义，十月革命帮助了全世界，也帮助了中国的先进分子，用无产阶级的宇宙

①《李大钊文集》(上)，人民出版社 1984 年版，第 108 页。
② 同上书，第 164 页。
③ 同上书，第 186 页。
④ 同上书，第 494 页。

观，作为观察国家命运的工具，重新考虑自己的问题。”[①] 十月革命的胜利立刻吸引了正在探索民族解放道路的李大钊。李大钊接受马克思主义并开始向马克思主义者转变，成为中国最早的马克思主义者，从而以马克思主义思考中国问题。

马克思在总结1848年欧洲革命失败的经验教训时明确指出，“工农联盟是无产阶级赢得胜利的关键”[②]，农民是无产阶级最忠实的同盟军。这一思想对李大钊产生了影响，但应当指出的是，马克思所讲的农民在无产阶级革命中配角作用是显而易见的，这是西方资本主义国情所决定的。可贵的是李大钊从中国的实际来考虑问题，他认为考虑中国的问题不能“置吾国情于不顾”而且“盖国情之不可与客卿谋也久矣”[③]，对于中国国情，只能由中国人自己来认识。在这样的基础上，李大钊在1919年2月发表的《青年与农村》中明确提出“我们中国是一个农国，大多数的劳工阶级就是那些农民。他们若是不解放，就是我们国民全体不解放；他们的苦痛，就是我们国民全体的苦痛”[④]。这就阐明了中国农民问题的重要性。李大钊的这一光辉思想是运用马克思主义分析中国农民问题的结果，它隐含着农民问题是中国革命的中心问题的思想，成为以后中国共产党对农民正确认识的先导。

基于农民问题的重要性，加上李大钊在研究俄国革命时，认识到俄罗斯知识青年深入农村向农民宣传革命道理，对革命胜利起了重要作用，同时针对我国农村的现状和农民的要求，提出了知识青年到农村去的主张。李大钊站在时代的高度指出：“要想把现代的

①《毛泽东选集》第四卷，人民出版社1991年版，第1470~1471页。
②《马克思恩格斯选集》第一卷，人民出版社1972年版，第403页。
③《李大钊文集》（上），人民出版社1984年版，第110页。
④ 同上书，第648~649页。

新文明从根底输入到社会里面，非把知识阶级和劳工阶级打成一气不可，我甚望我们中国青年认识这个道理。”[①] 李大钊批评有些青年“专想在都市上活动，却不愿回到田园”[②]，他宣称：“少年中国的少年运动就是打破知识阶级的运动，是加入劳工团体的运动。”[③] 李大钊并没因农民问题的重要性而回避农民的弱点，“那些老百姓，都是愚暗的人，不知道谋自卫的方法，结互助的团体”。“他们自己中间也是按着等级互相凌虐，去结那些官绅棍役的欢心”[④]。同时李大钊指出，美国村落生活中必不可少的三件东西是图书馆、邮局、礼拜堂。而中国农村则是当铺、鸦片馆、庙宇，反映中国农村封建、愚昧、落后状况[⑤]。所以知识青年应去做改造的工作，李大钊认为农村有了知识青年就有了“改进的希望”，“劳工团体就有了光明”[⑥]。只有光明的农村，才有真正的社会进步。

李大钊提出的知识青年到农村去的主张在当时是极为可贵的，因为当时新文化运动的领导人陈独秀、胡适等在反封建时不大注重群众的力量，更不懂得农民问题，到农村去的主张对不久发生的五四运动中青年学生与工农群众的结合也具有指导意义。另外，李大钊的这一主张指明了青年运动的方向，具有开创性的意义。

三

李大钊在研究、传播马克思主义、积极参加革命实践中逐渐成为一个成熟的马克思主义者。党成立后的中心工作是工人运动，随

①《李大钊文集》(上)，人民出版社 1984 年版，第 648 页。
② 同上书，第 650 页。
③ 同上书，第 45 页。
④ 同上书，第 649 页。
⑤ 同上。
⑥ 同上书，第 45 页。

后中共二大后把主要精力致力于国共合作，因而李大钊很少有机会接触农民运动的实际。1923 年 7 月共产国际指出：“全部政策的中心问题，乃是农民问题，共产党作为工人阶级政党应当力求实现工农联盟。”[①] 从此，党对农民问题重视起来。特别是国共合作更促进了农民运动的高涨。伴随着革命斗争的推进，工人运动的失败，愈来愈显示出农民问题在中国革命中的重要作用，促使李大钊去深入研究农民问题，而此时中国农民斗争的尖锐化和李大钊亲自领导深入开展了农民运动为他提供了关于农民问题的思想素养，使他以理论和实践的结合上进一步探索农民问题成为可能。

1924 年国共合作后，李大钊成为国共两党在北方的负责人。他以工人运动为主的同时还明确指出：“对农民运动也需要加以重视，现在各地农民抗捐抗税的斗争在相继兴起，需要我们去发动组织和领导。”[②] 五卅运动后他将很大的一部分精力放在农民运动的组织和发动上。李大钊及北方党组织在领导农运时认识到，开展农民运动，必须注意培养当地的农村干部，组织起农民协会，建立起中共党的小组或支部作为领导核心。为此，1925 年 10 月初李大钊主持召开中共中央扩大执行委员会议，提出在农民协会、协作社、农民自卫军中巩固党组织。经过各级党组织的努力，1925 年底，京东、宛平、乐亭、玉田等七县，都相继建立了农民协会，人数达 1800 多人[③]。为培养农运干部，1925 年底北方区委成立第一个学校。在李大钊指导下，中共北方区委派遣大批同志深入农村工作。据不完全

① 中央档案馆编：《中共中央文件选集》第一册，中共中央党校出版社 1982 年版，第 104 页。
② 参见彭健华：《1924 年秋李大钊出席共产国际五大后对北方区工作部署》。
③ 中共北京市委党史研究室：《李大钊与第一次国共合作》，北京出版社 1989 年版，第 76 页。

统计，到 1926 年 6 月，察哈尔、热河、山东、山西、直隶 5 省已有农民协会 50 多个，会员 2 万多人。河南省农会会员人数约 27 万之多[①]。李大钊还亲自到各地视察指导农民运动。1925 年冬，李大钊到内蒙古主持召开工农兵代表大会，建立起工农兵大同盟，并指导办起《蒙古农民》杂志[②]。

李大钊在自己领导农运的实践基础上，"花了很大的功夫，调查、统计研究土地问题"[③]，写成《土地和农民》一文。该文用大量的历史和现实材料对中国农民及土地问题作了详尽的论述。

首先，李大钊指出了农民在中国革命的重要地位，农民运动的重要作用，实际上指出了农民是国民革命的主力军。李大钊指出："在经济落后沦为半殖民地的中国，农民约占总人口的百分之七十以上，在全人口占主要的位置，农业尚为其国民经济基础。故当估量革命力量时，不能不注意到农民是其重要的成分。"[④]他说："中国浩大的农民群众，如果能够组织起来，国民革命的成功就不远了。"[⑤]这表明李大钊认识到农民加入革命是革命胜利的关键，从而形成了农民是革命重要动力的观念。

其次，李大钊指出农民问题的中心是土地问题，他分析了农民破产的趋势、原因，指明了解决土地问题的途径。李大钊说明"今日的土地问题，实远承累代历史上农民革命运动的轨辙"[⑥]。他在文中列举大量图表统计资料，分析了中农破产和土地集中的趋势。"水

① 中共北京市委党史研究室：《李大钊与第一次国共合作》，北京出版社 1989 年版，第 77 页。

② 同上书，第 79 页。

③ 李葆华：《回忆父亲李大钊的一些革命活动》，《人民日报》1979 年 10 月 29 日。

④《李大钊文集》（下），人民出版社 1984 年版，第 824 页。

⑤ 同上书，第 834 页。

⑥ 同上书，第 824 页。

潮似的全国农民破产的潮流，正在那里滔滔滚滚的向前涌进而未已。”[①] 造成这种趋势的原因是由于“中国农民在帝国主义压迫之下已趋于难境，重以兵祸连年，流离失所。入民国以来，苛捐杂税，负担日重，各省田赋，有预征数十年者。佃农及雇工所受的压迫，比自耕农更甚”[②]。所以“在这种情形之下”耕地农有“便成了广大的贫农所急切需求的口号”[③]。

“耕地农有”显然是受了孙中山的影响，孙中山曾说“农民问题的真正解决，是要有‘耕者有其田’，那才是我们对于农民问题的最终结果”[④]。李大钊认为“耕地农有，历史上的久久待决的农民问题，当能谋一解决”。只“惜其（孙中山）所拟的平均地权办法，未能及身而见其实行”[⑤]。李大钊的伟大之处就在于不仅仅停留在口号上，而是提出了“耕地农有”的途径：“有待于中国现代广大的工农阶级依革命的力量以为之完成。”[⑥] 李大钊进一步指出：“若想提高贫农的地位，非由贫农、佃农及雇工自己组织农民协会不可。”[⑦] 因而农运干部“第一要紧的工作，是唤起贫农阶级组织协会”[⑧]。李大钊在当时农村变动的实践尚不充分的历史条件下，能够提出基本合乎中国近现代农村变动基本特点和规律的中国农村社会改造方案——“耕地农有”，具有理论的前瞻性、科学性，从而为农民运动指明了方向，也为以后土地革命解决土地问题提供了可资借鉴的思想。

---

①《李大钊文集》（下），人民出版社 1984 年版，第 826 页。

② 同上书，第 833 页。

③ 同上书，第 831 页。

④《孙中山选集》下卷，人民出版社 1956 年版，第 810 页。

⑤《李大钊文集》（下），人民出版社 1984 年版，第 824 页。

⑥ 同上。

⑦ 同上书，第 833 页。

⑧ 同上。

最后，李大钊开始用阶级分析的方法来分析农民。李大钊在文中指出："中国的农业经营是小农的经济，故以自耕农、佃户及自耕兼佃户为最多。"[①] 并且李大钊通过量化来界定中农小农。从田权方面来说，田主的农场平均每家 20 亩，半田主平均每家 38 亩，佃户的农场平均每家 15 亩，富农 150 亩，中农 70 亩以上，小自耕农 10 亩以上[②]。李大钊还列出了他们的年度收入表。当然，李大钊的分析未必精当，但却具有开创性。

李大钊用马克思主义对中国乡村崩坏原因的分析得出农民是革命主力军，对农民问题的核心土地问题提出了自己的方案并开创性地对农民进行了阶层分析，标志着他对农民问题的探索已日趋成熟。需要说明的是，在同一时期，共产党人瞿秋白、蔡和森、邓中夏，尤其是毛泽东也对农民问题进行了理论探索。毛泽东在《中国社会各阶级分析》一文中指出农民是"我们最接近的朋友"[③]，是革命的可靠同盟军。可以说农民问题的重要性成为一部分共产党人的共识。李大钊的探索代表了党内的正确方向。因而他的《土地和农民》一文，受到毛泽东的推崇，"把它收入农民运动讲习所的教材，供讲习所的学员学习"[④]，有力地指导和推动了全国的农民运动。

四

1926 年 7 月 9 日，北伐战争开始。为了配合北伐，党中央指出"北伐政治，必须是以解决农民问题作主干"[⑤]。为此李大钊领导

①《李大钊文集》(下)，人民出版社 1984 年版，第 833 页。

② 同上书，第 828~829 页。

③《毛泽东选集》第一卷，人民出版社 1991 年版，第 9 页。

④ 李葆华:《回忆父亲李大钊的一些革命活动》,《人民日报》1979 年 10 月 29 日。

⑤ 中国社会科学院近代史研究所、中华民国史组编:《中华民国史资料丛稿 · 大事记》第十二辑，中华书局 1978 年印刷，第 32 页。

的北方区委一方面选派农运干部到南方农民运动讲习所学习农运经验；一方面派遣大批同志深入农村领导农民运动。这时，对北方红枪会、天门会等农民旧式武装自卫组织的问题在北方区委内产生了分歧。党内一部分人因红枪会内部人员复杂、派系繁多、封建迷信色彩严重，主张持否定态度，甚至诬蔑红枪会为“妖匪”。李大钊经过调查，发现农民的这些自卫武装经常展开抗捐抗税和打击土豪劣绅的斗争，起了很好的革命作用。于是给北方各级党组织发出指示，肯定红枪会为农民武装运动撑腰，并向中共中央多次提交关于红枪会的报告。1926 年 7 月李大钊在上海召开的中共四届三次中央执委扩大会议上，力主通过了他提出的《关于红枪会决议案》，为红枪会运动在政治方向上找准了坐标[①]。

为了在理论上肯定和支持红枪会运动，李大钊在对北方红枪会调查和分析的基础上，写成《鲁、陕、豫等省的红枪会》一文。该文是党研究探讨农民问题的重要文献之一，在当时具有重要的指导作用。

第一，李大钊批驳了对红枪会的指责，赞扬了红枪会的革命作用。李大钊指出红枪会不是什么“妖匪”，而是一种农民的自卫武装组织。它的出现“完全是因为外国帝国主义和本国军阀兵匪所压迫所扰乱而自然发生的反响”[②]。“这个现象可以证明中国农民已经在那里觉醒起来，知道只有靠他们自己结合的力量，才能从帝国主义和军阀造成的兵匪扰乱之败局中解放出来，这样的农民运动中形成一个伟大的势力。”[③]“武装农民自卫运动的发展，不但可以增加农村

① 中央档案馆编:《中共中央文件选集》第二册，中共中央党校出版社 1982 年版，第 149 页。

②《李大钊文集》（下），人民出版社 1984 年版，第 828 页。

③ 同上书，第 871 页。

的壮丁，并且可以崩溃军阀的势力，根本的破坏军阀的营垒。”[①]对红枪会的性质、作用做了充分的肯定。

第二，农民自卫武装的革命作用显示了武装农民的重要性，李大钊强调要武装农民，认为这是革命胜利的关键。李大钊说：“中国民族的解放的成功，多半要靠工农民众的努力……一般农民感有组织农民自卫军的必要。”[②]因为武装的农民“可以制胜军阀，可以崩溃军阀的军队”。所以“农民群众参加到革命运动中来，就要武装他们”[③]。李大钊敏锐地认识到建立农民武装，是农民自身解放的关键，是国民革命胜利的关键。

第三，李大钊指出红枪会中农民的弱点，如“反洋人，信真主、迷信”，还有“落后的农业经济反映而成一种农民狭隘的村落主义、乡土主义”[④]，这些会导致“红枪会的匪化”，“可以把农民运动分裂，易受军阀土豪的利用，以致农民阶级自相残害”[⑤]。李大钊认为“这些弱点经过觉悟的青年、农运干部的教育引导完全可以克服，从而变旧式的红枪会为堂堂正正的现代的武装农民自卫团”，达到“抵制暴官污吏，打倒劣绅土豪的目的”[⑥]。

在这篇文章中，最光辉的就是关于武装农民建立农民武装的思想。这表明李大钊对农民问题的探索在当时走在党内的最前列。当时党整体来说对农民问题重视不够，更不用说农民武装了。更严重的是以陈独秀为代表的右倾主义者说农民运动过火，是越轨行为。只是在一年之后毛泽东在《湖南农民运动考察报告》中更明确指出

---

①《李大钊文集》(下)，人民出版社 1984 年版，第 873 页。
② 同上书，第 872 页。
③ 同上书，第 873 页。
④ 同上书，第 875 页。
⑤ 同上。
⑥ 同上书，第 876~877 页。

了建立农民革命政权“必须推翻地主武装，建立农民武装”[①]。李大钊、毛泽东的探索都触及了中国革命的实质。但是李大钊和毛泽东的正确思想没有占据党的主要地位。也正因为没有真正注重农民这一中国革命的中心问题，使党丧失了对农民的无产阶级领导权，才导致了大革命的失败。

综上所述，李大钊对农民问题的探索做出了杰出贡献，对以后党的新民主主义道路的开辟产生了启迪作用，对土地革命产生了深刻的影响。

（郑志廷、王甲成，原载中国李大钊研究会编:《李大钊研究论文集》，人民出版社 1999 年版）

①《毛泽东选集》第一卷，人民出版社 1991 年版，第 28 页。

铁肩担道义　碧血铸丰碑

——从李大钊看共产党人的担当精神

作为中国共产党的主要创始人之一，李大钊不仅是伟大的马克思主义者和党的思想理论的奠基者，而且还是勇往直前、义无反顾的担当者和践行者。他胸怀远大的共产主义理想，以救国救民为己任，以舍我其谁的豪迈气魄和大无畏的担当精神，肩负起时代赋予的历史使命。“实践其所信，励行其所知”，在无比艰难困苦的社会环境中，无所畏惧，坚贞不屈，用实际行动诠释了“铁肩担道义”的崇高境界，用丹心碧血书写了对党的事业的无限忠诚。今年（2017年）是李大钊同志英勇就义90周年。在深切缅怀和纪念这位伟人的同时，更应该大力弘扬共产党人的担当精神，不忘初心，砥砺前行。

一

新文化运动初期，李大钊曾经把“铁肩担道义”作为《晨钟报》创刊号（1916年8月15日）的“警语”，后来还曾手书对联“铁肩担道义，妙手著文章”，分别赠予表弟杨子惠和章士钊夫人吴弱男。这既反映了他的远大志向和高洁追求，又是他光辉一生的真实写照。

李大钊一生忠于理想信念，忠于党的事业，做到了“勇往奋进以赴之”“瘅精瘁力以成之”“断头流血以从之”。为了求得挽救国家民族之良策，“急思深研政理”，把自己的追求与拯救国家民族的命运紧密联系在一起。在俄国十月革命的感召下，经过深思熟虑，他毅然选择了马克思主义和社会主义道路，进而对中国革命的许多重大问题进行了一系列卓有成效的探索。李大钊特别强调必须以马克思主义为指导，才能使中国社会的实际问题得到“根本解决”，此可谓马克思主义中国化的先声和最早的理论建树。

担当精神贯穿了李大钊的一生。他矢志努力于民族解放之事业，这既是其担当精神的力量源泉，又是其担当精神的迫切追求。

李大钊身上所体现的共产党人的担当精神，源于中华民族优秀的传统文化。中华民族千百年来积淀下来的忧患意识、深沉的社会责任感和历史使命感，是中华民族宝贵的精神财富。李大钊自幼饱受传统文化的熏陶和浸润，对爱国主义、忧患意识、舍生取义等传统文化的精髓能够身体力行。他将这种忧患意识转化为利民兴邦的动力，于文化自觉和学术理性中融入科学、民主的时代精神，最终在马克思主义的指导下得到超越和升华。从此，李大钊的思想更具全球性和前瞻性，他不仅能够把中华民族的解放事业放到世界大势中去考量，而且还能够自觉地将担当精神在文化上、思想上和行动上高度统一起来，义无反顾地承担起救国救民的重任。

李大钊身上所体现的共产党人的担当精神，源于对马克思主义和社会主义的坚定信仰。信仰是一个人的人生观、价值观和世界观的体现。对马克思主义的信仰，对社会主义和共产主义的信念，成为一代代共产党人的政治灵魂和经受各种严峻考验的精神支柱。李大钊自从信仰了马克思主义，就把走社会主义道路当作救国救民的良策，矢志不渝。他把对这一理想信念的追求，作为安身立命的根本和终生奋斗的目标，作为战胜一切艰难险阻的巨大精神动力。

李大钊生活俭朴，倡导简易生活，认为“衣食宜俭其享用，戚友宜俭其酬应，物质宜俭其消耗，精神宜俭其劳役”。正因为他不为金钱所诱，不为名利所扰，不为个人得失所困，所以当党组织活动经费缺乏时，他能够拿出每月工资的三分之二来资助；当青年学生需要帮助时，他毫不犹豫慷慨解囊；对受难的同胞和国际友人，他能够热心捐助。以至于李大钊就义后，家里“一贫如洗，棺椁衣衾，皆为友助”。无私才能无畏，无畏才敢担当，才不怕牺牲。对于“牺牲”，李大钊早就有自己独到的体认：“人生的目的，在发展自己的生命，可是也有为发展生命必须牺牲生命的时候，因为平凡的发展，有时不如壮烈的牺牲足以延长生命的音响和光华。”

李大钊身上所体现的共产党人的担当精神，更为重要的是源于对党的无限忠诚。对党无限忠诚，就是要对党的事业极端负责，归根到底是对人民无限忠诚，忠诚于党的事业就是为人民谋福祉。因此，李大钊心甘情愿地为党的事业抛头颅、洒热血，坚定不移地跟党走，面对诱惑不改初衷，面对危险和死亡毫无惧色。被捕后，他千方百计保守党的秘密，念念不忘的是如何保护革命同志和爱国青年。这种博大的胸怀和高尚的精神境界，是李大钊用鲜血和生命对共产党人担当精神的完美诠释。

二

纵观中国共产党90多年来的发展历程，担当精神一直是共产党人奋勇前进、坚韧不拔、矢志不移、不畏牺牲的强大精神支柱和力量源泉。

习近平总书记指出：“是否具有担当精神，是否能够忠诚履责、尽心尽责、勇于担责，是检验每一个领导干部身上是否真正体现了共产党人先进性和纯洁性的重要方面。”敢于担当是共产党人的政治本色。当前，世界局势复杂多变，我国正处于深化改革开放的攻坚克难的关键时期和各种复杂矛盾凸显期。在新的伟大斗争中，在重要的历史节点上，共产党人更应该大力弘扬担当精神，勇往直前。

要坚定理想信念，像李大钊那样毫不动摇地信仰马克思主义。坚定不移地信仰马克思主义是共产党人的政治本色，是一个共产党人党性原则和政治品质的集中体现。习近平总书记说过：“理想信念就是共产党人精神上的‘钙’，没有理想信念，理想信念不坚定，精神上就会‘缺钙’，就会得‘软骨病’。”党员干部要补钙，就要认真学习党章，认真学习习近平总书记系列重要讲话精神，研究世情、国情、党情，用科学的理论武装头脑，不断提高思想境界和理论素养，坚定共产主义远大理想，真诚信仰马克思主义，坚定中国特色社会主义道路自信、理论自信、制度自信、文化自信。要牢固树立“四个意识”，强化责任担当，坚守对党忠诚的政治品格，特别要强化看齐意识、核心意识，在思想上、政治上、行动上自觉同以习近平同志为核心的党中央保持高度一致，坚决维护中央权威。

要把担当扛在肩上，像李大钊那样对党的事业坚贞不渝。“担当”不仅是一种政治觉悟，而且还是理性的文化自觉，体现一种锐意进取的思想境界和勇挑重担的精神状态。作为一名党员干部，必须树立正确的人生观、价值观和世界观，要有强烈的历史责任感，强化责任意识，恪尽职守，始终牢记责任重于泰山，始终做到守土有责、守土负责、守土尽责，以人民为中心，无私奉献，为民担当，为党和人民的事业而努力奋斗。习近平总书记指出：“中国共产党坚持执政为民，人民对美好生活的向往就是我们的奋斗目标。我的执政理念，概括起来说就是：为人民服务，担当起该担当的责任。”他强调：“‘疾风识劲草，烈火见真金。’为了党和人民事业，我们的干部要敢想、敢做、敢当，做我们时代的劲草、真金。”

要提高素养和能力，像李大钊那样深深地植根于中国传统文化，善于学习，与时俱进。李大钊学贯中西，深思好学，博通群籍，在法学、政治学、经济学、哲学、史学、社会学等方面颇多建树，是名重当世的学者。他为振兴中国文化不懈努力，为解决中国革命的许多问题不断探索和思考，直至初步建立起中国马克思主义的学术体系。“打铁还需自身硬”“工欲善其事，必先利其器”。担当不是简单、机械地付出，而是必须具备创新思维能力和驾驭复杂局面、处理复杂问题的能力。今天的党员干部应该有强烈的本领恐慌感和现实紧迫感，面对世情、国情、党情的不断变化，需要有过硬的政治素养、文化品格、专业素质以及高尚的道德情操。这些能力的提升，需要我们党员干部特别是领导干部，积极主动地向书本学习、向群众学习、向实践学习，要开阔眼界、兼收并蓄、学以致用。

李大钊用生命践行了诺言，用热血为我们铸就了“革命史上的丰碑”（鲁迅语）。今天，我们纪念和缅怀李大钊，就要从李大钊等革命前辈和共产党人的政治品格中汲取精神滋养，并大力传承和弘扬；要坚定不移地把老一辈革命家开创的伟大事业推向前进，不忘重托、砥砺前行。这是历史的责任、时代的担当，更是对早日实现中华民族伟大复兴中国梦的庄严承诺。

（朱文通、裴赞芬，原载《光明日报》2017 年 05 月 29 日 05 版）

不驰于空想，不骛于虚声

——漫谈李大钊的治学态度和工作作风

1924年5月，李大钊在编写《史学要论》讲义第六节《现代史学的研究及于人生态度的影响》时，曾这样讲过：“凡事都要脚踏实地去作，不驰于空想，不骛于虚声，而惟以求真的态度作踏实的工夫。以此态度求学，则真理可明；以此态度作事，则功业可就。”[①]推衍其语境，虽然这一论断是就史学研究和对待史学的态度所说，但“不驰于空想，不骛于虚声”应是李大钊一生的治学态度和工作作风。

一、以敏锐的洞察力掌握马克思主义这个思想武器

从1895年6岁入学到1916年2月离开早稻田大学，李大钊勤奋求学20余载。家乡私塾读书，中国旧学奠定了他深厚的古文基础；永平府中学西学课程的添设，开阔了他的眼界，也坚定了他为求“挽救民族、振奋国群之良策”的决心；北洋法政专门学堂（校）系统的政治知识学习，为他思考中国问题提供了理论基础。留学日本期间，李大钊勤奋学习，他不仅在早稻田大学的课堂上接受了一年半的正规教育，更多的是课余订阅各种书籍杂志，精读报章新闻，主动从当时东西方流行的社会新思潮中寻求救国方案。

“求真”是李大钊学习的特点之一。李大钊一生追求真理，他

①《李大钊全集》（修订本）第四卷，人民出版社2013年版，第565页。

说："人生最高之理想，在求达于真理。"[①]他所追求的真理，是"基于科学之上，循其逻辑之境，以表现于人类各个之智察"[②]。也就是说，李大钊所追求的真理是反映事物发展的必然规律，解析人类各种自然和社会现象的本源，是"求其真实之境"的，而非迷信的、受蒙蔽的，是不被"一时幻妄之象，虚伪之用"而迷惑的。有了正确的真理观做支撑，李大钊找到了马克思主义这一真理。

辛亥革命虽然推翻了封建帝制，但政权动荡、政党纷争、民权丧失、民生凋敝的社会乱象，使李大钊感到迷茫和怀疑。他决定到日本留学，正是为求救国救民的真理。同学郁嶷在《送李龟年[③]游学日本序》中谈到李大钊留日的原因："君顾自视缺然，不足所储，更欲游学日本，专究社会经济学，研考民生凋敝之原，探所以抑强横扶羸弱者。"[④]而求真的结果，即是李大钊在日本深入研究日本的政治制度，更多地了解了西方的种种社会新思潮，并按照自己的方式进行理解、消化和接受，为他后来找到并接受马克思主义奠定了基础。

"务实"是李大钊学习的又一特点。这个"实"是中国实实在在的国情。李大钊求学的过程始终是与爱国救国紧密相连的。1914年，袁世凯为恢复帝制，聘请美国人古德诺和日本人有贺长雄宣扬中国不宜共和制的谬论，大造其势。李大钊及时匡正，发表《国情》一文，指出中国的国情不可与客卿谋，并指出近今的国情与中国的历史不能等同，不能因为中国曾长期处于封建专制中，就说中

---

①《李大钊全集》（修订本）第二卷，人民出版社 2013 年版，第 147 页。

②《李大钊全集》（修订本）第一卷，人民出版社 2013 年版，第 426 页。

③ 李龟年，李大钊的另名。

④ 转引自北京大学图书馆、北京李大钊研究会编：《李大钊史事综录》，北京大学出版社 1989 年版，第 52 页。

国不能够实行共和制，从根本上批驳了外人揪住历史谈现今国情的谬误。

在接受马克思主义以后，李大钊自觉把马克思主义应用于中国实际，探索中国的社会主义道路。他说："但凡一个主义，都有理想和实用两面"，"一个社会主义者，为使他的主义在世界上发生一些影响，必须要研究怎么可以把他的理想尽量应用于环绕着他的实境"①。即是把主义与解决实际问题相结合。他要求中国马克思主义者应该"细细的研考马克思的唯物史观，怎样应用于中国今日的政治经济情形"，"怎样去作民族的独立的运动，把中国从列强的压迫之下救济出来"②。在李大钊的指导下，知识分子纷纷走近劳苦大众，了解民众疾苦，启发民众觉悟，开展工农革命运动。

社会主义能够在中国实现是李大钊得出的结论。为了捍卫这一成果，他发表多篇文章说明社会主义的特点，同时又点明各国因为国情的不同，将来各国的社会主义也必定会存在着差异。社会主义的理想"因各地、各时之情形不同，务求其适合者行之，遂发生共性与特性结合的一种新制度（共性是普遍者，特性是随时随地不同者），故中国将来发生之时，必与英、德、俄……有异"③。这即是他著名的"各国特色岂容忽略"的论断。

二、以落地有声的执行力做好每一项工作

李大钊既是功绩卓著的革命家，又是著述等身的学者，他从事多项工作，在每一个工作岗位上都兢兢业业，勤勤恳恳，以扎实稳

---

①《李大钊全集》（修订本）第三卷，人民出版社 2013 年版，第 51 页。

②《李大钊全集》（修订本）第四卷，人民出版社 2013 年版，第 517 页。

③ 同上书，第 248 页。

健的工作作风在中国革命道路上进行了艰难探索，作出了突出贡献。

中国共产党成立后，李大钊负责党在北方地区的工作。在北京、天津、河北（直隶）、河南、山东、山西及东北等广大北方地区培养和发展党、团员，建立和壮大北方党、团组织，发动工人运动、农民协会斗争以及城市群众斗争，掀起北方革命高潮。

此外，他还受党的委派与孙中山会谈，为促成国共合作五跨长江，三赴上海，两下广州。在国共和谈过程中，李大钊既要说服孙中山同意改造国民党，又要说服共产党内的反对声音。此时，李大钊还担负着北京大学等多校的教学任务，需要一面为革命事业奔波，一面完成教学任务，补足因外出耽误的课程。若再考虑到当时艰难的交通条件，可以想见，他是以怎样"瘅精瘁力以成之"的干事精神，在无比繁忙之中圆满地完成各项工作的。

任职图书馆，李大钊虚心向国内外大型图书馆学习管理经验，对北大图书工作进行全面改革：加强与国内外图书馆的交流，购进大量中外文书籍，修改图书馆借书规则、编制新的编目方法，开创开架式藏书模式，使图书馆成为学生的第二课堂。在他的带领之下，北大图书馆完成了由旧式藏书楼向现代化图书馆的转变。任职北京大学教授，李大钊讲授《史学》《政治学》，同时还兼负中国大学、朝阳大学等四校课程的教学任务。他以北大要在学术上有"大"发展和"大"建树为目标，在哲学、历史学等许多学科都进行了辛勤的探索。他第一个把马克思主义引入课堂，讲授《唯物史观》《史学思想史》《社会主义与社会运动》《现代政治》《工人的国际运动与社会主义的将来》等课程。

在革命和工作中，李大钊始终保持着昂扬的进取精神，这表现在他面对挫折、困难时不屈不挠地坚持。李大钊在编辑刊物期间，所刊文章因针砭时弊而触动当权者的利益，所以他的言论受到了限制，文章遭到删改、政治理想屡屡受挫。在挫折面前，李大钊不愿意屈服做违心的媚骨文章，又不能脱离宣传阵地，于是策略地用介绍国外新闻代替谈论内政的方式来变相宣传。十月革命前后，李大钊集中精力研究西方革命，介绍欧洲革命特别是俄国革命，分析世界大战的原因。据统计，他任职《甲寅》日刊仅半年的时间里即发文 70 篇，平均两天一篇。因为长时期对西方局势的关注，李大钊能够对世界革命大势有更敏锐的反应，这为他较早认识到俄国十月革命的先进性做了准备。

1923 年京汉铁路二七罢工遭到吴佩孚镇压，铁路工人俱乐部被捣毁，工人领袖被杀害，工人运动一时处于低潮之中。李大钊的内心非常痛苦，但是他没有悲观放弃，而是认真分析革命失败的原因，积极做好善后工作，鼓舞同志们的斗志，他满怀战斗激情地说道："目前的艰难境界，那能阻抑我们民族生命的前进。我们应该拿出雄健的精神，高唱着进行的曲调，在这悲壮歌声中，走过这崎岖险阻的道路。"[①] 在李大钊领导之下，1925 年北方工人运动再掀高潮。

三、以高度的责任感对待人民和事业

李大钊"铁肩担道义"，在大是大非面前毫不含糊。他曾经讲过："苟其言之确合于真理，虽一时之社会不听吾说，且至不容吾身，吾为爱真理之故，而不敢逡巡嗫嚅以迎附此社会。"[②] 旗帜鲜明，无畏无惧，尽显革命者铮铮铁骨。

---

①《李大钊全集》（修订本）第四卷，人民出版社 2013 年版，第 488 页。

②《李大钊全集》（修订本）第二卷，人民出版社 2013 年版，第 147 页。

李大钊首先在国内介绍俄国十月革命，宣传马克思主义。他的言论被北洋政府视为“洪水猛兽”加以禁止，被伪社会主义者所混淆。但李大钊没有因为这种种外力的攻击而放弃，而是通过多种形式传播马克思主义。他坦言“我是喜欢谈谈布尔什维主义的”①，“或者因为我这篇论文，给《新青年》的同人惹出了麻烦，仲甫先生（指陈独秀——引者注）今犹幽闭狱中，而先生（指胡适——引者注）又横被过激党的诬名，这真是我的罪过了。不过我总觉得布尔什维主义的流行，实在是世界文化上的一大变动。我们应该研究他，介绍他。把他的实象昭布在人类社会，不可一味听人家为他们造的谣言，就拿凶暴残忍的话抹煞他们的一切”②。言谈话语中有他对入狱战友的愧疚，但更多的是对原则的坚持，对理想的坚定。

李大钊对待革命工作从不计较个人职位高低、名利得失。中共一大，李大钊和陈独秀都没有参加，陈独秀被选为书记，而李大钊却没有进入中央局。二大时李大钊依然没有被选入中央，直到西湖会议，他才被补选为中央委员。但他没有因为党内地位不及人而悲观，也没有过任何抱怨，而是忠诚于党的事业，坚决执行党的决议，团结和带领北方党组织，深入铁路厂矿，把革命的星星之火根植于北方广袤大地，掀起北方革命运动的高潮。

道路探索的过程难免会有一些失误，而在失误面前李大钊勇于承认错误，坦诚接受批评。1922 年 5 月，胡适联合蔡元培、李大钊等签署的《我们的政治主张》在《努力周刊》上发表，主张通过改革，建立一个有各地“好人”组成的“好政府”，实质上是要改革和维护北京政府的统治，是一种妥协的主张。1922 年 6 月 15 日中

---

①《李大钊全集》（修订本）第三卷，人民出版社 2013 年版，第 53 页。

② 同上。

国共产党中央执行委员会发表《中国共产党对于时局的主张》，提出中国共产党要联合包括国民党在内的民主力量召开联席会议，建立民主的联合战线的主张，指出了“好政府”的妥协性和不彻底性，对李大钊等进行了不点名的批评。当李大钊看到这个主张时，诚恳地接受批评，毫不迟疑地同意中共中央决定，并及时向胡适等北大同人解释和宣传了中共的主张。而他本人也在不久后应中共中央的指派参加西湖会议，并接受委托到上海与孙中山会谈，讨论国共合作事宜，将中共中央联合国民党的政策贯彻到底，努力促成首次国共合作。

艰险环境下的考验是责任感的试金石。在最危险的时刻，李大钊坚守北京，在反动统治的中心主持着党的各项工作，与敌人做坚决的斗争。1926 年三一八惨案发生后，李大钊等人受到通缉，国共两党领导人纷纷南下离开北京，国民党中央执行委员会北京分会“只钊一人”。考虑到当时的危险形势，1926 年 9 月，中央致信北方区委，要李大钊南行武汉开辟工作。但李大钊考虑到北京工作的重要性，决意不离开。当李大钊及北京同志发现敌特监视时，许多同志及李夫人也多次劝说他离开，可当时正处于国民革命军北伐关键时刻，李大钊深知自己肩上的重担，用“我是不能轻易离开北京的”作回答。

当此之时，李大钊及其所率领的国共两党领导机关，不仅行动受到敌人的监视，生命危险，而且在政治地位上也处于边缘化状态。随着北伐进程，国民党内部的派系之争也愈来愈激化，对共产党和苏联代表的排挤也日趋突出，“不与我们以政治消息”[①]，经济补充少而且延期，需借贷维持，才能勉强支撑。但李大钊依然想尽一

①《李大钊全集》（修订本）第五卷，人民出版社 2013 年版，第 235 页。

切办法，克服困难，开展革命工作，积极发展国共两党党员，领导北方各地配合北伐的革命活动。他从所能搜集到的情报及往来电文中分析革命形势，写出多篇政治报告，对直、奉、晋等各系军阀进行分析，提出“对直对奉不宜同时开战”正确主张，制定了“驱孙拒杨”“固甘援陕，联晋图豫”等战略部署，积极联络促成冯玉祥归国参加国民革命，有力地策应了北伐。李大钊卓有成效的革命活动，遭到敌对军阀的仇视，1927 年 4 月，他被作为“赤党首领”被捕杀害，以“断头流血以从之”的壮烈诠释了共产党员的担当。

李大钊以历史的眼光预言革命进程：“历史的道路，不全是平坦的，有时走到艰难险阻的境界，这是全靠雄健的精神才能够冲过去的。”[①]创业维艰，奋斗以成。每个历史时期都会有不同内容的长征。李大钊终生“不驰于空想，不骛于虚声”，他勇于担当、敢于担当，在攻坚克难中锤炼干事创业的本领；直面个人荣辱与祖国利益的考验，以高度的责任感作出崇高的选择；坚持原则、坚守底线，不惧迫害、追求真理。这些品质，需要我们在建设新时代中国特色社会主义的历史进程中学习体悟，为实现中华民族伟大复兴的中国梦做出应有的贡献。

（刘晓艳，原载《党的文献》2018 年第 4 期）

①《李大钊全集》（修订本）第四卷，人民出版社 2013 年版，第 488 页。

牢记建党初心　传承红色基因

习近平总书记指出，要“多了解中国革命、建设、改革的历史知识，多向英雄模范人物学习，热爱党、热爱祖国、热爱人民，用实际行动把红色基因一代代传下去”。李大钊同志是中国共产主义运动的先驱，对中国共产党的创建作出了至关重要的贡献，是共产党人学习的楷模和榜样。在2018年新年贺词中，习近平总书记引用李大钊的名言“不驰于空想、不骛于虚声”，昭示了中国共产党人求真务实的精神、奋发有为的姿态。在新中国成立70周年之际，回顾李大钊传播马克思主义、探索民族复兴道路、寻求人民幸福途径的光荣历程，对于我们牢记建党初心、传承红色基因具有重要意义。

率先传播马克思主义。李大钊率先在中国介绍、宣传和研究马克思主义，是20世纪初中国的播火者。1917年俄国十月革命的胜利，给中国人民送来了马克思主义，中国革命从此翻开了崭新一页。李大钊指出，十月革命的胜利“是世界革命的新纪元，是人类觉醒的新纪元”，发出“试看将来的环球，必是赤旗的世界”的呼声，指出无产阶级的社会主义革命是世界历史的潮流，任何反动势力“遇见这种不可当的潮流，都像枯黄的树叶遇见凛冽的秋风一般，一个一个的飞落在地”。1918年底，李大钊撰写了《布尔什维主义的胜利》等文章，旗帜鲜明地在中国思想界率先举起马克思主义大旗。1919年，李大钊在《新青年》杂志上发表《我的马克思主义观》，系统介绍马克思主义，认为马克思主义是我们时代的真理。李大钊参与了《新青年》杂志的编辑工作，主编《每周评论》，成为五四前后宣传马克思主义的主要阵地。同时，他还在北京大学、北京女子高等师范学校讲授《唯物史观》《女权运动史》《马克思主义经济学》等课程，在他的影响下，更多进步青年开始接受马克思主义。更为可贵的是，李大钊十分重视对中国现状的观察和思考，倡导将马克思主义与中国革命实际相结合，提出了马克思主义在中国要“与时俱化”的思想，指出马克思主义会“因时、因所、因事的性质”发生“适应环境的变化”，要在运用中加以发展，这与马克思提出的“正确的理论必须结合具体情况并根据现存条件加以阐明和发挥”是一致的。

积极探索民族复兴道路。李大钊时刻牵挂国家兴亡，并为之奋斗。李大钊努力探索“以青春之我，创建青春之家庭，青春之国家，青春之民族”，鼓励当时国人“本自由意志之理，进而努力，发展向上”，以改变现实境遇。他将“改进立国之精神”“求一可爱之国家而爱之”作为自己的人生事业，在短暂人生中不畏艰险勇往直前。在1919年的《牺牲》一文中，李大钊指出：“人生的目的，在发展自己的生命，可是也有为发展生命必须牺牲生命的时候。因为平凡的发展，有时不如壮烈的牺牲足以延长生命的音响和光华。”李大钊以拓荒者的无畏姿态，指导并参加了建党前的革命斗争，“勇往奋进以赴之”，“瘅精瘁力以成之”，“断头流血以从之”。李大钊担任顾问的“学生救国会”，在五四前夕已发展成为全国性进步青年组织，他还领导建立北京的共产党早期组织和北京社会主义青年团，并积极推动建立全国范围的共产党组织。同时，李大钊运用初步掌握的马克思主义原理科学阐释了我国所面临的形势，指明“中国将来只有实行社会主义才能兴盛起来”，得出了“共产主义在世界、在中国，必然要得到光荣的胜利”的重要结论，提出要在中国实现社会主义，就要领导“劳工阶级，促他们联合起来，推倒资本主义”，“要想把现代的新文明，从根底输到社会里面，非把知识阶级与劳工阶级打成一气不可”，“联合一个‘民主的联合阵线’”，“抵抗国际的资本主义”，来实现社会主义，建设一个人民当家作主的国家。

努力寻求人民幸福途径。李大钊时刻不忘人民疾苦，对人民有着高度的责任感，为谋得人民解放，把个人生死置之度外。早在天津北洋法政专门学校读书时，李大钊就对“农失其田，工失其业，商失其源”的黑暗现实感到忧虑。他关注农民境遇，认为“我们中国是一个农国，大多数的劳工阶级就是那些农民。他们若是不解放，就是我们国民全体不解放；他们的苦痛就是我们国民全体的苦痛”，指出革命者要“去导引他们走出这个陷溺，转入光明的道路”。李大钊肯定人民群众创造了历史，指出一切历史“是靠我们本身有的人力创造出来的”，强调人民群众的作用，认为“社会主义的实现，离开人民本身，是万万作不到的”，重视工人和农民在中国革命中的作用，指出“只有无产阶级才能当革命的领导者”，要求“工人们应当紧密地组织起来，并且成为革命的核心”，强调“中国的浩大的农民群众，如果能够组织起来，参加国民革命，中国国民革命的成功就不远了”。李大钊在1919年的《劳动教育问题》《青年与农村》《现代青年活动的方向》《唐山煤厂的工人生活》等文中，关注工人、农民、农村、青年问题，提出“知识阶级与劳工阶级打成一片”的口号。李大钊指出，无产阶级政党应成为领导国民革命的核心，成为组织、发动人民群众的政党。他强调这个革命政党必须代表人民利益，必须做到密切联系群众，必须以马克思主义为指导思想。马克思主义在中国的传播和五四运动的爆发，为建立无产阶级政党准备了思想和组织的条件。

回顾历史是为了更好地面向未来，增强开拓前进的勇气和力量。我们要牢记建党初心、传承红色基因，以习近平新时代中国特色社会主义思想为指引，锐意进取，顽强奋斗，继续把革命前辈开创的伟大事业推向前进，为发展21世纪马克思主义、当代中国马克思主义，实现人民对美好生活的向往，实现中华民族伟大复兴中国梦而努力奋斗。

（王英、姜德辉，原载《光明日报》2019年01月31日06版）

思想·理论

在李大钊的思想发展历程中，贯穿着一条思想解放、追求真理的主线。从参加立宪请愿运动到拥护资产阶级民主共和制，到最终选择马克思主义，是他思想解放、与时俱进的最好诠释。他留下的思想理论遗产不可磨灭，因为这是“先驱者的遗产，革命史上的丰碑”。

一、早期思想发展轨迹

辛亥革命时期李大钊立宪派思想论析

辛亥革命时期，李大钊的思想和观点具有明显的立宪派倾向。这既表现在他对革命派的政治偏见和责难上，也表现在他一段时间内的拥袁态度上。本文拟对李大钊在1913年底东渡日本之前立宪派思想倾向的基本内涵和特点作一些探讨，不妥之处，尚须求教于方家。

一、对资产阶级革命派的责难

辛亥革命时期，虽然李大钊具备了较全面的资产阶级民主共和思想，但是，他对资产阶级革命派却抱有很深的政治偏见，进行了刻薄的批评和责难。

第一，“党私”。政党问题是辛亥革命期间李大钊较为关注的问题。他面对民国初年由于袁世凯集团的封建统治而导致的民主共和制度不得建立、政党政治不得步入正轨的情况，产生了一种极度压抑的情绪，对民国初年的各类政党进行了严厉抨击。他认为，民国初年各派政党的根本症结在于党纲与党德之间名不符实，“以言党纲，有一主政，亦足以强吾国而福吾民。以言党德，有一得志，吾国必亡，吾民无噍类矣”[①]。由此，李大钊提出了“党私”问题。

①《李大钊文集》(上)，人民出版社1984年版，第5页。

1912年6月，他指出："试观今日之政党，争意见不争政见，已至于此，且多假军势以自固。则将来党争之时，即兵争之时矣。"①对于民国初年党争的"争意见不争政见"的看法，李大钊与资产阶级革命派颇有相同之处。谭人凤亦说："不知各国政党之竞争，以国家为前提，所争者政见也。吾国政党之竞争，以本党为前提，所争者意见也。"②但是，表面的相同，所掩盖的却是内涵与实质的各异。李大钊所指"党私"的主要内容是"多假军势以自固"。在民国初年的各派政党中，唯一握有一定军事实力的，只有同盟会（后为国民党）。因此，李大钊所指责的"党私"，矛头实际是指向革命派的。1913年9月1日，在分析二次革命发生的原因时，李大钊再次谈了对"党私"问题的看法："今之以言论号召于天下者，多挟其党见之私，黄钟瓦缶，杂然并作，望风捕影，各阿所私。"③他认为，正是由于民国初年纯粹以本党利益为是非的"党私"，造成了"天下真是非转为言论所淆混"的局面。从表面看，李大钊是以现实批判主义的态度，超然于革命派、立宪派、袁世凯集团之外，对民国初年的党争进行批判的，但实际上，他所批判的仍然是革命派。他将革命派为反抗袁世凯专制统治而发动的二次革命视作军事暴乱，并将发生的原因归结于"党私"，"抑吾更有哀者，此次革命血浪中仅涌出有数人物，干国之英，胥在乎是。一年以来，由党见之故，诬蔑轧倾，不遗余力……一念之私，雌簧百口，莽莽神州，至竟无一完人，遂至激成二种势力相冲相荡，以有今日之乱"④。

①《李大钊文集》（上），人民出版社1984年版，第2页。

② 朱宗震、杨光辉编：《民初政争与二次革命》（上编），上海人民出版社1983年版，第71页。

③《李大钊文集》（上），人民出版社1984年版，第59~60页。

④ 同上。

第二，“省私”。李大钊所谓的“省私”，主要是武昌起义后各省（主要是南方革命派所掌握的省份）所形成的在行政、军事、财政等方面的自主权。他认为：“乃近顷用人行政，省自为治，畛域日深，循是以往，数年或数十年后，势至各省俨同异国，痛痒不关，即军事财政之协助，系乎国家兴亡者，将亦有所计较而不为矣。”[①]民国初年，南方各省，尤其是江西、安徽、广东等省的军政大权，基本上掌握在革命派都督手中，因此，关于省长民选还是总统委任、中央集权还是地方分权、军民分治等问题，成为革命派与袁世凯北洋集团的主要斗争焦点。袁世凯集团企图通过实行省长由总统委任、中央集权、军民分治来削弱革命派实力。因此，李大钊所谓的“省私”，正是当时政治斗争的反映，它迎合了立宪派和袁系集团企图削弱南方各省军事、财政、行政权力的需要。李大钊对革命派在南方各省与袁世凯集团的政治、军事对抗作了直接抨击：“至于江南各省，远在南服，中央之威信不灵，内外之猜嫌纷启。皖赣湘粤，岸傲自雄，不待宋案发生，借款事起，始有离异之迹也。”“江西近事，往辙匪遥。浔阳江头，几酿战祸。”[②]其所称“始有离异之迹”，是指李烈钧、柏文蔚、胡汉民、谭延闿等南方革命派都督于1913年5月5日联名通电反对袁世凯善后大借款之事。“浔阳江头，几酿战祸”，是指1912年12月到1913年1月的江西民政长事件，及其后因袁世凯收买九江镇守使戈克安扣留李烈钧向日本订购的七千余支枪械及一批子弹而引发的袁政府与江西的军事、政治危机。李大钊将民国初年的一切政治、行政、民生、财政、社会危机的根源，统统归结在革命派都督的身上，“推原探本，何莫非都督

---

①《李大钊文集》（上），人民出版社1984年版，第2页。

② 同上书，第35~36页。

为之梗也”。他认为，如果这种局面继续下去，只能导致国家覆亡，为列强所瓜分，“近蹈巴尔干之覆辙，远步埃及之后尘”[①]。所以，李大钊从朴素的爱国情感出发，在裁都督、消除“省私”的问题上表现得情绪异常激昂。他劝告那些曾经“痛哭流涕，慷慨激昂，相率中原豪杰，还我河山”的革命派都督们，“苟利国家，何所不可，兵权慨解，天下晏安”，赶紧退居泉林，把军政大权交给袁世凯[②]。

第三，“都督专制”。李大钊对革命派指责最刻薄的，莫过于“都督专制”。“其今日一榜，明日一榜，得勋位、嘉禾、上将、中将者，要以武人为多，而尤以都督为横，以其坐拥重兵，有恃无恐，上可以抗中央，下可以胁人民……则所谓民权者，皆为此辈猎取之以自恣，于吾民乎何与也？”[③] 1913年4月1日，这些言论发表之时，正是3月20日宋案发生不久。由于宋教仁被刺，南方革命派正逐渐认清袁世凯真实面目，开始准备武力讨袁。此时，正在“上抗中央”的，只有南方革命派都督。因此，李大钊所指责的所谓“坐拥重兵，有恃无恐，上可以抗中央，下可以胁人民”的专制都督，实际上是指李烈钧、柏文蔚、胡汉民等南方革命派将领。为了消除“都督专制”，李大钊运用民权学说对革命派所主张的地方分权说作了刻薄的批评。他不顾革命派在南方各省开始推行民权的事实，将民权与革命派在南方的统治对立起来，认为革命派在南方是压制民权的，“都督既可以上抗中央，从而贱视其治下之民，微若蚁蛭，淫威肆虐，为所欲为”。他将主张地方分权的革命派称为“愚妄之徒”，认为地方分权在中国是万万不可行的，“抑知无论地

①《李大钊文集》（上），人民出版社1984年版，第39页。
② 同上。
③ 同上书，第5~6页。

方分权说，在中国今日，已无存在之余地”，同时，进一步将“都督拥权”与“地方分权”对立起来，“是都督拥权，非地方分权也！”从根本上否定了都督存在的价值[①]。

第四，“裁都督”。1913年6月1日，李大钊建议袁世凯政府：“则宪典昭示之日，正式政府成立之日，即都督罢权解职之时，雷厉风行，不少宽假，奠邦家长治久安之基胥在乎是。”[②] 1913年4月8日，中华民国第一届国会召开，制定宪法和选举正式大总统的工作随即着手进行。因此，李大钊所谓“宪典昭示之日，正式政府成立之日”，相对于1913年6月1日来说，当然是指日可待了。可见，李大钊是建议袁世凯对南方革命派都督“雷厉风行，不少宽假”，用“震雷劈空之举”，“挞伐宜速”，立即对南方革命派进行全面讨伐和镇压的。此时，正是袁世凯即将罢免李烈钧、柏文蔚、胡汉民都督职之时，处于二次革命爆发的前夜。这对袁世凯集团的反革命行径起了推波助澜的作用，为袁世凯进攻革命派做了舆论准备。

综上可见，辛亥革命时期，李大钊对资产阶级革命派的政治主张是不理解并抱有巨大政治偏见的。因此，李大钊此时的思想不属于革命派，乃是事实。

二、从拥袁到抗袁的转变

辛亥革命时期，李大钊对资产阶级革命派进行种种责难的同时，其对于袁世凯封建集团的态度，也有着一个从拥袁到抗袁的转变过程。

第一阶段，采取彻底的拥袁立场。在二次革命失败之前，李大

①《李大钊文集》（上），人民出版社1984年版，第33页。

② 同上书，第34页。

钊在对革命派进行责难的同时，采取的是较为彻底的拥袁立场。比如，他认为，当时“跳梁违宪者，实不在总统，而在都督也，不在中央，而在地方也”[①]。最明显而直接地表明其拥袁立场的，还有这样一段论述：“防北京军警干政者，吾闻之矣；防各省都督跋扈者，未之闻也。各省议会多数于异党都督而为攻讦者，吾闻之矣；于同党都督而为救正者，未之闻也。防总统政府专制者，吾闻之矣；防议会专制者，未之闻也。虑中央集权，启政府专制之患者，吾闻之矣；虑地方分权，召国家分崩之祸者，未之闻也。”[②]这直接表明了李大钊对革命派和袁世凯政府的政治立场和观点。这说明，他对袁世凯真实面目的认识相当不清醒，对革命派所抱的偏见相当大。在对都督问题上，李大钊站在拥袁立场上，针对革命派反抗袁世凯集团的斗争，从“中央收回军政实权”“简任省尹”“划分军区”“废除都督名义”诸方面，为统治者制定了一套旨在消除革命派实力的治安策[③]。

第二阶段，对行政、法律和政治改革的宣扬。二次革命失败后至1913年9月底，李大钊极力宣扬行政、法律和政治的改革。这说明，他开始对袁世凯政府的独裁统治表现出一定程度的不满，企求进行某些局部的改革，但其政治观点基本上仍局限于立宪派的改良主义范畴之内。

首先，在行政改革方面，李大钊极力提倡“官僚主义”。他所谓的“官僚主义”，实际上是指近代化的行政体制，即近代化的文官制度，“但官僚主义者，乃近代各国建官之一种政策，即国家建

①《李大钊文集》（上），人民出版社1984年版，第32页。
② 同上书，第41页。
③ 同上书，第35页。

官宜据学识为陟降之主义也”。他之所以提倡这种制度，其目的有二：第一，防止行政机关的腐败和“旧日官僚恶劣根性”。“执前清旧日官僚，与夫新邦勋贵，孰非凝眸瞰视于政途以图逞其猎官之技者？间有一二臭味相同者，跻于要位，或出于夤缘，或由于提拔，相率联翩而上，将民国革新之政局，复为奔走运动之舞台矣。”第二，防止革命派的“夺权”和“党私”。“而今之自号国民志士云者，日以会党相号召，其间容有以救国为怀者，未可以一笔抹倒，其以是为猎取利禄之具者，尚实繁有徒也。”[①]李大钊所提倡的这种改革，仅仅是在维持袁世凯统治格局的前提下，在其政府内部进行的改革，基本上局限于改良主义范畴。

其二，在《天坛宪法草案》公布过程中，李大钊极大地关注着宪法的起草以及国家政体问题，积极参与了当时国会问题的讨论，希望在袁世凯统治之下建立起符合中国国情的、高效率的资产阶级民主性质的国家机器。“吾于民国建基伊始，窃冀我中华于东亚大陆独竖新政局之赤帜，绝不欲陈陈相因，随政客之唾沫以嘘，致弗脱于历史遗迹之缚绊，曾就院制有所讨论。”[②]李大钊关于国会问题的言论说明，直到1913年9月1日，尽管这时中国已处于袁世凯复辟专制体制的前夜，他仍抱着巨大的政治热情。这一点，是与进步党人的心态和处境相同的。

其三，针对民国初年的不良政治风气，李大钊用辛辣的语言，批判了当时政坛上各类政客的行为，其批判重点已不是革命派，而是封建政客、立宪派分子。他从“国务员座位”“黄金”两方面，揭露了各类政客追名、逐利的思想和行为，以及在他们追名、逐利

①《李大钊文集》(上)，人民出版社1984年版，第50~51页。

② 同上书，第52页。

目的失落后情绪锐减而转入的“鬼混的生活”。他由此哀叹：“年来政象之奄无生气者，以此耳！”[①]李大钊的这种分析是有相当力度的。但他的这种批判，仍仅属于改良主义范畴。他寻求的是人们政治心理的改善，以求达到改良政治的目的。这种改善和改良对于当时革命的中心问题，即推翻袁世凯封建独裁统治而言，仅仅是无关痛痒的次要方面。李大钊此时并没有认识到，造成人们这种病态政治心理的政治根源，乃是袁世凯政府的封建性质。

第三阶段，从法律角度对袁世凯政府的反动措施进行批判。1913 年 10 月 1 日，李大钊针对《天坛宪法草案》起草过程中袁世凯对起草工作的干涉和争夺宪法公布权而对宪法公布权问题作了分析。在这里，他从法学和政治学的理论高度，对宪法公布权问题作了系统阐述。他首先明确了宪法与其他法律的区别，“故宪法者制定于特殊隆重之程序，力能变易法律，而法律者，则制定于普通简易之程序，不容抵触宪法”，从而认为，“前参议院之权能，议决者法律也，非宪法也。大总统之权能公布者，法律也，非宪法也”。在宪法的制定程序上，他阐明，宪法的制定为造法，制定者为宪法团体；而其他法律的制定为立法，制定者为立法机关。他由此得出结论：“立法之结果，为法律之议决；造法之结果，为宪法之制定。即云制定，自包公布权于内了无庸疑。且宪法团体，既为主权之所寄，权力万能，何所不可，宁独至于公布权而靳之。然则宪法公布权，不属之大总统，而属之宪法会议，证之法理，昭然若揭矣[②]。”李大钊在宪法公布权问题上的评论，是他对袁世凯的第一次公开指责。这说明，他对袁世凯的反动本质开始有了某些清醒认识。但

①《李大钊文集》（上），人民出版社 1984 年版，第 57 页。
② 同上书，第 61~63 页。

是，问题的关键是，他仍仅仅从法理上，以资产阶级民主制的法理为出发点，而不是从政治上对袁世凯进行批判。这种纯理性的抨击绝非政治上的批判。这是他与革命派的根本区别所在。实际上，李大钊的这种思想状态，与二次革命之后面对袁世凯逐步建立封建专制制度的严酷现实而产生逆袁倾向的进步党人的政治态度是基本一致的。

与宪法公布权问题相联系，李大钊又进一步阐明了法律颁行程序与元首问题。他通过对总统与国会在法律颁行过程中的职权的分析，再次对袁世凯政府的违宪行为作了批驳。李大钊将世界各国国家元首与议会之间在法律颁行程序上的职权范围界定为三类：裁可权、不裁可权和批行权。依据《临时约法》和《天坛宪法草案》，他认为大总统具有法律公布权和批行权。但并无裁可权，在法律公布权上，仅有“检查其是否蹈宪法之正轨，而无斟酌法案内容之余地”，大总统无权干涉议会所通过法案的内容，“固无生死法律之能力”①。这样，李大钊就对总统与国会的关系作了合乎资产阶级民主体制的基本界定。从而，对袁世凯的种种专制行为作了理性的批判。

1913年10月底，国民党和进步党人所坚持的国会斗争已接近尾声。11月1日，李大钊借国会议员俸给问题，愤然声称：“今兹国会虽告中殇，而民国若存，国会终有复活之一日，则俸给亦终成一问题。”②这说明，李大钊已经从拥袁彻底走向抗袁了。他已经能够运用资产阶级民主理论来正确分析社会和政治现实，这与其二次革命以前的政治观点形成了鲜明对照。但是，这并非意味着其政治观点已脱乎立宪派范畴。11月4日，袁世凯悍然下令解散国民党，

---

①《李大钊文集》(上)，人民出版社1984年版，第69页。

② 同上书，第78页。

取消国民党议员资格，致使国会因不足法定人数而停会。在袁世凯一步步紧逼的形势下，由于国会遭到破坏，其活动阵地逐步丧失，立宪派分子也存在着一个由拥袁到抗袁的转变过程。李大钊的思想进程，与这个过程基本上是同步的。

三、理论与现实的矛盾

李大钊在辛亥革命时期，其思想倾向基本上是与立宪派思想范畴一致的。这是否可以说明李大钊当时的基本思想具有落后性和保守性呢？回答是否定的。辛亥革命期间，除其坚定的民主共和观念而外，李大钊还具备一些较其他政治家更为深刻的理论和观念，即政法学理倾向、平民政治观和“民力”与“民德”观。从长远的历史进程中讲，这些理论和观念无疑是先进的。但是，在民国初年的特定历史环境中，由于对当时的政治形势和袁世凯反动面目认识的误差和不清醒，这些先进的理论便与现实产生强烈矛盾，从而形成思想上的错位。应该说，这是李大钊在辛亥革命时期立宪派思想倾向的根源所在。

第一，政法学理倾向。早期李大钊的主要志趣在于“深研政理”。他“感于国势之危迫”，认为西方的政治、法律理论才是“挽救民族、振奋国群之良策”。在北洋法政专门学校，他系统学习了政治、法律诸学，接触了西方启蒙思想家卢梭等的著作，开始树立起资产阶级的民主观。因此，李大钊对中国近代社会的认识，首先是以他的这些政法理论为出发点的。从李大钊对“弹劾”一词用法的剖析中，我们看到，虽然李大钊对民国初年的政党政治产生了种种不满情绪，但他仍然力图从理论上探究民主制度的合理模式。他分析和纠正人们对“弹劾”一词的误解的根本目的在于，从学术理论上澄清议会民主制的基本内涵和政治功能，从而为实现真正的议会民主制奠定基础。正像他所说："吾国果采内阁制抑总统制虽尚未定，而内阁制下之不信任与弹劾，固当区分，以免许多无谓之纷呶。即总统制下之以立法部不能进退行政部之故，而漫谓之不能弹劾，法律上亦甚危险。用语之不慎，不独研析斯学者滋其惑误，而政局不时之动摇，法权应及之逃避，亦缘滋而起，所不能已于置辩者，此也！"①

但是，李大钊对民国初年政治形势的认识和政治分析能力是相当幼稚和不成熟的。他还不能正确运用民主共和思想来分析和认识社会和政治问题。因而，他的民主共和观还不能和政治实践统一起来，这就使他对民国初年政治形势的分析仍停留在表面和现象上，不能深刻认识到他所揭露的表面现象背后所隐藏的实质。而且，李大钊面对民国初年政治、社会的风云变幻，其思想表现出极度的迷离。"而今而后，化猿化鹤，尚不可知，则呼马呼牛，亦惟漫应而已"②，这是他当时思想状态的真实写照。从在二次革命失败后对"暗杀与自杀"的关注中，我们可以了解到他当时心情的消沉和抑郁，以及他对民国初年社会和政治现象的不理解。他痛惜当时的民国，"光风霁月之天，乃一变而为血浪磷光之域"，哀叹"吾少典氏之子孙……而将死于互杀、自杀以无噍类也矣！"从他对当时社会和政治生活的偏激理解和扭曲心态中，我们或许也可以窥见其对民国初年政治问题产生判断误差的某些思想原因。例如，同样在分析"暗杀与自杀"问题上，李大钊不仅对袁世凯为诋毁革命派而肆意炮制的"血光团""暗杀党"案信以为真，而且以此指责革命派，

①《李大钊文集》(上)，人民出版社 1984 年版，第 11 页。
② 同上书，第 21 页。

将革命派看作是“暗杀”的罪魁。由此，他对革命派引发出更深的偏见和不满，“是谁作俑，拨此杀机，其肉岂足食乎？”同时，在这个问题上，他又表现出某些政治调和色彩，“同是有生之伦，苟无绝大冤仇，乌忍置之死地。同负有觉之躯，苟无绝大罪恶，讵可绝其生机”[①]。李大钊的现实批判主义的思想倾向是他非常重要的思想特点。但是，他的这种思想倾向又更多地表现为超然于革命派、立宪派和袁世凯集团之外来分析政治问题，再加以其认识范围的局限，往往就使他将批判对象转移到革命派身上。例如，他对“党私”“省私”“都督专制”等问题的认识就是如此。辛亥革命时期，李大钊朴素的爱国主义情感也是他非常重要的思想特点。他具有要求国富民强、励精图治的强烈爱国精神和社会责任感。但是，由于他对民国初年政治、经济、社会问题认识和分析的简单化和朴素化，使他产生认识上的失误和错觉，从而把希望全部寄托在袁世凯政府身上，要求革命派放弃一切军政权力，以达到迅速确立正常国家秩序的目的。以上因素，都使得李大钊的政法学理与社会政治现实产生了强烈矛盾，使他在思想上表现出对革命派的责难和一段时间内的拥袁，从而在思想上不自觉地与立宪派一致起来。

第二，平民政治观。在关于国会体制问题的论述中，李大钊主张，全体国民，无论是“富者”“智者”，还是“贫者”“愚者”，所选出的国民代表，均应同在一院，无须分设两院，“益以共和告成，五族平等，天赋人权，理论固不容有所轩轾，平民政治制度，更不容特设阶级……”[②]。李大钊的平民政治观，是其早期思想的主要特点之一，也是其一切政治观和社会观的重要出发点。但是，李大钊

①《李大钊文集》(上)，人民出版社 1984 年版，第 44~45 页。
② 同上书，第 53 页。

没能运用这一观点作出正确的历史判断："然则所谓民政者，少数豪暴狡狯者之专政，非吾民自主之政也；民权者，少数豪暴狡狯者之窃权，非吾民自得之权也；幸福者，少数豪暴狡狯者掠夺之幸福，非吾民安享之幸福也。"可见，无论是对民国初年政治斗争的认识与批评，还是对革命派的认识与批评，李大钊都是以黎民百姓为出发点的，从而得出了所谓"民政""民权""幸福"，"此少数豪暴狡狯者外，得其所者，有几人哉"的结论[①]。他对于民初政党政治的认识和批评，亦是如此。从民初政党政治的资金浪费和对平民百姓的财产剥削角度上，他对各派政党作了严厉指责，"吾侪小民，固不识政党之作用奚似，但见吾国今之所谓党者，敲吾骨吸吾髓耳"[②]。从对黎民百姓所处境遇的悲哀到对辛亥革命历史价值的批判，确实是李大钊当时的思维逻辑。这是辛亥革命的不彻底性的阴影在李大钊心灵中的反映。

第三，"民力"与"民德"观。李大钊认为，由于国民民主意识和素质的低下，使得民权极易旁落于专制者之手，"黎庶之患，不患无护权之政制，患在无享权之能力"，"倘无承受之力，则权之所至，将有匪徒法空制之能强附于其躬，而黠诡武健之夫，既奋其力以劫夺于独夫一姓之手"。他又进一步阐发了"民德""民力"与"民权"的关系，"民力宿于民德，民权荷于民力，无德之民，力于何有？无力之民，权于何有？"[③]三者是相关联的，"民德""民力"是"民权"的基础。李大钊关于"民力"与"民德"的理论出发点，对于民国初年的政治、社会现实而言，是极端深刻的。在这一

①《李大钊文集》（上），人民出版社1984年版，第6页。

② 同上书，第5页。

③ 同上书，第40~41页。

点上，李大钊的认识要比革命派深刻得多。

但是，当他将这一理论用来分析民国初年政治现实的时候，却陷入了误区，他不是将窃夺民权者判定为袁世凯，反而认作革命派，“患在为之争权者，转而为窃权之人”[①]。同样，他用这一理论对宋案的分析也陷于与社会现实相悖离、自相矛盾的境地。他将暗杀分为两类，一类是英雄的暗杀行为，一类是盗贼的暗杀行为。他认为，在一定历史时期之内，暗杀是行于英雄，还是行于盗贼，是由“群德（民德）”决定的，“而行暗杀者之或为英雄，或为盗贼，实其群德有以范成之”，如果群德堕落，那么暗杀就要行于盗贼。他认为，民国初年正是群德堕落的时期。由此，他得出结论：“桃源渔父，当代贤豪，不幸而殒于奸人之手。死之者武士英，所以死之者群德也。”也就是说，杀害宋教仁的真正凶手是群德的堕落，“然则渔父之死，非死于群德之衰而何也？非其群杀之而何也？”李大钊从社会宏观角度来分析宋案，应该说是具有一定深刻性的。归根结底，宋案发生的原因，是由于民国初年资产阶级力量的虚弱、革命派的政治软弱性和幼稚性、民众民主意识的欠缺和不发达以及封建势力的强大而孕育形成的，“群德之衰”的内涵应是这些。但是，李大钊并非指此，而是将革命派的政治、军事斗争视作群德堕落的重要原因，“而孰知夫昔以殄民贼者，今乃伤我国士；昔以功我民国者，今乃祸我民国。神州光复之后，吾群德之衰，乃反有江河日下者哉！”[②]另外，李大钊对民众民主和文化素质的关注，也是他否定革命派斗争的思想原因之一。他认为，在民众民主和文化素质低下的情况下，真正的民主共和制度是不可能建立的，“瞰彼神州，黔

①《李大钊文集》（上），人民出版社1984年版，第40~41页。

② 同上书，第22~23页。

庶凋丧颓弱，虽尧、舜、华盛顿复生，亦难睹真正共和之隆治，况其下焉者乎？”由此，他认为，国民教育是比政治革命更重要的任务，“若夫国民教育，乃培根固本之图，所关至巨”，“民力既厚，权自归焉……”所以，他劝告革命派放弃军事、政治斗争，全力从事于国民教育，“所望仁人君子，奋其奔走革命之精神，出其争夺政权之魄力，以从事于国民教育，十年而后，其效可观”[①]。

在实践上，理论与现实之间往往会产生各种各样的矛盾，从而形成认识上的偏差。这一点，在李大钊早期思想中表现得尤其明显。李大钊的政法学理倾向、平民政治观和“民力”与“民德”观是其以后向革命民主主义者转化的思想基础，而在辛亥革命时期的特定历史条件下，它们又成为李大钊立宪派思想的主要思想根源，这是李大钊与其他立宪派分子的根本区别所在。

（阎书钦，原载《李大钊研究》第七辑，《河北学刊》1997 年增刊）

①《李大钊文集》（上），人民出版社 1984 年版，第 43 页。

“言治”时期李大钊思想管窥

1907年李大钊走出冀东乡村，来到北洋军阀盘踞的天津，进入北洋法政专门学堂“习法政诸学”。时值辛亥革命前后，国家内忧外患，青年李大钊面对风云变幻的形势，不断撰文，探索救国方策。反映他早期思想的30篇文字，集中发表在1913年4月创刊的北洋法政学会机关杂志《言治》月刊上。“言治”时期的思想，既反映出深沉的爱国热情，也反映了他早期思想的局限和矛盾，正是在这些客观和主观的矛盾冲突的困扰中，开始了他探索救国救民真理的艰辛历程。

一

辛亥革命建立的共和国家，实际上是个妥协的产物，然而作为北洋军阀的头子的袁世凯，却一时被捧为“亿兆属望”“旋乾转坤”[①]的英雄。人们庆贺“革命成功”“共和初建”和“民族、民权两主义的实现”，认为“今后所当致力的唯有民生主义”[②]。以李大钊为编辑部长的北洋法政学会同人，此时也沉浸在共和初建的兴奋和喜悦中，为中华民族终于摆脱封建专制而庆幸。他们在《支那分割之运命》的《驳议》中，称袁世凯是“民国开幕英雄”。说他“具有拿

---

① 孙中山致袁世凯电，转引自李剑农:《戊戌以后三十年中国政治史》，中华书局1965年版，第131页。

②《孙中山选集》上卷，人民出版社1956年版，第327页。

破仑之雄才大略，克伦威尔之热心魄力，华盛顿之德量信念”。唯有这个人，在武昌起义之后，“不动声色除旧布新，定国事于至危极险之顷，举大任于风声鹤唳之时”，“在内患外迫，至难捉摸，稍纵即逝，卒能从容布置，千难万险合南北而一融五族，共进于共和之域”。因此，“没有袁项城就没有中华民国”。他们甚至认为，袁之“持小信、弄小术”，也是在清朝专制淫威下，“欲建悠远重巨之事业”所必须采取的“机警深隐的手段”①。

袁世凯正是利用了人们的心理，凭借大总统的权势，打着“恢复国力”“力谋统一”的旗号，今天颁军令、明天颁政令，以扩编嫡系、控制全国军队实行他的“军事统一”，以破坏《临时约法》规定的责任内阁和国会实行他的“行政统一”，将国家权力集于一人之手。在李大钊看来，袁的这些举措都是为巩固国权所不可缺少的。他对形势的估计是“一派大好”，预料国家将合着军法、约法、宪法的程序进入理想境界。他指出，自武昌起义至南京政府成立宣布约法为军法时代，自宣布约法至宣布宪法为约法时代，现在“国会即集，宪法将颁”，中国“已脱约法时代，渐入宪法时代”②。这个时期国家最迫切的任务当是在“尊严无上”的宪法之下，全策全力投入建设，为此他曾连续就官制弊端、国会组织形式、法律颁行程序以及议员选举、议员俸给等未来宪法时代政治制度的各项问题进行考察研究，提出自己的积极建议。

然而国家形势并没有按照李大钊希望的轨道发展。1913 年袁世凯与帝国主义五国银行团签订以全部盐税收入为抵押的“善后大借款”后，便无所顾忌地向妨碍他独裁专制的国民党革命派开刀。

---

① 北洋法政学会编译:《〈支那分割之运命〉驳议》，1912 年 12 月初版本。

②《李大钊文集》（上），人民出版社 1984 年版，第 31~32 页。

宋教仁案件，促使部分国民党人的猛醒，孙中山自日本归国，发动了讨袁的二次革命。但此时挟持中央的袁世凯已先一步调兵遣将下令讨伐“潜谋内乱”“破坏民国”“反抗中央”的“不逞之徒”[①]。在这次革命中，不仅在袁政权下指望分得残羹剩饭的进步党偏袒袁世凯；大资产阶级留恋已经取得的投资环境，迟迟不予响应；就连国民党自身，也在“法律制袁”还是“武力倒袁”问题上争论不休。李大钊和他的北洋法政同仁都无一例外地站在袁世凯的一边，反对党争，非难孙中山为首的革命派煽动内乱、破坏和平。

二

二次革命爆发后，袁世凯大举兴兵，南方各省陷入战乱，新生的中华民国步履艰难。李大钊在《隐忧篇》中指出，牵制民国建设进行的有六患：即英侵西藏，俄侵外蒙，领土削蹙，立召瓜分的“边患”；革命以来，广征厚募，集易解难，饷糈无着的“兵忧”；财源枯竭、外债危险的“财困”；连年水旱灾害造成严重饥荒的“食艰”；工困于市，农叹于野，百业凋蹶的“业敝”；顽梗未净，政俗难革，事繁人乏，青黄不接的“才难”。其中，尤以“党私”“省私”“匪氛”为最严重的问题。他说，政争用之得当，本应推动国家政治的发展，然而当时的政争，“争意见不争政见”，“且多假军势以自固”，则“政争之时，即是兵争之时矣”；革命以来宣布独立的各省，逐渐形成尾大不掉的省自为治，“畛域日深”“俨同异国”；加上战后之兵流为盗寇和民间愁苦怨嗟造成的“匪氛”之起，是致国家分裂、生民涂炭的主要根源。但是由于他站在拥袁的立场上观

① 袁世凯：《通令严捕内乱党徒文》，转引自章开沅、林增平主编：《辛亥革命史》（下册），人民出版社 1981 年版，第 456 页。

察事物判断是非，使得他不可能找到忧患的真正所在，而是把批判的矛头指向实行“党私”“省私”的政党和都督，其中主要的又是指向已看清袁的本质起而抗争的国民党革命派都督。他认为，“中央命令，何以不行？地方乱机，何以不戢？民生幸福，何以不享？财政之紊，何以不清？吏治之颓，何以不振？”[①]推原探本，都是由于都督之害。主张裁撤都督，由中央收回军政实权，实行军民分治，任命各省民政官长，军队由中央控制，使之“既无煽乱之资，复有靖乱之力”[②]。至于裁撤的时机，以国会召开、宪法领布、正式政府成立之日为宜。对那些抗不解兵的，则以“震雷劈空之举”[③]决然行事。毫无疑问，结果裁掉的只能是革命派都督和他们的武装，而这又是袁世凯一贯主张而求之不得的。

李大钊对立于都督背后的政党也进行了严厉的抨击，指责他们多由“乌合之众”组成，或者“诩为稳健”，或者“夸为急进”，或者“矜为折衷”。“实则所谓稳健者，狡狯万恶之官僚也；急进者，蛮横躁妄之暴徒也；而其折衷者，则又将伺二者之隙以与鸡鹜争食者也。”看他们的党纲，足以强国福民，观他们的行动，则“华衣美食，日摇曳于街衢，酒地花天”，实际都是“敲骨吸髓之辈”。李大钊厌恶那些官僚政客的投机钻营，但不幸的是，从不同出发点，在拥护袁世凯集权统一上又与他们难解难分。因而他所着力批判的只能是被指责为“骄横豪暴之流”的国民党急进派，说他们以民国元勋自居，“拾先烈之血零肉屑，涂饰其面，傲岸自雄，不可一世”[④]，坐拥重兵，有恃无恐，上抗中央下胁人民，担心这样下

①《李大钊文集》(上)，人民出版社 1984 年版，第 39 页。

② 同上书，第 31~47 页。

③ 同上书，第 34 页。

④ 同上书，第 39 页。

去政权将落于“暴党”之手导致“暴民专制”。站在如此反对“暴党”“暴民”，排斥革命派的立场来观察形势，终将本末倒置，在认识上陷入深刻矛盾。在他看来，固然要“防北京军警干政”，“各省都督跋扈”也要防；要“防总统专制”，也要“防议会专制”；“中央集权”固将导致“政府专制”，“地方分权”也将导致“国家分崩”[①]。而对真正使国家陷入困境的帝国主义阴谋和袁世凯的倒行逆施却保持了沉默，可见拥袁的立场多么严重地束缚了青年李大钊的思想。

三

袁世凯的倒行逆施、暗杀横行，使对这场革命充满美好意愿的人们受到极大打击，一些人在精神上承受不住这种巨大落差从而出现自杀之风。李大钊在寻求层出不穷的暗杀和自杀原因时，自觉不自觉地开始挣脱拥袁思想的藩篱，对客观现实作出接近实际的解释。

在《暗杀与群德》一文中，他首先分析了暗杀的不同性质：有革命者所行之暗杀，如清末的吴樾炸五使，徐锡麟杀恩铭，汪精卫炸载沣，彭家珍袭良弼等，是为“暗杀行于英雄，则锄奸诛佞，长义侠之风，功乃比于甘露杨枝”。而对于宋教仁的暗杀，则是祸害民国，流于强盗的行为，“则摧贤害能，启残忍之端，祸乃深于洪水猛兽”[②]。对宋案及民国以来暗杀事件的谴责，一定程度上反映了他对袁统治现实的抗争。至于为什么会产生如此“大不幸”，他又避开了当时“震于寰宇”的“国贼之声”[③]，而把宋教仁之死归之于

①《李大钊文集》(上)，人民出版社 1984 年版，第 39 页。

② 同上书，第 5 页。

③ 谭人凤:《石叟牌词》，转引自章开沅、林增平主编:《辛亥革命史》(下册)，人民出版社 1981 年版，第 455 页。

"群德之衰"。以为有"群德之衰"，武士英之流才敢出没于光天化日之下，行其滔天罪恶。这又反映了他对讨伐袁世凯所持的保留。

事隔数月，不仅宋案的处理不了了之，暗杀、自杀之风有增无减，"手枪炸弹，争鸣南北"，使他亦感困惑，再次提笔探索暗杀、自杀愈演愈烈的原因。在《原杀》中他进一步指出，暗杀所以"炽盛于今日"是"不良政治的余波"，是"随不良政治发生的暗杀手段还依然效用于人间"。他从暴秦肆虐，仲连蹈海；楚国不纲，屈子投江；以至清末陈天华、杨笃生之愤极蹈海等事实，说明是"罪恶的社会现象"造成了人们的愤世弃生。如果说在革命前，人们苟有光复的希望宁去忍受痛苦，可是在革命后的今天，不仅共和幸福毫无所闻，而且政俗每况愈下，"伤心之士，安有不痛愤欲绝？"[1]

面对这种黑暗现实，李大钊原来的是非观动摇了，他对在革命血浪涌出的"干国之英"竟无一完人感到迷惑，对两种势力的冲决激荡深为忧虑，陷入苦闷之中。大约就在这前后，他与江亢虎、陈翼龙主持的中国社会党有了接触。他参加社会党还不能说这时已对社会主义有了研究，但至少企望通过社会党寻觅解决黑暗政治的出路；而陈翼龙在北京被捕遇难，无疑是对他拥袁立场的更大打击。如果说宋案的真相在他还不容易一下弄明白的话，而陈翼龙这个为他所尊敬并与之做过"畅谈终夜"[2]的人，被袁世凯所杀则是极清楚的事实，这不能不在他心中产生极大的冲击波，从而迫使他重新审查对民国以来政治形势的认识。半年之后，他在日本写的《我的自传》中，说到当时曾"非常羡慕一种适于出世思想的净土社会生

①《李大钊文集》(上)，人民出版社1984年版，第22页。

② 曹绥之、曹嘉荫:《中国社会党兴灭记》(北京档案馆未刊稿)。

活”[①]，正反映了他精神上受到打击、现实矛盾得不到解决时的苦闷心情。

四

这一时期，李大钊曾连续发表了三篇关于朱舜水（1600—1682年）的文章，流露出对这位往哲的倾慕，从另一个侧面反映了青年李大钊的思想发展轨迹。

李大钊特别崇尚朱舜水作为明末遗民，“孤踪于外邦，养志守节”，久居日本“终以异国视之”，身在患难中，没一日忘记“复兴故国，光复中原”的民族气节。他反对把朱舜水看作坐而论道、高谈玄学的道学先生，认为朱舜水之论学“专贵有作用”，把学问与救国联系在一起并终其一生流离颠沛，坚持救国实践而不辍。他据理驳斥日本有人视朱舜水为“归化人”，认为这是对先哲的诬蔑。对朱舜水的评述，暂时避开了使他困惑的国内政争，真正地反映了他的人生追求。当然在今天看来，朱舜水大可不必老死异国，他的种族思想是狭隘的，但在当时排满种族思想影响浓厚存在，又处于帝国主义瓜分的危机之下，李大钊对这位爱国志士的倾慕、共鸣是可以理解的。我们又注意到，还在他反对都督、强烈拥袁的《裁都督横议》一文中，就已表明他对民族命运的深切忧虑，担心国家会“近蹈巴尔干之覆辙，远步埃及之后尘”，不忍见“祖宗艰辛缔造的河山和四千载声华明盛的民族为波兰、为印度、为朝鲜，使四万万同胞沦为亡国奴”。这都说明，他可能对某些人、某些事一时认识不清，但爱国爱民的真诚愿望却始终如一。

1912年10月，日本帝国主义分子中岛端的《支那分割之运命》

---

①《李大钊文集》（上），人民出版社1984年版，第114页。

一书出版，他在书中辱骂中国人民“根本没有作共和国民的资格”，“逃脱不了亡国的命运”，宣扬“中国是二十世纪之谜”，能解者将霸东亚雄五洲，从而为日本帝国主义侵略中国出谋献策。这件事深深刺痛了李大钊的民族自尊心，他作为刚刚成立的北洋法政学会的编辑部长，组织同人将该书“急取而译之”，作为唤醒国人的“当头之棒，警梦之钟”。仅一个月时间即将全书译出，并逐句逐段加了“字字皆薪胆之血泪”[①]的驳语，名以《〈支那分割之运命〉驳议》出版。在《驳议》中，他们痛心疾首，呼吁政府当局、爱国同胞奋起自救，一雪民族耻辱，誓与“蔑视我国权、欺凌我五族的人道蟊贼相见于硝烟弹雨之中，雪地冰天之境”。庄严申明，“中国是中国人的中国”，解决中国之谜，“惟有中国人能之”[②]。虽然《驳议》中存有崇袁思想和某些种族情绪，但其知耻知惧、爱国自强的精神却成为激励李大钊和同时代青年前进的巨大动力。

青年李大钊为日益深重的民族危机和日益恶化的国内政局困扰着，心中共和国的美好前景和崇拜的英雄形象一齐崩塌下来，国家的出路在哪里？民族复兴的希望在哪里？他怀着当年屈子出走郢都的憾恨心情和寻求真理的强烈愿望，告别祖国，告别“言治”时期，东渡日本，踏上奋斗的新征程。

五

了解李大钊的早期思想，首先不应忽视他所成长的母校的基本政治倾向。北洋法政专门学堂于1906年12月30日（关防启用之日）由直隶总督袁世凯所创设，其时正是北洋系军事力量兴旺之际，

①《李大钊文集》(上)，人民出版社1984年版，第127页。
② 同上书，第128页。

这所学校则专为培养相应的文治人才。辛亥之前，该校曾有立宪派领导激烈的请开国会运动、收回国权运动，一时成为天津政治运动的中心。同时以白雅雨为首的革命派也组织团体秘密活动，在滦州起义中发挥了重要作用。1912 年由该校的活动分子二百余人组成北洋法政学会，设评议、调查、编辑、庶务四部，李大钊和郁嶷担任拥有五十余成员的编辑部部长，《言治》就是由他们撰稿、编辑的学会机关刊物。这个刊物虽以“不偏不党”为口号，但从先后六期一百三十余篇文章的总体考察，拥袁是它的基本倾向，主要撰稿人郁嶷、白坚武等的多数文章都主张实行在袁世凯领导下的中央集权，反对地方分权和议会民主，反对讨袁的二次革命，这与李大钊文章的思想倾向完全相一致。

其次，青年李大钊不能避免民国初年报章刊物一派崇拜英雄的人治思想的影响。当时的舆论界，包括一些革命党人，都把袁世凯视为“全国仰望的大政治家”。为了国家早日安定，即使已发现袁世凯有逾越规范的地方，也“隐忍受之无所怨诽”①。可以认为，正是这种英雄史观与深沉爱国主义思想的结合和企望国家能在一个早上就富强起来的急切心情，是使李大钊和郭沫若等一批爱国知识分子在二次革命中拥袁的重要原因。李大钊痛心地指出了造成这种悲剧的“依赖英雄、蔑却自我”的心理，起而批判“迷信英雄之害”的英雄史观，从此开始把目光转向广大人民。

由于帝国主义侵略咄咄逼人，民族危机日益深重，一种要求保障国家安定、民族自强，因而强调一切以国家为前提的国家主义思想限制了人们的眼界，以为革命党人为保卫共和发动的斗争，将引起国家分裂、生民涂炭，导致瓜分之祸，这种厌乱求治的认识又与

①《袁世凯窃国记》下编，台湾中华书局 1954 年版，第 49~50 页。

这场革命的思想理论准备之不足不无关系。爱国青年对中国的国情和民主主义革命的性质、任务及其奋斗目标、实现途径都有很大盲目性，特别对怎样处理坚持革命和迫在眉睫的亡国之祸的关系束手无策，因而就不能抵制改良派那些唯有牺牲“民权”以张“国权”才能挽救危亡的鼓吹，这成为拥护袁世凯的又一思想基础。

李大钊思想发展的曲折性，是20世纪初叶中国复杂社会矛盾的产物，他的成长环境、所受教育、师友交往和当时的社会心理、思想倾向，不能不对他发生影响、打上烙印。说明即使是伟大人物的思想也不可能是天生的、孤立于时代之外的。但同时我们又注意到，李大钊在不断与当时的社会思想束缚的抗争中，又使自己的思想具有明显的特征，这就是他的痛恨专制、拥护共和的民主主义思想；渴望国家统一、民族强盛、人民幸福的爱国主义思想；奋发向上、追求真理的强烈欲望和面对现实勇于探索的精神，他的思想经常为现实所困惑而陷入矛盾，又能够顽强地从解决矛盾的追求中挣脱出来，从而与时俱进。所以他即使是在拥袁的时候，也已在构筑着自己的体系，为日后成长为激进民主主义战士做着准备。一旦脱开《言治》和北洋体制的羁绊，就能够大踏步前进，在讨袁运动中做出理论上、实践上比他同时代人更杰出的贡献。

（韩一德，原载《河北学刊》1986年第6期）

李大钊：从立志救国救民到拥护立宪、支持革命的思想转变

学术界对李大钊早期思想的研究，目前仍存有一些薄弱环节，如李大钊立志救国救民，“矢志努力于民族解放之事业”的起点问题，即李大钊“矢志”于何时？他是如何从拥护立宪转变为拥护革命的？本文拟对此作初步探讨。

一、关于李大钊“矢志努力于民族解放之事业”的起点问题

根据李大钊自述，他产生救国救民的思想，立志走上救国救民、振兴中华的革命道路，应该是在永平府中学堂学习期间。他说“自束发读书，即矢志努力于民族解放之事业”①，这是他走上革命道路的起点。中国古代男孩儿成童时束发为髻，束发即成童的代称。有关成童的年龄说法不一，一般指十五岁。清光绪三十一年（1905年）李大钊到永平府中学堂学习时，恰好是在他即将满十五周岁之时。

除李大钊的上述自述外，支持这一说法的还有一条口碑资料，即李大钊在十四岁那年的腊月，课余和同学议论清政府准备实行“新政”一事时，黄宝琳老师借机介绍了太平天国的故事，及其颁布《资政新篇》实行“新政”的情况。李大钊听说后很感兴趣，当即表示：“老师，洪秀全的许多主张都很好嘛，为啥还说他是‘造

① 朱文通等整理编辑：《李大钊全集》第四卷，河北教育出版社 1999 年版，第 719 页。

反’呢？”“我长大就效法洪秀全。”[①] 也有的说，李大钊曾认真地表示：“我长大了一定要学洪秀全，推翻清朝皇帝！”[②]笔者认为，这条口碑资料对于我们认识和理解李大钊“自束发读书，即矢志努力于民族解放之事业”这句话，具有重要的参考价值。毫无疑问，比李大钊晚去世十一年的黄宝琳，在生前曾经多次说过自己教过李大钊，而从他曾经向自己的子女和其他孩子讲过李自成、洪秀全等农民起义的故事来看，他和李大钊等人说过有关洪秀全或太平天国的故事，也很正常。这自然会促使李大钊面对“国势之危迫”“国势之陵夷不振”，进一步思考一些社会现实问题，因而有可能萌发“长大就效法洪秀全”的想法，此为李大钊产生“矢志努力于民族解放之事业”思想的基础，二者在时间上具有紧密的连续性，在思想上具有一定的统一性，同时也符合李大钊思想发展的内在轨迹。这条口碑资料似乎有“升华”乃至“神化”李大钊思想的嫌疑，但是和文献资料结合起来进行分析，就不难发现，二者可以互为补充、互为印证。因而，笔者认为，应该承认这条口碑资料有一定史料价值。

需要进一步探讨的是，李大钊在清光绪三十一年（1905 年）前有无可能确立救国救民的志向或产生以往人们所说的“革命思想”呢？也就是李大钊自述的“自束发读书，即矢志努力于民族解放之事业”的最早时间会不会是指八岁或稍微靠后的时候呢？因为，关于成童的年龄，还有八岁一说。而现存的一件文物，据说是李大钊手抄的《重译富国策》[③]，其时间在其九岁时，和成童年龄的另外一

① 北京大学图书馆、北京李大钊研究会编：《李大钊史事综录》，北京大学出版社 1989 年版，第 20 页。

②《李大钊传》，人民出版社 1979 年版，第 5 页。

③ 胡景熙：《新发现的李大钊九岁墨迹》，《文物天地》1987 年第 2 期。

说八岁，大体也吻合。李大钊手抄的《重译富国策》如果确实像一些人所说的是真品，那么，则可以说明李大钊在九岁左右就开始有意识地接触西方资产阶级先进的文化思想了，而这种有意识的学习和抄写，应该说是“矢志”的体现之一，这样李大钊“自束发读书，即矢志努力于民族解放之事业”的最早时间就应该定在这个时候[①]。但是，笔者认为，这一手抄本的《重译富国策》究竟是否为李大钊手抄，疑点颇多，应慎重对待。

“富国策”，最初是在华传教多年的美国传教士丁韪良（W.A.P.Martin）于清同治六年（1867 年）在北京同文馆所开设的课程名称，即现在的“经济学”课程；其教材选自英国经济学家亨利·福西特（H.Fawcett，1833—1884 年）于清同治二年（1863 年）出版的《Manual of Political Economy》（今译《政治经济学教本》《政治经济学指南》）。不久，该书由汪凤藻翻译，丁韪良校订，即以“富国策”为译名，由同文馆于清光绪六年（1880 年）出版，此为中国翻译出版西方经济学名著之始。《富国策》一书在清士大夫中流传颇广，后来重印、重版多次，如日本排印本、美华印书馆本、益智书会本、实学新编本等。此外，《尚贤堂月报》《无锡白话报》等报纸亦摘要连载。另外，根据有关资料，还有其他人的经济学书籍，译名有的也是“富国策”。

其中，陈炽的《重译富国策》为福塞德《政治经济学提要》一书的节译，最初于清光绪二十二年（1896 年）十二月刊登于《时务报》。陈炽在《叙》中将原作者误说成是“斯密德”（即英国经济学家亚当·斯密，其名著《原富》，严复翻译，清光绪二十七、

① 中共唐山市委党史研究室、中共秦皇岛市委党史研究室合编:《李大钊与故乡》，中央文献出版社 1994 年版，第 51 页。

二十八年，即 1901 年和 1902 年分卷出版），并以为自己与其他人翻译的《富国策》是亚当·斯密的《国富论》(《原富》)。

署名“李大钊书写并叙”的《重译富国策》，实际上应该是陈炽的《重译富国策》。该件原由书法家林恒非收藏，后藏中国革命博物馆，现藏国家博物馆。封面左侧有 18 厘米 ×25 厘米的白纸贴条，贴条上用隶书书写“《重译富国策》”字样，右侧下有“李大钊书写并叙”字样。叙文第一页写着“光绪戊戌八月一日”，叙文末第三页书写“光绪戊戌八月一日抄”，下署名“李大钊”。共有 68 页，约 1.3 万字，系抄录《富国策》的序言及卷一、卷二部分内容。

虽然这册清光绪二十四年（1898 年）手抄的《重译富国策》的字迹颇像李大钊的童年笔体，但是并非没有可疑之处。第一，李大钊原名李耆年，“李大钊”这个名字是 1913 年夏天才改的，此前只用“李耆年”一个名，而此件却有两处署“李大钊”名。第二,一般来说，一个九岁的孩子不大可能有自己的印章，但是该件却盖有“李大钊”的印章；而从后来的情况看，李大钊素来不喜欢使用印章。第三，书名处所签“李大钊书写并叙”，表明“李大钊”不仅是“书写”了《重译富国策》，并写了“叙”；而《〈富国策〉叙》中有“因忆十五年前，曾见总署同文馆所译《富国策》，词旨庸陋”，“有友人自南方来，熟精西国文字，下榻寓邸，退食之暇，晨夕剧谈”等语，显然不是李大钊所写，而应该是翻译人陈炽。或认为是李大钊九岁时抄写了《重译富国策》，而在即将走出北洋法政专门学校时重新装订而成。但这种可能性也不大，因为这时的李大钊绝对不会出现“并叙”之误。因此，如果不是另有一个名“李大钊”者“书写并叙”，那么，这册署名“李大钊书写并叙”的《重译富国策》上的署名就是伪造的，而手抄本《重译富国策》究竟是否为李大钊所抄，姑且存疑[①]。

综上，笔者认为，目前没有可靠证据能够证明李大钊所说的“束发受书”是指李大钊八岁时，而指他十五岁时则已经得到可靠证明，所以李大钊“矢志努力于民族解放之事业”是从十五岁进入永平府中学堂后开始的。当然，此前李大钊也有可能在不知不觉间偶尔接触到一些西方科学文化知识；同时，在一定条件下，偶尔也会产生一些变革社会的想法。

二、关于李大钊从拥护立宪到支持革命的思想转变

在永平府中学堂，李大钊和后来成为反清爱国烈士的同学蒋卫平极为友好。他们相处时间不长，蒋卫平即转到保定学习军事，但是二人几乎无话不谈，特别是谈论戊戌变法及谭嗣同的事迹，使李大钊深受影响和感染。后来，二人一直书信诗文来往不断。通过和蒋卫平等同学的交往，特别是课余自学和阅览书报，李大钊对康有为、梁启超等人的维新变法思想产生了浓厚兴趣。戊戌变法虽然失败了，但是其思想成果对于当时的广大进步青年来说，仍然具有巨大的吸引力。李大钊在“受课之余，最喜康梁文字，手把一编，日无暇息”[②]。从此，李大钊开始初步接触资产阶级改良主义思想，并深受其影响，暗暗赞同变法维新的思想主张[③]。这时，他虽然立志救国救民，但是经过两年的学习和思索，还是苦于找不到“良策”，只好寄希望于继续深造，进一步探寻救国救民的真理。

---

① 虽然李大钊写于 1909 年的《岁晚寄友》一诗中有“九世仇堪报，十年愿未违”之语，但这里的“十年”究竟系何指，尚有待考辨。

② 中共唐山市委党史研究室、中共秦皇岛市委党史研究室合编:《李大钊与故乡》，中央文献出版社 1994 年版，第 282 页。

③ 欧阳军喜:《论梁启超对李大钊早期政治思想影响》，载河北省李大钊研究会编《李大钊研究》第五辑（以《理论学习与研究》1993 年增刊出版）。

如果说李大钊进入永平府中学堂是时代进步使然，那么考入天津北洋法政专门学堂，则是他第一次独立自主进行的人生重大选择。因为在清光绪三十三年（1907 年）李大钊报考时，抚育他成人的大祖父李如珍已辞世近一年，再也不能给他任何忠告了。从李大钊的选择过程不难发现，“以天下为己任”“天下兴亡，匹夫有责”“天下为公”等中国传统文化价值观念和救国救民的远大志向在其中起了决定性的作用。

李大钊生于晚清中国社会急剧半殖民地半封建化的时代，中华民族正遭遇“三千年未有之大变局”（李鸿章语），实为“数千年未有之巨劫奇变”（陈寅恪语），国家时刻面临着被西方列强瓜分的危险，生灵涂炭，国家危亡。在亡国灭种的威胁下，救亡图存成为时代的最强音。李大钊深受这种时代精神和氛围的影响，响应时代召唤，立志救国救民，“感于国势之危迫，急思深研政理，求得挽救民族、振奋国群之良策”[①]。后来，他在《狱中自述》中回忆说：“自束发受书，即矢志努力于民族解放之事业，实践其所信，励行其所知，为功为罪，所不暇计。”[②]也就是说，为了救国救民，李大钊早在立世之初就已经把个人的荣辱得失一概置之度外了，远非“朝为田舍郎，暮登天子堂”者流可比。清光绪三十三年（1907 年）暑假前夕，在毕业考试合格就可以顺利进入保定直隶高等学堂学习的情况下，李大钊决定到天津去报考更加符合个人理想和志向要求的新学堂。其实李大钊当时面临着多种选择，他之所以毅然放弃进入保定直隶高等学堂、天津银行专修所学习的机会，选择北洋法政专

① 朱文通等整理编辑：《李大钊全集》第四卷，河北教育出版社 1999 年版，第 713~714 页。

② 同上书，第 719 页。

门学堂，是因为他早已立志救国救民，而唯有进入北洋法政专门学堂，才符合他“急思深研政理，求得挽救民族、振奋国群之良策”的理想要求，这是他在走上革命道路前自主选择迈出的十分关键的一步。

北洋法政专门学堂作为新式学校，管理十分严格，课程繁重，李大钊的家庭条件不太好，可以想象他的学习生活比较艰苦寂寞。加之管理人员仍然是封建旧官僚，无条件地秉承清政府的旨意，强调忠孝为本，经学为要，特别突出“忠君”“学生不许妄干国政”等。当时，由于立宪派、革命派的活动十分活跃，学校当局为了禁锢学生的思想，一方面对立宪派的呼声和要求敷衍塞责，另一方面严防革命派的思想可能会对学生思想产生的“不良”影响。在这种情况下，李大钊希望能够有所作为的理想在现实社会生活中显得既虚幻又渺茫，因此他异常苦闷烦恼。现存李大钊最早的作品，写于清光绪三十四年（1908 年）的《登楼杂感》正是他这种苦闷心情的真实写照。

与此同时，李大钊等在课堂上又受到了较为系统的西方政治法律学说的教育，通过学习，李大钊等人逐渐被这些思想武装起来。例如，预科《法学通论》讲义开篇讲述的就是“国家的概念”和“国体及政体”等。现代的国家观念、西方政治学说中关于“君主政体”“民主政体”“寡人政体”的论述[①]。处于清末新政中的青年学子来说，应该具有何等的思想魅力！如此新鲜活跃富有生命力的思想，在朝气蓬勃的爱国青年的强健躯体之内，却活生生地被禁锢在旧的体制和思想之下，又是何等的不堪！这种精神力量的聚集、释放乃至爆发，已为时不远。

---

① 朱文通等整理编辑:《李大钊全集》第一卷，河北教育出版社 1999 年版，第 9~13 页。

如果说李大钊写于清光绪三十四年（1908年）的《登楼杂感》表达的还仅仅是为国家效力的思想情怀的话，那么其后不久所写的《岁晚寄友》抒发的则是通过反清排满报效祖国的思想。在这首写给好友蒋卫平的诗中有这样的句子："九世仇堪报，十年愿未违……慷慨思投笔，艰难未去师。"[①]而在革命派的舆论宣传当中，戎夏之辨，九世之仇，早已成为反清排满的革命口号，"九世仇堪报"在此时出现于李大钊写给好友的诗歌当中，说明其思想发生了重大转折，即萌生了反抗清朝政府专制统治的思想。然而，是通过立宪还是革命建立资产阶级共和国，李大钊尚未形成独立自主的看法，在不久发生的立宪请愿运动中，可以看出李大钊的这种犹豫和彷徨。

清宣统二年（1910年）十二月，天津学生发起第四次立宪请愿运动，李大钊作为骨干之一是积极参加者。自从清光绪三十二年（1906年）清政府宣布预备立宪以来，立宪派在直隶（今河北）就一直非常活跃，不断要求加快立宪步伐。清宣统元年（1909年）十月，直隶谘议局成立，其后不久即成立了直隶自治研究总所与国会请愿同志会，强烈要求速开国会，立宪救国，并于清宣统二年（1910年）一至十月先后发动了三次立宪请愿运动。但是，由于校方的封锁和钳制，立宪派的活动在校内并未引起较大波动。然而，第四次立宪请愿运动却是以天津北洋法政专门学校学生为主发动起来的。关于这一事件的经过，李大钊有生动回忆。他说，当时北方政治运动的"中心首推天津，天津以北洋法政学校为中心"，"同学多数属于立宪派，少数属于革命派"，"立宪派公开运动，革命派秘密运动"，"立宪派打算全体往北京请愿，要求政府开国会"[②]。李大

① 朱文通等整理编辑：《李大钊全集》第一卷，河北教育出版社1999年版，第572页。
② 朱文通等整理编辑：《李大钊全集》第四卷，河北教育出版社1999年版，第321页。

钊还谈到在北洋法政专门学校大讲堂开会时，秦广礼断指、孙可断肘，“不要”“推倒”“破坏”清政府的呼声[①]，以及次日天津各校在广东会馆召开大会等情况。虽然李大钊没有谈到自己的思想和具体表现，但从他所说“对于同学的政治运动知道的很少”[②]来看，他并不了解来龙去脉和第四次立宪请愿运动的全局情况。然而，从刘寿山写于1964年的回忆文章中还是可以看到李大钊在当时的一些表现和作用。立宪请愿的学生公推普育女学监督（即校长）温世霖（举人出身）为总代表，议定的口号主要有“立宪救国”“速开国会”“誓死请愿”等。而李大钊和白坚武等八人则是北洋法政专门学校推举出来的请愿代表，他对直隶当局答应上传请愿要求持怀疑态度。在广东会馆大会结束回校的路上，同学们议论纷纷，为直隶当局表示支持学生请愿感到高兴。“独李大钊先是默默不语，继而愤然说：‘他们哪有好心，还能办出人的事吗？准备上当吧！’有人反驳说：‘你就是过激派。’”[③]三天后，立宪请愿遭到当局镇压，温世霖被流放新疆。此事结果不幸被李大钊所言中。后来，李大钊指出：“这次风潮，算立宪派运动失败，而革命派进行越发有力，从此立宪派的人也都倾向革命派。”[④]因为，过去不少人还相信立宪，“满清政府立宪之闷葫芦从此一砖打破，立宪之伪面目从此一手掀翻”[⑤]。从这些资料来看，李大钊这时赞成并积极拥护立宪，是骨干人物之一。也就是说，如果清政府能够真正实行君主立宪制，彻底改变专制统治，李大钊就会予以支持，所以他积极参加了请愿活动，并且被推举为

① 朱文通等整理编辑：《李大钊全集》第一卷，河北教育出版社1999年版，第368页。
② 朱文通等整理编辑：《李大钊全集》第四卷，河北教育出版社1999年版，第320页。
③ 北京大学图书馆、北京李大钊研究会编：《李大钊史事综录》，北京大学出版社1989年版，第43页。
④ 朱文通等整理编辑：《李大钊全集》第四卷，河北教育出版社1999年版，第322页。
⑤ 朱文通等整理编辑：《李大钊全集》第一卷，河北教育出版社1999年版，第366页。

北洋法政专门学校的立宪请愿代表，同时也可看出他对立宪请愿活动在内心深处并未抱有很大希望。

李大钊虽然倾向于立宪，但是在立宪和革命之间也有某种程度的彷徨，而在这之后，由于了解了清政府所谓预备立宪的真面目，因而逐渐转变到赞同资产阶级革命的立场上来，并如饥似渴地阅读革命派的报刊，如上海的《克复报》、福建的《民心报》、香港的《中国报》等。

与此同时，中国同盟会则进一步加强了在北方的工作，一方面大力发展组织，另一方面积极为在各地发动起义做准备。同盟会发展组织的特点是为便于活动建立了不少外围组织，如在北洋法政专门学校建立的北方共和会即是。该会会长是该校地理教员、同盟会会员白雅雨，副会长即李大钊的同学胡宪。1911 年 10 月 10 日辛亥革命爆发后，各省响应，随即同盟会多次派人策划滦州起义以为响应，但是由于种种原因未果。11 月，北方共和会多次派人和驻扎在滦州的第二十镇王金铭、施从云、冯玉祥、张之江等进行联络，密谋策划滦州起义。12 月 7 日，北方共和会派敢死队奔赴滦州，进行起义前的准备工作。12 月下旬，白雅雨等率领北方共和会骨干秘密奔赴滦州。12 月 31 日，起义被迫提前。1912 年 1 月 3 日，成立北方革命军政府。起义军虽然和清军进行激战，但因叛徒告密，起义于 1 月 7 日失败，王金铭、施从云、白雅雨等先后壮烈牺牲。

李大钊后来一再深情地怀念王金铭、施从云、白雅雨等革命烈士，但对自己在这次起义中的活动却从未详细做过说明。他只是在回顾北洋法政专门学校发展历史时这样笼统地说："革命派组织秘密团体"①，"我们同学当时也参加革命运动，白雅雨、于永滋往滦

① 朱文通等整理编辑：《李大钊全集》第四卷，河北教育出版社 1999 年版，第 322 页。

州，王德斋往徐州”[①]，“我们没有开出路子来”[②]等。从“我们”一词来看，李大钊应该是参加了革命派的一些活动，比如参加滦州起义的一些准备工作等，但是并未亲赴前线。滦州起义失败后不久，李大钊在《哭蒋卫平》一诗中慨言：“国殇满地都堪哭，泪眼乾坤涕未收……我入平山迟一步，君征绝塞未曾回。”[③]“平山”在卢龙城中，因为高度和南台山持平故名，此处当系指滦州[④]一带，暗含李大钊还没来得及亲赴前线，滦州起义就失败了之意。

后来，有一些回忆资料曾谈及李大钊在这时的情况。最早是1927年5月高一涵在《李大钊同志略传》中所说的“辛亥革命，守常奔走之力亦极多”[⑤]。此后，王法勤回忆说：“守常先生最早就得青年的信仰，滦州一带又是他的家乡所在，当时我们的秘密联系主要都是白雅雨和他负责。”[⑥]共和会敢死队队长凌钺和张良坤在1930年代回忆北方共和会有关情况时说：“天津学校，又以北洋法政专门学校人才为最多。如凌钺、李大钊、胡宪、张良坤等，富有国家思想，革命志愿，早与革命同志秘密结合。”“由凌钺、王法勤、李大钊、胡宪、于树德等，密约至日租界荣华里开会，公决实行严密组织，广求革命同志，又以同盟会易引起敌探之注意，特取避人耳目之手段，组织北方共和会，总机关密设于法租界梨栈生昌酒店。”[⑦]此外，他们还谈到滦州起义失败后，会中同志马浩、汪瀛、李大钊

① 朱文通等整理编辑：《李大钊全集》第四卷，河北教育出版社1999年版，第317页。
② 同上书，第323页。
③ 朱文通等整理编辑：《李大钊全集》第一卷，河北教育出版社1999年版，第625页。
④ 董宝瑞：《“我入平山迟一步”——试谈李大钊与辛亥滦州起义》，《天津史研究》1985年第3期。
⑤《中央副刊》（武汉）第60号，1927年5月23日。
⑥ 刘弄潮：《李大钊同志年谱简编》，《社会科学研究》1980年第5期。
⑦ 唐向荣：《李大钊与辛亥滦州起义》，《中共党史研究》1999年第6期。

等痛心疾首、愤恨不已等情状。张申府晚年所写的《忆守常》也说:“守常同志本是中国共产党最早的党员中之一人，但他其实早参加过辛亥革命了。”[①] 这些回忆不是出自当事人，就是出自和李大钊长期共事的同志，应该说具有一定的可信度，仅仅凭推测就完全予以否认，显然不妥。笔者认为，李大钊等“早与革命同志秘密结合”，当系指和他们的老师、同盟会会员白雅雨的秘密联系，综合凌钺、王法勤所言，李大钊参加了白雅雨任会长的北方共和会，在滦州起义的筹备当中负联络工作。至于李大钊为什么来不及到前线去，不得而知。行胜于言，这时，李大钊在行动上对辛亥革命显然是支持的，并且参与了北方辛亥革命——滦州起义的一些准备工作。

综上可知，李大钊从少年时代起就开始忧国忧民，立志救国救民，振兴中华。辛亥革命以前，他在思想上就已经完成了从拥护立宪到支持革命的转变；后来，参加了北方共和会，并在该会发动滦州起义的过程中，一度负责联络工作，应该说在一定程度上用实际行动参加、支持了资产阶级民主革命。

（朱文通，原载《河北学刊》2009 年第 6 期）

---

①《回忆李大钊》，人民出版社 1980 年版，第 61 页。

李大钊早期思想的多元特征与发展脉络

在中国近代历史上，李大钊是一个具有特殊意义的人物。他跨越了中国近代史上几个重要的历史时期，思想也随之不断发展变化。本文所说的李大钊的早期思想，是指辛亥革命至俄国十月革命之前这一时期的思想，具体时间是1911年10月至1917年。这是李大钊为探寻救国救民的道路而不懈努力和艰难探索的时期，在这一时期，理想与现实的矛盾冲突在李大钊身上得到了淋漓尽致的显现，具体到其思想上就是呈现出多元特征并形成各自的发展脉络。具体而言，主要表现在以下三个方面：一是资产阶级民主主义思想的形成与发展；二是对社会主义思想的初步接触与思考；三是对“调和”思想的系统阐发。

一、资产阶级民主主义思想的形成与发展

辛亥革命后，中华民国的成立使李大钊感到莫大的欢欣与鼓舞。1912年6月，中华民国成立才半年，仍在求学中的李大钊就写下了《隐忧篇》一文，积极为中华民国的建设建言献策。《隐忧篇》寄托了李大钊对民国未来的殷殷情怀。文章开篇点明：“国基未固，百制抢攘，自统一政府成立以迄今日，凡百士夫，心怀兢惕，殷殷冀当世贤豪，血心毅力，除意见，群策力，一力进于建设，隆我国运，俾巩固于金瓯”，同时也表明他对民国政府成立“迟迟数

月，固犹在惶恐滩中”的担忧。[①]具体来说，李大钊所担忧的是“边患”“兵忧”“财困”“食艰”“业敝”与“才难”等问题，隐忧的则是“党私”“省私”和“匪氛”。针对这些隐忧，李大钊凭着自己的学识对民国初年资产阶级政党政治提出了批评，即所谓“除意见”，去“党私”“省私”。如果说“除意见”、去“党私”是对所有政党“争意见不争政见”[②]的批评，那么，去“省私”所批评的对象则主要是以孙中山为首的革命党人，“革命军兴，各省以次脱离满清羁绊，宣告独立，自举为都督，此不过一时革命行军之计画”，但事实上这些都督“宁可省自私之”[③]。在这里，李大钊隐隐约约地表现出了拥护袁世凯作为国家元首的思想倾向。

1913 年 6 月，李大钊从北洋法政专门学校毕业。此后直到 1917 年，李大钊在思想上进入了一个独立思考的新时期，经历了种种痛苦的思索，提出了一系列深刻独到而又十分重要的思想观点。这个时期，他一方面广泛接触各种思想观点，时有吸收或阐发，从而使他的思想既丰富又复杂；另一方面又明显地表现出自主性和与时俱进的突出特点。高一涵曾经这样评价李大钊，他说：“年来政治漩涡中不知陷入几许人，然彼遭逢政变一次，却思想进步一次，人格提高一次。”“在维新说初倡时，彼即为维新派之一人；在要求立宪时，彼即为立宪派之一人；在辛亥革命时，彼即为革命党之一人；在民治主义盛行时，彼信仰民治主义；在社会主义初兴时，彼信仰社会主义。故无论思想变迁如何迅速，彼总是立在先锋队中之一人，绝不致落伍或退伍。”[④]虽然这是八十多年前说的话，但在今

① 朱文通等整理编辑：《李大钊全集》第一卷，河北教育出版社 1999 年版，第 601 页。
② 同上书，第 602 页。
③ 同上。
④ 高一涵：《李大钊同志略传》，《中央副刊》（武汉）第 60 号，1927 年 5 月 23 日。

天看来仍然透彻精辟，可谓不易之论。在民国初年纷杂的政治斗争中，李大钊始终保持独立的个性，他既未投靠袁世凯、段祺瑞，又没有靠近孙中山、国民党，更没有情绪化地追随对其有知遇之恩的汤化龙、孙洪伊、章士钊，而是从学理出发，不断地进行独立思考。具体而言，这个时期李大钊已经转变为一个真正的民主主义者，其思想的发展主要表现在以下几个主要的方面：

（一）对当局者尤其是对袁世凯和段祺瑞认识的变化

1913 年 8 月，袁世凯杀害陈翼龙、解散社会党，李大钊携郭须静被迫回乡避难。虽然李大钊并未留下谈论这一事件的任何文字，但该事件对于李大钊思想的震撼和心灵的伤害是前所未有和不言而喻的，他很可能就是从这个时候开始认真地重新审视自己对待袁世凯的态度，并开始产生逆袁心理。

随着袁世凯对社会党的镇压，特别是袁世凯企图把自己凌驾于宪法之上，进而解散国民党，解散国会，李大钊开始由积极拥护袁世凯逐渐转变为逆袁，并公开发表文章委婉地予以批评，积极进言。在《言治》第五期[①]上，李大钊发表了《论宪法公布权当属宪法会议》和《法律颁行程序与元首》二文，认为宪法不同于一般的法律法规，主张大总统应该在宪法赋予的职权范围内行使职权等。面对袁世凯解散国民党，白坚武兴高采烈地发表文章欢送国民党出京都，而李大钊则能冷静面对，他针对前一阶段国会在运行中遇到的实际问题，撰写《欧洲各国选举制考》和《各国议员俸给考》，指出："今国会虽告中殇，而民国若存，国会终有复活之一日。"[②]对

① 该期刊物标明的出版时间是 1913 年 10 月 1 日，但是刊物上载有 1914 年 1 月发生的事件。

② 朱文通等整理编辑：《李大钊全集》第一卷，河北教育出版社 1999 年版，第 648 页。

中华民国以及在中国建立资产阶级共和国充满信心。1915年1月，日本以支持袁世凯称帝为交换条件，向中国提出旨在灭亡中国的“二十一条”要求，5月袁世凯竟然答应除第五项要求容日后协商外，其余全部接受。正在日本留学的李大钊义无反顾地回到上海参加反对“二十一条”的斗争和反袁斗争，任留日学生总会文牍干事，负责起草通电、文告等，并先后于是年2月和6月发表《警告全国父老书》和《国民之薪胆》，沉痛总结了甲午战争以来外强特别是日本帝国主义瓜分中国的事实，揭露“二十一条”的侵略实质，呼吁全国人民一致反抗日本帝国主义的侵略，挽救祖国的危亡。1915年8月，李大钊又发表《国情》一文，对袁世凯外籍顾问鼓吹中国实现君主制较共和制为宜的谬论给予无情的揭露、驳斥和批判。袁世凯称帝后，1916年1月底，李大钊不顾个人学业，毅然回到上海参加反袁斗争，他还未回日本就被早稻田大学以“长期欠席”为借口除名。像当时的很多进步青年一样，李大钊在思想上也有一个从拥护袁世凯到反对袁世凯的转变过程，他的拥袁、反袁都是出于对资产阶级共和国理想的追求。后来在中国是否参加第一次世界大战问题上，他一时未能看清段祺瑞借参战扩张个人势力的阴谋，还曾一度支持段祺瑞的参战主张，认为参战可以为中国在国际上争得地位，事实上也是出于对资产阶级共和国的理想追求。张勋复辟事件的发生，李大钊再一次进一步看清了段祺瑞等封建军阀的本质，并对他们进行了深刻揭露和无情批判。李大钊对袁世凯和段祺瑞认识的转变是李大钊思想发展中的一个必然阶段和重要环节，这一转变标志着他最终成为一个坚决反对封建主义的斗争勇士。反袁斗争的实践，促使李大钊从思想理论上进行了一系列的深入思考，他陆续撰写文章，提出了民彝思想、青春观等个人独到的思想见解，同时广泛接触其他学说，比如调和思想、民粹主义、社会主义等。更为重要的是，在看清了段祺瑞等封建军阀本质的同时，李大钊对在中国建立资本主义制度逐渐产生了怀疑，并于中西文化论战中对社会主义的认识开始产生重要转变。

（二）民彝思想的形成

民彝思想是李大钊在反袁斗争中形成的独具个人特色和思想魅力的重要思想之一，是他彻底转变为一个民主主义者的标志。1916年2月中旬，李大钊从上海回到东京后，继续坚决地进行反袁斗争，主要从事理论宣传，负责编辑留日学生总会的《民彝》杂志。1916年5月15日，李大钊在《民彝》第1期上发表了著名的《民彝与政治》[①]一文，在声讨袁世凯复辟帝制罪行、深刻批判封建专制主义的同时，系统地阐述了他的资产阶级民主政治思想。李大钊所谓“民彝”的含义比较复杂，他本人在解释和运用“民彝”这个词语时就呈现出多方面、多层次的特点，既有总的解释，又有个别的、具体的解释；既有本义的诠训、考释，又有譬喻、引申和发挥[②]，因而很难准确地把握或进行概括，学术界对此一直也是众说纷纭。一般认为，“民彝”是“民众不断立志改善生存状态的一种生存原理，即本性”[③]。总体上可以理解为“一个民族的全体人民在其历史发展过程中，通过其社会生活实践所形成积累起来的全部智慧、才能、

① 该文末尾注明“樱花节中脱稿”，日本的樱花节是每年的3月15日至4月15日，由此可知《民彝与政治》的完成时间当在这期间，而李大钊从上海回到东京后的主要工作应该是筹备出版《民彝》杂志，同时撰写《民彝与政治》一文。

② 朱成甲：《李大钊早期思想与近代中国》，人民出版社1999年版，第307页。按：朱成甲认为，《民彝与政治》和鲁迅的《文化偏至论》是中国近代思想史上最难读懂或最难理解的两篇著名的论文。

③［日］后藤延子著，王青等编译：《李大钊思想研究》，中国社会出版社1999年版，第15页。

德性等等的禀赋”，“是一个民族的群体精神意识，但它的本性也尊重和强调个体‘己’的自由发展”，“民彝”也是发展变化的[①]。

民彝思想是民国初年李大钊政治学思想的核心内容，是他心目中资产阶级民主政治的理想蓝图。他认为：“民彝者，民宪之基础也。”[②]“惟民主义为其精神，代议制度为其形质”，“即国法与民彝间之联络愈易疏通之政治也”[③]。同时，民彝既是“为治之道”，又是衡量政治良窳的客观标准。正确的“为治之道”在于“因民彝而少加牖育之功”[④]，使民固有的智能和善良能够“如量以显”，即“信其民彝，彰其民彝”[⑤]。“民彝与国法疏通之脉络途径何如耳，是在吾民本其秉彝之能以为改进之努力何如耳。”[⑥]“吾国民之善用其秉彝”时，则为“中华再造之始”，如此则可“弃专制之我，迎立宪之我；俾再造之我适于再造中国之新体制，再造之中国适于再造世界之新潮流”[⑦]。总之，李大钊认为，能够保障“民彝”实现的最佳的政治是实行代议制的民主主义政治，而当务之急是恢复“民彝”本来就有的主体性，也就是说唤起民众的政治觉悟。李大钊的“民彝”思想已经“具有历史唯物论及政治唯物论观点的萌芽，开辟了把历史及政治看作是一种合乎规则的客观过程的方向”[⑧]，“真正克服了单纯模仿西方、信仰其制度、信仰其机构以及依赖共和形式的机械民主

① 参见刘桂生：《“宗彝”故训与“民彝”新诠》，载中共中央党史研究室科研局编：《李大钊研究文集》，中共党史出版社 1991 年版。

② 朱文通等整理编辑：《李大钊全集》第二卷，河北教育出版社 1999 年版，第 338 页。

③ 同上书，第 339 页。

④ 同上书，第 335 页。

⑤ 同上书，第 339 页。

⑥ 同上书，第 357 页。

⑦ 同上书，第 358 页。

⑧ [日] 后藤延子著，王青等编译：《李大钊思想研究》，中国社会出版社 1999 年版，第 15 页。

主义”[①]。

民彝思想是反袁斗争的产物，《民彝与政治》则是“李大钊个人的反袁宣言”[②]，是李大钊民主思想开始形成的标志。李大钊参加反对袁世凯的斗争是理性的选择，这是因为他对袁世凯的认识和批判，是学术性的批判，是科学的理性的，这促使李大钊认识到在政治领域和思想文化领域全面彻底地开展反封建斗争的重要性。因而，《民彝与政治》一文的发表和李大钊民彝思想的形成，“开始确立他在中国近代史上的重要地位”[③]。李大钊的民彝思想是他革命思想发展过程中的第一次飞跃，此后其政治观、历史观、哲学观、伦理观等的逐步深化均与民彝思想有着密切关系；同时，民彝思想的形成为李大钊后来接受和传播马克思主义奠定了坚实的思想基础。因而可以认为，《民彝与政治》是李大钊留学日本的思想总结之一，同时也是他投入到五四新文化运动去的新的思想起点之一。

（三）青春观和创造青春中华的理想

青春观是李大钊在反对袁世凯的斗争取得胜利、民彝思想有望实现的大好形势下，深入思考“中华再造”等问题之后，提出来的独具他个人特色和思想魅力的又一重要思想。1916 年 9 月 1 日，李大钊在《新青年》第二卷第一号上发表了著名的《青春》一文，这时他早已从日本回国三个多月了，但文章却是写作于 1916 年 5 月上旬他由日本回国之前。文中，李大钊从宇宙万物的演变开始进行阐述，提出宇宙无尽、青春无尽及其发展变化的宇宙观，进而论述了其“青春”的自我观、人生观和“青春中华之创造”的历史使

① [日] 后藤延子著，王青等编译：《李大钊思想研究》，中国社会出版社 1999 年版，第 16 页。

② 朱成甲：《李大钊早期思想与近代中国》，人民出版社 1999 年版，第 344 页。

③ 同上。

命。李大钊认为，反对袁世凯复辟帝制的斗争胜利之后所面临的紧迫任务是如何继续推进“中华再造”的大业，不让反袁斗争中爆发出来的“民彝”的伟大能量再次云消雾散，而《青春》一文主要就是回答这个问题。李大钊号召人们起来冲破历史的网罗，和封建专制主义等旧思想、旧观念彻底决裂。为此，他大声疾呼：

> 青年之自觉，一在冲决过去历史之网罗，破坏陈腐学说之囹圄，勿令僵尸枯骨，束缚现在活泼地之我，进而纵现在青春之我，扑杀过去青春之我，促今日之青春之我，禅让明日青春之我[①]。

他勉励青年：

> 进前而勿顾后，背黑暗而向光明，为世界进文明，为人类造幸福，以青春之我，创建青春之家庭，青春之国家，青春之民族，青春之人类，青春之地球，青春之宇宙，资以乐其无涯之生。

实际上，李大钊是在用青春哲学的宇宙观、历史观批判“文化循环说”，批判地球和人类灭亡的“科学的”理论，从而使因面临民族危亡而悲观绝望的人们恢复自信和勇气，焕发青春活力，致力于“中华再造”。

为了进一步阐述创造青春中华的思想主张，1916年8月，李大钊在《晨钟报》发刊词上发表了《晨钟之使命——青春中华之创造》一文。在该文中，李大钊明确提出，他的使命是创造理想的青春中华。他说：

> 今者，白发之中华垂亡，青春之中华未孕；旧稘之黄昏已去，新稘之黎明将来。际兹方死方生、方毁方成、方

① 朱文通等整理编辑：《李大钊全集》第二卷，河北教育出版社1999年版，第392页。

破坏方建设、方废落方开敷之会，吾侪振此“晨钟”，斯与我愤慨悲壮之青年，活泼泼地之青年，急起直追，勇往奋进，径造自由神前，索我理想之中华，青春之中华。

由此可见，在李大钊这里，对于中华一切事物的观察分为两个方面，即白首的、衰老的、陈旧的、腐朽的和青春的、朝气的、新生的、向上的。李大钊认为，新的中华创造，就是上述两方面斗争和交替的过程，而在当时，恰恰还是前者占据着主要地位，所以使中华民族暮气沉沉，死水一潭，缺少生气和活力。但是，由于反袁斗争的胜利，青春中华的创造，已经有新希望。李大钊这篇文章，既反映着对于中国国情的深刻理性认识，又反映着当时人们的一种乐观自信。它标志着中国在向现代化前进过程中，青年新觉醒的时代已经到来，标志着人们的爱国思想正在发生一种新的质的飞跃，与那种封建的、盲目的、拒新守旧的所谓爱国思想正在实行决裂。

李大钊创造青春中华的理想，产生于反袁斗争中。辛亥革命后发生袁世凯复辟帝制这样一种严重事件，说明中国社会内部存在着一种顽固的腐朽势力，存在着一种传统的惰性，在民族精神上还缺少与民主共和制度相适应与创造一个新国家所需要的素质。正是在这种情况下，李大钊创造性地提出了青春观和再造青春中华的理想，它不仅是李大钊民主主义思想的深层次拓展，而且还有力推动了早期新文化运动的开展，在当时之中国起到了振聋发聩的作用。

二、对社会主义思想的初步接触及思考

以往学术界的主流观点认为，李大钊对社会主义思想的接触始于留学日本期间。但近来有学者对此提出不同的意见，认为他的社会主义思想启蒙于留学日本之前的国内。笔者也认同这种观点。从

1912年至1917年十月革命爆发前，李大钊通过多种渠道对社会主义思潮或思想有所接触，奠定了他由一个改良主义者、民主主义者向社会主义者、马克思主义者转变的思想基础。

（一）留学日本之前对社会主义思想的最初接触

受1912~1913年间国内第二次社会主义思潮传播高潮的影响，李大钊对社会主义思潮有所接触，主要渠道有三：一是参与组织出版《〈支那分割之运命〉驳议》，对幸德秋水的社会主义思想有所认识和评论；二是加入中国社会党，并任天津支部干事；三是很可能通过孙中山、白雅雨等关于社会主义的言论影响受到社会主义思潮的启蒙。通过这些途径，李大钊初步认识到社会主义是解决中国社会现实问题的一个重要工具，并涉足社会，努力实践。

1912年10月，日本人中岛端所著《支那分割之运命》出版。在该书中，中岛端以歪曲捏造之事实、粗鄙卑劣之言语，对中国和中国人民极尽谩骂污蔑之能事，认为中国人没有资格和能力建立共和国，“其用意固别有在”，意在分裂中国，而希望日本成为分裂中国的急先锋。该书出版后，正在北洋法政专门学校学习的李大钊参与了北洋法政学会组织的《〈支那分割之运命〉驳议》一书的撰写工作，并在书中提到了“社会主义”。他说：“日本伪立宪，而有幸德秋水鼓吹社会主义。”“幸德氏慨然提倡社会主义，欲以平其不平。”[①]这表明，李大钊至少在这时对社会主义思潮（这种思潮主要是受第二国际社会党思潮的影响，孙中山早期就曾经拜访过第二国际总部）就已经有所接触了，实际上这是当时国内兴起的第二次社

① 朱文通等整理编辑:《李大钊全集》第一卷，河北教育出版社1999年版，第535页。

会主义思潮的传播高潮在李大钊身上的反映[①]。

事实上，李大钊并非简单地谈到社会主义，而是有所行动。虽然李大钊当时对社会主义所知甚少，可生性执着的他一旦选择了这一信仰便开始付诸实践。1912 年冬，受孙洪伊委托，李大钊为筹办《言治》月刊一事赴京，经过曹孝先介绍，见到了中国社会党北京总部负责人陈翼龙，畅谈终夜，意见极洽，李大钊毅然决定加入中国社会党[②]，随即奉命和曹嘉荫赴津开展党务活动。1913 年 2 月 2 日，中国社会党天津支部成立，李大钊担任总务干事，和同学郭须静等一起主持天津支部的工作。

中国社会党系由江亢虎于 1911 年 11 月 5 日在上海张园建立的[③]，是民国初年打着"主张纯粹社会主义"旗号而宣传无政府主义的政党。中国社会党自称："社会主义在欧美极盛，在中国则本党实最初惟一之团体机关"，以在"不妨害国家存立范围内主张纯粹社会主义"为宗旨，党纲八条：赞成共和；融化种界；改良法律，尊重个人；破除世袭遗产制度；组织公共机关，普及平民教育；振兴直接生利之事业，奖励劳动家；专征地税，罢免一切税；限制军备，并力军备以外之竞争。尽管这些主张主要是受欧洲各国社会党思想的影响，是无政府主义者的空想，并非科学社会主义，但是对于社会主义思想的传播仍然具有一定的积极意义。应该说，中国社会党在

① 20 世纪初到 1907、1908 年间，社会主义思潮在中国出现了第一次传播高潮，1912—1913 年间又出现了第二次传播高潮；目前尚无资料能够证明李大钊曾经受到社会主义思潮第一次传播高潮的影响。

② 关于李大钊加入中国社会党问题，学术界一直存在较大争议，笔者认为已经有可靠资料能够证明李大钊确实加入了中国社会党，限于篇幅，这里不再展开讨论，详请参阅朱文通：《李大钊社会主义思想发展历程新探》，载《河北学刊》2007 年第 1 期。

③ 由江亢虎于 1911 年 8 月 9 日在上海建立社会主义研究会改组而来，此前 10 年内江亢虎曾经留学日本，并游历欧洲很多国家，深受第二国际和社会党思想影响。

民国初年的政党中，无论是从宗旨、党纲来看，还是从党的队伍而论，都具有一定的进步性。因此，该党一成立就因拥护共和与支持孙中山等而马上受到孙中山的重视和支持[①]。在与江亢虎的谈话中，孙中山表示，对于社会主义要广泛宣传，并赠与江亢虎一些从欧洲带回来的关于社会主义的书籍。1912 年 10 月，孙中山曾应邀在中国社会党上海总部连续三天演讲《社会主义派别与方法》，这些宣传无疑扩大了社会党的社会影响，因而在第二次社会主义思潮传播高潮中，中国社会党十分活跃，影响广泛。江亢虎还上书袁世凯等人，希望政府能够实行国家社会主义等。

中国社会党“主张纯粹社会主义”的宗旨和“赞成共和”等八条政纲引起了希望建立“净土社会”的李大钊的浓厚兴趣，使他毅然加入了该党，这从“中国社会党传单”中可以得到印证。中国社会党天津支部成立大会上曾经散发“中国社会党传单”，因为李大钊在成立会上当选为社会党天津支部总务干事，该传单的起草人最有可能的应该是李大钊，至少是经他过目同意。“中国社会党传单”认为：社会党“成立以来，全国风从”，“足征社会主义之有触即发，如响斯应，有沛然莫御之况”，而该党宗旨则表述为：“本党宗旨在不妨害国家存立范围内，鼓吹纯粹的共产社会主义，所以谋生产制度之改革，促共和政治之进行也。”[②] 这一思想认识较之成立时又有所发展，即对社会主义发展趋势认识从国际“极盛”到国内的“风从”，从“主张纯粹社会主义”到“鼓吹纯粹的共产社会主义”，可以视为对社会主义认识的进一步深化；而“谋生产制度之改革，促

① 孙中山也提出过社会主义主张，但他的社会主义主张实际上是为宣传其“民生主义”服务的，表现为同情、借用社会主义，实质上是为了最大限度地发展资本主义。

② 北京大学图书馆、北京李大钊研究会编：《李大钊史事综录》，北京大学出版社 1989 年版，第 59 页。

共和政治之进行”的新概括则体现了理论认识水平的提高，也可以认为这是李大钊对社会主义认识在某种意义上的深化和提高。

（二）留学日本时期以及回国后对社会主义思想的进一步接触与关注

从现存资料来看，1913 年底至 1916 年 5 月留学日本阶段，李大钊主要是受到安部矶雄的社会主义思想的影响，而以往认为这一时期李大钊主要是受幸德秋水或者河上肇社会主义思想影响的说法不够确切。

安部矶雄是一个虔诚的基督教徒。1898 年，他同片山潜出自基督教人道主义发起成立了社会主义研究会，两年后发展为以社会主义运动为目标的社会主义协会。1901 年，他又和幸德秋水等组织了社会民主党。该党提出的斗争目标是“争取‘社会主义和民主主义的实现’，以人类平等、为世界和平而废除军备、废除阶级、土地和资本的国有等为理想”；以“废除贵族院、废除《治安警察法》、缩减军备、实行普选、制定工会法和保障团结权、制定保护佃农法、废除童工和女工的夜班生产等”为实际运动纲领；以争取普选权的议会主义为斗争手段。因此它实际上是一个兼具社会主义、民主主义、无政府主义多种思想色彩的“急进的民主主义者的小集团”①。这个在成立当天即被日本政府取缔的社会民主党的驳杂纲领反映了当时日本社会主义者思想的复杂性。后来，片山潜坚持第二国际主张的议会主义道路，幸德秋水接受了美国的无政府主义，另一位社会主义运动领导人则组织了日本社会党（活动一年后也被取缔），而安部矶雄则在早稻田大学用社会主义观点讲授经济学。他

①［日］井上清著，天津市历史研究所译：《日本历史》（下册），天津人民出版社 1974 年版，第 767~769 页。

的社会主义思想注重从精神方面理解社会主义，主张“以人类爱为中心，使宗教和社会主义在我的心中浑然融合一体”[①]。留学日本期间，李大钊听过安部矶雄的选修课“都市问题”。安部矶雄“以社会主义立场讲授经济学，并对有关的社会问题进行先驱性的研究”[②]的思想给他留下深刻印象，加之他常到安部矶雄的住处请教，因此，李大钊极有可能通过安部矶雄接触到一些社会主义思想。

回国后，李大钊在工作中继续对欧洲的社会主义思潮给予关注，就可能与他在日本期间对欧洲的社会主义思潮的接触有关。特别是俄国二月革命后，他投入很大精力进行研究，先后撰写10多篇文章探讨第一次世界大战中的新情况和欧洲各国的情况，在宣传民主主义的同时，开始研究社会主义思想和运动。如在《俄国革命之远因近因》一文中提到“法国圣西门之社会主义”和伯林士奇（别林斯基）自称“社会主义者”[③]，在《政治之离心力与向心力》一文中指出：“对于专制主义而有民主主义，对于资本主义而有社会主义，是皆离心力与向心力相搏战而生之结果。”[④]这表明，李大钊对于资本主义和社会主义的矛盾和斗争有了初步的认识。

与此同时发表的长文《欧洲各国社会党之平和运动》则是李大钊介绍或研究欧洲社会党活动及其社会主义思想的第一篇文章，但是这篇文章长期以来并未引起学术界的足够重视。其中一个主要问题是围绕社会主义者对待战争的态度进行讨论。李大钊一方面指出：“凡持社会主义者莫不反对战争”[⑤]，“战争之兴，未及数月，各国

① 北京大学图书馆、北京李大钊研究会编：《李大钊史事综录》，北京大学出版社1989年版，第107页。

②［日］森正夫著，韩一德、刘多田译：《李大钊》，《齐鲁学刊》1987年第1期。

③ 朱文通等整理编辑：《李大钊全集》第二卷，河北教育出版社1999年版，第541页。

④ 同上书，第697页。

⑤ 同上书，第680页。

社会党多悟平和之曙光，终当发于社会主义者之理想，非战态度乃以次第增加”[①]。另一方面，李大钊也介绍了主战的意见，如法国社会党人、国务员圭德认为：“德国之帝国主义未被灭尽以前，平和之谈无用”，“吾人非与德意志国民战，乃专与德之帝国主义战也。”“故法国之胜利，即社会主义之胜利也。”[②]后来，李大钊评价第一次世界大战和十月革命的胜利时，其中有一条几乎就是挪用了这句话。另外，李大钊还介绍了德国人哈宰对“国际社会党”的态度：“吾侪为社会主义者，同时亦为德国人，吾侪之所为绝不背国际社会党之旨趣者也。”[③]这说明，受第二国际社会党思想的影响，李大钊对社会主义有了进一步的了解和认识。而且，虽然上述思想来自欧洲社会党，但在今天看来仍然是正确的，对于不久后李大钊正确认识与评价十月革命和第一次世界大战的胜利以及接受马克思主义均具有重要的指导意义。

李大钊对社会主义思潮的初步接触是他后来选择社会主义、马克思主义的重要的思想基础。一方面，李大钊积极拥护在中国建立资产阶级共和国，希望有关政党按照学理和法理开展活动，以利于共和国的建设；另一方面，现实又让他非常失望。在对美好社会生活的理性追求和现实的矛盾中，他仍然能够按照个人的理性诉求，冷静地选择了社会主义的主张。在这时的李大钊看来，社会主义和资产阶级共和国是一致的、相融的，他希望通过社会主义“谋生产制度之改革，促共和政治之进行”，正如“幸德氏慨然提倡社会主义，欲以平其不平”。但是，现实情况逐渐把他推到了绝望的境地

① 朱文通等整理编辑：《李大钊全集》第二卷，河北教育出版社 1999 年版，第 684 页。
② 同上书，第 685 页。
③ 同上书，第 691 页。

当中，正是在这种绝望中，李大钊最终彻底地放弃了资产阶级共和国的理想，在十月革命的影响下毅然选择了社会主义信仰，选择了马克思主义信仰。从清朝末年到五四运动前夕，几乎所有社会科学方面的报刊和重要历史人物都发表过关于社会主义的言论或见解。尽管现在看来这些言论、思想要么谬误连篇，要么幼稚简单，然而在当时无疑含有理性、智慧的光芒。中国人民正是通过这些言论、思想，才接触到社会主义学说，早期共产党人李大钊等最初也是通过这些资料的启蒙，才认识到社会主义思想，进而逐渐走向共产主义的。

三、对“调和”思想系统阐发

调和论是清末民初调适性现代化思潮的基本理论。其思想熔儒家中庸思想与英伦自由主义于一炉，在现代化与文化革新问题上，主张融合中西新旧与温和渐进改革。调和思潮有别于激进主义与保守主义之最深刻的特点，在于其理性而多元的中庸精神，它超越了欧化与国粹的对立，以其兼容新旧的中和性与循序渐进的稳健性，成为启蒙时代另一种独具价值的思想传统。调和思想，是李大钊早期思想中的一个重要组成部分。而作为调和思想的一名信仰者，李大钊早年在阐扬调和思想方面做了很多工作，可以说贡献卓著。例如，李大钊在1917年前后发表了一系列有关“调和论”的文章，如《甲寅之新生命》《调和之美》《调和之法则》[①]《辟伪调和》《调和剩言》等等。然而，对于李大钊的调和思想，在历史上，人们出于各种原因，或者遇之而不谈，或者一带而过不做评论，或者虽然评

① 李大钊“调和”思想系统化的主要标志，发表于1918年7月《言治》第三期，但作者文后附语：于去年春针对时事而作。作为思想史研究，应放在1917年初考察。

论但却是将之与激进主义、革命论等相提而论，甚或其中还不乏微词。笔者认为，作为民初调和论的主要代表人物之一，尽管李大钊的调和思想并没有超越资产阶级民主思想的范畴，而且一如有的论者所说存在着诸如不利于革命等诸多方面的缺陷，但其中所蕴含的和的辩证法观念却与在构建和谐社会的过程中所倡导的“和谐”理念有着某种程度的契合，因此说，系统探讨李大钊的调和思想对于构建社会主义和谐社会有着极为重要的历史借鉴意义。具体说来，李大钊的调和思想之和主要体现在如下三个方面：

（一）世间万物应以和谐为美，于矛盾对抗中求和谐

李大钊主张调和的生活，提出“美者，调和之产物，而调和者，美之母也”[①]的看法。所谓调和为美，是指多样化的组合融合比起单一化为美，如美味来自苦、辛、酸、甜、咸等多种味道的调和，美色来自红、黄、蓝、白、黑等多种颜色的调和，美声来自哆、来、咪、发、唆多种音符的调和，美满的姻缘来自男女的调和，等等。他也从文化发展的角度，提出急进与保守、新与旧的思想乃是宇宙进化的舟车之两轮或鸟之双翼。既然如此，那么，代表这舟车两轮和鸟之双翼的急进与保守、新与旧就应当调和，甚至应当“协力”。然而，李大钊讲调和并不否认对抗。他认为，吸引和排拒两力是宇宙间“一切自然，无所不在”的两种相反相成之力，“社会之演进，历史之成立，人间永远生活之流转无极，皆是二力鼓荡之结果”[②]。这也就是说，宇宙间无时无地不存在矛盾。这种对抗是任何时候不可取消的。没有对抗，没有矛盾，宇宙就失去发展动力，人类就不会进步。这里的统一也可以说是指矛盾的双方“各

① 朱文通等整理编辑:《李大钊全集》第二卷，河北教育出版社 1999 年版，第 447 页。
② 朱文通等整理编辑:《李大钊全集》第三卷，河北教育出版社 1999 年版，第 38 页。

以和它对立着的方面为自己存在的前提，双方共处于一个统一体中”的统一。但它并不是矛盾双方“依据一定的条件，各向着其相反的方面转化”的统一，而是指矛盾双方各据守自己的阵地，同时容忍对方，吸收对方，而达到调和之境的统一。在李大钊看来，人类生活中进步与保守的时间的代谢方式是不可取的，因为此种代谢或者迭兴取消了对抗，其结果不是造成腐败，就是引发革命。因此，他主张二者在空间上时时对立，而又时时调和。

（二）世间万物应以和谐为进步，于斗争中求和谐发展

在李大钊看来，通常情况下，人们往往是各居新的或旧的营垒，发表自己的意见，提出自己的要求，判断某种事物。他认为，这种做法是正确的，因为新的进步思想中有可取的价值，旧的保守思想中也有可取之处，只要双方本着追求真理和容忍的态度，真诚地从对方思想中吸收合理的有价值的部分，抛弃自己原有的不合理看法，便可以求得某种程序的一致，实现调和，从而使社会健康发展。他认为，中国过去由于专制势力压迫太重，社会思想过于保守。中西交流的通道打开之后，对比之下，又可以看出中国社会过于落后。而且，基于其对青春观念的阐释，他认为，只有青春，只有进步才符合宇宙发展的自然本质和人的生命意志。因此，他把立脚点落在青年、进步、新一方。以此为基点，他提出的在实际生活中打破矛盾生活以求调和的办法是“固新文明新生活之地位，以与旧文明、旧生活分对等之势力”，发展新的进步的锋芒，迫使旧思想与新思想“相妥协、相调和”。如同他在《民彝与政治》中所表述的，他在调和的问题上也一度表现出革命的意向。他认为，如果反映旧文明、旧生活的旧思想向新思想妥协，那么，就不排除采取“征服”方式的可能性。这当然要看旧思想的代表者的态度，而最

根本的是看新思想的代表者“沈雄之力、奋斗之精神”如何。“征服”反映了一种斗争要求，采取此种态度正是要达到“力排陈腐朽败者以去”的奋斗目标。李大钊之所以认同这种征服思想，是因为在他的民彝政治观念中本来就隐含着某种程度的革命倾向。不过，对于调和问题的这种革命态度在李大钊早期思想中几乎是昙花一现。他对新派的根本的希望是在容忍旧派旧思想的前提下，积极发展新的因素，在政治、社会、文明、思想等方面“开辟一条新径路，创造一种新生活”。由此可见，李大钊的调和观可分为两个层次：即在认识社会发展的某种规律时，他认为，调和是一种普遍的、政党的和有益于进化的现象；但当置身于社会之中时，他又时常站在进步的一方，以开新为己任，虽不排除吸收旧思想中好的东西，更主要的是要壮大新者的力量，以迫旧者接受新者。这种以和谐促发展的思想，即便是在当下也是颇值得借鉴的。

（三）中西文化应互容并包，于对立中求和谐共进、协同发展

每一种文化都有其独特的思维模式，作为一种认识世界把握世界的独特视角，每一模式也都有其他模式不可取代的、独一无二的价值和意义。对于东西文化，李大钊有着很直接的论述，他说：“东西文化之互争雄长，历史上之遗迹，已数见不鲜，将来两种文明，果常在冲突轧轹之中，抑有融会调和之日，或一种文明竟为其他所征服，此皆未决之问题。以余言之，宇宙大化之进行，全赖有二种之世界观，鼓驭而前，即静的与动的、保守与进步是也。东洋文明与西洋文明，实为世界进步之二大机轴，正如车之两轮、鸟之双翼，缺一不可，而此二大精神之自身，又必须时时调和、时时融会，以创造新生命，而演进于无疆。”[1] 在这里，李大钊所强调的是

① 朱文通等整理编辑：《李大钊全集》第三卷，河北教育出版社 1999 年版，第 42 页。

两种文化之间的互相包容与并存，宣传只有两种文化竞立对抗为并驾齐驱之势，世界才能进步。“东西文明真正之调和，则终非二种文明本身之觉醒，万不为功。所谓本身之觉醒者，即在东洋文明宜竭力打破其静的世界观，以容纳西洋之动的世界观；在西洋文明，宜斟酌抑止其物质的生活以容纳东洋之精神的生活而已。”可见，李大钊主张的文化“调和”与“融会”仍然以“容纳”为上，强调互容并包、相得益彰。对于中国在完成东西文化调和的大任中应该处于什么样的位置，李大钊明确表示，中国应该并且能够作为亚洲文化的中心民族肩负起调和东西文化的责任，并坚信“东西文化调和之大业，必至二种文明本身各有彻底之觉悟，而以异派之所长补本身之所短，世界新文明始有焕扬光彩发育完成之一日。愚唯希望为亚洲文化中心之吾民族，对于此等世界的责任，有所觉悟，有所努力而已”[①]。此种观点十分睿智，堪称经典之论，即便是在当下中西文化的交往中也颇值得引以为鉴。

综上所述，伴随着时局的动荡转变及阅历的日益增长，李大钊在思想上一次又一次地陷入痛苦的思索之中。他的思想也因此而呈现出多元特征并形成各自的发展脉络：一方面，他积极追求在中国建立理想的资产阶级共和国，希望推行“立宪政治”，并先后错误地把这一希望寄托在当权者袁世凯和段祺瑞身上，后来才发现他们连资产阶级政客都不如，是地地道道的封建军阀，因而又和他们进行了坚决的斗争，并先后形成自己独具特色的民彝思想、青春观和创造青春中华的理想等；另一方面，李大钊对于社会主义思想也有初步接触及思考，并最终在俄国十月革命后不久科学地选择了社会主义道路，选择了信仰马克思主义。此外，这一时期李大钊还形成

① 朱文通等整理编辑：《李大钊全集》第三卷，河北教育出版社 1999 年版，第 54 页。

了自己独特的调和思想，并成为民国初年调和论的主要代表人物之一。需要加以强调的是，尽管李大钊的调和思想存在这样或那样的缺陷，但其中所蕴含的和的辩证法观念却与在构建和谐社会的过程中所倡导的“和谐”理念有着某种程度的契合，由此着眼，李大钊的调和思想对于构建社会主义和谐社会有着极为重要的历史借鉴意义。当然，这一时期，李大钊还受过其他一些思想的影响，如他曾经通过托尔斯泰等受到民粹主义的影响，等等。但是，这些并非李大钊早期思想的主流，而只是影响李大钊思想发展的一些复杂的思想元素，同时也说明这个时期李大钊思想不仅很丰富，而且还很复杂。

（王小梅，原载《河北学刊》2009年第6期）

试析李大钊的“少年中国”之理想

“少年中国”之理想，是李大钊在《少年中国》杂志创刊不久提出来的。尽管“少年中国”之理想的历史短暂，而且也不被研究李大钊的众多学者所重视，但事实上，他是早期共产主义者李大钊由空想社会主义向科学社会主义转变过程中的一个重要环节；同时也是他由理想接近现实，在现实中不断为理想开辟道路、探索真理的过程。因此，剖析这一思想，对于考察李大钊的思想发展，特别是对于认识他为什么能够成为中国最早的马克思主义者，都是非常有意义的事情。

1919 年 7 月 1 日，少年中国学会根据李大钊等人的提议，将学会原来的宗旨改为“本科学的精神，为社会的活动，以创造少年中国”[①]。但究竟要创造一个什么样理想的“少年中国”？开始时在学会的众多会员中并无统一的“信仰”，“各有各的主义”。“人人理想中……都有一个他自己所欲创造而且正在创造的‘少年中国’。”[②]李大钊为了阐明自己理想中的“少年中国”，于 1919 年 9 月 15 日在《少年中国》杂志第一卷第三期上发表了《“少年中国”的“少年运动”》一文，具体阐明了自己理想中的“少年中国”。

李大钊在文章中，开宗明义写道：“我们的理想，是在创造一个‘少年中国’。”接着他说：“我所理想的‘少年中国’，是由我

①《本会通告》，《少年中国学会》第一卷第一期，1919 年 7 月 15 日。

②《李大钊文集》，人民出版社 1984 年版，第 42 页。

们物质和精神两面改造而成的‘少年中国’，是灵肉一致的‘少年中国’。”[①] 如何去创造和实现这一理想的“少年中国”？李大钊提出了一个“少年运动”方案。他说：“为了创造我们理想的‘少年中国’，应努力去作我们的‘少年运动’。”“我们‘少年运动’的第一步，就是要作两种文化运动：一个是精神改造的运动，一个是物质改造的运动。”“精神改造的运动，就是本着人道主义的精神，宣传‘互助’‘博爱’的道理，改造现代堕落的人心……把那占据的冲动，变为创造的冲动；把那残杀的生活，变为友爱的生活；把那侵夺的习惯，变为同劳的习惯；把那私营的心理，变为公善的心理。”“物质改造运动，就是本着勤工主义的精神，创造一种‘劳工神圣’的组织，改造现代游惰本位、掠夺主义的经济体制，把那劳工的生活，从这种制度下解放出来，使人人都须作工，作工的人都能吃饭。”[②] 这里，他把以人道主义为中心的精神改造与创造一种“劳工神圣”组织为手段的物质改造结合起来，提出了所谓“心与物”“灵与肉”两个方面同时进行改造的主张。

从何处着手实现“精神改造”和“物质改造”两种运动？李大钊提出：“‘少年中国’的少年好友呀！……应该抗身到山林里村落里去，在那绿野烟雨里，一锄一犁的作那些辛苦带农的伴侣。吸烟休息的时间，田间篱下的场所，都有我们开发他们，慰安他们的机会。”“只要山村里村落里有了我们的足迹，那精神改造的种子，因为得了洁白的自然，深厚的土壤，自然可能会发育起来，那些天天和自然界相接的农民，自然都成了人道主义的信徒。”[③] 最后他号召

①《李大钊文集》，人民出版社 1984 年版，第 42 页。
② 同上书，第 43 页。
③ 同上书，第 44 页。

说："我们应该学那闲暇时候就来都市著书，农忙的时候就在田间工作的陶士泰先生（即'托尔斯泰'——笔者注），文化的空气才能与山林村落里的树影炊烟联成一气，那些静沉沉的老村落才能变成活泼的新村落。新村落的大联合，就是我们的'少年中国'。"①

李大钊在《"少年中国"的"少年运动"》一文中，大致勾画了"少年中国"理想的轮廓。在他的描绘下，"少年中国"理想社会的模型不仅具有消灭了剥削和压迫，人人劳动，相亲相爱的人情味，还具有返回大自然的田园美。比拟性地说，李大钊在《"少年中国"的"少年运动"》一文中所明确提出并且系统阐述的"少年中国"之理想，是一支饱蘸了马克思主义的社会主义、克鲁泡特金的互助论、小路实笃的新村主义、托尔斯泰的泛劳动主义与中国传统的大同思想、均平思想混合油彩的笔，勾画出的一幅具有中国特色浓郁色彩的主观理想社会主义画面。然而，这种脱离社会实际的理想主义方案，正如恩格斯所说："这种新的社会制度是一开始就注定要成为空想的，它愈是制定的详尽周密，就愈是陷入纯粹的幻想。"②这种以理想主义为根据的"少年中国"之理想，不久便随着新村主义和工读互助主义的失败而破灭了。

五四运动时期，正是李大钊由革命民主主义者转变为共产主义者的重要时期。如何看待这一时期他思想中的"少年中国"之理想？我认为，一个人的思想转变，并不意味着他原有的思想戛然而止，思想转变是由一个量变到质变的过程，当决定性的质变发生之后，仍然有待于量变的继续和部分质变发生。也就是说，当一个人在接受马克思主义时，不能保证他的思想立即一切更张，他的头

---

①《李大钊文集》，人民出版社 1984 年版，第 44 页。

②《马克思恩格斯选集》第三卷，人民出版社 1972 年版，第 409 页。

脑中仍然会有一些非马克思主义的思想存在。同时，当人们对马克思主义的了解还不十分深刻，而五花八门的“社会主义”与科学社会主义混杂一起，泥沙俱下，鱼目混珠，一时使人们难以分辨的时候，自然会把一些非马克思主义的东西当作马克思主义、社会主义的思潮来宣传和信仰，特别是在五四运动前后，科学社会主义尚未在中国广泛传播，在黑暗中寻找出路的中国先进知识分子，要想超越空想社会主义的思想发展阶段，直接成为马克思主义者，是十分困难的。可以说，接受空想社会主义思想的影响，它不仅是我国早期共产主义者所共有的特点，同时也成为我国早期共产主义者实现世界观转变的过渡。李大钊思想中的“少年中国”之理想，一方面反映了他当时还处在空想社会主义、无政府主义等思想的影响之下；另一方面，也清晰地反映了他在思想转变过程中的进步。《从“少年中国”的“少年运动”》来看，这种进步至少反映在以下四个方面：

一、以唯物论代替了过去的唯心论

李大钊依据马克思主义唯物史观的原理，尝试着从经济原因上阐明上层建筑与经济基础的关系。他说：“一切文化的构造”的变化都是随着“经济构造”的变化而发生变革的。“经济组织没有改变，精神的改造很难成功。在从前的经济组织里，何尝没有人讲过‘博爱’‘互助’的道理，不过这表面构造（就是一切文化的构造）的力量，到底比不上基础构造（就是经济构造）的力量大。”[①] 他这一思想的初步形成，基本上否定了他早年受中国古代传统思想影响，过分强调和夸大精神价值作用而产生的唯心主义倾向。

---

①《李大钊文集》（下），人民出版社 1984 年版，第 43 页。

二、肯定了物质文明与精神文明的一致性

李大钊列举“人类在马克思主义所谓‘前史’期间”，把物质改造与精神改造割裂开来所造成的恶果，指出：“精神改造，实在是要与物质改造一致进行。”[①]“不改造经济组织，单求改造人类精神，必致没有效果。不改造人类精神，单求改造经济组织，也怕不成功。我们主张物心两面的改造，灵肉一致的改造。”[②]

三、注意到了中国与外国的差异，看清了中国的国情

李大钊构想的“少年中国”的社会模式，注意到了中国与外国的差异，带有“与英、德、俄……有异”的中国特色。他号召“‘少年中国’的少年好友”，“不该常常漂泊在这都市上，……应该投身到山林里村落里去。”[③]他说：“我们中国今日的情况，虽然与当年的俄罗斯大不相同，可是我们青年应该到农村里去，……我们是一个农国，大多数的劳工阶级就是农民。他们若是不解放，就是我们国民全体不解放。”[④]

四、认识到青年知识分子与“劳工阶级”相结合的必要性

李大钊认为青年知识分子只有投身实际，特别是到“山林村落里”与农民“共同劳作生活”，“开发他们”，“慰安他们”，才能有所作为。他说：“只要青年多多的还了农村，那农村的生活就有改进

①《李大钊文集》(下)，人民出版社 1984 年版，第 43 页。
② 同上书，第 68 页。
③ 同上书，第 43~44 页。
④《李大钊文集》(上)，人民出版社 1984 年版，第 648~649 页。

的希望；只要农村生活有了改进的效果，那社会组织就进步了。”[①]他的这些看法今天看来似乎有些幼稚，但却反映了李大钊已经注意到了中国农村和农民在社会变革中所具有的重要作用，为他不久完成向马克思主义者的转变提供了一个重要的前提条件。

当然，李大钊的“少年中国”之理想，从本质上看，仍然是“乌托邦”。它带有根本的缺陷：

（一）回避阶级斗争和暴力革命，幻想脱离“城市社会，另去造个山村社会”，“用新鲜的空气，高旷的地点创造一个‘新中国’的基地，渐渐扩充，以改革全国的窳败空气”[②]，以创造一个理想的“少年中国”的“标本”来推动全社会的改造。这只能是一种空想。恩格斯在批评空想社会主义时曾说：“解决社会问题的方法还隐藏在不发达的经济关系中，所以只有从大脑中产生出来。”[③]

（二）提倡通过“物心两面”改造方案实现“少年中国”之理想的李大钊，尽管这时有了唯物论思想，但此时，他头脑中的物质文明和精神文明的含义，更多的还不是建设在生产力高度发展基础上的物质文明和精神文明。

（三）李大钊的“少年中国”之理想，以村落为基地，以农村自然经济为基础，把“社会主义”与建立在小生产基础上中国传统的大同思想、平均思想相混同，希望在某种虽然不富裕但却是平均的生活水平中，获得地位的平等、财产的平均和人际关系的和美。“少年中国”之理想，从某种程度上可以说是《天朝田亩制度》所反映的农业社会主义理想的复归。这一理想之产生，从当时它所选

①《李大钊文集》（上），人民出版社1984年版，第652页。
② 宋之槐：《我的创造少年中国的办法》，《少年中国》第一卷第二期，1919年8月1日。
③《马克思恩格斯选集》第三卷，人民出版社1972年版，第409页。

择的社会发展方向来说，具有合理性。但是这种回归，对社会经济发展来说，却是一种退步。

总之，从李大钊在近代中国社会蜕变更新过程中提出的“少年中国”之理想中可以看出，他在“五四”前后思想转变的初期，头脑中存留的无政府主义及其他非科学、空想的社会主义思想还是比较多的。对这些思想的修正也比对“问题与主义”的认识更晚一些。但难能可贵的是作为一个成长着的马克思主义者，作为一个不断追求真理的战士，李大钊在研究理论和实践的过程中，能够不断地修正自己的错误认识，不断地由理论接近现实，在现实中不断为理想开辟道路，直至最后选择和接受马克思主义。

（张伟良，原载《李大钊研究》第五辑，《理论学习与研究》1995年增刊）

李大钊政治思想演进的阶段性及其特点刍议

目前从整体上把握李大钊思想发展历程的研究还比较少见，影响我们对其思想发展的深入认识。本文尝试作一些探讨。

一、思想的萌生

从 1907 年入北洋法政专门学堂到 1913 年毕业编辑《言治》等报刊，这是李大钊政治思想的萌生阶段。

李大钊的思想萌生于何时？传统观点多认为起步于 1913 年编辑《言治》月刊时期，也有一些学者追溯到他在中学初步接触新学之时。笔者认为，李大钊在中学时虽然对一些浅显的西方新学（以自然科学为主）有所接触，对所处时代和社会有所感知，一些初步的民族政治意识开始孕育，但这种影响不可过高估计。缺乏西方政理的系统学习，缺少社会活动实践的促动，他还无法将接触、感知的有限新知内化为思想资源。可以说他“矢志努力于民族解放之事业”是从中学开始的，但这并不等于说近代政治思想这时开始在他头脑中孕育。一些人受现行资料限制，武断地将李大钊在《言治》上著文论政定为其思想萌芽的标志也不是很合适，而将其清末在北洋法政专门学堂求学作为其思想发端更为稳妥些。在求学期间，在时代风潮影响下，他不是将自己拘束于书斋里，而是感受时艰，力求以小我之身参与到民族救亡和社会改造的事业中来。

20 世纪初的政治改革风潮深深影响着早年的李大钊。但其社会改造观念主要受到什么因素的直接影响，又在此影响下参与了多少社会政治运动呢？目前的研究尚未解决好这些疑问。先后担任北洋法政专门学堂监督的黎渊、胡均、熊范舆、李榘和斋务长邓毓怡都崇仰立宪改良，处于这种氛围中，学生多数属于立宪派。这自然会对正在寻觅救国之路的李大钊产生不小影响。现在看来，李大钊很可能在进入北洋法政专门学堂不久就受到了孙洪伊等立宪派名流的影响和赏识。如，1909 年 10 月中旬，顺直谘议局成立后，天津立宪派重要人物温世霖和议员王法勤、孙洪伊、张铭勋、高俊澎等发起成立直隶实业研究会，青年学生李大钊担任书记员[①]。

目前没有资料显示李大钊在立宪请愿运动中发挥多大独特作用，但运动本身对其思想的影响还是非常大的。此外，请愿运动前，李大钊已受到其地理老师白毓昆的很大影响，与谘议局议员、同盟会员王法勤也有一些来往。可据此推断，在他辛亥前的思想意识中也会有同情革命的一面，尤其是立宪运动的失败无疑会促动他的反思，在思想深处萌生向往民主立宪的迹象。限于资料，我们无法确证李大钊在武昌起义后的革命活动情况。尤其对他是否参加了滦州起义，学术界一直存有争议。笔者认为，李大钊追随孙洪伊等参与反清革命有极大的可能性，也应参与了滦州起义的一些策划或外围工作。

政权急剧鼎革后，举凡立国方针、政党作用、各级议会地位、官员选任、自治层级等等政权建设问题都成为多数政团、报刊商榷、讨论的话题。就是在这种氛围中，李大钊积极参加了北洋法政学会及由其创办的《言治》月刊。

在李大钊组织翻译并加驳议的《〈支那分割之运命〉驳议》中，

---

①《造福民生》，《大公报》1909 年 10 月 27 日。

李大钊等对当时扰攘的国内政象予以回避、否认甚至维护，尤其对袁世凯多所袒护，期望由袁世凯来建立强固的中央集权，在保持统一、秩序的前提下努力推进民国的建设大业。在后来《言治》上发表的诗文，反映出他希望通过建立资产阶级共和国以振兴中华，尽快结束内忧外患的迫切心情。

但要看到，李大钊对当时社会政治情境的研析还比较肤浅，存在过分看重表面的制度功效的弱点。他对民权旁落、民生疲敝有很大同情，渴盼民权，但认识不到民众的伟大力量，认为民众无力、无德担当民权。“黎庶之患不患无护权之政制，患在无享权之能力。”[①] 其民权观的出发点基本上是一种民本主义促动下的恤民，没有什么革命色彩或倾向。由于李大钊一直寄希望于建立一种稳定的政治秩序，单纯依靠法制的力量实现立宪政治，所以在现实中他置国权于民权之前，把拥袁作为巩固民国、确立立宪体制的现实路径。然而，这不过是天真的幻想。

二、思想的调整

李大钊萌生、发育中的国权主义思想（现实表现为拥袁倾向）很快随着民初政情的恶化而遭遇危机。这样，亟亟于救国的李大钊不得不面临思想的调整，尽管这种调整伴随着痛苦的反思和苦苦的求索。

1913 年冬，鉴于政局飘摇震荡，李大钊在汤化龙、孙洪伊、高俊澎等人资助下，赴日留学。起初，他还抱有一些幻想，把监督钳制袁世凯、完善共和政治的希望寄托在国会重开上。但事实很快教育了他。参加反袁护国运动有力促进了李大钊思想的转变。除积极

① 朱文通等整理编辑:《李大钊全集》第一卷，河北教育出版社 1999 年版，第 597 页。

参加留日学生组织的各种社会活动，他开始深入思考国家和个人所走过的曲折道路。1916 年三四月间脱稿的《民彝与政治》就是这一思考的结晶。

在《民彝与政治》写作发表前，他在对国人（包括自身）片面强调国权造成专制势力膨胀的恶果有所醒悟的同时，逐渐意识到风俗也就是民众心理和精神道德状态对于国运的重大影响，民力、民德对立宪政治的支撑作用在他的思想中逐渐清晰起来。《民彝与政治》延续了这种认识，进一步系统阐述了他的民彝政治观。这表明，经过艰辛探索，他的思想出现了调整，成为一个真正的民主主义者。

回国后，李大钊继续找寻救国之路。在一战结束前，他先后主编《晨钟报》《宪法公言》《甲寅》日刊，为促动民国建设早上正轨，为青春中华之再造，为制定理想的民国宪法而进行艰辛的研究和宣传工作；进一步反思个人和国家所经受的苦痛，批判“伪调和”和“强力”对自由民主政治的戕害，进一步澄清了调和和自由政治在民主政治中的本义及运作原则；进入北大，投身新文化运动，为铸造新文化、新国民而呐喊；密切关注世界政治和国际共产主义运动，欢呼十月革命，从民主的新潮流、民主运动的扩展与行进来看待民国政治的走向。可以说，在十月革命和一战结束前，其思想的转变已初露端倪。

三、思想的转变

正如李大钊所说，马克思主义是随着这世界的大变动，才“惹动了世人的注意”。李大钊正是在宣传十月革命的过程中，其思想发生急剧变化。

在十月革命到五四运动爆发前，李大钊关于十月革命的几篇文章已有了一些马克思主义的观点，但这些文章对于马克思主义学说还没有系统的评介。他倾心于俄国式社会主义革命，但受条件限制，他还不可能接触到多少马克思主义学说。认为李大钊在五四运动前就已转变为初步具有共产主义思想的知识分子的观点没有充足的证据。从其实际思想状况看，他还没有把依靠阶级斗争和暴力革命作为优先选择。他的社会改造方案存在着浓重的无政府主义、空想社会主义色彩。西方的民主主义思潮和运动对他仍然有着很大影响。此外，在否定残酷的竞争进化论的同时，李大钊受到互助论的较大影响，其思想的主调是互助进化。他初步接触到的社会主义学说中其实很多是还没有得到彻底清算的民主社会主义。他虽然对马克思主义有了一些接触，但是他对马克思主义的阶级斗争学说有较大保留，不愿承认无产阶级专政的必要性。

五四运动后，李大钊对马克思主义研究投入更大精力。8月中旬，他先将研究的概要通过谈论“问题与主义”方式向社会“告白”，接着又先后撰写了《我的马克思主义观》《物质变动与道德变动》《由经济上解释中国近代思想变动的原因》《由纵的组织向横的组织》《唯物史观在现代史学上的价值》等文章，对马克思主义的基本内容加以把握和研究，提出了自己的研究心得。他没有因为马克思主义在俄国的胜利而盲从之，而是把对马克思主义的研析与考察古今中外的历史和现实结合起来，通过前者加深对后者的认识，通过后者去深刻把握和印证前者。到1920年底1921年初，他基本完成了向社会主义思想的转变。这表现在：

在思想上，一是对马克思主义唯物史观有了科学把握；二是对中国实行社会主义必要性有了充分认识。在实践上，他和一批具有初步的马克思主义信仰的知识分子不仅研究和传播马克思主义和社会主义学说，而且开始研究在中国实行社会主义的方法。

当然，这一时期，李大钊对马克思主义、社会主义的认识还是初步的，把不少空想社会主义、民主社会主义、人道社会主义等非科学社会主义的东西糅进了他尚且无力整理的驳杂的思想体系之中。

四、思想的逐步成熟

到1923年底1924年初，李大钊的社会主义思想走向成熟。标志其思想成熟的著作主要是《中国今后的政治运动》《社会主义释疑》《社会主义与社会运动》等，集中体现在他指出了中国社会发展的社会主义方向、树立了中国革命的阶级斗争观点、阐述了建立中国的无产阶级政党的必要性、寻觅到实现民族解放的民主革命之路这四个方面。这些探索的宝贵成果成为掀起国民革命高潮、推动民族解放运动的重要指针。

这一时期，李大钊更注重在从“学理”上研究宣传马克思主义的同时，运用马克思主义唯物史观分析中国社会实际问题，为“社会改造”提供马克思主义思想武器。在研究马克思主义和社会主义的过程中，他提出了一些建设性观点。例如，他提出，“社会主义是要富的，不是要穷的”；社会主义是要“使我们人人都能安逸享福，过那一种很好的精神和物质的生活”；“社会主义亦有相当的竞争”；等等。尤其重要的是，李大钊依据马克思主义唯物史观考察社会实际，提出了马克思主义中国化的初步设想，形成了马克思主义中国化的一些初步成果，为掀起国民革命运动的高潮奠定了思想基础。

李大钊这一时期思想的一个突出特点是其包容性、开放性。他在接受马克思主义时，已与他自身的政治改良主义立场相脱离，但他在选择“阶级竞争”为“根本解决”的政治手段时，又对社会上诸种政治改良思潮表达了一定程度的理解。他认为：“我们应该承认：遇着时机，因着情形，或须取一个根本解决的方法，而在根本解决以前，还须有相当的准备活动才是。”① 李大钊由此以社会革命论容纳了社会进化论中某些合理的地方。他的“交互为用，并行不悖”的说法，以其丰富而深刻的内涵，表述了他对马克思主义如何在中国特殊国情条件下运用的理解。

灵活性原则也在这一时期得到了明显体现。这一原则的核心是坚持理论与实践统一、认识与实践相结合的辩证法。李大钊保持了理论上的主动性与创造性，即用自己对中国国情的深刻认识去理解马克思主义，并尽量在马克思主义指导下吸收其他理论的合理成分，不固守成见，保持了理论思维的开放性。

自然，受时代条件的局限，李大钊的社会主义思想也存在一些不足，譬如对生产力等问题认识不足。他在反对中国走资本主义道路，反对社会改良的大方向上无疑是正确的，但也忽视了在半殖民地半封建社会的中国发展资本主义经济的客观性和进步性。

（刘建军，原载《兰台世界》2013 年第 7 期）

① 朱文通等整理编辑：《李大钊全集》第三卷，河北教育出版社 1999 年版，第 310 页。

二、宣传马克思主义

解读《Bolshevism 的胜利》

长期以来，学术界主要从歌颂十月革命、欢呼社会主义的胜利、宣传布尔什维主义的角度评述李大钊《Bolshevism 的胜利》一文[①]，而对李大钊当时为什么写这篇文章以及这篇文章的深层主体思想很少涉及[②]。从文章的内容看，确实用了很大篇幅来歌颂十月革命，欢呼社会主义胜利，宣传布尔什维主义。但从文章的立意和行文来看，并非仅此而已。是不是李大钊这时（十月革命胜利已经过去一年多）才认识到了十月革命的性质和意义而进行歌颂和宣传呢？林伯渠回忆："约在 1918 年 3、4 月，连续接到李大钊同志几次信，详细给我介绍了十月革命情况及一些小册子、文件，并对目前中国形势阐述了他的所见，得到很大的启发。"[③]早在1918年6、7月，李大钊针对国内反动派对十月革命的攻击和诬蔑及许多为十月革命"抱杞忧者"的悲观和疑虑，就写作和发表了《法俄革命之比较观》

① 参见谭双泉等主编:《中国革命史》，中南工业大学出版社 1986 年版，第 147 页；陈明显、卢家骥等编写:《新编中国革命史》，工人出版社 1987 年版，第 26 页；韩一德、王树棣编:《李大钊研究论文集》，河北人民出版社 1984 年版，第 185~186 页；中共中央党史研究室科研局编:《李大钊研究文集》，中共党史出版社 1991 年版，第 42 页；张锡勤:《中国近代思想史》，黑龙江人民出版社 1988 年版，第 562 页；等等。

② 张静如、马模贞:《李大钊》，上海人民出版社 1981 年版，第 36 页。

③ 中国社会科学院现代史研究室、中国革命博物馆党史研究室选编:《"一大"前后——中国共产党第一次代表大会前后资料选编》（二），人民出版社 1980 年版，第 31 页。

一文，明确指出："俄罗斯之革命是二十世纪初期之革命，是立于社会主义上之革命，是社会的革命而并著世界的革命之采色者也。"[①]告诉人们"二十世纪初叶以后之文明，必将起绝大之变动，其萌芽即茁发于今日俄国革命血潮之中"[②]，"俄罗斯之革命，非独俄罗斯人心变动之显兆，实二十世纪全世界人类普遍心理变动之显兆"。号召中国人民"对于俄罗斯今日之事变，惟有翘首以迎其世界的新文明之曙光，倾耳以迎其建于自由、人道上之新俄罗斯之消息，而求所以适应此世界的新潮流"[③]。可见，李大钊早已对十月革命的性质和意义有了比较正确而深刻的认识和把握，并给予了热情的歌颂和宣传。是年底，虽然李大钊对十月革命有了更进一步的认识，但发表《Bolshevism的胜利》[④]并不是单纯在歌颂十月革命，欢呼社会主义胜利，宣传布尔什维主义，还有其更深刻的用意，文章本身还有更深层的思想主旨。那么，文章的思想主旨究竟是什么呢？在分析和回答这个问题之前，我们有必要对李大钊写作和发表该文的现实背景和直接动因进行具体的把握，看看他是在什么样的现实背景下，针对什么样的现实问题写作和发表此文的。

一、李大钊写作和发表文章的现实背景和直接动因

李大钊写作和发表文章的现实背景是复杂的、多方面的，这里仅择其主要较为简略地进行分述。

---

①《李大钊文集》（上），人民出版社1984年版，第573页。

② 同上书，第572页。

③ 同上书，第575页。

④《Bolshevism的胜利》写作时间当在1918年12月初（参见朱乔森、黄真《关于〈庶民的胜利〉的发表和〈Bolshevism的胜利〉的写作》，1980年8月15日《历史研究》第4期），文章发表在1918年11月15日《新青年》第五卷第五号，实际的出版时间是在1919年1月。参见《李大钊文集》（上），人民出版社1984年版，第597页注。

李大钊写作和发表《Bolshevism 的胜利》一文所面临的局势是：一方面，中国虽然作为协约成员国之一，在战后取得战胜国的资格，但段祺瑞政府对德宣战后无力也无暇对外作战，因而，早就野心勃勃的日本政府便以“参战不力”为由，在西方列强的怂恿和支持下，阴谋使它从德国手中抢夺的山东权益得到战后和会的承认，并使之合法化。当时的西方驻京五国公使也与日本相呼应，宣称“中国因内争故参战不出力，影响及于各国商务甚大”①。所以，大战的结束，对中国来说，是凶是吉，尚难预卜。

另一方面，段祺瑞政府反动而黑暗的统治达到了极点。段氏假借民意，成立伪国会，专制武断，排斥异己，置国家危亡、人民生死于不顾，致使“国事日非，百吏尸位于朝，万民废业于下……加以苛税繁兴，盗贼毛起，生计废绝，十室九空”。“上之唯口议腹非，下之唯狐鸣篝火，内之唯妇号儿啼，外之唯陇叹路哭而已。”②人民生活在水深火热之中，整个国家处于行将崩溃的边缘。与此同时，段氏为支撑其反动而腐败的政权，拜倒在外国侵略者的脚下，卖国求荣。对于段祺瑞的卖国丑行，李大钊怒不可遏地斥问道：“今日中国的政治现象，但见有几个政客，抱着强盗的大腿转来转去，混一口饭吃，看不见主人影儿。请问这种客吃的饭是那（哪）个款待他们的？共和国的政主到底是谁？”③这是当时人民义愤的集中反映。段祺瑞专制的反动面目，卖国的丑恶嘴脸，越来越大白于天下，其黑暗腐败的统治已成为众矢之的。

段祺瑞政府为了苟延残喘，掩饰日益尖锐的各种矛盾，转移民

①《民国日报》1918年12月4日。

② 民质:《我》,《东方杂志》第十三卷第一号。

③《李大钊文集》(上)，人民出版社1984年版，第615页。

众的视线，捞取政治资本，向国人评功摆好，极力把欧战的胜利吹嘘成协约国武力战胜德国武力的结果。为此，他们竟厚颜无耻地也俨然以胜利者的姿态自居，大肆“掠功”，大搞庆祝活动。

1918 年 11 月 11 日，协约国与同盟国双方签订了停战协定，战争以协约国的最后胜利而告结束，受尽了屈辱和奴役的中国国民被压抑而扭曲了的民族意识一下子得到了伸张，仿佛中国成了战胜国可以一下子洗刷掉多年来所蒙受的全部耻辱，从此摆脱半殖民地地位，重新收回失去的土地和权利，今后也将会步入世界强国之列似的，那种发自内心的喜悦之情简直达到了难以用语言表达的程度。下面略举数例，足可见一斑。

“据报载，11 月中旬，连日东交民巷大庆祝，各国在京人士亦举行了提灯会，教育部下令各省升旗、放假以示庆祝。北京大学学生 15 日前往东交民巷举行庆祝，北京的学生以及各界商民群众成群结队拥向美国公使馆，高呼‘威尔逊总统万岁！’上海各教堂钟声齐鸣，救火车也开到街上拉响汽笛。各华人商号国旗高悬，总商会通告升旗三日，各学校也一律升国旗，有些放假三天，市民在街面上烧了德皇的模拟像，还有许多地方放了爆竹。”①

“北京中央公园从 11 月 14 日到 16 日开放三天，以示庆祝。14 日在天安门召开庆祝大会，规定从 14 日到 16 日，28 日到 30 日为举行庆祝活动日。届时天安门前人山人海，中华门前搭起了高高的彩牌楼，天安门、正阳门上也装饰了彩灯。外交部还宴请各国驻北京的外交使团，军警界也举行游行。商学各界举行会议，议决拆除东单牌楼北面街心的克林德碑，当时万人空巷前往围观，人们高呼

①《民国日报》1918 年 11 月 13、14 日。

‘万岁’三声。”①

“11月底，庆祝活动达到了高潮。北京连日庆祝战捷盛况空前，28日公府特开大会庆祝战胜，在太和殿举行中外军队阅兵式，并鸣礼炮108响。29日总统在居仁堂宴请协约国外交使团、各国公使，除总统亲行出席外，尚有各部总长、段督办、参谋总长及外交部参事秘书等。30日又举行提灯会，北京东西城各校学生等分为二队举行游行。两队分别经过参众两院、总统府、各国使馆、中华门及段宅时均高呼‘万岁’三声，以表祝意。”②

可见，当时举国一致地欢庆协约国的胜利，欢庆中国作为参战国的“胜利”，人们的喜悦之情几乎达到了狂热的地步。

舆论界更是大肆渲染，国内各报均连篇累牍地载文欢庆胜利。安福系的喉舌《公言报》更是大吹大擂，肉麻地高喊“国人当勿忘合肥之识力”，说什么“至今日卒获得最后之荣誉，故吾人于庆祝协约国胜利之际益不能不追忆当日段合肥之英风焉……此尤足证段公实具有政治家磊落光明之禁（襟）度者也”③。无耻地为段祺瑞涂脂抹粉，评功摆好。他们还俨然以“胜利者”“审判者”的身份，大肆兴师问罪，以“请看旧国会国民派之反对对德绝交者”为标题，指名道姓地宣判他们为“扰乱国家之祸首”“中国之罪人”“世界人道主义之罪人”④。就连一向对北京政府持批评态度的上海《民国日报》也多次撰文介绍中国对大战的“贡献”，欢呼“公理战胜强权”，认为“吾人于此当竭诚庆祝以贺我友邦之大成功及公理人道之终不磨灭”，“欧战中间协约军之胜利，凡在欧洲之凭恃暴力以

①《民国日报》1918年11月17日。
②《晨报》1918年12月1日。
③《公言报》1918年11月14日。
④《公言报》1918年11月19日。

蹂躏人类者，亦既一一扫除之类”，“自今伊始，世界太平可也”[①]。

中国思想界一些最为人瞩目、最具影响的人物，也陷于当时的狂热之中，他们对协约国的胜利以及威尔逊的“十四点”寄予无限希望，充满了美妙的幻想。1918 年 12 月，陈独秀在《每周评论》发刊词中说：“美国大总统威尔逊屡次的演说，都是光明正大，可算得现在世界上第一个好人。”11 月 28 日，蔡元培在对北大学生和群众的讲演中描绘了他认为即将成为现实的美好前景。他认为由于在巴黎和会上法国的“人权宣言”、美国总统的“十四点”都将会得到实现，“我国将会有一线生机”，未来的世界将会是一片光明。“以我国人工之众，物产之饶，实业必且大兴。不惟国民均受其福，而教育界之发展，宁可限量。诸生苟果有世界眼光，有国家观念，对于此次协约国之胜利，宜如何欢欣鼓舞。即使仅仅为本校前途，个人学业起见，亦应报如何乐观耶！”[②]众多其他知名人士也纷纷发表文章或演讲，欢呼胜利，认为中国这次可以“挽百十年国际上之失败”，今后也可以进入世界强国之列而“与英法美并驾齐驱”[③]。这些素为公众瞩目敬仰的人士竟然忘了半个多世纪以来西方列强的奴役、欺凌和对自己祖国的宰割，甚至梦想一夜之间就可以成为当中的一员，加入了分赃的座席，从中分享到一杯羹汤。一些智者名人尚且如此，也就无怪乎成千上万的青年学生涌到力主参战的“英雄”段祺瑞的宅邸和东交民巷高呼“万岁”，欢庆祝贺了！

显然，面对这样一种可悲而严峻的国内政局，正确地回答欧战的胜利究竟是谁的胜利，庆祝究竟应该为谁庆祝，揭露段祺瑞等

①《民国日报》1918 年 11 月 13、14 日。

② 高平叔编：《蔡元培全集》第三卷，中华书局 1984 年版，第 223~224 页。

③《民国日报》1919 年 1 月 5 日。

军阀政客的卑劣行径，唤醒中国人民迎接新时代的到来，把中国引向光明，就成为当时一个非常尖锐、非常迫切、非常重大的现实问题。李大钊的《Bolshevism 的胜利》一文就是为了回答这个问题，在这样一种现实下写就发表的。很显然，其矛头所指，正是段祺瑞等极力“掠功”的军阀、政客。这一点，解读分析文章本身，更会使我们对文章的主旨一目了然。

二、文章的思想主旨

通过解读分析文章的内容和行文思路，我们可以更加清楚地看出其思想主旨是什么，作者是如何去加以阐述的。

1. 文章针对段祺瑞、梁启超等人为“掠功”大搞庆祝活动的可耻行径，通过回答欧战胜利的真正原因，彻底揭露他们的丑恶嘴脸。

文章一开始在对北京城内的庆祝战胜活动进行描述的同时，尤其对段祺瑞及梁启超的“掠功”进行了指明而不点名的嘲讽和抨击。文章指出：“参战年余未出一兵的将军，也去阅兵，威风凛凛的耀武。著《欧洲战役史论》主张德国必胜后来又主张对德宣战的政客，也来登报，替自己做政治活动的广告；一面归咎于人，一面自己掠功。”[①]这里所说的“参战年余未出一兵的将军”，当然是指的段祺瑞。因为自 1917 年 3 月 9 日中国对德宣战以来的一年多的时间里，自任参战督办，军权在握的段祺瑞，并没有向欧洲战场前线派去一兵一卒。此时，他是作为 11 月 28 日举行阅兵式的总指挥参加了阅兵[②]。文中所说的“著《欧洲战役史论》主张德国必胜后来又主

①《李大钊文集》(上)，人民出版社 1984 年版，第 598 页。
②《益世报》1918 年 11 月 29 日。

张对德宣战的政客”，是指梁启超。因为在他所著的《欧洲战役史论》中认为欧战将以德国必胜而告结束，因而起初他是反对对德宣战的，后来因与段祺瑞沆瀣一气，又出尔反尔地主张对德宣战。此时，梁启超在其研究系机关报上登载文章，极力吹捧阿谀段祺瑞，也意欲争得一份战胜之功名，试图借机攫取权力。所以，李大钊说他“也来登报，替自己做政治活动的广告；一面归咎于人，一面自己掠功”。这种指责，可谓一针见血，正中要害。当时有人对段、梁的无耻争功之丑行同样给予了谴责：“吾国对德宣战后，在理当遣派大军赴欧助战，方可谓克尽其责，乃军阀派专在国内捣乱，竟未遣一卒，未遗一矢于欧土，当兹暴德屈伏大战告终之际，吾国虽与有荣施，而吾人缅怀前事尚以未克实行参战为憾，彼军阀党扪心自问，亦正惭愧之不暇，何有于争功哉。乃段派又以参战为段功，大吹特吹，冀博友邦之同情，谋势力之复振，其可谓廉耻道丧，全无心肝。吾人屡斥此辈，藉外交以攘权势异己。今观于段党之举动，而益信矣。犹有反复无耻之文妖，鼓簧其词与段争功。呜呼！其如辱没国民贻笑外人何？”[①]

针对战胜庆祝，针对“将军”和“政客”的“耀武”“掠功”，李大钊直接明了地发问：“这回胜利，究竟是谁的胜利？这回降服，究竟是那（哪）个降服？这回功业，究竟是谁的功业？我们庆祝，究竟是为谁庆祝？”而后，他给予了斩钉截铁的有力回答：“原来这次战局终结的真因，不是联合国的兵力战胜德国的兵力，乃是德国的社会主义战胜德国的军国主义。不是德国的国民降服在联合国武力的面前，乃是德国的皇帝、军阀、军国主义降服在世界新潮流的面前。战胜德国军国主义的，不是联合国，是德国觉醒的人心。德

① 无射：《无耻之争功》，《民国日报》1918 年 11 月 22 日。

国军国主义的失败，是 Hohenzollern 家（德国皇家）的失败，不是德意志民族的失败。对于德国军国主义的胜利，不是联合国的胜利，更不是我国徒事内争托名参战的军人，和那投机取巧卖乖弄俏的政客的胜利，而是人道主义的胜利，是平和思想的胜利，是公理的胜利，是自由的胜利，是民主主义的胜利，是社会主义的胜利，是 Bolshevism 的胜利，是赤旗的胜利，是世界劳工阶级的胜利，是二十世纪新潮流的胜利。”[①]可见，李大钊是从“世界劳工阶级”战胜“皇帝、军阀、军国主义”，社会主义革命必然胜利的高度来分析这次世界大战和认识当时的世界形势的。这就十分明了地向人们说明了战胜的真正原因。紧接着李大钊把笔锋回转指向段、梁：“想到这些问题，不但我们不出兵的将军、不要脸的政客，耀武夸功，没有一点趣味，就是联合国人论这次战争终结是联合国的武力把德国武力打倒的，发狂祝贺，也是全没意义。不但他们的庆祝夸耀，是全无意味，就是他们的政治运命，也怕不久和德国的军国主义同归消亡！”[②]这里，李大钊不但无情地嘲讽了段、梁的少廉无耻，而且预示了他们行将灭亡的政治生命。

2. 文章接下来对代表和象征时代新潮流、革命新纪元的“Bolshevism”进行了阐释，进一步向人们说明这种时代潮流的性质、形成和发展，从而揭示了社会主义革命新时代的到来，宣告了段祺瑞等反动军阀和官僚政客这些“历史上残余的东西”将被历史潮流所摧拉、覆灭的下场。

李大钊指出：“Bolshevism 就是俄国 Bolsheviki 所抱的主义……他们的主义，就是革命的社会主义；他们的党，就是革命的社会党；

①《李大钊文集》（上），人民出版社 1984 年版，第 598~599 页。

② 同上书，第 598 页。

他们是奉德国社会主义经济学家马客士（Marx）为宗旨的；他们的目的，在把现在社会主义的障碍的国家界限打破，把资本家独占利益的生产制度打破。”①“他们将要联合世界的无产庶民，拿他们最大、最强的抵抗力，创造一自由乡土，先造欧洲联邦民主国，做世界联邦的基础。这是Bolsheviki的主义。这是二十世纪世界革命的新信条。”②

李大钊接着论述了Bolshevism这种群众运动已发展成为世界革命的新潮流。他说，“Bolshevism在今日的俄国”，已经“成为一种群众的运动。岂但今日的俄国，二十世纪的世界”，也将“为这种群众运动所风靡”。他借用哈利逊氏（Ftederic Harrison）的话说：“反社会的，像Bolshevism的样子，须知那也是很坚、很广、很深的感情的发狂。”“一七八九年的革命，唤起恐怖，唤起过激革命党的骚动：但见有鲜血在扫荡世界的革命潮中发泡，一种新天地，就由此造成。Bolshevism的下边，潜藏着一个极大的社会的进化，也与一七八九年的革命同是一样。”③李大钊认为：“俄国的革命，不过是世界革命中的一个，尚有无数国民的革命将连续而起。”④

他进一步指出：“匈奥革命，德国革命，勃牙利革命，最近荷兰、瑞典、西班牙也有革命社会党奋起的风谣。革命的情形，和俄国大抵相同。赤色旗到处翻飞，劳工会纷纷成立，可以说完全是俄罗斯式的革命，可以说是二十世纪式的革命。像这般滔滔滚滚的潮流，实非资本家的政府所能防遏得住的。因为二十世纪的群众运动，是合世界人类全体为一大群众……在这世界的群众运动的中

①《李大钊文集》（上），人民出版社1984年版，第599页。
② 同上书，第600页。
③ 同上书，第601页。
④ 同上书，第602页。

间，历史上残余的东西——什么皇帝咧，贵族咧，军阀咧，官僚咧，军国主义咧，资本主义咧——凡可以障阻这新运动的进路的，必挟雷霆万钧的力量摧拉他们。他们遇见这种不可当（挡）的潮流，都像枯黄的树叶遇见凛冽的秋风一般，一个一个的飞落在地。由今以后，到处所见的，都是 Bolshevism 战胜的旗。到处所闻的，都是 Bolshevism 的凯歌的声。人道的警钟响了！自由的曙光现了！试看将来的环球，必是赤旗的世界！”[①]

李大钊向人们阐明了 Bolshevism 作为一种群众运动，将风靡 20 世纪的世界。它意味着一种新天地，一种革命的新纪元。世界革命的形势已经证实，这种合世界人类全体为一大群众的 20 世纪的群众运动，已经形成了一种“滔滔滚滚的潮流，实非现在资本家的政府所能防遏得住的”[②]。在这摧枯拉朽的历史大潮面前，那些历史上残余的皇帝、贵族、军阀、官僚以及军国主义、资本主义都将被冲刷扫荡。不言而喻，中国的段祺瑞等军阀官僚也难逃这覆灭的历史命运。

3. 文章指出布尔什维主义的精神，是 20 世纪全世界人民心中共同“觉悟的精神”，旨在唤起中国人民具有这种“觉悟的精神”，顺应新的历史潮流，推翻段祺瑞反动政府，消灭一切反动势力，走俄国人的路。

李大钊最后指出：“一九一七年俄罗斯的革命，不独是俄罗斯人心变动的显兆，实是二十世纪全世界人类普遍心理变动的显兆。俄国的革命，不过是使天下惊秋的一片桐叶罢了。Bolshevism 这个字，虽为俄人所创造，但是他的精神，可是二十世纪全世界人类人人心

---

①《李大钊文集》（上），人民出版社 1984 年版，第 602~603 页。

② 同上书，第 602 页。

中共同觉悟的精神。”[1]Bolshevism 的精神是什么呢？这就是以马克思主义为宗主，以革命的社会党为领导，以社会革命为手段，以打破资本主义制度为目的。这种精神将是 20 世纪全世界人民共同觉悟的精神。这对于中国人民来说，当然要顺应这一历史潮流，具有这种觉悟精神，走俄国人的路，首先打倒军阀官僚，也就是推翻段祺瑞反动政府，完成民主革命，紧接着进行社会主义革命，开创新纪元。可以说，文章向中国人民吹响了埋葬旧世界、创造新世界的战斗号角。

从文章的思路我们不难看出，其矛头所向，主要是段祺瑞及政客梁启超，目的是揭露他们耀武夸功、沽名钓誉的丑恶行径，文章中至少有三处对段祺瑞及政客梁启超进行了指明而未点名的谴责。在文章的第一段中，说段祺瑞是“参战年余未出一兵的将军”，把梁启超说成“著《欧洲战役史论》主张德国必胜后来又主张对德宣战的政客”；在第二段中，说段祺瑞是“不出兵的将军”，把梁启超说成是“不要脸的政客”；在文章的第三段，把段祺瑞说成是“我国徒事内争托名参战的军人”，把梁启超说成是“投机取巧卖乖弄俏的政客”。显然，李大钊在文章中对十月革命和布尔什维主义的赞颂和论证，在于说明世界新的历史潮流。而说明世界新的历史潮流，则在于向人们指明和断定历史上残余的东西——什么皇帝、贵族、军阀、官僚（包括段祺瑞等军阀政客）、军国主义、资本主义，统统将被这种历史潮流所摧拉而归于消亡。需要强调指出的是，李大钊绝非无缘无故地赞颂十月革命和布尔什维主义。他作为一个中国人特别是作为当时一个忧国忧民的中国先进分子，他首先要从他所立足和置身于其中的社会现实去观察分析世界政治风云的变幻。

---

①《李大钊文集》（上），人民出版社 1984 年版，第 603 页。

正因为十月革命和布尔什维主义，使在黑暗中苦苦挣扎的中国人民看到了曙光，寻见了新的道路，预见中国军阀官僚覆灭的下场，所以他才“借他山之石以攻玉”，“拿俄国的革命做一个世界革命的导火索”。这正是李大钊由关心中国前途和命运而认识和把握世界政治风云的独特风格。他从关心中国革命的角度出发，去关注世界、关注他国，从中寻求救国救民的真理，最后回归到自己的出发点。文章中对战胜原因的说明，对十月革命的赞颂，对布尔什维主义的阐释，对世界革命潮流的论证，目的就在于揭露段祺瑞等军阀及政客的倒行逆施，阐明他们覆灭的下场，为中国人民指明方向，唤起他们顺应世界潮流，拥有布尔什维主义的精神，向段祺瑞反动黑暗腐败的北洋军阀政府宣战，去赢得布尔什维主义式的胜利。这正是文章的思想主旨所在。

“铁肩担道义，妙手著文章。”这是李大钊文风和人格的真实写照，作为一个无时不在关注国家命运、民族前途和人民幸福的先进分子，他是以笔为武器，勇敢地向旧世界宣战，无情地揭露和批判反动势力的丑恶嘴脸和卑劣行径；他是以文为号角，唤醒和鼓舞人民起来为自身的解放和幸福而进行坚决斗争。他的每一篇文章，不是评点世界政治风云，就是指陈国内政局；不是揭露黑暗，批判现实，就是明辨是非，教育和唤醒人民。《Bolshevism 的胜利》一文正是他这种独特文风和人格的集中体现。

三、文章主旨形成的思想基础

为了从更深的层次上认识和把握文章的主旨，有必要对该文主旨形成的思想基础作进一步考察。形成文章主旨的思想基础是多方面的，这里我们仅从以下几个方面略加分述：

（一）李大钊对段祺瑞政府反动本性的充分认识是文章主旨形成的基本前提

李大钊在参战问题上曾积极支持段祺瑞政府的对德方针。李大钊当时之所以这样做，一是李大钊被段祺瑞一时的假象所蒙骗。在对德外交问题上，段是利用爱国的旗号，把自己与国家等同起来，尤其当有关国家存亡的对德外交问题摆在人们面前时，段祺瑞手中的爱国旗帜，很容易使人振奋，引起共鸣，受骗上当。具有强烈爱国心的李大钊对于段祺瑞的阴谋未能立即察觉，期望通过参战收回中国失掉的权益，改善中国的国际地位和国民的精神面貌，因而全力拥护支持段祺瑞政府的对德外交政策。二是李大钊对由各种势力联合组成的北洋政府抱有一定的幻想。辛亥革命后，北洋政府名义上一直保留着民主共和体制（除短暂的洪宪帝制外），其内部争权夺利的斗争，也往往以“民主”“共和”为幌子。这种假共和之名、行专制之实的两面性统治手段，使人们很难认清其反动本质。即使政治阅历颇深的国民党领袖孙中山等人也曾有过这种认识，而政治经验不足的李大钊自然更不容易一下看清其真实面目。所以，当洪宪帝制覆灭，北洋政府复立后，李大钊就认为被袁世凯践踏的民主共和国已“复活”，并于1917年初，满怀激情地写了《回春之北京》和《元宵痛史》等文章，认为“今岁与去年已大不相同，去年则人怀戒惧，今岁则共庆升平”，这种幸福是“共和复活之所赐”，因此，他由衷地喊出了“共和万岁”的口号[①]。显然，李大钊对段祺瑞统治下的国内各种势力联合而成的北洋政府寄予希望，抱有幻想。他从维护民主共和的热忱出发，从期望国家兴盛的民族利益着想，在对德问题上，一度寄希望于当时的段祺瑞政府，积极拥护和支持

①《李大钊文集》（上），人民出版社1984年版，第269页。

段的参战，这应该是可以理解的。但李大钊在参战问题上的思想态度将会随着对段祺瑞政府的认识深化而逐渐变化。

他在1917年4月发表的《中心势力创造论》一文中提出：袁世凯败亡后，国人本想以北洋军阀势力“为国家爱惜固有之势力，以求依是为基础以谋国家的势力之新发展”，也就是说，人们本想在北洋军阀势力的基础上加以改造和发展，使其成为国家的中心势力。但是，现在，北洋军阀势力“已臻衰老”，已“无其中心人物”，已“不能为国家中心势力”，也已“不能使之复反于壮盛也”①。可见，李大钊对段祺瑞及北洋军阀势力已经不再抱有任何幻想。

张勋复辟后，段祺瑞达到了借张勋之手解散国会，排斥黎氏和部分阁员，以“再造共和”的殊荣重新组阁的目的。重新上台后的段祺瑞，更是肆无忌惮，居然置《临时约法》于不顾，执意要解散国会，组织临时参议院。为换取日本的支持，在没有经过国会审议的情况下，他仓促通告对德宣战，并向日本大举借款，大肆出卖国家主权和民族利益，其对内暴力专权、对外卖国求荣的反动嘴脸暴露无遗。

当时，南避上海，“侨寓沪上”，已彻底看清段祺瑞政府反动本质的李大钊，便义无反顾地踏上了反对段祺瑞及其政府的战斗征程。

1917年10月，李大钊发表《暴力与政治》一文，深刻揭露和批判了段祺瑞政权的非法性和反动性。李大钊尖锐指出：现代之政治，就是“风靡一世之民治主义”②，而“今之君子，昧于此义，不自审其所处之世为何如时代，所属之国为何如体制，而犹恃乎强力临御斯民。以此图治，宁非南辕北适之类？夫立一政制而依力以为

①《李大钊文集》（上），人民出版社1984年版，第464页。
② 同上书，第518页。

用，犹且不可，况乃逞其暴力，以毁法而虐民？……是又非倒行逆施之尤乎？”[①]李大钊这里所说的“恃乎强力临御斯民”“逞其暴力，以毁法而虐民”的“今之君子”显然是指段祺瑞。说他是“倒行逆施之尤”，在民治主义的时代潮流中，还坚持要搞封建的专制政治。李大钊不仅揭露了段祺瑞的政治是专制政治及其反动性，而且也从现代政治和时代要求两方面的意义指明了段祺瑞政权没有存在的理由。

李大钊对段祺瑞及其政府反动本质的充分认识，促使他坚定地走上了反段征途，这对其后来的思想转变具有重要而深远的意义。毫无疑问，这是他写作《Bolshevism 的胜利》一文更为直接的思想前提。从一定意义上讲，该文的写作和发表正是他反段思想的继续和深化。

（二）李大钊转向社会主义、接受马克思主义是文章主旨形成的深刻思想基础

对西方资本主义文明的失望和抛弃，是任何一个能够欢呼十月革命，转向社会主义，能够接受马克思主义的先进分子所首先必须具备的思想前提。李大钊也不例外。他虽然曾一度对西方资本主义文明比较迷恋，但他并没有达到盲目、盲从的地步，而是不断地去审视这个犹在“试验”之中的社会政治制度。尤其是“一九一四年以来世界大战的血、一九一七年俄国革命的血、一九一八年德奥革命的血”，“好比作一场大洪水”[②]，冲刷了李大钊对西方资本主义文明的幻想。残酷的战争，“血”的事实，使他看到了资本主义内部自身不可克服的矛盾，认清了资本主义国家残暴的本性，认识了

①《李大钊文集》（上），人民出版社 1984 年版，第 521 页。

② 同上书，第 606 页。

资本主义制度的反动本质。他借日本人之口喊出了自己愤怒而觉醒的呼声:“西洋之文明,掠夺之文明也;西洋之主义,掠夺之主义也。”①

由于对西方文明的失望和在中国建立资产阶级国家的梦想的破灭,促使以李大钊为代表的中国的先进分子更加关注世界政治形势的发展变化,加倍努力去上下求索,去寻求一种新的“第三文明”,去探索一条新的出路。

李大钊站在旧文明与新文明交替的历史转折点上,从人类文明进化不息的长期过程中审视旧文明的衰败,满怀希望地去迎接新的文明的诞生。他认为:“由今言之,东洋文明既衰颓于静止之中,而西洋文明又疲命于物质之下,为救世界之危机,非有第三新文明之崛起,不足以渡此危崖。”②他断定:“世界中将来能创造一兼东西文明特质,欧亚民族天才之世界的新文明者,盖舍俄罗斯人莫属。”③

俄国十月革命的胜利,标志着“第三文明”代表的布尔什维主义的诞生。抛弃西方资本主义文明,渴望新文明的诞生的李大钊以极大的热情关注和研究十月革命,尤其注重对布尔什维主义及其指导思想的深入研究,使他深刻地认识到布尔什维主义代表了“第三文明”,代表了新时代的精神,而布尔什维主义是奉马克思主义为宗主的。因此,接受和宣传布尔什维主义,信奉马克思主义,唤醒中国人民具有布尔什维主义的精神,进行俄罗斯式的革命,推翻以段祺瑞为首的北洋军阀政府和一切反动势力,就成为中国人民革命

①《李大钊文集》(上),人民出版社 1984 年版,第 449 页。
② 同上书,第 560 页。
③ 同上书,第 575 页。

的新选择、新方向，而这正是李大钊在《Bolshevism 的胜利》一文中所要阐发和强调的基本思想。

（三）正确认识和把握时代潮流是李大钊文章主旨形成的重要因素

当时国内反段的人很多，但角度各异，且有的缺乏深度，有的没有高度，因而缺少力度。李大钊与众不同的特点是，站在时代的高度来反段的。他之所以能够做到这一点，是基于他善于把握时代潮流，并反观中国社会现实的独特风格。

近代中国先进人物的共同特征之一，就是他们都具有一副宏阔的世界眼光。辛亥革命后的中国，内忧外患日益加剧，这一时期的先进分子的世界意识更加强烈，更加自觉。李大钊则是这一时期最具有世界眼光的先进代表。李大钊在为“求得挽救民族、振奋国群之良策”，“而深研政理”[①]，孜孜以求的不懈探索过程中，始终密切注视国际政治风云变幻，善于把握时代发展的脉搏，努力把中国社会发展变革的实际需要与世界发展变化的新潮流结合起来，从中寻求民族振兴、国家富强的道路。

由俄国二月革命对世界政治形势的影响，李大钊看到了民主主义反对官僚政治的革命，将会以滔天之势蓬勃于全世界。他借用“离心力”和“向心力”来解释世界政治的发展趋势。他认为：“对于专制主义而有民主主义，对于资本主义而有社会主义，是皆离心力与向心力相搏战而生之结果也”，并指出：“最近世界政治之趋势，向心主义之势力日见缩减，离心主义之势力日见伸张，此为不可掩之事实。”[②] 在这里，李大钊把专制主义和资本主义视为日趋没落的

①《李大钊文集》（下），人民出版社 1984 年版，第 888 页。

②《李大钊文集》（上），人民出版社 1984 年版，第 485 页。

向心主义，把民主主义和社会主义看作世界发展的新趋向。此时，虽然他在概念上还没有划清民主主义和社会主义的界限，但似乎可以看出他已隐隐约约觉察到了一个旧时代将要被一个新的时代所取代。此后不久，他更加明确地认定："此次战争告终，官僚政治、专制主义皆将与之俱终，而世界之自由政治、民主主义必将翻新蜕化，以别开一新面目，别创一新形式，蓬蓬勃勃以照耀二十世纪之新天地。"[①]可见，这时的李大钊更进一步地预感到了旧时代的逝去，新时代的到来。这正是此后李大钊迎接新时代，赞颂十月革命，接受马克思主义的重要思想基石。

俄国十月革命爆发后，早就注目俄国社会变革并寄希望它产生世界"第三新文明"的李大钊，经过观察、分析和思考，认定十月革命是与19世纪资产阶级革命截然不同的、立于社会主义之上的、带有世界革命色彩的革命。他确认十月革命开辟了世界革命和人类历史的新纪元，遍及欧美各国的革命风潮表明了20世纪是社会主义的世纪。李大钊已经明确地认识到：资产阶级的民主若已获得，紧接着就是社会主义，这表明李大钊对新的历史时代的认识和把握发生了根本的质的变化。也正是因为李大钊有了这样的认识和思想变化，他才能在写作《Bolshevism的胜利》一文时站在新时代的高度和前列，来反观中国的社会现实，从而深刻认识到段祺瑞等军阀、官僚和一切反动势力，是逆时代潮流而动的"历史上残余的东西"，预见并宣告了他们的覆灭下场。

可见，正是因为李大钊能够正确认识和把握时代潮流、抛弃西方资本主义政治文明，转向马克思主义，才使他能够站在时代的高度，通过揭示时代的新潮流，深刻而有力地论证了段祺瑞等反动势

①《李大钊文集》(上)，人民出版社1984年版，第492页。

力逆历史潮流而动的反动性、腐朽性，并宣告段祺瑞等反动势力已是“历史上残余的东西”，行将被历史潮流摧拉、冲刷的覆灭下场。

（谢福临，原载《河北省社会主义学院学报》2002 年增刊）

李大钊研究中亟须澄清的几个问题

——李大钊几篇重要文稿的写作、发表时间纠谬

自1989年李大钊诞辰100周年以来，国内李大钊的研究虽然取得了一批重要成果，但对基础研究一直不够重视的倾向仍然没有得到解决，一些基本问题似是而非、模棱两可，更不用说还有不少空白点。比如，在李大钊一些重要文稿的写作、发表时间这一问题上就是如此。因此，笔者认为，弄清李大钊有关文稿的写作或发表时间，是研究李大钊思想产生、发展和有关活动的基本前提。只有这样，才有可能把研究工作建立在比较可靠的基础上，才有可能得出比较符合实际的正确的结论。

一、关于《社会主义与社会运动》

《社会主义与社会运动》是李大钊继《我的马克思主义观》之后的又一篇宣传马克思主义、传播社会主义思想的重要理论著作，是李大钊转变为一个成熟的马克思主义者和伟大的无产阶级革命家的重要标志。《社会主义与社会运动》在作者生前虽然没有在报刊上公开发表，但是对于我们研究李大钊的思想发展仍然不失为一份十分重要的资料。

《社会主义与社会运动》是李大钊在北京大学的讲义，记录稿署李大钊教授讲演，余姚邵纯熙笔记。由方行提供，曾经方行、顾廷龙校订，发表时杨芹对文字进行过整理，由9部分组成，约

43000字。最早发表于人民出版社1984年出版的《李大钊文集》中，写作时间被确定为1920年;《李大钊文集》1999年版仍沿袭此说。之所以确定为1920年，编者是这样解释的:“讲演的具体日期不详，根据大钊同志的活动判断，大概是一九二〇年下半年在北大经济系开‘社会主义与社会运动’课时讲的（参见《李大钊传》第八十七页，人民出版社一九七九年四月第一版）。”[①]而笔者查阅《李大钊传》，并没有指出李大钊开设“社会主义与社会运动”一课的确切时间，只是含糊地说，1920年“十月初，他在北大开了‘唯物史观研究’这一重要课程，以后，又在史学系开了‘史学思想史’‘史学要论’，在经济系开了‘社会主义与社会运动’”。笔者认为，《李大钊文集》（1984年版）将《社会主义与社会运动》的写作时间笼统地确定为1920年很值得怀疑。朱志敏根据1924年1月5日《北京大学日刊》所载《注册部布告（二)》中“李大钊先生因事离京，其所授史学系‘史学思想史’及政治经济两系之‘社会主义与社会运动’暂时请假，俟回校后再行补讲”推定，“李大钊开设的‘社会主义与社会运动’和‘史学思想史’都是从1923年下半年开始的”[②]。笔者认为，朱志敏的观点是符合实际的。因为，据1923年9月29日《北京大学日刊》所载1923—1924年度《史学系课程指导书》“史学思想史……3……李大钊”以及上述《注册部布告（二)》，“社会主义与社会运动”和“史学思想史”应该是同一时期开设的一门新课程，不过不是在史学系，而是在政治学系和经济学系。所以，将《社会主义与社会运动》的写作时间确定为1920年是错误的，河北教育出版社1999年出版的《李大钊全集》将《社会主义

①《李大钊文集》（下），人民出版社1984年版，第371页。

② 朱志敏:《李大钊传》，山东人民出版社1998年版，第278页。

与社会运动》的写作时间确定为1923—1924年，应该说基本上是正确的，但是还不够十分准确。

第一，1920年12月8日，李大钊在《批评》半月刊上发表了《欧文（Robert Owen）底略传和他底新村运动》一文，这篇文章所介绍的人物和《社会主义与社会运动》的第六部分《英国初期之社会主义者》介绍的人物是同一个人，即Robert Owen。在《社会主义与社会运动》中，李大钊将Robert Owen译为了涡文。从对Rorert Owen这个人名的不同翻译来看，可以初步断定二者不会写于同一年之内。同时，仅从文章标题就可以发现，二者在思想认识上有明显的不同，后者在对Robert Owen思想的认识和评价上要比前者深刻得多，故不可能写于同一年之内。也就是说，至少《社会主义与社会运动》的第六部分《英国初期之社会主义者》不可能写于1920年。

第二，1921年1月27日，李大钊在《新支那》报（日文）发表《中国的社会主义及其实行方法的考察》一文，其中谈到“为了使一般人民了解什么是社会主义，应首先翻译各国最简明扼要的关于社会主义的名著，进而深入研究中国与社会主义的关系及其实行的方法，但在现阶段应着力介绍优秀书籍，组织编辑研究丛书，作为它的第一编已出版《基尔特社会主义》一书”[①]。这说明，此时李大钊对社会主义的研究还很不够，还处于搜集资料的阶段，还没有进行系统、深入的研究，因而他对社会主义的信仰虽然坚定，但是对科学社会主义还缺乏认识。然而，《社会主义与社会运动》对社会主义的认识已经比较系统、科学，所以《社会主义与社会运动》不可能写于1921年之前。如果《社会主义与社会运动》写于1920年，那么，在思想认识上就和《中国的社会主义及其实行方法的考

① 朱文通等整理编辑:《李大钊全集》第三卷，河北教育出版社1999年版，第584页。

察》发生了矛盾。唯一的解释是，《社会主义与社会运动》只能是写于《中国的社会主义及其实行方法的考察》发表之后。

第三，1923 年 1 月，李大钊出版了《平民主义》一书，其中收入了 1919 年 2 月 1 日发表的《联治主义与世界组织》和 1919 年 10 月 15 日发表的《妇女解放与 Democracy》两篇文章。依此类推，如果《社会主义与社会运动》写于 1920 年，那么，其中第三部分《社会主义与平民主义的区别》即使不直接收入《平民主义》，在《平民主义》中必然也会有所反映。而实际上，在《平民主义》一书中，既没有和《社会主义与平民主义的区别》相同的文字，也没有相同或相近的思想认识。《社会主义与平民主义的区别》虽然只有 600 字，但是内容却十分重要，李大钊通过对社会主义和平民主义的比较研究，对社会主义的认识产生了质的飞跃，初步提出了马克思主义必须和中国实际相结合的思想原则，他指出：社会主义理想要"因各地、各时之情形不同，务求其适合者行之，遂发生共性与特性结合的一种新制度（共性是普遍者，特性是随时随地不同者），故中国将来发生之时，必与英、德、俄……有异"[①]。如此重要的思想内容在《平民主义》一书中没有任何反映，显然不是因为李大钊的思想认识倒退所致，只能是《社会主义与社会运动》的第三部分《社会主义与平民主义的区别》写于 1923 年 1 月《平民主义》一书出版之后。

第四，1923 年 11 月 7 日，李大钊在上海大学社会问题研究会成立大会上发表演讲，题目是《社会主义释疑》，同月 13 日发表在《民国日报》副刊《觉悟》上。这篇文章从三个方面回答了人们对社会主义有怀疑的几个问题，即在社会主义制度下，是穷苦的还是

① 朱文通等整理编辑：《李大钊全集》第四卷，河北教育出版社 1999 年版，第 508 页。

享福的？会不会发生怠工现象？是否自由？而《社会主义与社会运动》的第二部分《关于社会主义的种种误解》篇幅虽然比《社会主义释疑》少三分之一，却从八个方面进行了系统的分析和论述，尽管其中只有很少的文字涉及“自由”和“享福”问题，但是在思想认识上也比前者深刻得多，因此，笔者认为，《社会主义释疑》甚至连《关于社会主义的种种误解》的初稿都算不上。这只能说明，李大钊在上海大学演讲《社会主义释疑》时，还没有写《社会主义与社会运动》的第二部分《关于社会主义的种种误解》，最多是才开始考虑这一问题；如果李大钊已经写出了《关于社会主义的种种误解》，他没有必要在深受中国共产党影响的上海大学，同样也是面对大学生，而故意讲得非常浅显。因此，可以断定，这一时期李大钊还没有着手写作《社会主义与社会运动》讲义的第二部分。

第五，在《社会主义与社会运动》的第八部分《费边社（Fabian Society）》中，李大钊提到了“Mac Donald（现任英国国务总理）”①。Mac Donald，今通译为麦克唐纳（1866—1937年），曾经两次出任英国首相，第一次是1924年1月至1924年10月，第二次是1929年至1935年。麦克唐纳第二次出任英国首相，和讲义中所说的“现任”无关，因此可以初步断定《社会主义与社会运动》完稿于1924年1月至10月之间。而从1924年1月5日（星期六）《北京大学日刊》发布的“史学思想史”和“社会主义与社会运动”这两门课程暂时停课的布告来看，这两门课程最晚应该是在1923年12月31日至1924年1月4日这一个星期之内开始上课的。

第六，据1923年9月29日《北京大学日刊》所载1923—1924年度《史学系课程指导书》“史学思想史……3……李大钊”，可知

① 朱文通等整理编辑：《李大钊全集》第四卷，河北教育出版社1999年版，第563页。

李大钊为史学系四年级学生开设的“史学思想史”课程为每周 3 个学时。10 月 19 日，孙中山致电国民党上海事务所，着其密电李大钊赴沪商讨国民党改组事宜。10 月 25 日《北京大学日刊》刊登注册部布告：“李大钊先生因事假两星期，所授功课假满时补授。”事实上，李大钊请假远非两个星期，此后他在上海、广州等地活动；直到 12 月 9 日，李大钊还在上海出席国民党第十次中央干部会议；12 月 17 日（星期一），才见到有李大钊在北京大学校庆上发表演说的记载。也就是说，李大钊应该在 12 月 11 日至 16 日之间回到北京。在上海、广州期间，李大钊十分繁忙，没有时间和条件写“社会主义与社会运动”讲义，因而只有在返校后立即进行准备。准备讲义还是需要一定时间的，所以，李大钊回到北京大学后并不能马上开课。“史学思想史”讲义的首篇《史观》，虽然在李大钊返回北京之前 12 月 8 日送印，但是到 12 月 20 日才印出来[①]。当时的惯例是边讲课边发讲义，也就是说“史学思想史”开课的时间最早是 12 月 20 日（星期四）。1923 年 12 月下旬，李大钊主要活动是到天津去参加母校——北洋法政专门学校的校庆活动，其间于 12 月 23 日（星期日）和 30 日（星期日）发表过两次演讲。因此，从李大钊的活动来看，“社会主义与社会运动”的开课时间大概只有几天可供选择，即 1923 年 12 月 20 日至 22 日或 1923 年 12 月 31 日至 1924 年 1 月 4 日这几天之内（其中，元旦放假 1 天，又可以排除；1 月 4 日，李大钊主持召开北京市国民党党员代表大会，选举出席中国国民党第一次全国代表大会的代表），早于 1923 年 12 月 20 日的可能性不大。

① 王冰：《李大钊创建中国马克思主义历史科学的历史考察》，《李大钊研究》第三辑，《河北学刊》1992 年增刊。

第七，《社会主义与社会运动》讲义共有 9 部分，约 43000 字，如果和“史学思想史”课程一样，也是每周讲 3 个学时，即使按每周讲 6000 字计算（应该说这个标准并不高），那么最多也只需讲 8 个星期，即两个月。李大钊从 1924 年 1 月 5 日开始请假，赴广州出席国民党“一大”，到 2 月底他才得以返校，据 1924 年 2 月 29 日（星期五），《北京大学日刊》:“李大钊先生刻已回校，下星期起，照常授课。”也就是说，李大钊从 3 月份才开始重新上课，到 6 月初李大钊一直在北京大学。那么，“社会主义与社会运动”课程全部讲完，则不会晚于 4 月底。

综上，笔者认为，《社会主义与社会运动》课程的开设时间和该讲义的编写，均应在 1923 年 12 月下旬至 1924 年 4 月之间。即使因个别事情偶有延误，也不会超过一个月，即到 5 月底 6 月初总是能够讲完的。

二、关于《史学思想史》

《史学思想史》讲义是李大钊《史学要论》外的又一重要学术著作，是研究李大钊思想特别是史学思想的重要资料。学术界目前对李大钊开设“史学思想史”课程的情况和李大钊编写《史学思想史》讲义的情况还有不少模糊认识，因此有必要加以辨析。

《史学思想史》讲义由 10 个专题即 10 篇文章组成，1923 年 12 月至 1924 年 7 月由北京大学出版部印行，粉连纸直排铅印本，凡 63 页，6 万余字。李大钊在编写讲义时，收入了此前已经发表过的文章四篇，整个讲义在作者生前没有公开出版过。《史学思想史》讲义铅印本现存北京大学档案馆和中国革命博物馆，上海图书馆曾于1962年出版过影印本。1951年，张次溪在编写《李先生著述年表》

时，将《史学思想史》认定为“1920 年北京大学讲义”[①]。《李大钊文集》1984 年版收入该书时，未出现“史学思想史”这一标题，而是按单篇文章（其中有一篇拆为两篇）处理，依照“原来编排的次序收入”[②]并在第一篇文章《史观》的题解中，说明其中有关文章公开发表的情况，时间定为 1920 年。《李大钊文集》1999 年版也未出现“史学思想史”这一标题，同样把时间定为 1920 年，“按上海图书馆 1962 年《史学思想史》讲义影印本的目录编排顺序收入”[③]，并注明了其中有关文章的发表情况。《李大钊全集》则区别情况分别编排，凡已经公开发表过的，按发表时间编排，未发表过的，则按《史学思想史》讲义的印刷时间编排，并在《史观》的题解中说明其中有关文章的发表情况和该课程的开设情况。笔者认为，将《史学思想史》的写作时间笼统地定为 1920 年似欠妥当。

首先，“史学思想史”这门课程的开设时间不是 1920 年。“史学思想史”是李大钊在北京大学史学系开设的一门课程，通过考察北京大学历年的“课程指导书”和《北京大学日刊》发表的《注册部布告》可知，“史学思想史”的开设是在 1923 年 9 月之后。1923 年 9 月 29 日（星期六）《北京大学日刊》所载 1923~1924 年度《史学系课程指导书》“史学思想史……3……李大钊”表明，“史学思想史”这门课程的开设，最早是从 1923 年 10 月开始的，这是目前我们所见到的李大钊开设“史学思想史”一课最早的记载。根据笔者对李大钊在开设“社会主义与社会运动”课程前后有关活动的考证，李大钊最早讲授“史学思想史”一课只能是在 1923 年 12 月 20

① 王冰：《李大钊创建中国马克思主义历史科学的历史考察》，《李大钊研究》第三辑，《河北学刊》1992 年增刊。

②《李大钊文集》（下），人民出版社 1984 年版，第 264 页。

③ 中国李大钊研究会编注：《李大钊文集》第三卷，人民出版社 1999 年版，第 231 页。

日至22日之间，或1923年12月31日至1924年1月4日之间，此后继续开课的时间是1924年3月至6月初之间。从讲义的印完时间是1924年7月2日来看，1924年6月初，该课程还没有讲完[①]。6月11日，北洋政府内务部向教育部和各省发出了对李大钊等的“海捕文书”；同日，他还在北京撰写《新闻的侵略》一文。与此同时，李大钊得到了中共中央派他出席共产国际第五次代表大会的通知。李大钊得到北洋政府要拘捕他的消息后，迅即返回故乡，一方面避难，另一方面也是为了到昌黎筹措赴莫斯科的旅费。借到旅费后，李大钊立即取道哈尔滨赶赴莫斯科出席共产国际第五次代表大会（6月17日至7月8日召开）。会后，李大钊作为中国共产党驻共产国际代表留在莫斯科，1924年11月才回到北京。“史学思想史”一课如果继续接着讲，那么最后讲完的时间应该在此后不久。

其次，《史学思想史》讲义的写作时间，目前还难以确定具体日期，应区别情况分别对待。虽然《史学思想史》讲义中有一个专题发表于1920年，但是该讲义的印出成形却不是1920年，而是在1923年12月20日至1924年7月2日之间。《史学思想史》讲义的首篇《史观》于1923年12月8日（星期六）送北京大学出版部讲义课印刷，同月20日（星期四）印出，其他各篇也是随着讲课陆续印出来的，最后一篇于1924年7月2日印出[②]。《史学思想史》讲义收入了此前已经公开发表的《唯物史观在现代史学上的价值》（1920年12月1日）、《今与古》（1923年2月12日）、《桑西门的历史

① 据1925年2月23日《北京大学日刊》所载《注册部布告》称，李大钊“原授之史学思想史”每周两次共3小时，“于半年内讲完”。同样情况下，1923~1924年的“史学思想史”课程也应该需要半年时间才能讲完。

② 王冰：《李大钊创建中国马克思主义历史科学的历史考察》，《李大钊研究》第三辑，《河北学刊》1992年增刊。

观》（1923年8月）、《孔道西的历史观》（1923年11月）等4篇文章，只有另外6篇才是1923年12月至1924年6月上旬期间完成的。因此，笔者认为，对于《史学思想史》讲义完成时间的认定，应该采取实事求是的态度，区别情况，分别对待，凡已经公开发表过的，是什么时间发表的，就定为什么时间；未公开发表过的，在难以确定写作时间的情况下，大致可以把印刷时间作为其完成的时间。《李大钊全集》就是这样编排的，应该说这样做还是比较可靠的。而把《史学思想史》讲义的写作时间或课程的开设时间简单地认定为1920年，显然是错误的。

三、关于《我的自传》

《我的自传》是李大钊的一篇英文作文，《李大钊文集》1984年版标注的时间是1915年，其根据大概是《我的自传》复制件左上角上的一行标注："A.U.鲁宾逊（我的父亲）1915年录于东京。"《李大钊全集》因之，《李大钊文集》1999年版不知何故未收此文。笔者认为，A.U.鲁宾逊的儿子所提供的时间标注不够准确。

李大钊于1913年12月到达日本，住在留日中华基督教青年会馆内。该会馆内开设有日语、英语的补习课，以便需要提高外语水平的留日学生学习，英语课由北美基督教同盟向日本派遣的英语教师任教。李大钊在天津北洋法政专门学校学习期间，日语为必修科目。该校仿效日本的法律学校，并聘请了吉野作造、今井嘉幸等到该校任教，一些专业课如《法学通论》《刑法讲义》所用教材也是用日文编写的。经过多年的学习，李大钊的日语已经具有相当的实力。例如，1912年10月，他主持翻译了中岛端的《支那分割之运命》，并加"驳议"；1915年春，他和张润之合作翻译了今井嘉幸的

《中国国际法论》[1]。这证明，李大钊的日语已经达到了相当的水平，因而到日本后无须再补习日语。在日本，英语则是中国留学生必修的一门课程，而李大钊的英语水平又比日语水平明显低一些，所以在未入大学以前他必须抓紧时间补习。1914 年春夏之季，李大钊就住在会馆内补习过英语[2]，《我的自传》即李大钊在英语补习课上的一篇作文的作业，由他的英文老师 A.U. 鲁宾逊（Arthur Robinson）偶然保存了下来。1914 年 9 月 8 日，李大钊进入早稻田大学学习。第一学年共有 11 门必修课程，学习很紧张，同时因为课程中有“英文练习”，很自然李大钊已经无须另外补习英文了。所以，笔者认为，《我的自传》应该写于李大钊进入早稻田大学之前，即 1914 年春季或夏季。从该文的内容和行文语气也不难看出，这篇作文是李大钊到日本之后不久、未入早稻田大学之前所写。

四、关于《黄种歌》

关于《黄种歌》的“文字问题”。《黄种歌》系李大钊留日期间（1913 年 12 月至 1916 年 5 月）所作，见于李墨卿（翰章）著《墨园随笔》下卷第 497 页。全文如下：

黄种应享黄海权，
亚人应种亚洲田。

---

①《中国国际法论》于 1915 年 4 月翻译完毕，1915 年 7 月出版。《李大钊全集》分别收入该书和该书后所附录的三则启事，出版时间均误标为翻译时间或写作时间，即 1915 年 4 月；但是，《李大钊全集》在《中国国际法论》一书的题注中已经说明其出版时间为 1915 年 7 月，《李大钊文集》1984 年版、1999 年版分别收入了该书的译序和该书后所附录的三则启事，时间均标为 1915 年 4 月；此外，书名亦均误为《中华国际法论》。

② 北京大学图书馆、北京李大钊研究会编：《李大钊史事综录》，北京大学出版社 1989 年版，第 86 页。

青年！青年！
切莫同种自相残，
坐教欧美着先鞭。
不怕死，不要钱，
丈夫决不受人怜。
洪水纵滔天，
只手狂澜。
方不负石笔铁砚，
后哲先贤。

《李大钊文集》1984年版、1999年版和《李大钊全集》均据此收录了《黄种歌》。据李大钊的长子李葆华2000年12月3日在北京寓所回忆，《墨园随笔》所载《黄种歌》的文字有不尽准确之处。李葆华说，其中的“不怕死，不要钱”，应为“不怕死，不爱钱”；“只手狂澜”，应为“只手挽狂澜”；“方不负石笔铁砚”，应为“方不负铜盘铁砚”；“后哲先贤”，应为“后哲前贤”。笔者认为，李葆华现在还会唱《黄种歌》，他的回忆应该是可靠的；而改正之后，含义更加准确，或更适于吟诵。所以，《黄种歌》应按照李葆华的意见予以改正。此或许是李墨卿记忆有误所致，也许是印刷校对有误所致。

关于《黄种歌》的写作时间。《李大钊文集》1999年版将写作时间定为1916年春，《李大钊全集》定为1913年12月至1916年5月，似过于笼统。据李墨卿所述，“李君《黄种歌》披露”的时间是1916年春他和李大钊、高一涵、邓初民等任留日学生总会文事委员会委员，编辑《民彝》杂志时，根据诗歌中“黄种应享黄海权，亚人应种亚洲田”一语，似可进一步断定《黄种歌》应写于

1916年1月李大钊往返横滨、上海期间，和《乙卯残腊，由横滨搭法轮赴春申，在太平洋舟中作》（1917年4月1日发表于《言治》季刊第1期）是同一时期所作。

（朱文通，原载《河北学刊》2003年第6期）

李大钊为马克思主义中国化所作的几点诠释

伟大的无产阶级革命家李大钊，不仅是中国共产党的主要创始人之一，而且是选择马克思主义和社会主义道路的先驱者，也是中国马克思主义的奠基人。

为了救亡图存，几代中国先进分子经历了近七十年的奋斗与探索，最后选择了马克思主义和社会主义道路。但是，由于马克思主义及其科学社会主义学说是经济发达的西方社会无产阶级推翻资产阶级，进行社会主义革命的理论，所以，用来解决经济文化落后的中国革命问题就遇到某些困难。为此，李大钊根据马克思主义的普遍原理，联系中国实际，借鉴俄国十月革命和国际共产主义运动的经验教训，对马克思主义进行了中国化的诠释，主要有以下几个方面：

一、“世界的无产阶级”论

用马克思主义来解释中国革命的问题，首先必须回答中国革命性质以及中国革命同世界无产阶级革命的关系问题。李大钊在《由经济上解释中国近代思想变动的原因》中指出：“欧美各国的经济变动，都是由于内部自然的发展；中国的经济变动，乃是由于外力压迫的结果。”由于中国的农业和手工业挡不住西方现代工业的压迫，所以“国内的产业多被压倒，输入超过输出，全国民渐渐变成世界的无产阶级，一切生活，都露出困迫不安的现象”[①]。“这就是世界的资本阶级压迫世界的无产阶级的现象。”这样一来以反帝反封建为主要内容的中国资产阶级民主革命，就具有了反对国际垄断资本主义的世界无产阶级革命的性质。中华民族是“世界的无产阶级”的理论，不是李大钊的独创，它可以在马克思的原著和列宁关于民族、殖民地问题的策略中找到渊源。李大钊在《马克思的中国民族革命观》中说：“近者美国出版的《工人月刊》载有马克思《中国及欧洲的革命》一文，这是非常重要的材料”[②]，并立即译成中文，刊于北方党组织的刊物《政治生活》上。这篇写于中国太平天国农民起义发生之时、发表于1853年6月14日《纽约每日论坛报》的文章中，马克思对于因西方列强的入侵和掠夺，造成的中国经济的贫穷和破产，并由此而引起的太平天国农民革命，给予了很高的评价和同情。马克思说：“欧洲各国人民下一次的起义”，“在更大的程度上恐怕要取决于天朝帝国（欧洲的直接的对立面）目前所发生的事件，而不是取决于现时的其他任何政治原因[③]”。李大钊说：“我们读了马克思这篇论文以后，应该很明确的认识出来中国国民革命是世界革命一部分的理论和事实。”[④]他还在另一篇文章中列举革命失败后流亡于南洋、印度和美洲各地的太平党人，秘密结社组织“天地会”并作为一个中国人的支部参加第一国际的史实，“证明太平革命是含有阶级性的民族革命，可以证明中国革命自始有与世界无产阶级提携的需要与倾向”[⑤]。李大钊提出中华民族是“世界的无产阶

①《李大钊文集》（下），人民出版社1984年版，第181页。
② 同上书，第855页。
③《马克思恩格斯选集》第二卷，人民出版社1972年版，第1页。
④《李大钊文集》（下），人民出版社1984年版，第864页。
⑤ 同上书，第882页。

级”的理论，强调中国革命是无产阶级世界革命的一部分，是对马克思、列宁的无产阶级国际主义原则的继承和发展。这一理论的提出可能是出于以下考虑：一是为了解决马克思主义作为工业发达社会无产阶级革命的理论，同中国经济文化落后，产业工人很少之间的矛盾；二是为了取得世界各国无产阶级，特别是苏俄社会主义国家对中国革命的国际主义支持；三是由于中国革命已是世界革命的一部分，因此，革命的对象就由中国的民族资产阶级变为国际资本主义及其在中国的代理人。从而，中国革命的依靠力量，也就不仅仅限于无产阶级，而是包括了除官僚买办和反动军阀以外的任何阶级。这就为我党接受第三国际关于中国现阶段属于资产阶级民主革命性质以及有关民族与殖民地的斗争策略，并为联合农民，实现国共合作和建立革命统一战线奠定了思想基础。

二、“农民革命动力”论

早在 1919 年 2 月，李大钊在《青年与农村》一文中指出：“中国是一个农国。大多数的劳工阶级就是那些农民，他们若是不解放，就是我们国民全体不解放。”号召青年“与劳工阶级打成一气”，“把黑暗的农村变成光明的农村”。尽管还带有俄国民粹主义的思想影响和传统个体农业的小国寡民的空想色彩，但还是有远见卓识的。1924 年 1 月国民党“一大”召开，实现了第一次国共合作。南方各省国民革命运动蓬勃兴起，而在北方，由于反动军阀的统治，共产党仍处于地下活动。北方党组织虽多次派人到产业工人集中的地方组织工会，宣传马克思主义和发展党组织，但数量很少。在实际运动方面，继 1922 年开滦煤矿工人罢工失败后，1923 年京汉铁路工人的“二七”大罢工又遭到反动军阀吴佩孚的镇压，从而使一些党组织受到损失。1925 年孙中山在北京病逝，冯玉祥倒向北洋军阀，国民党右派解除了李大钊的国民党中央执行委员职务，奉系军阀又重返北京和一些大城市，从而使革命运动转入低潮。因此，李大钊及其领导的北方党组织开始把注意力转向广大的农村。当时由于军阀混战，连年灾荒，再加上反动军阀巧立名目搜刮军饷，各地农民自发起来抗捐抗税。他们就因势利导，及时训练和选派农运骨干，深入农村帮助组织农民协会，发展党组织，开展反帝、反军阀、反苛捐杂税的斗争。李大钊在 1925 年底写的《土地与农民》中指出："在经济落后沦为半殖民地的中国，农民约占总人口百分之七十以上，在全人口中占主要的位置，农业尚为其国民经济之基础。故当估量革命动力时，不能不注意到农民是其重要的成分。""中国的浩大的农民群众，如果能够组织起来，参加国民革命，中国国民革命的成功就不远了。"

李大钊的"农民革命动力"论，同马克思关于农民是介于无产阶级和资产阶级之间的"中间等级"的传统观点不能整合。马克思主义创始人认为只有小生产者农民破产后，加入无产阶级队伍才有革命性。显然，这是从欧洲社会发展史上的五种社会形态出发得出的结论。但是，马克思在晚年通过对东方社会的亚细亚生产方式的探讨和对俄国革命道路的思考，从 1877 年到 1882 年曾三次谈到俄国社会发展的特殊道路，指出经济落后以传统农业为主体的俄国，有跨越资本主义"卡夫丁峡谷"，直接进入社会主义的可能。列宁继承了马克思这一思想，在论述农民阶级的二重性时，强调了农民作为劳动者有倾向革命的一面，并在十月革命成功后，建立了工农兵苏维埃政权。1923 年 7 月第三国际要求中国共产党在民主革命中不能忽视农民的作用。对此，党内出现了分歧。如陈独秀用正统的马克思主义观点极力贬低农民在革命中的地位和作用；瞿秋白为了维护国共合作和统一战线，则多少承认农民在革命进程中的从属地位，又完全执行了共产国际限制农民革命的政策。但到1925年，在党内对农民革命潜力感兴趣的已不止李大钊一人了。1925年初，毛泽东在湖南组织农民协会搞农民运动。此前，彭湃早已在广东进行了农民运动的实践。到1926年农民运动已在全国许多省份蓬勃兴起。1927年蒋介石叛变革命，党的“八七”紧急会议之后，各地爆发了农民武装暴动，毛泽东、朱德率领暴动队伍会师井冈山创立革命根据地，实行武装割据，掀开了中国革命史新的一页。至此，“农民革命动力”论为中国革命开出了一条通向全国胜利的新道路。

三、“知识阶级先驱”论

列宁认为工人运动本身只能产生工团主义，只有由革命知识分子组成的领袖和骨干掌握了社会主义理论之后，再灌输到工人运动中去，实行马克思主义与工人运动的结合，社会主义革命才会成功。李大钊接受了列宁的这一思想，在《青年与农村》中说：“要想把现代的新文明，从根底输入到社会里面，非把知识阶级与劳工阶级打成一气不可。”[①]在“五四”前夕，资产阶级自由派与马克思主义派展开了“问题”与“主义”之争时，李大钊指出：“一个社会问题的解决，必须靠着社会上多数人的共同运动。”为此“应该使这社会上可以共同解决这个那个社会问题的多数人，先有一个共同趋向的理想、主义”。而要做到这一点，李大钊与胡适鼓吹的只有脱离政治才能冷静地研究问题不同，而是强调“一方面固然要研究实际

①《李大钊文集》（上），人民出版社1984年版，第648页。

的问题，一方面也要宣传理想的主义”[1]，只有把革命的理想和主义灌输到群众中去，社会问题才有解决的希望。后来，李大钊在《知识阶级的胜利》中提出：“知识阶级作民众的先驱，民众作知识阶级的后盾”[2]，并于1919年到1923年初用很大精力对工人进行社会主义启蒙教育和指导罢工斗争。李大钊的学生邓中夏、张国焘、罗章龙、李树彝等响应他的号召，在1919年组织“平民教育讲演团”，并在此基础上组织中国劳动组合书记部北方分部，深入到长辛店、唐山等地去搞工人运动。他们通过出版《劳动音》杂志，组织工人俱乐部和图书馆，帮助工人建立工会，通过向工人灌输社会主义思想唤醒工人们的阶级觉悟，并在斗争中发展产业工人中的优秀分子邓培、史文彬入党，建立基层党组织，这样，使刚刚建立的中国共产党，无论从指导思想还是从阶级基础来看，都成为一个名副其实的无产阶级政党。

四、“主观能动”论

为了救亡图存的迫切需要，李大钊在接受和传播马克思主义时，首先着重介绍唯物史观及阶级斗争学说。他在《再论问题与主义》中指出：“依马克思的唯物史观，社会上法律、政治、伦理等精神的构造都是表面的构造。他的下面，有经济的构造作他们一切的基础。经济组织一有变动，他们都跟着变动。换一句话说，就是经济问题的解决，是根本解决。”接着，他又强调说：“可是专取这唯物史观（又称历史的唯物主义）的第一说，只信这经济的变动是必然的，是不能免的，而于他的第二说，就是阶级竞争说，了不注

①《李大钊文集》（下），人民出版社1984年版，第32页。
② 同上书，第208页。

意，丝毫不去用这个学理作工具，为工人联合的实际运动，那经济的革命，恐怕永远不能实现，就能实现，也不知迟了多少时期。有许多马克思派的社会主义者，很吃了这个观念的亏。天天只是在群众里传布那集产制必然的降临的福音，结果除去等着集产制必然的成熟以外，一点的预备也没有作，这实在是现在各国社会党遭了很大危机的主要原因。”① 由此可见，李大钊在坚持马克思主义的经济基础决定上层建筑的基本原理的同时，还突出地强调了工人联合的实际运动，并对第二国际各国社会党，消极地等待集产制的必然成熟，而不去积极地开展阶级斗争的机会主义的做法，旗帜鲜明地给予了批判。这在当时中国对马克思原著译介很少的情况下，能作出如此精辟的阐述，确实难能可贵。

其实，马克思主义创始人并没有主张经济决定一切。马克思在《神圣家族》中就指出过："历史并没有做什么……创造这一切，拥有这一切，并为这一切而奋斗的是人类，是现实的活生生的人，历史不过是追求自己目的的人的活动而已。”② 在这里，马克思是既强调了经济因素的决定作用，又肯定了人的主观能动性对历史发展的推动作用。恩格斯在马克思逝世后晚年写的《哲学通讯》中也说过："经济状况是基础，但是对历史的进程发生影响并且在许多情况下起主要决定作用的，还有上层建筑的各种因素，阶级斗争的政治形式和这个斗争的成果——由胜利了的阶级在获胜以后建立的各种制度，法权形式，抑或所有这些实际斗争在参加者头脑中的反映，即政治、法律、哲学的理论，宗教信仰以及向教义体系的发展。”这是对唯物史观的经济基础与上层建筑和反作用的辩证关系

①《李大钊文集》（下），人民出版社 1984 年版，第 37~38 页。

②《马克思恩格斯选集》第二卷，人民出版社 1972 年版，第 118~119 页。

科学的表述，也是对人民群众创造历史的主观能动性的进一步肯定。但是，由于条件限制，李大钊可能并未见过这些论述，所以，他在《我的马克思主义观》中，误把第二国际的各国社会党人，将唯物史观解释成庸俗的机械的经济决定论，当成“马氏唯物史观的流弊”。当然，对此不能求全责备。接着，李大钊又指出：“然自马氏与昂格思合布《共产者宣言》，大声疾呼，檄告举世的劳工阶级，促他们联合起来，推倒资本主义，大家才知道社会主义的实现，离开人民本身，是万万做不到的，这是马克思主义一个绝大的功绩。无论赞否马氏别的学说的人，对于此点，都该首肯。”[①] 再次肯定了人的主观能动性在历史发展中的推动作用。到了 1920 年，李大钊在《唯物史观在现代史学上的价值》一文中，对上述误解加以解释之后指出：“我们要晓得一切过去的历史，都是靠我们本身具有的人力创造出来的”，“这种人类本身具有的动力可以在人类的需要中和那赖以满足需要的方法中认识出来”[②]。可见，经过李大钊解释的唯物史观，是既把人类看成历史过程中形成的客体，又把它看作可以发挥主观能动性创造历史的主体。李大钊的“主观能动”论的形成，除了受俄国十月革命成功的影响之外，还有其现实和历史根源。从现实需要说，是迫于救亡图存的急需；从历史上找原因，则是来自他头脑中早有的民本主义思想和实用理性的文化传统影响。李大钊的“主观能动”论，为在经济文化落后的中国实现新民主主义革命，并接着走上社会主义之路提供了理论根据，激发了共产党人和工农兵群众，适应世界无产阶级革命的时代潮流，敢于斗争，去夺取革命的胜利。

①《李大钊文集》（下），人民出版社 1984 年版，第 64~65 页。

② 同上书，第 364~365 页。

五、“物心两面改造”论

李大钊在《我的马克思主义观》中指出：马克思的“唯物史观说：‘既往的历史都是阶级竞争的历史’。他的《资本论》也是首尾一贯的根据那‘在今日社会组织下的资本阶级与工人阶级，被放在不得不仇视，不得不冲突的关系上’的思想立论。关于实际运动的手段，他也是主张除了诉于最后的阶级竞争，没有第二个再好的方法”①。而“这最后的阶级竞争，是改造社会组织的手段”。但是李大钊又强调说：“我们主张以人道主义改造人类精神，同时以社会主义改造经济组织。不改造经济组织，单求改造人类精神，必致没有效果。不改造人类精神，单求改造经济组织，也怕不能成功。我们主张物心两面的改造，灵肉一致的改造。”②那么，为什么李大钊要提出在改造社会的同时必须改造人类精神呢？这同他对经济学的独特分类有关。他认为：“由经济思想史上观察经济学的派别，可分为三大系，就是个人主义经济学、社会主义经济学与人道主义经济学。”接着他指出：“个人主义经济学，有二个要点：其一是承认现在的经济组织为是；其二是承认在这经济组织内，各个人利己的活动为是，社会主义经济学正反对他那一点，人道主义经济学正反对他那第二点。”因此，“社会主义经济学者持组织改造论，故其目的在社会的革命”。而“人道主义经济学者持人心改造论，故其目的在道德的革命”，和“不置重于经济组织改造的一方面，而置重于改造那组织下活动的各个人的动机”③。“因为人类在马克思所谓‘前史’的

①《李大钊文集》（下），人民出版社1984年版，第50页。

② 同上书，第68页。

③ 同上书，第47~49页。

期间，习染的恶性很深，物质的改造虽然成功，人心内部的恶，若不划除净尽，他在新社会新生活里依然还要复萌，这改造的社会组织终于受他的害，保持不住。”① 显然，这是由于李大钊误认为马克思只能强调物质的变更，忽视人心的改造而提出的“应加救正的地方”。其实，马克思主义创始人并没有忽视在物质改造的同时进行精神改造的必要性。马克思、恩格斯说:“无论为了使这种共产主义意识普遍地产生还是为了达到目的本身，都必须使人们普遍地发生变化，这种变化只有在实际运动中，在革命中才有可能实现；因此革命之所以必需，不仅是因为没有任何其他的办法能推翻统治阶级，而且还因为推翻统治阶级的那个阶级，只有在革命中才能抛掉自己身上的一切陈旧的肮脏东西，才能成为社会的新基础。”② 从而肯定了无产阶级在改造社会的同时必须改造自己。李大钊很可能没能见到这些原著，但他靠直觉认识到这个问题，并接近了马克思主义创始人的理论高度，确实难能可贵。至于在如何改造社会的同时改造人类的精神，马克思和恩格斯由于条件所限很少论及，而李大钊则在提倡以阶级斗争为主要内容的社会改造的同时，主张以互助、友爱和人道主义为主要内容的人类精神改造。这就使其提倡的社会主义革命带有伦理道德色彩。再加上他误认第二国际的新康德派是一种可以救治马克思主义“偏弊”的新理想主义，所以，有些研究者认为李大钊的“物心两面改造”论，是想用新康德派提倡的“伦理社会主义”来修正马克思主义。对此，我不敢苟同。理由有二：其一是，李大钊刚接受马克思主义不久，把第二国际鼓吹的假马克思主义误认为马克思主义实属难免；其二是，新康德派的伦理

①《李大钊文集》(下)，人民出版社 1984 年版，第 43 页。
②《马克思恩格斯选集》第一卷，人民出版社 1972 年版，第 76~77 页。

社会主义反对阶级斗争，提倡社会改良，为国际资本主义服务，同马克思主义根本对立。而李大钊提倡阶级斗争，主张以劳动者为本位，提倡“劳工神圣”的新伦理，在尊劳主义的思想基础上，用互助、友爱和人道主义来改造人类的精神，“以图划除人类在前史中所受的恶习染，所养的恶性质”，实现由资产阶级的“个人主义向社会主义、人道主义过渡”①。当然，我们不能否认李大钊的“物心两面改造”论，在闪烁着唯物史观关于经济基础与上层建筑，物与心、灵与肉的辩证思想光辉的同时，还存在着资产阶级人道主义和无政府主义者克鲁泡特金的“互助论”思想影响，同时，也有着对中国传统文化中修齐治平伦理本位的因袭。这可能受到他早期的中西文化调和融会观的影响。对此，我们不能苛求前辈。尽管发生过以上的误解，但仍瑕不掩瑜，李大钊对马克思主义中国化所做的努力，当然也包括“物心两面改造”论，不仅是对马克思主义的继承和发展，而且为毛泽东思想的形成开辟了前进的道路。

笔者认为，毛泽东思想的形成，从文化渊源上讲有以下几个方面。其中有中国传统文化（又可分为儒道法的规范性文化、农民革命的非规范性文化）、西方近代启蒙文化和以马克思主义为主体的社会主义文化。而在马克思主义的继承中，除了来自欧洲的马克思、恩格斯等著作和苏俄列宁的直接影响外，革命先驱李大钊为了马克思主义中国化所做的开拓性工作，也是承上启下必不可少的重要一环。上述提到的李大钊的五个论点，在毛泽东思想的重要著作中都有反映。如中华民族是“世界的无产阶级”论，在《新民主主义论》中；“主观能动”论，在《论持久战》中；“农民革命动力”论，在《中国革命和中国共产党》中，都有继承和发展，“物心两

①《李大钊文集》（下），人民出版社 1984 年版，第 49 页。

面改造”论和“知识分子先驱”论，也见之于刘少奇的《论共产党员的修养》和毛泽东关于延安整风的三个文件，以及《延安文艺座谈会上的讲话》。只不过后者由于有更多的革命实践以及正反两面的经验和教训，从理论体系上更为全面、系统、完整和精当，更富于创造性。

李大钊作为革命先驱者最早选择了马克思主义和社会主义道路，代表了五四时期中国先进分子的普遍愿望和理智；李大钊等创建的中国共产党，领导中国人民推翻三座大山，使中华民族跻身于世界民族之林，从而决定了中国实现社会主义制度的历史命运；李大钊传播马克思主义和致力于马克思主义中国化，深刻地影响了几代共产党人，也为中国马克思主义——毛泽东思想的形成奠定了基础。李大钊在中国共产党的历史上，在每个共产党员和人民的心中是一座历史的丰碑。

（郑云德，原载《李大钊研究》第三辑，《河北学刊》1992年增刊）

李大钊社会主义思想发展历程新探

李大钊是中国共产主义运动先驱、伟大的马克思主义者。以往学术界对李大钊社会主义思想的研究主要集中在日本学者对李大钊接受社会主义思想的影响和李大钊社会主义思想由空想向科学的转变等方面，虽然亦有些许成果涉及了李大钊社会主义思想的发展过程和发展阶段等问题[①]，但是对李大钊社会主义思想的发展历程至今仍然缺乏整体认识和宏观把握，存在明显不足。例如，对李大钊早年加入中国社会党一事，学术界关注不够，同时学者大多都认为李大钊的社会主义思想启蒙于日本留学时期；还有，对于李大钊讲授或写作《史学思想史》和《社会主义与社会运动》的时间，以往学者多错误地认为或简单地定为1920年，而实际则应该是1923年下半年至1924年上半年之间[②]。鉴于这些疏漏与讹误，笔者拟在前人研究的基础上，对李大钊社会主义思想的发展历程进行再探讨，提出个人的一得之见。

关于李大钊社会主义思想的启蒙问题

以往学术界的主流观点认为，李大钊对社会主义思想的接触始

① 朱文通《李大钊对中国社会主义道路的理论探索》（中国李大钊研究会编：《李大钊与中国社会主义道路》，北京大学出版社1994年版）一文，初步探讨过李大钊社会主义思想的发展过程；刘民山在《李大钊与幸德秋水》（《近代史研究》1995年第4期）一文中，从李大钊和幸德秋水关系研究的角度，顺便也简略地谈到李大钊社会主义思想的发展阶段问题。

② 朱文通：《李大钊研究中亟须澄清的几个问题》，《河北学刊》2003年第6期。

于留学日本期间。例如，董宝瑞认为，留学日本“使得李大钊有机会在深入钻研社会经济学的同时，读到马克思的原著，对社会主义思想有了广泛接触，并受到了较深的影响。这对于他后来的思想发展……成为中国的‘马列第一人’”①影响至深。杨树升也认为，李大钊是在日本接触了社会主义思想，并提出，李大钊在日本主要受到安部矶雄的社会主义思想的影响②。他说：“李大钊在留学日本前，虽然参加过中国社会党，但没有谈过社会主义，而留学归国后不到一年，便在《政治之离心力与向心力》一文中，第一次提到了‘社会主义’这一概念……这是与他留学日本所受到的这种影响有很大关系的。”③日本学者后藤延子通过对李大钊所受河上肇、幸德秋水影响的研究，认为“可以下结论说李大钊在日本留学时期已经接触马克思主义或在 1919 年五四运动以前已经成为马克思主义者等在中国广泛流传的见解并不能成立，根据不过是薄弱的臆断”④。森正夫则认为，李大钊在日本留学期间接触过马克思主义、社会主义思想，他说：“李大钊是在班级必修课程之外，通过选修科目接受安部的思想影响的……他大致就是在这种情况下开始接受马克思主义的。”“他把在东京时代以某种形式接触到的马克思主义理论深藏在心中，一旦实现这种思想的外部条件成熟时，就将其作为自己思想的内在发展而开始确认这一理论。”⑤

上述森正夫、杨树升等关于李大钊在日本留学期间接触过马

①《李大钊研究》第一辑，河北人民出版社 1991 年版，第 162 页。

② 梁柱等：《李大钊研究论文集》，北京大学出版社 1989 年版，第 139~140 页。

③ 同上书，第 141 页。

④［日］后藤延子著，王青等编译：《李大钊思想研究》，中国社会出版社 1999 年版，第 81~82 页。

⑤ 北京大学图书馆、北京李大钊研究会编：《李大钊史事综录》，北京大学出版社 1989 年版，第 108 页。

克思主义或社会主义思想的分析，应该说基本上是正确的，但是就此认为李大钊的社会主义思想或马克思主义启蒙于日本，现在看来仍值得商榷。笔者认为，李大钊社会主义思想或马克思主义的启蒙最早应该是在1912—1913年间，即李大钊在天津北洋法政专门学校学习时期的最后三个学期，以及毕业后到去日本留学之前，也就是说李大钊的社会主义思想或马克思主义首先启蒙于国内，而不是日本。其后，李大钊在日本留学期间虽然继续受到社会主义思想或马克思主义的影响，但仍然是处于李大钊社会主义思想或马克思主义的启蒙阶段。

最早提出李大钊社会主义思想曾经受到早期社会主义思潮影响的是杨奎松、米鹤都、董士伟、牛军、彭艳等人。这个观点主要体现在由他们组织编写的重要资料集——《社会主义思想在中国的传播·第一辑》（全书分上、中、下三册，于1985年5月由中共中央党校科研办公室出版发行）之中。在该书上册《编者的话》中，他们指出："从十九世纪末到二十世纪头二十年这将近半个世纪的时间里，几乎所有社会科学方面的报纸杂志都谈论过社会主义"，这些言论"在今天看来可能多半是幼稚可笑，或者谬误百出的材料，在过去那个时代里，无疑曾经是含有闪光的成分的。我们中国人正是通过这些材料了解到社会主义的，我国早期的共产党人最初也是受到这些材料的启蒙进而逐渐走向共产主义的"。在该书代序《社会主义思想在中国的流传和传播》中，他们又进一步说，中国社会党"一时声名鹊起，从者如流，据称其人数最多时达五十万人以上，支部遍及全国十几个省份，当时像李大钊等进步青年，以及像吴稚晖等老同盟会会员，也都投身其中"。前后联系起来看，我们就会发现，《编者的话》中所谓的"我国早期的共产党人"其实就是指李大钊等，只不过说法比较委婉而已。但是，遗憾的是，由于该书是“党校教学科研参考丛书”之一，且标有“内部发行”字样，又因为其观点比较委婉，故而使得他们认为李大钊的社会主义思想或马克思主义启蒙于第二次社会主义思潮传播高潮时期的观点，一直没有引起学术界的足够重视。

其后直到1995年，刘民山才从“李大钊与幸德秋水”的视角切入对这个问题进行了进一步探讨。在其撰写的文章中，刘民山根据1912年12月由李大钊主持出版的《〈支那分割之运命〉驳议》中发现的新资料，对中、日学者否认李大钊在留学日本期间曾经受到幸德秋水影响的观点①，予以否定。此外，根据《〈支那分割之运命〉驳议》中李大钊等曾两次提到幸德秋水的社会主义思想：即“日本伪立宪，而有幸德秋水鼓吹社会主义”，“幸德氏慨然提倡社会主义，欲以平其不平”②，刘民山还提出李大钊是在“‘言治时期’③，初步接触幸德秋水及其他社会主义思想”④的观点。他指出，《〈支那分割之运命〉驳议》一书虽是集体成果，但却由李大钊主持，故而代表并反映了李大钊的思想。另外，他还从李大钊曾经参加中国社会党来进一步论证李大钊有接触幸德秋水社会主义思想的机会和可能性。

---

① 中外学者只是探讨了留学日本时期到五四运动之前李大钊并没有受到幸德秋水的影响问题，并未涉及此前。刘民山虽然是针对这个观点提出问题，但是其研究却证明李大钊在留学日本之前就已经受到了幸德秋水的影响，而对李大钊在留学日本时期是否受到幸德秋水的影响并未论及。

② 朱文通等整理编辑：《李大钊全集》第一卷，河北教育出版社1999年版，第535页。

③ “言治时期”是一个很模糊的概念，一般指《言治》刊物上标明的从创刊到停刊这一时期，即1913年4月1日至1913年11月1日之间，并不包括此前，所以刘民山在此处用“言治时期”概括李大钊的早期思想显然欠妥。如果考虑到《言治》第六期脱期至少达半年之久（参见朱文通：《关于〈言治〉的脱期问题》，《天津法学》1996年第3期），“言治时期”这个概念就更加模糊了，建议今后在李大钊研究中不要再使用这个概念，如果一定要使用，则应该给予必要的界定和说明。

④ 刘民山：《李大钊与幸德秋水》，《近代史研究》1995年第4期。

近来，董宝瑞也认为，李大钊在赴日本留学前就接触了社会主义思想，并撰写了《李大钊与中国社会党》一文对其在《留学日本对李大钊一生所起的作用》一文中的观点予以修正。他认为，“美国学者莫里斯·迈斯纳在《李大钊与中国马克思主义的起源》一书中说李大钊在民国初年并没有接近那一时期中国最基本的政治潮流——无政府主义运动，是不确切的。史实是，李大钊在没有走出北洋法政专门学校校门时，就接近了这一政治潮流，并身临其中；当然，他并没因此成为一个无政府主义者，而是由此初步感受了社会主义思想的魅力，开始接触社会主义思潮，为他到日本进一步接触社会主义思潮，打下了基础。”[①]董宝瑞观点的改变，非常难得，表现了一个学者实事求是的精神，值得提倡。

此外，笔者对该问题也进行过简略探讨，并指出：在当时情境下，李大钊肯定“或多或少地受到了当时国内正在兴起的社会主义思潮第二次传播高潮的影响”，“这对于李大钊在日本进一步接受社会主义思想不会毫无影响”[②]。

问题是为何上述观点至今仍未引起学术界的足够重视呢？笔者认为，这主要有两条原因：一是李大钊加入中国社会党并任天津支部干事一说，虽有很多时人的回忆可以证实，但仍缺乏原始资料作为佐证，因而，一些极为严谨的学者对此持保留态度；二是人们普遍认为李大钊主持的《〈支那分割之运命〉驳议》是集体成果，无法辨析“驳议”中的哪些文字是出自李大钊的手笔。因此，谨慎的学者往往回避探讨这些问题，这也确实可以理解。但是，笔者认为，李大钊参加中国社会党是可以得到确认的事情，无须回避；而

① 董宝瑞：《李大钊参加中国社会党揭秘》，《党史博采》2004年第11期。

② 朱文通主编：《李大钊传》，天津古籍出版社2005年版，第52~53页。

《〈支那分割之运命〉驳议》也并非集体成果，翻译和“驳议”应该全部出自李大钊的手笔。试析如下：

目前，我们已经知道的唯一一个可以证明李大钊和中国社会党有联系的事实，是1913年7月15日李大钊曾经在中国社会党北京总部机关刊物《公论》第4期上发表过《吊圆明园故址》（二首）[①]，这是李大钊和中国社会党北京总部确有联系的一个重要证据。而关于李大钊曾经加入中国社会党的说法来自以下五则资料：其一，曹绥之、曹嘉荫撰写的《中国社会党兴灭记》[②]；其二，顾颉刚、曹绥之、曹嘉荫撰写的《中国社会党和陈翼龙的死》[③]（按：顾颉刚等的回忆文章没有标明写作时间）；其三，张次溪1954年搜集整理的《陈翼龙先生事迹汇辑》[④]；其四，张次溪《李大钊先生传》（北京宣文书店1951年版）[⑤]；其五，台湾国民党官方编辑出版的《中华民国史事纪要》[⑥]。

这些资料或者论著的编写者不是当事人，就是专家学者，作者涉及多人，如张次溪、顾颉刚、曹百善（孝先）、曹绥之、曹嘉荫（祥之）等，其中当事人四位，曹百善（孝先）还是李大钊加入社会

① 此诗后来又发表于《言治》第六期。从此诗的内容和前后两次的发表时间来看，当系1913年6月李大钊毕业后应同学之邀到北京编辑《法言报》时期所写，而非1912年冬李大钊第一次到北京（会见陈翼龙，并加入社会党）时所写。

② 刘民山：《李大钊与天津》，天津社会科学院出版社1989年版，第265页。

③ 参见中国人民政治协商会议全国委员会文史资料委员会编：《辛亥革命回忆录》第六集，文史资料出版社1963年版。

④ 参见中国人民政治协商会议全国委员会文史资料研究委员会编：《文史资料选辑》第七十五辑，文史资料出版社1981年版。该资料内容包括“曹百善谈话”“曹嘉荫谈话”“陈翼龙先生奋斗史略”“曹嘉荫（祥之）”“陈翼龙烈士事略”（陶秋士）和“附录”五部分，前三部分均谈到李大钊加入中国社会党一事。

⑤ 笔者未见该书原著，从张次溪1954年搜集整理的《陈翼龙先生事迹汇辑》中得知。

⑥ 在该书1927年4月8日条下附从《教育杂志》转载而来的《李大钊传》，认为李大钊曾经“担任天津社会党支部任务”，遗憾的是笔者目前还未能查到这条资料的准确出处。

党的介绍人，并非孤证，况且他们的回忆录还可以和档案资料或者李大钊的文字相互印证。比如，档案资料显示中国社会党天津支部确实曾经成立，并且有很多来往交涉资料和一份中国社会党天津支部成立大会传单为证。而顾颉刚、曹百善（孝先）、曹绥之、曹嘉荫等人的回忆录大多都能够在档案资料中得到印证。特别需要指出的是，顾颉刚等的回忆录恰恰包括中国社会党天津支部成立大会传单这一资料，他们的资料显然并非来自后来即 1981 年 10 月才出版的档案资料[①]，而是另有依据。四位当事人的回忆，不会在李大钊加入社会党这个问题上同时出错。

尤其是曹百善谈到的李大钊和郭须静到李大钊家乡避难一事，可以在李大钊文章中得到印证。李大钊在留学出国前所写《游碣石山杂记》中有这样一段文字："余自山中访允之，再往始遇。盖余以京友函招，须西上，且当旋里一行，故匆匆立谈片刻，仅为子默介绍，恐其独处山中嫌寂寞也。迨自家返昌黎，复与子默、允之等入山一次。"[②] 李大钊在这里两次提到的子默，就是郭须静，一般读者即使看到这篇文章，也难以知道子默和郭须静之间的关系，所以曹百善关于李大钊和郭须静到李大钊家乡避难一事的回忆，应该说是绝对可靠的（暂且不论具体细节）。这说明，曹百善确实是重要的知情人，其回忆应该基本可靠，具有非常重要的参考价值。因此，对四位当事人的回忆，我们确实不应该简单地持否定态度。

而更为重要的是，笔者发现，郭须静确实参加了中国社会党北

① 指中国第二历史档案馆编《中国无政府主义和中国社会党》（1981 年版）。该书收录的北洋政府内务部档案中，有几份是反映了中国社会党天津支部成立前后的一些交涉情况。该书出版时间晚于收入顾颉刚等回忆文章的《辛亥革命回忆录》（六）一书两个月。

② 朱文通等整理编辑:《李大钊全集》第一卷，河北教育出版社 1999 年版，第 658 页。

京总部的活动，和陈翼龙关系比较密切。张次溪搜集整理的《陈翼龙先生事迹汇辑》附录中有 1913 年 7 月 12 日《陈翼龙先生给曹祥之、曹笑仙函》，其中有言：“须静兄倘抵京，务必要待弟归后再为返省。”[①] 笔者认为，这说明郭须静确实参加了社会党北京总部的活动，并且是骨干人物之一。同时，也进一步证明四位当事人回忆李大钊、郭须静参加中国社会党北京总部的活动是可靠的。考虑到回忆资料认为郭须静参加中国社会党北京总部的活动是李大钊推荐的这一情况，笔者认为，李大钊参加中国社会党北京总部的活动，并任天津支部干事一事，已经得到了比较可靠的间接证明，是可以确认的。李大钊参加中国社会党，必然就会受到社会党关于社会主义和共产主义种种舆论宣传的影响，也许恰恰正是这些宣传吸引了李大钊。因此，笔者认为，李大钊参加中国社会党，是他接受社会主义思想启蒙的途径和标志之一。

《〈支那分割之运命〉驳议》一书的翻译、驳议和出版、发行，是在李大钊主持下进行的，关于这一点已经没有任何疑问。因为该书的“译序”署名是北洋法政学会，因此人们一般都想当然地认为《〈支那分割之运命〉驳议》一书是集体成果，由于无法分辨哪些“驳议”出自李大钊的手笔，因而导致长期以来很多学者并不重视此书。1999 年出版的《李大钊全集》收录该书后，这种状况也没有多少改变。其实，《〈支那分割之运命〉驳议》一书中的信息可以证明翻译和“驳议”应该全部出自李大钊的手笔。我们姑且不分析“驳议”的思想内容和行文风格等确实与李大钊的文章一样，先来看最直接的证据。在全书的末尾，也就是最后一条“驳议”中，有

① 中国人民政治协商会议全国委员会文史资料研究委员会编:《文史资料选辑》第七十五辑，文史资料出版社 1981 年版，第 55 页。

“今余译此书至《日本国民之觉悟》章”①（即全书的最后一章）一语，可以说，这毫不含糊地告诉我们全书是李大钊一个人翻译的。既然是李大钊一个人翻译的，“驳议”全部出自李大钊个人之手，也就是自然而然、顺理成章的事情了！因此，李大钊在“驳议”中就幸德秋水谈论社会主义的言论，也就成为李大钊接触社会主义思潮的重要标志之一，这应该是能够成立的结论。

除了参加中国社会党和就幸德秋水谈论社会主义的言论，是李大钊接触社会主义思潮的重要标志之外，李大钊还必然会受到当时宣传社会主义思潮之舆论高潮的影响，特别是很可能会直接通过孙中山、白雅雨等名人或老师的关于社会主义的言论，接触或受到社会主义思潮的影响。限于篇幅，不再展开论述。

关于李大钊社会主义思想发展的几个阶段

李大钊社会主义思想的发展，经历了一个十分曲折复杂的过程。刘民山认为，李大钊社会主义思想的发展，“可以划分为三段：（1）‘言治时期’，初步接触幸德秋水及其他社会主义思想，以‘平其不平’为思想认识基础。（2）日本留学时期，接受了日本早期社会党领导人安部矶雄的影响。由于安部是基督教社会主义者，他主张‘以人类爱为中心，使宗教与社会主义在我心中浑然融为一体’②，所以安部的社会主义思想，实际上使李大钊早期接受的托尔斯泰人道主义影响，更加深化……（3）俄国二月革命时期，由于李大钊一直关注着社会主义反战和民主主义运动的兴起，并且连续

① 朱文通等整理编辑:《李大钊全集》第一卷，河北教育出版社 1999 年版，第 548 页。

②［日］森正夫著，韩一德、刘多田译:《李大钊在早稻田大学》,《齐鲁学刊》1987 年第 1 期。

发表了系列文章，进行探讨研究，从而使自己的社会主义思想，逐渐发生质的变化，对科学社会主义，有了进一步了解。这就为十月革命后，坚决迅速地转向马克思主义，奠定了思想基础。”[①]

刘民山的上述概括过于片面，因此不能苟同。笔者认为，李大钊社会主义思想的发展历程的确可以划分为三个时期，但却应该是启蒙时期、产生时期和发展时期。

启蒙时期（从1912年至1917年十月革命爆发前），李大钊通过多种渠道对社会主义思潮或思想有所接触，奠定了他由一个改良主义者、民主主义者向社会主义者、马克思主义者转变的思想基础。这个时期又可划分为三个阶段，即1912—1913年底的国内阶段、1913年底至1916年5月留学日本阶段和1916年5月从日本回国以后至1917年十月革命爆发前阶段。

如前所述，在1912—1913年底的国内阶段，李大钊主要是受1912—1913年间国内第二次社会主义思潮传播高潮的影响，对社会主义思潮有所接触，主要是通过三个渠道：一是加入中国社会党，并任天津支部干事；二是组织出版《〈支那分割之运命〉驳议》，对幸德秋水的社会主义思想有所认识和评论；三是很可能直接通过孙中山、白雅雨等名人或老师的关于社会主义的言论受到关于社会主义思潮的启蒙。通过这些途径，李大钊初步认识到社会主义是解决中国社会现实问题的一个重要工具，并涉足社会，努力实践。

从现存资料来看，1913年底至1916年5月留学日本阶段，主要是受到安部矶雄的社会主义思想的影响，而以往认为这个时期李大钊主要受到幸德秋水或者河上肇社会主义思想影响的说法不够确切。

---

① 刘民山：《李大钊与幸德秋水》，《近代史研究》1995年第4期。

1916 年 5 月从日本回国以后至 1917 年十月革命爆发前阶段，主要是通过对国际关系、国际政治的关注，特别是对俄国二月革命的研究，对社会主义和资本主义的矛盾关系有了进一步的认识。李大钊一直比较关注国际关系和国际政治的发展变化，并曾一度在《甲寅》日刊负责写社论，由于他和章士钊等对于国内政治在看法上存有深刻分歧，因此约定“不谈内政，只写国外新闻”[①]。所以，李大钊对国际关系问题、国际政治问题及民主主义运动的研究投入了更大的热情，特别是对俄国二月革命后形势的发展格外关注，撰写了一系列文章。同时，这也为他在国内较早关注十月革命奠定了思想基础。此外，这个阶段李大钊也有可能继续受到日本学者的一些影响。

产生时期（从 1917 年十月革命爆发至 1920 年），这个时期，在十月革命的直接影响下，在中西文化论战中通过对中西文化的比较研究，特别是对十月革命的研究，李大钊对社会主义充满了必胜的信心。以往的研究中往往以 1918 年 7 月 1 日发表《法俄革命之比较观》为李大钊开始研究和接受十月革命的标志，笔者认为，还应包括同时同期刊物发表的《东西文明根本之异点》等文章。虽然是在同一期刊物上发表的文章，但是《东西文明根本之异点》的写作时间要比《法俄革命之比较观》一文要早一些。在《东西文明根本之异点》一文中，李大钊通过对中西文化的比较研究，对十月革命在文化心理上已经产生了认同。他说：“东洋文明与西洋文明，实为世界进步之二大机轴，正如车之两轮、鸟之双翼，缺一不可。而此二大精神之自身，又必须时时调和、时时融会，以创造新生命，而演进于无疆。由今言之，东洋文明既衰颓于静止之中，而西洋

①《回忆李大钊》，人民出版社 1980 年版，第 165 页。

文明又疲命于物质之下，为救世界之危机，非有第三文明之崛起，不足以渡此危崖。俄罗斯之文明，诚足以当媒介东西之任。”[①] 这个“俄罗斯之文明”实际就是十月革命后的社会主义文明。在《法俄革命之比较观》中，李大钊进一步指出：“世界中将来能创造一兼东西文明特质，欧亚民族天才之世界的新文明者，盖舍俄罗斯人莫属。”[②]“二十世纪初叶以后之文明……其萌芽即茁发于今日俄国革命血潮之中。”[③]“俄罗斯之革命是二十世纪初期之革命，是立于社会主义上之革命，是社会的革命而并著世界的革命之采色者也。”[④] 在经过了这样的艰难思考和心路历程之后，李大钊才在1918年11月底进一步指出：俄罗斯之革命是“世界的新潮流”，“须知这种潮流，是只能迎，不可拒的。我们应该准备怎么能适应这个潮流，不可抵抗这个潮流。”[⑤]“试看将来的环球，必是赤旗的世界。”[⑥]这表明，李大钊已经初步建立起了对社会主义的信仰。然而，尽管李大钊在这里对社会主义革命充满了必胜的信心，但是这种“信心”却并非来自他对社会主义理论的研究，而是来自他对中西文化的比较研究，以及基于此对十月革命胜利后世界历史发展趋势的分析和预测。因此，笔者认为，这个时期，李大钊对社会主义的信仰还有相当的空想成分。李大钊对社会主义的信仰，为他系统地接受马克思主义、向马克思主义者转变奠定了坚实的思想基础，而此后李大钊致力于对马克思主义的研究，又为他后来由空想社会主义向科学社会主义的转变提供了理论上的准备。

---

① 朱文通等整理编辑：《李大钊全集》第三卷，河北教育出版社1999年版，第43页。

② 同上书，第58页。

③ 同上书，第55页。

④ 同上书，第56页。

⑤ 同上书，第102页。

⑥ 同上书，第110页。

发展时期（1921—1924年），这个时期，李大钊开始自觉地研究社会主义理论以及相关问题，以1921年1月27日发表的《中国的社会主义及其实行方法的考察》为标志。最后，到1923年7月至1924年6月间，通过对“史学思想史”和“社会主义与社会运动”这两个专题的研究及讲授，李大钊的社会主义思想才由空想社会主义逐步彻底地转变为科学社会主义。他对社会主义的信仰和对社会主义必然胜利的认识，是建立在唯物史观基础上的，是建立在对马克思主义特别是空想社会主义和科学社会主义进行了系统深入研究基础上的，是一种理性的选择。同时，李大钊还非常注意把这一理论应用于中国实际。他说，社会主义理论和理想，“因各地、各时之情形不同，务求其适合者行之，遂发生共性与特性相结合的一种新制度（共性是普遍者，特性是随时随地不同者），故将来中国发生之时，必与英、德、俄……有异”[①]。在这里，李大钊初步提出了社会主义理论、马克思主义要与中国具体实际相结合的思想原则，指出未来中国的社会主义制度应该有自己的“特性”。这标志着他已经成为一位坚定的、成熟的社会主义者和马克思主义者。

（朱文通，原载《河北学刊》2007年第1期）

① 朱文通等整理编辑:《李大钊全集》第四卷，河北教育出版社1999年版，第508页。

李大钊与马克思主义大众化

马克思主义大众化，是马克思主义基本原理、基本观点为人民大众所理解、所接受的过程。中国共产党的早期领导人李大钊把马克思主义作为救国救民的科学真理进行传播，帮助人们认清中国革命的正确方向、探寻解决中国问题的正确道路，是马克思主义大众化的先行者。

为马克思主义大众化奠定基础

李大钊对马克思主义的传播，主要是通过对中西文化的比较研究特别是对俄国十月革命的潜心研究来进行的。1918 年 7 月，他发表《东西文明根本之异点》《法俄革命之比较观》等文章，指出“俄罗斯之革命是二十世纪初期之革命，是立于社会主义上之革命，是社会的革命而并著世界的革命之采色者也”；11 月，他在《庶民的胜利》这一演讲中进一步指出，俄罗斯之革命是“世界的新潮流”，“须知这种潮流，是只能迎，不可拒的。我们应该准备怎么能适应这个潮流，不可抵抗这个潮流”。1919 年 10、11 月，李大钊发表了《我的马克思主义观》一文。该文分上下两篇，介绍了马克思主义在经济思想史上的地位和价值，马克思主义的唯物史观及其阶级竞争学说、经济论等。同年 8 月，他在《再论问题与主义》一文中强调，马克思、恩格斯的伟大历史功绩在于他们谆谆告诫全世界的无产阶级，社会主义的实现绝不能离开广大人民群众的斗争。他写道:“要想使一个社会问题，成了社会上多数人共同的问题，应该使这社会上可以共同解决这个那个社会问题的多数人，先有一个共同趋向的理想、主义”;“我们的社会运动，一方面固然要研究实际的问题，一方面也要宣传理想的主义。这是交相为用的，这是并行不悖的”。这表明了李大钊对马克思主义大众化的根本立场，也促进了马克思主义与中国工人运动的紧密结合。

开辟马克思主义大众化的多种途径

李大钊致力于系统研究马克思主义的基本原理、基本观点，开辟了推进马克思主义大众化的多种途径。

通过大众传媒进行传播。李大钊非常重视大众传媒在传播马克思主义中的作用。比如，1919 年 5 月，为纪念马克思诞生 101 周年，他协助《晨报》开辟“马克思研究”专栏，连续刊载了马克思的《劳动与资本》等文章。再如，他将自己负责编辑的《新青年》第六卷第五号编成“马克思主义研究”专号，发表了一组介绍“马克思研究”“马克思生平”和“马克思学说”的文章。当时,《新青年》大量刊发宣传马克思主义的文章，引起一些非议，几乎导致《新青年》编辑部的分裂和《新青年》的停刊。经过斗争和努力,《新青年》逐渐成为宣传马克思主义的主要阵地之一，并促使 1915 年兴起的新文化运动转变为马克思主义的传播运动。

通过大学课堂和公开演讲进行传播。李大钊是在中国大学课堂上讲授马克思主义的第一人，培养了一批马克思主义理论人才，有力推动了马克思主义大众化。从 1920 年开始，他在北京大学、北京女子高等师范学校等五所大学讲授“唯物史观”等课程；1923~1924 年，他先后在北京大学开设“社会主义与社会运动”“史学思想史”

等课程；1917—1926 年，他在各地至少发表了 45 次演讲，其中约有 40 次是直接或间接地宣传马克思主义，其著名演讲有《庶民的胜利》《马克思的经济学说》《社会主义下的经济组织》《史学与哲学》《社会主义释疑》等。

通过社会团体进行传播。李大钊领导或指导建立了一批研究和宣传马克思主义的进步社团，如少年中国学会、北京大学马克思学说研究会、社会主义研究会等。同时，他还指导大批社团开展马克思主义的宣传和研究活动。比如，指导北京大学马克思学说研究会公开进行“社会主义是否适合于中国”的大辩论。1920 年 8 月，李大钊指导周恩来等组织成立的觉悟社发起和邀请少年中国学会、青年工读互助团、曙光社、人道社等社团代表在陶然亭召开座谈会，并作为少年中国学会的代表亲自参加，探讨联合进步团体改造中国的问题。这次会议对于促进各进步社团联合起来开展马克思主义宣传活动、促进中国共产党的成立具有重要意义。

通过公开论战进行传播。李大钊积极参与有关马克思主义的论战，其中有两次论战较为著名。一次是围绕“问题与主义”这一主题他发表了《再论问题与主义》一文，与胡适等进行论战，着重强调马克思主义必须与中国的社会实际相结合，才能从根本上解决中国的实际问题。另一次是就社会主义问题与梁启超、张东荪等展开论战，他批驳梁启超、张东荪等社会主义不适合中国的言论。通过公开论战，李大钊表明了对待马克思主义的基本态度，扩大了马克思主义的影响。

通过深入实践进行传播。李大钊在传播马克思主义的过程中，一直提倡知识青年要积极地“到民间去”“到农村去”，深入了解中国社会实际，广泛传播马克思主义。后来，他又号召共产党员和进步青年深入厂矿、农村宣传马克思主义，发动工人、农民起来参加革命斗争。从此，马克思主义大众化越来越深入，并且不断地开花结果。

在推进马克思主义大众化中推进马克思主义中国化

李大钊不仅注重利用多种方式推进马克思主义大众化，而且高度重视在推进马克思主义大众化的过程中扎实推进马克思主义中国化。

李大钊非常重视研究如何把马克思主义应用于中国社会实际，使中国早日走上社会主义道路。1919 年，他在《再论问题与主义》一文中深刻指出，“大凡一个主义，都有理想与实用两面……把这个理想适用到实际的政治上去，那就因时、因所、因事的性质情形，有些不同。社会主义，亦复如是”；“一个社会主义者，为使他的主义在世界上发生一些影响，必须要研究怎么可以把他的理想尽量应用于环绕着他的实境”。1923 年，他在北京大学讲授《社会主义与社会运动》时明确指出，社会主义的理想“因各地、各时之情形不同，务求其适合者行之，遂发生共性与特性结合的一种新制度（共性是普遍者，特性是随时随地不同者），故中国将来发生之时，必与英、德、俄……有异”。这表明，李大钊对马克思主义、社会主义与中国社会实际相结合的问题具有高度的自觉，强调要把社会主义应用到实际政治中去，各国实行社会主义必然是既有共性又有特性，中国将来实行社会主义制度也应有自己的“特性”，从而为中国发展社会主义指明了方向。

（朱文通，原载《人民日报》2011 年 7 月 7 日）

李大钊对社会主义的认识与论述

社会主义在中国的实现和发展，是历史的选择、人民的选择，凝结着无数中国共产党人的艰辛探索，中国共产主义运动的先驱李大钊即为其中的优秀代表。李大钊一生致力于社会主义在中国的实现，尤其通过对在中国实行社会主义的必然性、优越性及共性与个性结合的统一性等论述及这些思想的传播，为社会主义制度在中国的建立和发展奠定了重要基础。

一、论述了在中国实现社会主义的必然性，论证了“社会主义之来临，乃如夜之继日，地球绕日之一样确实”

中国人民从接触社会主义到接受并将其变成现实，经历了一个较长的历史过程。在这个过程的最初阶段，作为中国共产主义运动的先驱、中国共产党的早期创始人之一，李大钊率先运用马克思主义唯物史观揭示了中国社会的未来发展方向，阐明了社会主义是未来中国的必然选择。

首先，李大钊运用科学理性的历史唯物主义方法对人类社会的全部历史、现状和未来发展趋向作了说明，论证了社会主义是人类文明社会发展的必然与社会主义制度实现的必然性。1917 年，俄国十月革命取得胜利，开创了人类历史的新纪元，李大钊迅速对其性质和意义进行了深刻分析，比同时代的人们更早地认识到社会主义的兴起是不可抗拒的历史潮流，社会主义将为中华民族解放和中国人民的幸福生活带来希望。1918 年至 1923 年，李大钊先后发表《法俄革命之比较观》《庶民的胜利》《布尔什维主义的胜利》《我的马克思主义观》《马克思的经济学说》《社会主义与社会运动》等文章，指出："俄罗斯之革命，是立于社会主义上之革命……非独俄罗斯人心变动之显兆，实二十世纪全世界人类普遍心理变动之显兆……吾人对于俄罗斯今日之事变，惟有翘首以迎其世界的新文明之曙光。""须知这种潮流，是只能迎，不可拒的，我们应该准备怎么能适应这个潮流，不可抵抗这个潮流。"并进一步预言随着资本主义矛盾的激化，"资本主义趋于自灭，也是自然之势，也是不可免之数了"，"马克思唯物史观讲，在资本主义发达中，产生了一种新势力。这种新势力，就是'社会主义'。'社会主义'之发生，恰如鸡子在卵壳里发生一样。'社会主义'之想打破资本主义的制度，亦恰如鸡子之想打破卵壳一样"。随着他对社会主义研究的不断深入，李大钊已充分认识到社会主义的到来是不以人的意志为转移的客观规律。至 1923 年 8 月，在《桑西门（Saint-Simon）的历史观》一文中，他指出，"科学的社会主义，把他的根据置在唯物史观的上面，依人类历史上发展的过程的研究，于其中发见历史的必然的法则，于此法则之上，主张社会主义的社会必然的到来。由此说来，社会主义的社会，无论人愿要他不愿要他，他是运命的必然的出现，这是历史的命令"，"社会主义之来临，乃如夜之继日，地球绕日之一样确实"。

对于在中国建立社会主义的必然性，李大钊是从世界和中国现状来认识和分析、经过求真务实的科学求证的。1920 年，李大钊在北京大学建立旨在"集合信仰和有能力研究社会主义的同志，互助地来研究并传播社会主义思想"的社会主义研究会，为社会主义在中国的传播、进而深入研究中国的社会主义及其实行方法做了大量工作。他认为:“中国国内的劳资阶级间虽未发生重大问题，中国人民在世界经济上的地位，已立在这劳工运动日盛一日的风潮中，想行保护资本家的制度，无论理所不可，抑且势所不能”，“在别的资本主义盛行的国家，他们可以用社会主义作工具去打倒资本阶级，在我们这不事生产的官僚强盗横行的国家，我们也可以用他作工具，去驱除这一班不劳而生的官僚强盗”。由此可以看出，李大钊对中国未来社会主义的建立充满信心，认为它是中国社会发展的必然，并主张通过革命的方式在中国建立社会主义制度。

二、论述了在中国实现社会主义的优越性，论证了欲实现民族复兴和国家富强，“非先实行社会主义不可”

李大钊的一生，都在探索实现民族复兴、国家富强的道路，正如他在自传中所说:“钊自束发受书，即矢志努力于民族解放之事业，实践其所信，励行其所知，为功为罪，所不暇计。”也正是在这种不断探索的过程中，李大钊发现中国落后的根源在于旧制度的腐朽。早在1913年4月，李大钊在《大哀篇》一文即指出，“今之自命为吾民谋福利护权威者”及其“保护制度”，导致“农失其田，工失其业，商失其源，父母兄弟妻子离散茕焉，不得安其居，刀兵水火，天灾乘之，人祸临之。”1919年1月，在《新自杀季节》中指出，那些自杀的现象“只应从社会制度上寻找他的原因”。在同年9月发表的《我的马克思主义观》等文章中，李大钊揭示了资本主义制度的落后与罪恶，指出资本主义制度之下，资本家榨取工人的余工余值，“在资本主义制度发达之下，贫困日见增加”。

李大钊通过与半殖民地半封建社会及资本主义社会的对比分

析，总结出在中国实行社会主义的优越性。首先，社会主义能振兴中国实业，实现民族复兴国家富强。在《社会主义下之实业》《中国的社会主义与世界的资本主义》《社会主义释疑》等文章中，李大钊展开了关于在社会主义制度下发展实业的论述，提出中国“欲振兴实业，非先实行社会主义不可”，“所以今日在中国想发展实业，非由纯粹生产者组织政府，以铲除国内的掠夺阶级，抵抗此世界的资本主义，依社会主义的组织经营实业不可”。因为社会主义社会可以集中资金、劳力和资源使经济得以迅速发展，社会主义为“极公平的分配”，“社会主义是要富的，不是要穷的，是整理生产的，不是破坏生产的”。其次，社会主义制度下，人民能得到真正的民主与自由。关于社会主义与民主，李大钊在《由平民政治到工人政治》中指出：无论是在经济上、政治上还是社会上，社会主义都体现着民主的精神，民主是作为一个要素存在于社会主义中的，社会主义制度就是要尊重个人，消除一切压迫和统治，“真正的德谟克拉西（民主），其目的在废除统治与屈服的关系，在打破擅用他人一如器物的制度，而社会主义的目的，亦是这样”；关于社会主义与自由，李大钊指出“社会主义是保护自由、增加自由者，使农工等人均多得自由”，“社会主义者是要求政府有一种权利，使之伸张，以保障每人享受极大量的平等、自由”，“我们想得到真的自由、极平等的自由，更该实现那‘社会主义的制度’，而打倒现在的‘资本主义的制度’”。最后，社会主义的公正公平，能为大多数人谋幸福，让人人享受幸福生活。他指出，“资本主义制度能使社会破产，使经济恐慌和贫乏，能使大多数的人民变为劳动无产阶级，而供奉那少数的资本家”，而“社会主义又是须将现今制度，完全改革。其实质方面又须寻出一种新方法，代替旧式之私竞的经济秩序及组织，使社会上发现新的经济组织及秩序是正规而优良者，即主张协作的生产，并得真正平均的分配”。李大钊主张社会主义制度下的生产，以满足人民需要、体现真正的公平为目的，在产品的分配原则上，提出产品不仅要分配给消费者，还要分配给劳动者，强调在经济上要使参加劳动的人都得到满足，得到收益，“这样一来，能够使我们人人都能安逸享福，过那一种很好的精神和物质的生活”。在这里，李大钊阐释了社会主义制度能消除不公正，实现人的自由、平等，实现以人为本、人与社会共同发展的科学社会主义思想。

三、阐明在中国实行社会主义必须坚持“共性和特性相结合的统一性”，论证了各国实行的社会主义是共性与特性的统一，“务求其适合者行之”

对于中国将要实现的社会主义，李大钊从政治、法律和经济三个方面进行了分析。“照政治方面言，必须无产阶级专政，方合其目的”；“照法律方面言，必须将旧的经济生活与秩序，废止之，扫除之，如私有制及遗产制，另规定一种新的经济生活与秩序，将资本财产法、私有者改为公有者之一种制度”；“从经济方面言，必须使劳动的人满足欲望，得全收利益”，初步揭示了社会主义的共性——三个基本特征，即无产阶级专政、生产资料公有制和按劳分配。

在揭示世界社会主义共性的同时，李大钊着重强调各国在实现社会主义时的特性。在《再论问题与主义》一文中，他指出：“大凡一个主义，都有理想与实用两面……把这个理想适用到实际的政治上去，那就因时、因所、因事的性质情形，有些不同。社会主义，亦复如是。”之后，随着他对社会主义探究的不断深入和发展，明确提出了在不同国家实现社会主义，应将共性与特性相结合的思想，社会主义“因各地、各时之情形不同，务求其适合者行之，遂发生共性与特性结合的一种新制度（共性是普遍者，特性是随时随地不同者）”。

共性与特性的统一，是社会主义探索中十分重要的思想，其真谛在于中国的社会主义不仅要具有一般特征，更要有自身特色，要遵循中国社会发展的特点和规律，李大钊在农民土地问题的主张即反映了这一重要思想。农民土地问题是李大钊一直关注的中国社会问题，1919 年，他在《青年与农村》中明确指出：“我们中国是一个农国，大多数的劳工阶级就是那些农民。他们若是不解放，就是我们国民全体不解放；他们的苦痛，就是我们国民全体的苦痛。”并号召知识青年到农村去，“把现代的新文明，从根底输入到社会里面”。1923 年，李大钊在《社会主义下的经济组织》中提出“有土农夫”的主张，强调不能急于将其划为国有，而应循序渐进逐步实现土地国有化。1925 年，他在《土地与农民》中主张“使小农场渐相联结而为大农场，使经营方法渐由粗放的以向集约的，则耕地自敷而效率益增，历史上久久待决的农民问题，当能谋一解决”。这些观点是李大钊关于在中国实行社会主义要“共性与特性”相结合思想的具体体现。

李大钊对于社会主义的认知，具有渐进性，是一个不断深入和逐步完善的过程。以李大钊为代表的早期中国共产党人顺应历史潮流，把在中国实现社会主义确立为奋斗目标，并开创性地提出了社会主义社会的理想蓝图。虽然由于时代的局限，李大钊对社会主义的认识只是初步的，甚至未必完全精当，但他对于社会主义的论述，尤其是对于社会主义在中国实现的必然性、优越性、共性与特性结合的统一性等探索，体现了他坚定的马克思主义信仰，坚持真理、勇于担当、敢为人先的精神，是先驱者留下的宝贵遗产、革命史上的丰碑，具有重要的开拓意义。

（王小梅，原载《光明日报》2019年10月30日11版）

三、民生思想

李大钊对“民生凋敝之原”的研考及认识

民生是幸福之基、和谐之本，关系着人民群众基本的生活需要，因而解决好民生问题是社会发展的必然要求，是社会稳定的根本保证，也是对执政能力的基本检验。自中共成立以来，党和国家领导人均对与人民群众息息相关的民生问题给予了极大关注。中国共产党的主要创始人之一——李大钊一生以民生为念，以呼吁民生问题之改善和解决为己任，努力研考民生凋敝之原，并从现实国情出发，针对不同社会阶层的实际情况，提出了相应的解决民生问题的建议和对策。近年来，有关李大钊各种思想的研究不断深化，但对其民生思想的研究仍极为薄弱。有鉴于此，笔者拟从“民生”视角对李大钊的思想及实践作一梳理，通过分析其对民生问题的认识，更好地理解其探寻中国道路、创建中国共产党的初衷，为当前解决民生问题提供一些有益的启示和借鉴。

一、“研考民生凋敝之原”

民生问题具有时代性，不同时代所凸显出的民生问题不同。但任何时候，任何情况下，民生都连着民心，而民心又关系着国运。

20 世纪初期，中国是一个半殖民地半封建国家，广大民众生活在水深火热之中。辛亥革命虽然推翻了君主专制制度，但随之而来的是军阀混战，硝烟四起，人们所期盼的共和国到处是一片哀鸿遍野、民不聊生的惨景，“农失其田，工失其业，商失其源，父母兄弟妻子离散茕焉，不得安其居”[①]。面对民生凋敝的社会现实，李大钊努力学习各类知识，以全球化的眼光观察世界，了解国情，时刻关注近代中国的民生问题。

可以说，李大钊开始发表政论即从关怀民生开始，他的《大哀篇》即哀叹“吾民之失所也”。北洋法政同学郁嶷认为李大钊的文章“以民生为念，阐扬先哲贻德为急”[②]，李大钊游学日本的目的在于研考民生凋敝之原，寻求救国救民的真理。事实上，以“民生为念”是李大钊一生的写照。他把自己的人生追求与解决当时的民生问题、与中华民族的伟大复兴联系在一起，努力探寻中国道路的初衷就是为了实现民族的独立、国家的富强、民生的幸福。

李大钊对民生问题的考察从最初具体、微观的考察，发展到后来宏观上的把握。既有对各类群体的生存、生活状况的考察，也有对中国农民问题、中国社会主要矛盾及中国向何处走等问题宏观上的思考和探索。他从微观入手，深入实际，通过对一些具体人群的考察，对当时中国民生的现状有真切的了解和把握。在这些考察中，有的关乎民众基本的生活、生存底线，比如说对煤矿的工人、上海童工及一些弱势群体等的考察；有的关乎民众基本的发展机会与发展能力，比如说有关学生问题、教育问题的探讨等；有的关乎民众生活的质量，比如说如何提高普通市民的生活质量，如何改善人力车夫的生活条件等。透过这些群体的生活生存的现状，李大钊

① 朱文通等整理编辑：《李大钊全集》第一卷，河北教育出版社 1999 年版，第 553 页。
② 郁嶷：《送李龟年游学日本序》，《言治》1913 年第四期。

体会到的是“国民生计，日濒艰窘”[①]，“民生敝矣，国患亟矣”[②]的社会现实。

李大钊早在1916年就写过《民彝与政治》一文，由“宗彝”引出的“民彝”是一个哲学概念，体现了李大钊传统的民本思想。正是这种思想促使李大钊时时关注民生，同情民生，他能够从一些普通的生活小事入手，比如他看到铲煤渣的工人和几个拣煤渣的妇女和孩子，便有了《北京贫民生活的一瞥》；得知开滦煤矿工人的生存生活状况，写出了《唐山煤厂工人生活不如骡马》；听到“黄昏时候的哭声”，又对那些沿街乞讨的乞丐寄予同情。李大钊对流离失所的中国农民、失业者、被裁士兵、教职员工、学生等问题都进行了思考，对一些弱势群体包括人力车夫、上海童工、妓女等问题也都进行了探讨。

当然，除了这些具体感性的事物之外，对于其他国计民生问题，比如货币问题、社会分配问题、社会的和谐稳定问题等，李大钊认为“以其关于民生疾苦者甚切且巨，不可不慎也”[③]，强调“此等切关民生疾苦之事，万不可操切从事。”[④]他总强调：“人类生活上一切福利的机会均等”，认为劳苦工作的人，应该有均等机会参与分配劳动成果，这些美好的愿景促使李大钊努力探寻民生凋敝的根源。他极力主张维护人的价值和尊严、赋予民众基本的政治权利，强调妇女的人格独立和人权平等等。

李大钊在对民生问题考察的过程中，深刻认识到了民生的重要性及民生问题的普遍性、层次性及政治性、社会性等。明确指

---

① 朱文通等整理编辑：《李大钊全集》第一卷，河北教育出版社1999年版，第690页。
② 同上书，第600页。
③ 朱文通等整理编辑：《李大钊全集》第二卷，河北教育出版社1999年版，第457页。
④ 同上书，第458页。

出:“民生不安，乱之源也。”[①]正鉴于此种认识，他始终关注民生，思考的多是“吾之国计民生”[②]“国脉民生”[③]“涉及民生利害”[④]等问题。民生问题的普遍性，指的是不同人群、不同阶层，均有各自的民生诉求，无论是弱势群体、一般民众，还是知识分子、学生群体等，均有相应的民生问题，只不过所凸显的民生追求的内容和层次不同而已。李大钊还敏锐地意识到，民生问题不仅是经济层面的问题，更是政治层面和社会层面的问题。他认为当时的政党之间相互争权夺利，无暇顾及民生。在他看来，民生问题的解决，直接关系到的是政府的公共服务、执政党制定的社会政策等，社会政策的缺位或是不到位，都是影响民生问题不能解决的重要因素。他认为包括劳工、妇女、人力车夫等问题，既是民生问题，又是社会问题。李大钊接受了马克思主义以后，用唯物史观来认识近代中国社会，探索和思考近代中国民生问题及深层原因，便成为常态。在李大钊看来，这些问题不易解决的原因，很大程度上在于“经济的不均与不安”[⑤]。除了从经济上寻找根源外，李大钊还以全球化的眼光，对国际、国内的政治环境和背景做了剖析，从不平等的国际秩序对近代中国社会各方面的影响进行了阐述，认为自鸦片战争以来，中国便处于西方列强的压迫之下，如果列强强加给中国的不平等条约不废除，中国不能恢复在国际上的自由平等的地位，那么中国的国计民生，必将陷于无可挽救的境地。同时，国内各派军阀相互混战，且和帝国主义有着千丝万缕的联系，在这种情状之下，“我们的经

① 朱文通等整理编辑:《李大钊全集》第一卷，河北教育出版社 1999 年版，第 595 页。
② 朱文通等整理编辑:《李大钊全集》第四卷，河北教育出版社 1999 年版，第 715 页。
③ 同上书，第 591 页。
④ 同上书，第 354 页。
⑤ 同上书，第 137 页。

济日渐枯竭，生活的程度日渐增高，于是人民的生活状况也沦落无已”[1]。李大钊从中国半殖民地半封建社会的国情出发，从世界发展的大背景出发，研究了近代中国社会性质及发展的问题，从政治高度来看待民生问题，一针见血地道出了中国民生凋敝的真正原因。

二、“谋国计民生之安康与进步”

李大钊对相关问题进行考察以后，大多情况下是凭借满腔的热情向当局进行呼吁，提出了自己的看法和建议。中国数千年来，以农立国，农业实为中国基本之要素，故中国历史上的伟人，大多不敢轻视农民。所以说近代中国的农村、农民及土地等问题，就作为李大钊极其重要的考察对象。鉴于大多数农民思想觉悟和知识水平不高，李大钊号召知识青年到农村去，与农民打成一片，进而将现代知识灌输到农村，他认为应该多设立教育机关，使普通劳动者也能有一个学习的机会，去满足他们渴求知识的愿望。同时，为了更好地维护农民阶级的利益，最大限度地改善农民的生活，李大钊还号召广大农民加入农民协会等组织。而对于农民赖以生存的土地问题，他提出了“耕地农有”的方针，力图建设一种新的经济政策，经营方法由粗放改为集约，提高劳动生产率，从而解决农民的温饱问题。这里的“耕地农有”与孙中山提出的“耕者有其田”的主张是一致的，都提倡田地归农民所有。对于农村教育的现状，李大钊认为农村的教育机关不完备，即便有一两个初等小学，也不过是徒具形式而已。有鉴于此，李大钊于1920年春节期间帮助家乡创建了大黑坨小学，并提笔为学校写下了“学校造人才为改造社会，读书做事不是为做官”的对联。再比如说，对于当时北京市民生活，

① 朱文通等整理编辑：《李大钊全集》第四卷，河北教育出版社1999年版，第94页。

他认为应该有很多地方需要改良，要改变苦闷、干燥、污秽、没有趣味的生活，建议多办市立的图书馆、夜校、半日学校等劳工教育机关。同时他建议多设公立医院，有各类污染的工厂应远离住宅区域，禁止汽车在街道上乱冲乱撞，等等。他的这些建议和对策，具有很强的可操作性，但在当时的社会背景下也不可能发生太大的效用。

民生问题的解决，不仅取决于高度发展的生产力，而且取决于合理进步的生产关系和社会关系，因为“社会关系实际上决定着一个人能够发展到什么程度”，①而“当人们还不能使自己的吃喝住穿在质和量方面得到充分供应的时候，人们就根本不能获得解放”②。所以要真正解决基本的生存、生活问题，实现人的真正解放，就必须推翻资本主义私有制和旧的社会分工，建立社会主义的生产关系和政治制度。随着对马克思主义认识的不断深入，李大钊意识到要从根本上解决民生问题，需要高度发展的生产力、日益丰富的物质基础。而“根本解决”的办法，就是要对社会组织进行根本改造，引导被压迫民众进行有目的的政治斗争。政治斗争是改造社会的最好的工具，通过政治斗争，建立新的社会制度，农民问题、工人问题、妇女问题等，方能得到解决。他希冀寻求一种有别于俄、德、法等国的社会主义道路，推翻旧的剥削制度，建立独立的民族民主国家，实现社会主义，从而最终实现“庶民的胜利”“布尔什维主义的胜利”。

在不断探索的过程中，李大钊意识到政党，特别是执政党与民生问题有着密切的关系。通过与世界各国发展的比较研究，李大钊

---

①《马克思恩格斯全集》第三卷，人民出版社 1972 年版，第 295 页。

②《马克思恩格斯全集》第四十二卷，人民出版社 1972 年版，第 368 页。

认为近代中国的民生之所以凋敝，除了因为当时中国不是一个民族民主的独立国家以外，还有一个非常重要的因素，即当时的政党也没有发挥出现代化政党应有的作用，对于民生疾苦、国势阽危毫不关心，制定的政策与国民生活没有太大的关系，致使“民生益沦于涂炭”[①]。民国以来组建的政党，大多都是趁火打劫，植党营私，“指望由他们做出些改革事为人民谋福利，只和盼望日头由西边出来一样”[②]。正是由于当时政党未能努力解决中国的贫穷落后问题，未能关注和解决百姓的生活、生存问题，更不能改变帝国殖民侵略的现状，促使李大钊不得不将改变中国社会的关注点放在创建新的政党上来。李大钊认识到新型政党必须以改善广大劳动人民的民生为价值目的，以实现全人类彻底解放为最终目的的思想理论为指导。中国共产党成立以后，李大钊一方面是党纲的创建者和坚定的执行者，另一方面还是解决民生问题一系列措施的建议者。李大钊认为中国共产党应该有别于以往中国近现代史上的其他政党，应该是以中国工人阶级先锋队和中国人民根本利益代表者的面貌出现的政党，不仅组织和训练严密、有纪律，而且“活动必须是不离开群众的”[③]。1922年，李大钊参与的《中国共产党第一次对于时局的主张》中，其中有很多条款是保障和改善民生的，比如：没收军阀官僚的财产，将他们的田地分给贫苦农民，再比如说制定的保护童工、女工的法律及一般工厂卫生工人保险法，又如实行强迫义务教育，承认妇女在法律上与男子有同等的权利等。中共“二大”制定了切合中国实际的民主革命纲领，提出了建立联合战线的决议。关于国共

① 朱文通等整理编辑：《李大钊全集》第一卷，河北教育出版社 1999 年版，第 598 页。
② 朱文通等整理编辑：《李大钊全集》第二卷，河北教育出版社 1999 年版，第 614 页。
③ 中央档案馆编：《中共中央文件选集》第一册，中共中央党校出版社 1982 年版，第 92 页。

合作的问题，面对党内的意见分歧，李大钊鲜明地指出了统一战线达成的前提条件，即国共合作的基础，即“以实现民生主义为前提”①。李大钊积极倡导推进第一次国共合作，以个人身份加入国民党，他所期望的“乃在谋国计民生之安康与进步”②，是为了“能负解放民族、恢复民权、奠定民生的重任”③。在《狱中自述》中李大钊再次阐明了自己献身革命的目的：“建设良好政府、恢复国权、定出新经济政策，用国家的力量发展财力，使国民贫富阶级不至于悬殊”④，其出发点和落脚点归根结底还是为了解决近代中国的民生问题。

三、余论

李大钊关注和考察民生及对民生问题的认识和思考，在很大程度上推动了中国共产党的创立，是其毕生寻求中国道路的出发点和落脚点。李大钊对近代中国民生的考察及认识，不仅在当时有强烈的现实意义，对于当前和未来而言，亦均具有较为深刻的启示和借鉴意义。尤其是当前，如何切实保障和改善民生业已成为全社会共同关注的重大问题。作为执政党的中国共产党，如何更好地了解下情，使下情上达，并让改革红利普惠到广大普通民众，不仅事关百姓民生，还事关社会的发展与稳定，不可小觑。以李大钊关注民生为借鉴，中共党员干部下乡调研，也应真正深入基层，了解群众的生存、生活状况及其所思、所想，察实情、干实事，实实在在解决民生问题，而不能走马观花似的去调研。正如习近平总书记在浙

① 朱文通等整理编辑:《李大钊全集》第四卷，河北教育出版社 1999 年版，第 96 页。
② 同上书，第 719 页。
③ 同上书，第 330 页。
④ 同上书，第 700 页。

江调研时所说："各级领导干部要加强调研，在实践中深化规律性认识，努力在调研中吃透情况、把准脉搏，在调研中指导工作、解决问题。"与此同时，我们还应牢记李大钊所言："社会主义是要富的，不是要穷的"①，因而要大力发展社会生产力，不断增强民生的物质基础。"使国民贫富阶级不至于悬殊"②告诫我们在发展社会生产力的同时，必须实现公平、公开、公正，防止贫富差距扩大，使大多数公民都能享受社会进步带来的成果。而今，习近平总书记以"民有所呼，我有所应；民有所求，我有所为"作为执政理念，把人民群众对美好生活的新期待作为执政目标，进而把民生工程上升到凝聚亿万人心的高度全面推进。只有如此，才能切实保障和改善民生，才能建立社会主义和谐社会，早日实现中华民族的伟大复兴。

（裴赞芬，原载《河北学刊》2016 年第 3 期）

---

① 朱文通等整理编辑：《李大钊全集》第四卷，河北教育出版社 1999 年版，第 272 页。
② 同上书，第 700 页。

略论李大钊民生思想的四个维度

李大钊（1889—1927 年）不仅是中国伟大的马克思主义思想家、中国共产主义运动的先驱者、中国共产党的主要创始人之一、杰出的无产阶级革命家，同时也是名重当世的教授和学者。李大钊从青年时代便开始积极投身于救国救民的革命洪流之中，探求真理，孜孜不倦，与时俱进，无私无畏。十月革命后，顺应时代需要，他率先在中国大地上高举起马克思列宁主义的伟大旗帜，为中国指明了新的社会主义的发展方向。作为中国共产党早期的卓越领导人及国共合作时期国民党在中国北方的重要领导人，他在中国革命的许多条战线上均进行过英勇斗争，作出过重要贡献。对于李大钊的这些思想理论遗产和革命实践，国内外学术界已经进行过较为充分的探讨，对此，如果没有新的资料或新的解读，显然已无再加探讨的必要。笔者之所以在撰文之始简述李大钊的人生历程，是因为在李大钊的这些主流人生历程中，伴随着一个尚未被学术界充分重视的重要史实，那就是李大钊自始至终都对民生问题较为关注，而且这种关注有南有北、有中有外，没有畛域之见。有鉴于此，笔者拟将这一问题拿出来，选取其中的四个维度试作探讨。

一、关注民众物质生活和基本生存

李大钊对民众物质生活的关注，主要围绕中下层群体展开，即人力车夫、煤矿工人、童工、失业工人、被裁士兵、其他贫民生活以及教职员工。如果对这些群体细加审视，可以归为三类：即有工作的下层民众，失业的工人、士兵和其他贫民，条件稍好的中层教职员工。以下分而述之：

首先，人力车夫、煤矿工人与童工，均为有工作的下层民众。这一下层群体，虽然有可以勉强糊口谋生的工作，但工作极为辛苦，并时刻有着身体损害乃至生命危险。

对于人力车夫的关注，是在对北京各群体民众生活的比较之中展开的。李大钊认为，北京之生活，以人力车夫最可怜，“终日穷手足之力，以供社会之牺牲，始赢得数十枚之铜圆”，而这数十枚之铜圆，则维系着“一家老弱之生命”[①]。故而，再苦再累，也得奋力奔跑。对于北京人力车夫的出现以及日多问题，李大钊认为主要是生存原因，即关涉“救死问题”。并以此为基础从三个层面展开分析：第一个层面，以理言之，“则以人类为牺牲，乃最背乎人道主义”；第二个层面，以利言之，“则驱尔许之劳力，掷于不生产之职业，乃见讥于经济原理”；第三个层面，以现实困境言之，“然以工厂不兴，市民坐困，迫之不得不归于此途，宁为牛马于通衢，犹胜转死于沟洫”[②]。由此可见，李大钊对于人力车夫是充满了同情的，在有感于同情的同时，对当时之社会也提出了一定批评，即“背乎人道主义”“见讥于经济原理”。当然，在批评的背后，更多的是对人力车夫选择这一工作的无奈，“宁为牛马于通衢，犹胜转死于沟洫”。

对于煤矿工人的生活，李大钊以唐山煤厂为中心进行了考察。在具体考察中，李大钊重点关注了煤厂工人的大致人数、每天的工

① 朱文通等整理编辑：《李大钊全集》第二卷，河北教育出版社 1999 年版，第 473 页。
② 同上。

作时间、劳动报酬、死恤情况，等等。考察结果显示，“唐山煤厂的工人，约有八九千人”[①]，“他们每日工作八小时，工银才有二角，饮膳还要自备”。而与此相对应的，“在唐山的地方，骡马的生活费，一日还要五角，万一因劳动过度，死了一匹骡马，平均价值在百元上下，故资主的损失，也就是百元之谱。一个工人的工银，一日仅有二角，尚不用供给饮食，若是死了，资主所出抚恤费，不过三四十元”。据此，李大钊极为悲愤地指出，“这样看来，工人的生活，尚不如骡马的生活；工人的生命，尚不如骡马的生命了。”[②]其实，在这里，李大钊悲愤的不仅仅是工人的生命不如骡马，而是对那个时代泯灭人性的低声呼喊，而这也直接刺激着李大钊对人性的持续关注和关怀。

对于童工，李大钊也一直都很关注。早在1919年考察唐山煤厂工人生活的时候，李大钊即指出：“也有许多幼年人，在那里作很苦很重不该令他们作的工，那种情景，更是可怜。”[③]时隔五年之后，李大钊又以上海为中心对童工问题作了专门探讨。李大钊对上海童工的关注是从看到大阪《编军英字日报》和上海《密勒氏评论周报》第二十九卷第八号上所载的有关于上海童工问题的资料开始的。据该资料显示，上海市共有275个或大或小的工厂雇佣童工，童工总数为17.3272万人。其中，12岁以上的男童工4.4741万人，女童工10.5921万人；12岁以下的男童工4475人，女童工1.8135万人[④]。在得知上海有如此多的雇佣童工的工厂，以及拥有如此众多的男女童工之后，李大钊又结合相关调查资料和自身体会对童工的行

① 朱文通等整理编辑：《李大钊全集》第三卷，河北教育出版社1999年版，第192页。
② 同上书，第193页。
③ 同上。
④ 朱文通等整理编辑：《李大钊全集》第四卷，河北教育出版社1999年版，第580页。

业分布、工作时间、工作报酬等等给予了特别关注，结果显示：上海的童工主要被佣于家内铺店、小工厂、家庭工业、洗衣房并建筑业及大工厂等；徒弟的年龄，以工作的性质而有不同，期限为五年，在五年期限内，“普通多不给报酬，即偶有给与报酬者，其数亦极少”；很多不过 6 岁的童工，在大工厂里作工，12 小时内，“仅给他们一小时的工夫去吃饭”；“他们大都是站立着作工。分日夜两班换班，直到一星期终了的时候，才停一班。工钱只按工日给与。一天的工钱，至多不过二角”；他们的“工作场所的卫生设备极坏”，“衣食住，均极惨苦”[①]。

其次，较之前述有工作的下层民众而言，失业的工人、被裁减下来的士兵以及孤苦无依的贫民等群体的生活尤为艰苦。对此，李大钊分别从不同视角给予了特别关注，并对其生活表示了一定担忧。

1910 年代末与 1920 年代初，中国工人的大量失业，与第一次世界大战的结束直接相关。其中，很大一批失业工人都是在国外务工而被送回国的。对此，李大钊曾深刻指出，第一次世界大战结束以后，“海外的华工渐渐被人家送回来了……这一大批失业的人，骤然散布在社会里，发生甚么影响？应该怎样安插？很是一个大问题。我很盼望官僚式的政客、新闻记者先生们，破一点工夫来研究研究，不要单是摆着架子说什么‘隐忧’‘隐患’‘大乱之道’啊”[②]！

与此同时，对于被裁的士兵，李大钊也从如何生存的角度给予了极大关注。他在《被裁的士兵》一文中指出：“裁兵是一件好事，因为驱可怜的同胞去杀可怜的同胞，是我们最痛心的。不过我们要问，这兵究竟是谁招的？招了为甚么又要裁呢？呵！我知道了，招

① 朱文通等整理编辑：《李大钊全集》第四卷，河北教育出版社 1999 年版，第 584 页。
② 朱文通等整理编辑：《李大钊全集》第三卷，河北教育出版社 1999 年版，第 380 页。

兵的人，现在官也到手了，财也发足了，国家的粮饷也弄空了，现在你们才知道要裁兵了。但是裁兵后兵士的生活问题，你们也曾想过没有呢？”①

对于北京的贫民生活，李大钊更是抱以巨大的同情和无奈。1921年3月，李大钊在吊祭死友的归途中“看见铁轨上横着一辆车，载着些烧残的煤渣，几个苦工，带着满面的灰尘，一锹一锹的往下除。几十个贫苦的女人、孩子在那里拿着小筐在灰尘里滚，争着拣一块半块的还未烧尽的煤渣”，一时大为伤感，并记录说这是“北京的贫民生活的一瞥”②。对于乞丐，李大钊也是感同身受。在《黄昏时候的哭声》一文中，李大钊记述道：“北京市内，每到吃晚饭的时候，有一种极悲惨的声音送入市民的耳鼓，这就是沿街叫苦乞怜于阔绰人家的残羹剩饭的呼号。这种声浪，直喊到更深，还断断续续的不绝。一家饱暖千家哭，稍有情感的人，便有酒肉在前，恐怕也不能忍心下咽吧！”③

再者，就是生活条件较好一些的教职员工群体。对于这一群体，李大钊较为熟悉，并给予其救世的极大期望。也正因此，李大钊对这一群体的生活问题一直较为关注。早在1919年12月，李大钊就在《物质和精神》一文中指出：“物质上不受牵制，精神上才能独立。教育家为社会传播光明的种子，当然要有相当的物质维持他们的生存。不然，饥寒所驱，必至于改业或兼业他务。久而久之，将丧失独立的人格。精神界的权威，也保持不住了。”④正是以此思想为基础，当1919年底，北京公立大、中、小各校教职员，反对

① 朱文通等整理编辑：《李大钊全集》第三卷，河北教育出版社1999年版，第379页。
② 同上书，第600页。
③ 同上书，第601页。
④ 同上书，第430页。

当局发放贬值纸币，要求以银圆付薪。自 12 月 15 日起，全体联合罢课，开展索薪斗争。对此，李大钊给予了大力支持，并呼吁全国的教职员也组织一个大联合，甚至“与学生联合联络起来，造成一个教育界的大联合”①。对于教职员的索薪斗争，李大钊还撰专文为之声援，并提出了生活神圣的号召，“此次教职员因薪水问题罢业，许多人还是拿冠冕堂皇的话来责备他们。就是他们自己，也有些人觉着因为吃饭问题罢业不好意思似的。我以为倒是光明磊落的要求生活权，是一件很体面很正当的事情。不要套些假面具，把生活神圣的光华遮盖了”②。

二、关注民众生活环境和工作环境

民众生活环境，也是李大钊关注民生的一个重要对象。早在 1913 年 4 月，李大钊就在《大哀篇》中对当时民众栖身的中国社会环境有所阐述：“吾民瘁于晚清稗政之余，复丁干戈大乱之后，满地兵燹，疮痍弥目，民生凋敝，亦云极矣。重以库帑空虚，岁出增钜，借款未成，司农仰屋，势不能不加征重敛于民。民既托庇于其下，在理当负斯责……然求于民者民应之矣，民之切望于国家者，乃适得其反……为之国家者，不有以解其倒悬，乃坐视困苦飘零而不救，以致农失其田，工失其业，商失其源，父母兄弟妻子离散茕焉，不得安其居，刀兵水火，天灾乘之，人祸临之，荡析离居，转死沟洫，尸骸暴露，饿殍横野。”③这里所说，是中国当时社会的大环境，在这种大的环境之下，如果细剖民众所处的生活环境，则可

① 朱文通等整理编辑：《李大钊全集》第三卷，河北教育出版社 1999 年版，第 428 页。
② 同上书，第 429 页。
③ 朱文通等整理编辑：《李大钊全集》第一卷，河北教育出版社 1999 年版，第 552~553 页。

分出两个视角：一是社会层面的人为视角，二是自然层面的客观环境视角。

首先，就社会层面的人为视角来看，主要是指“人祸”在民众生活中的恶劣影响。这又可从农村和农民两个方面来细分。

从当时农村的整体社会环境来看，李大钊认为，黑暗情况“算是达于极点”了，“那些赃官、污吏、恶绅、劣董，专靠差役、土棍，作他们的爪牙，去鱼肉那些老百姓”。然而，那些老百姓，“都是愚暗的人，不知道谋自卫的方法，结互助的团体。他们里边，有的是刚能自给的有土农夫，有的是厚拥田畴的地主，有的是专作农工的佃户，有的是专待雇佣的工人。他们不但不知道结合起来，抗那些官绅，拒那些役棍，他们自己中间也是按着等级互相凌虐，去结那些官绅役棍的欢心。地主总是虐待佃户与工人，佃户与工人不但不知互助、没有同情，有时也作自己同行的奸细，去结那地主的欢心”[①]。在这里，李大钊一方面对于中国当时黑暗的社会现状进行了无情批判，同时又对于中国民众的愚昧无知表示愤慨，颇有哀其不幸、怒其不争的意味。

从当时农民的日常生活来看，更是急转直下。对此，李大钊深刻指出：“中国农民在帝国主义压迫之下已日趋于难境，重以兵祸连年，流离失所。入民国以来，苛捐杂税，负担日重，各省田赋，有预征至数年后者。”“佃农及雇工所受的压迫，比自耕农更甚。凡有大地主地方的佃农，处境尤其苦痛而艰窘。有些地方的雇工工银极低，几乎决不能维持其生活，尤其在小自耕农众多的地方，更不易寻觅工作，只有流为兵匪，或流于都市去作苦力。”处于这样一个社会环境下，“农民常有移徙，生活变动日益转下，遇有婚嫁，即

① 朱文通等整理编辑：《李大钊全集》第三卷，河北教育出版社 1999 年版，第 180 页。

须负债之不安现象”普遍存在[①]。

对于以上农村、农民中存在的问题，李大钊进行了深刻剖析。他认为，上述问题的存在，一个深层原因就是“乡村中旧有的农民团体，多为乡村资产阶级的贵族政治，全为一乡绅董所操纵，仅为乡村资产阶级所依为保障其阶级的利益的工具，不惟于贫农的疾苦漠不关心，甚且专以剥削贫农为事。在此等组织中，贫苦几无容喙的余地”[②]。因此，要想使农村的社会状况有所改变，若想提高贫农的地位，“非由贫农、佃农及雇工自己组织农民协会不可”，“只有农民自己组织的农民协会才能保障其阶级的利益”，“在乡村中作农民运动的人们，第一要紧的工作，是唤起贫农阶级组织农民协会”[③]。此等认识，一方面是李大钊对中国农村、农民问题的深刻思考的结果，另一方面也是其一直以来民生情怀的自然流露，而这也在某种程度上为其从事革命活动解决农村和农民问题找到了切入点。

其次，从自然层面的客观环境来看，无论是中国民众的日常生活环境，还是日常工作环境，均不容乐观。在这里，尤其明显的就是风沙对人身体的侵害，公共卫生问题对环境的破坏，恶劣的工作环境对人身体的侵害，等等。

早在1917年之初，李大钊就对北京的风沙问题给予了特别关注。他指出：“北京浊尘漫天，马勃牛溲都含其中，车马杂踏之通衢，飞腾四起，车夫哮喘以行其间，最易吸入肺中。苟有精确之观察，年中车夫之殒卧而死者，必以患肺病者居多。”[④]针对这一情况，李大钊提出如下三条建议：一是“应令车主每车备一避尘口囊，警

① 朱文通等整理编辑：《李大钊全集》第四卷，河北教育出版社1999年版，第628页。
② 同上。
③ 同上书，第629页。
④ 朱文通等整理编辑：《李大钊全集》第二卷，河北教育出版社1999年版，第473页。

察告以理由，令车夫于行路时使着之”；二是“冬时备一双手囊”；三是“夏时备雨衣、雨帽各一具，置车箱中备用”。李大钊还认为，以上建议之事，如若“由警察督饬车主为之”，不仅所费不多，车夫还可大受其惠，并衷心希望“关心社会者图之”①。如果奔走劳瘁之车夫，“稍受涓埃之保护，或足以聊慰其不平之情乎？”②两年之后，李大钊在《北京市民应该要求的新生活》中再次提及北京的沙尘问题，并建议市政府赶快修造市营的电车，“使我们小民少……吃些污秽的尘土”。在电车没有修成之前，人力车夫的生活，也应该改善，具体措施除了两年前所提令车主随车设备卫生口袋（备车夫戴在嘴上的）、雨衣雨帽之外，另增加了两条，即“车夫的衣服，应令勤加洗涤”；“供车夫寄居的小店，应加监督，并令附设简易而且清洁的浴所”③。

对于民众居住处所的公共卫生问题，李大钊也很重视，并提出几条可行性措施，即“宜由市设立价廉而且清洁的平民浴所多处”；“街口巷里的屎尿，应严加取缔。臭气熏天的厕所，应该改造。设备适于清洁的厕所，应该添设”；“粪夫团体，应由警厅加以编制，为之设备一切器具及一切卫生设施。下水沟亦须改善，以图公众卫生”；“公立医院太少，应该多设”④。

对于工人的工作环境，李大钊也极为关注，并将之作为其民生考察的一个重要对象。比如对于煤厂工人恶劣的工作环境，李大钊记述道：“他们终日在炭坑里作工，面目都成漆黑的色。人世间的空

① 朱文通等整理编辑：《李大钊全集》第二卷，河北教育出版社 1999 年版，第 474 页。

② 同上书，第 473 页。

③ 朱文通等整理编辑：《李大钊全集》第三卷，河北教育出版社 1999 年版，第 324~325 页。

④ 同上书，第 325 页。

气阳光，他们都不能十分享受。这个炭坑，仿佛是一座地狱。这些工人，仿佛是一群饿鬼。有时炭坑颓塌，他们不幸就活活压死，也是常有的事情。”[①]又如，对于上海童工的工作场所，李大钊也给予了多方描述：棉厂，通气卫生设备不良；丝厂，“室中的温度，在常准以上，为湿气所包孕。久在炎蒸湿气之中，精神殊易疲敝”；火柴厂，经常与有毒的白磷接触，“殊害卫生”，而且“工厂内无防火的设备”[②]。如此，等等。

三、关注民众内心世界和精神生活

内心世界和精神生活，也是李大钊民生思想的一个重要内容，这是更深层的一种哲思所在。李大钊对当时民众内心世界的观察和思考，是与对不良行为的批评结合在一起的，有的还根据自身思考所得提出了一定的解决之策。这在批判唐山煤厂工人不良生活行为、批判社会上流行的自杀行为上表现尤为明显。

对于唐山煤厂工人的内心世界，李大钊是结合其具体工作情况来深度解读的。李大钊指出，唐山煤厂的工人“常常把两星期的工，并在一星期来作”，“在这一星期中，无昼无夜，不停工作，不睡眠，不休息，不盥漱，不沐浴”。如此做的目的，就是空出一个星期的时间来“胡吃狂饮、乱嫖大赌”，这是一个极为有害的恶习惯。这一恶习惯的养成，主要是因为“他们太无知识”，“所以他们除嫖赌酒肉外，不知道有比较的稍为高尚的娱乐方法，可以慰安他们的劳苦，也靡有供他们别样娱乐的设备”。同时，“因为他们的

① 朱文通等整理编辑：《李大钊全集》第三卷，河北教育出版社1999年版，第192页。
② 朱文通等整理编辑：《李大钊全集》第四卷，河北教育出版社1999年版，第584、585页。

工银太低，所以他们必须把数日的工夫，无昼无夜的像牛马一般劳动，才能积得一元半元钱，好去嫖赌”[①]。

自杀问题是民国初年一个极为重要的社会问题。对于生活在当时社会中的李大钊而言，自然不能不对之加以关注。在当时，按照社会统计学家的统计报告，“每年五、六、七、八月是自杀季节”，自杀现象“多发生在这四个月中”。对于这一季节性自杀，李大钊并未给予过多探究，而是抛出了因生活所迫而产生的年关自杀的新问题，即“近来生活难的结果，年关也成了一种自杀季节”，“北京这个地方，到了冬天，那些因不耐冻饿自杀的人，每天不知道有多少”[②]。应该说，将年关自杀问题与生活困境联系起来，是一个极具说服力的解读。而无法承受生活巨大压力走向自杀，显然也是自杀民众内心世界极度绝望后的无奈之举。

对于精神生活的提升问题，李大钊也进行过充分考究。他认为，“苦闷、干燥、污秽、迟滞、不方便、不经济、不卫生、没有趣味，是今日北京市民生活的内容”。由此指出，“要是长久生活在这种生活里，恐怕要死；就是不死，也没有什么生趣”，因此，“我们急切的很要求一种新生活”[③]。那么，如何创造一种新的生活呢？李大钊认为，新生活的创造，一半由于政治的设备，一半由于社会的设备。然而，广大民众所能做到的应该要求的单独需要，一个重要方面就是精神上的需求，要满足这一点，一是“多办市立的图书馆，通俗的尤其要紧”，而且“图书馆宜一律公开不收费”；二是多立贫民学校、孤儿院。“幼年的儿童，送入贫民学校或孤儿院，由

① 朱文通等整理编辑：《李大钊全集》第三卷，河北教育出版社 1999 年版，第 193 页。
② 同上书，第 134 页。
③ 同上书，第 323 页。

校或院给他衣食，教养成人，去自营生业”；三是扩充济良所，充分发挥其教育职能，“有愿入所的娼妓，不问他受虐待与否，一概收容”；四是增加公众的休闲娱乐空间。“公园一律公开，不许索费，并将北海、景山等名所一概开放。每个公园里，均设一极大的运动场”。[①] 与此同时，考虑到当时的社会教育状况，即“做工的穷人，没有力量读书受教育”“读书的人不能做工”“占全国民半数的女子不读书不做工”“父兄养子弟，子弟靠父兄”等等，李大钊发起了“工读互助团”的组织，以帮助北京的青年实行半工半读主义，旨在达到教育和职业合一的理想。并认为，“倘然试办有效，可以推行全国，不但可以救济教育界和经济界的危机，并且可以免得新思想的青年和旧思想的家庭，发生许多无谓的冲突”，希望赞成此举者“量力捐助”[②]。由此可见，李大钊将提升民众精神生活质量，作为振奋民心的一个重要举措，在提出了诸多可行性举措的同时，尤为注重教育在其中所具有的重要作用，此等远见卓识难能可贵。

四、关注民生国内国际不分畛域

李大钊对于民生的关注，并不仅仅限于中国国内，而是放眼世界，并充分显示了其不分畛域的济世情怀和高尚情操。李大钊关注世界民生，有两个较为突出的表现，一是关注灾荒问题，二是关注失业问题。

灾荒，从来都是与民众生活紧密联系在一起的。对于灾荒，李大钊给予了高度关注。1920 年，中国北方发生重大旱灾，“灾区有

① 朱文通等整理编辑：《李大钊全集》第三卷，河北教育出版社 1999 年版，第 323、324、325 页。

② 同上书，第 427 页。

五六省之广，灾民有数千万之众，无衣无食，道殣相望”。为了解决广大受灾民众进入寒冬后的衣食之忧，李大钊等在北京大学发起了赈灾会，发布启事，希望教职员工和学生“全体赞助，慷慨认捐，以尽互助之谊”。与此同时，李大钊等还制定了认捐办法，具体为“教职员、学生每人认捐以一元为单位（多多益善），教职员认捐者交由会计课代收，学生认捐者交由斋务课代收”，“俟集有成数”，再行赈放并公决[①]。

对于世界上其他国家的灾荒问题，李大钊也极为关注。1922年，俄国窝瓦河两岸有一千五百英里大的地方因旱成灾，“看着就要饿死的人三四千万”，这较之此前中国北五省的灾荒还要厉害，“甚至数百万的灾童拔野草，割树皮，制成草面包以充饥肠，不是病死，就得饿死”，“你说可怜不可怜呢！”[②] 有鉴于此，李大钊等发起了一个救济俄灾的团体，名曰俄国灾荒赈济会，“期望着各大善人提视世界如一家，凡自己力量所能办到的，竭力提倡”[③]。然而，当时的中国灾情也不乐观。1922年，中国被水七省之多。在这种情况下，如何劝说国人救济他国旱灾呢？李大钊从两个方面进行了宣传和动员。一是充分阐释既往中国被灾后，各外国友邦对中国的援助。“去年中国被灾，各省的难民，要不是仗着慈善各团体，千方百计的筹赈，不知得饿死多少。但凭中国人自己筹划，真是心有余而力不足。幸赖有各友邦的慈善大家，体上帝救世之心，实行人道主义，极力来帮忙，才救了许多的生命。”[④] 二是着眼于中国当时被水灾民仍然需要外国友邦支援和救助的现实境况。“虽然今年中国被水七

① 朱文通等整理编辑：《李大钊全集》第三卷，河北教育出版社1999年版，第531页。
② 朱文通等整理编辑：《李大钊全集》第四卷，河北教育出版社1999年版，第50页。
③ 同上书，第51页。
④ 同上书，第50页。

省之多，也得想法子来救，是不是还得求如各友邦帮助呢？要是先顾自己，不管他们的死活，不独于理不顺，问心也有不忍。”而且，中国人极具善心，“凡是亲临亲仁善邻、救灾恤患，一切美德，从不让人独步”。因此，在俄国遭遇大的天灾之后，在各国均已发起救济义举的情况下，李大钊发起成立俄国灾荒赈济会，恳求“诸公大发慈悲”，并将救济俄灾提升到维持国际名誉、开展国民外交的高度，“愿各慈善大家，量力捐款”，“有钱的乐善好施，十百千万的捐款，固最好不过了。就是各界中人节省一点用费，或是一元半元的银洋，或是几个、几十个的铜元，聚少成多，亦不无小补”①。

除了灾荒，李大钊对于国外的失业问题也颇多关注。比如，第一次世界大战结束以后，日本大阪的工厂日有闭锁者，失业劳工不断增多。这不仅引起了李大钊的格外注意，还令其产生了考察日本家庭日常生活的想法。在这种情况下，日本学者森本教授的统计报告进入了他的视野。根据这一报告显示，一个日本的五口之家，最少生活费，一年也要 2076 元。然而，“有这样收入的，百户中不过二户”，“其余都是食不能充饥，衣不能御寒，老不能养赡，子弟不能教育”。而且，“贫富的悬隔，一天甚似一天”，一般武人“一日跋扈一日”，“压迫自国的平民，还在不算，更想和别国的武人勾结，害别国的平民”。由此，李大钊想到了日本民众因米价上涨而产生的生存压力，进而推及人们生存必需的面包问题，并提出很“替我们邻邦担忧”②。这种很替邻邦担忧的济世情怀，不仅彰显了李大钊忧他人之忧的民生情怀，而且还体现了李大钊向往和平、以和平促民生改善的和谐理念。

---

① 朱文通等整理编辑：《李大钊全集》第四卷，河北教育出版社 1999 年版，第 51 页。
② 朱文通等整理编辑：《李大钊全集》第三卷，河北教育出版社 1999 年版，第 135 页。

总之，李大钊不仅为中国革命作出过重要贡献，还在波澜壮阔的伟大革命历程中，以其特有的人文关怀自始至终都对民生问题表示了特别关注。综观李大钊的民生思想，这种关注主要体现出三方面特点：一是关注的层次鲜明，既有物质生活方面的，也有精神生活方面的。二是关注的地域覆盖较广。其中，既有农村，也有城市；既有南方，也有北方；既有国内，也有国外。三是关注的群体包罗较广，并具有较大的代表性。其中，既有有工作的下层民众（如人力车夫、煤矿工人、童工），也有失业的工人、士兵和其他贫民，还有条件稍好的中层教职员工，乃至极具特殊性的自杀群体，等等。需要说明的是，李大钊不仅关注到了这些层面、地域和群体，还身体力行急谋解决之策，并积极建言，虽然李大钊的意见和建议并未进入决策者的视野，有些问题也并不能在短时间内解决，但他能有此民生情怀已属不易，以自身力量积极践行更属艰难，但因其艰难，所以更加可贵，于此不可不察。

（把增强，原载《理论学刊》2015 年第 6 期）

从"问题"民生到"主义"民生

——李大钊民生思想质变试析

中国最早的马克思主义者、中国共产党的主要创始人之一——李大钊非常关注民生问题。他生于农村，生活在中华民族危机日增、"国势危迫"的时代，"自束发受书，即矢志努力于民族解放之事业"[①]，在救国救民道路的探索过程中，李大钊经历了自改良派到资产阶级革命者再到社会主义革命者的历程，同样，他的民生思想也经历了从最初的关注到发现民生问题、提出解决方案再到以马克思主义分析和根本解决民生的历程。本文试图在论证李大钊从"问题"到"主义"的民生思想转变的基础上，分析这种质变的特征及思想基础。

一、发展轨迹：从最初的关注到"问题"民生再到"主义"民生

民生是中国传统理想中的重要内容，《左传》中就有"民生在勤，勤则不匮"的说法，在《礼记·礼运》中，把"老有所终，壮有所用，幼有所长，鳏寡孤独废疾者皆有所养"作为一种民生理想提出来，成为中国传统理想的重要内容。少年时期，李大钊所受为儒家教育，从1905年到1913年夏，李大钊相继在直隶永平府和天津北洋法政专门学校读书，学习近代科学，并参加一些民主活动。面对帝国主义的野蛮侵略与清政府的极端腐败，李大钊"感于国势

① 朱文通等整理编辑：《李大钊全集》第四卷，河北教育出版社1999年版，第719页。

之危迫，急思深研政理，求得挽救民族、振奋国群之良策”[①]。应该说，李大钊这种人生选择，正是中国历代知识分子治学以“经世济民”及“治国、平天下”价值观的反映，也是他早期关注民生的直接动因。其同学郁嶷将其留学日本的动因概括为“研考民生凋敝之源”，认为“君则振翰荦荦，发为感叹悲歌之篇，其造意树义，一以民生为念，阐发先哲贻德为急，览者感发兴起，颂声交至”[②]。

从1913年起，李大钊开始在《言治》月刊发表文章，抒发爱国情怀，评论国家政治，关注民生，形成了他早期民生思想的风貌。《隐忧篇》《大哀篇》《论民权之旁落》《政治对抗力之养成》《国情》等，都有他传统民生观念下对民生的关注内容。初发政见的《隐忧篇》中，李大钊把“工困于市，农叹于野，生之者敝，百业凋蹶”[③]的民初民生状况概括为当时中国社会的“隐忧”之一;《大哀篇》的主题是作者的“哀吾民之所失”，“农失其田，工失其业，商失其源，父母兄弟妻子离散茕焉，不得安其居，刀兵水火，天灾乘之，人祸临之，荡析离居，转死沟洫，尸骸暴露，饿殍横野”[④]，是他对“吾民之所失”的集中表述;《论民权之旁落》揭示了民初中国社会党争、兵争、政争纷起政局下“民生益沦于涂炭”[⑤]，是缘于党私而引起的“于民生疾苦、国势阽危之实状，未尝有所经心寓目者”之故。综合来看，李大钊早期对民生的关注是中国传统民生观念的体现。他在指出近代中国民生状况的同时，也分析了造成当时民生凋敝的根源在于党私、省私、匪患，他认为：一切社会问题

---

① 朱文通等整理编辑:《李大钊全集》第四卷，河北教育出版社1999年版，第715页。
② 韩一德、姚维斗编:《李大钊生平纪年》，黑龙江人民出版社1987年版，第19页。
③ 朱文通等整理编辑:《李大钊全集》第一卷，河北教育出版社1999年版，第601页。
④ 同上书，第553页。
⑤ 同上书，第598页。

（包括民生问题）的解决有待于强有力的政府（国权）的建立，因而希望袁世凯建立中央集权的共和政体，一切同袁世凯相对抗的势力包括国民党人都是统一的障碍、政争的祸源，还没有认识到正是袁世凯的专制导致国势危难、民生不堪。

1913年底，李大钊留学日本，其间他受到许多进步思想包括社会主义思想的影响，接触了诸如章士钊、陈独秀、高一涵等社会文化精英，政治上从拥袁走向反袁，1916年回国后继续探索救国救民之路，投身新文化运动，实现了向资产阶级革命民主派的转变。民生思想也改变了民初时期对民生问题观察流于肤浅、偏于感情、对政治表象背后的社会构造少有涉及等弊端，走向发现问题、提出解决方法的“问题”民生阶段。在此阶段，李大钊关注了“人力车夫”(《可怜之人力车夫》,1917年2月10日)、“学生”(《学生问题》,1917年4月3日;《学生问题（二）》,1917年4月5日)、“劳动教育”(《劳动教育问题》，1919年2月14日~15日)、生活“娼妓”(《废娼问题》，1919年4月27日)、“新生活”(《北京市民应该要求的新生活》，1919年9月21日)、“青年自杀”(《一个自杀的青年》，1919年11月23日;《青年厌世自杀问题》,1919年12月1日)、“灾荒问题”(《北京大学赈灾会启事》，1920年9月16日;《“俄国灾荒赈济会”启事》，1922年2月17日)、“北京的贫民”(《北京贫民生活之一瞥》，1921年3月5日)，等等。

在大量地关注民生问题并提出解决方案之后，李大钊并没有看到民生的改善，随着政治上对资本主义民主思想的抛弃，对马克思主义的研究的不断深入，逐步走到用马克思主义分析和根本解决民生的阶段。这时期他关注民生问题多集中于工人阶级、农民阶级，这与他接受了马克思主义的阶级斗争观点，并逐渐确立工人和农民是中国社会主义革命的主力军的政治思想是分不开的。对于工人阶级，他关注了“唐山煤厂的工人”(《唐山煤厂的工人生活》，1919年3月9日)、“童工”(《上海的童工问题》,1924年9月28日)、“中国的内战与工人阶级”(1924年10月)；对于农民阶级，他关注了“土地与农民”的关系(《土地与农民》，1925年12月30日—1926年2月3日)、农民武装“红枪会”(《鲁豫陕等省的红枪会》，1926年8月8日)，等等。

二、解决途径：从完善“社会政策”到改变“社会制度”

在长期的封建社会里，虽然民生问题时而被人们提起，但却没有提到实践的地位，李大钊早期的民生思想中对民生问题解决的途径更多地是寄希望于封建专制政府的“仁慈”“仁政”。对于民生问题的解决办法，多主张通过完善“社会政策”的办法来完成，例如：对于“人力车夫”问题，他指出：“北京之生活，以人力车夫为最可怜”[①]，“吾人既一时无善策，则不能不望以警察之力干涉车主之设备，俾奔走劳瘁之车夫，稍受涓埃之保护，或足以聊慰其不平之情乎？”并且提出具体的设备如下：避尘口囊、双手囊、雨衣雨帽等；对于学生问题，他主张：“一以促社会之注意，俾于教育方针、商工事业、政治制度速谋救济之方；一以唤起现在沦落于社会问题中之学生。及未来无限之新青年，即方将奔赴于社会问题之学生，速奋励其志气，选择其学业，而预为易于就职之地步”[②]；对于劳动教育问题，他认为应该满足劳工知识要求，在劳工聚集的地方多设图书馆、报社等，以补助劳工教育机关；对于娼妓问题，他主

① 朱文通等整理编辑：《李大钊全集》第二卷，河北教育出版社1999年版，第473页。
② 同上书，第640页。

张："第一，禁止人身买卖；第二，把现在的娼妓户口调查清楚，不许再行增添；第三，拿公款建立极大的感化院，专收退出娼寮的妓女，在院经一定的时期教他们点工艺和人生必需的知识，然后为他择配；第四，实行女子强迫教育，入公立学校概不收费。"[①]对于新生活，在《北京市民应该要求的新生活》中，他指出："苦闷、干燥、污秽、迟滞、不方便、不经济、不卫生、没有趣味，是今日北京市民生活的内容"，对此，提出多立图书馆、劳工教育机关、公立医院、贫民学校等二十条创造新生活的改良措施。

而在他成为马克思主义者之后，在民生问题解决途径方面，主张通过"社会制度"的彻底改变来实现理想民生的道路。在事实上，李大钊接受马克思主义和主张以马克思主义分析和改善民生并不是同步的。1918年下半年至1919年，李大钊开始宣传马克思主义，在根据马克思主义分析中国社会民生凋敝的根源时，主张彻底改变不合理的社会制度。1919年1月，在《新自杀季节》一文中，李大钊指出："社会上发生了自杀的现象，总是社会制度有些缺陷，我们对于这自杀的事实，只应从社会制度上寻找它的原因。"[②] 1919年4月，在《废娼问题》一文中又指出妓女问题的根本解决的办法："还是非把这个社会现象背后逼着一部分妇女不去卖淫不能生活的社会组织根本改选不可。"由此可见，在宣传马克思主义的同时，李大钊主张社会制度的根本改变是完善民生的最终途径，但他同时又认为"根本"解决是需要具备一定的条件的，即"政治的设备"及"社会的设备"[③]。所以，在他初步接受马克思主义之后，他依然坚持

① 朱文通等整理编辑：《李大钊全集》第三卷，河北教育出版社1999年版，第216页。
② 同上书，第134页。
③ 同上书，第323页。

在“根本解决”条件不具备时，要采取社会政策来改善民生。如：在指出废娼问题根本解决的同时，又提出“禁止人身卖买”等四条“治标”的办法。又如：1919年9月，在《北京市民应该要求的新生活》中，把“北京市民生活应该改良的地方，捡那重要的”，提了二十条，包括税务、租房、试办消费公社、多立劳工教育机关、多立贫民学校，等等。之后，随着他对马克思主义研究的深入，在确立了以社会主义救中国的信仰之后，李大钊运用马克思主义话语系统分析当时中国的民生状况，这方面的代表作为1923年12月4日发表的《劳动问题的祸源》一文，文中，他分析了劳动问题产生的病源：工银制度、资本制度、工厂制度、社会上少数人的统治权等，依照《资本论》理论，指出资本家的剥削是造成工人生活困苦的根本原因，而资本制度就是劳动问题的祸源。1923年11月13日发表的《社会主义释疑》充分肯定社会主义是“使我们人人都能安逸享福，过那一种很好的精神和物质的生活”的社会，要想实现理想中的民生，“更该实现那社会主义的制度，打倒现在的资本主义的制度”①。到1924年，他更是明确指出：“帝国主义的沉重压迫”和国内军阀的统治导致“农民丧失了土地，绝大多数产业工人饱受失业之苦”②，主张采取阶级斗争手段，改造社会制度：“所谓阶级，就是指经济上利害相反的阶级，具体讲出来，地主、资本家是有生产手段的阶级，工人、农夫是没有生产手段的阶级。”“到了生产力非常发展的时候，与现存的社会组织不相应，最后的阶级争斗，就成了改造社会、消泯阶级的最后手段”③，他主张用阶级竞争“改造社

① 朱文通等整理编辑：《李大钊全集》第四卷，河北教育出版社1999年版，第273页。

② 同上书，第494页。

③ 朱文通等整理编辑：《李大钊全集》第二卷，河北教育出版社1999年版，第286~287页。

会组织”与无产阶级专政消灭阶级达到高度民主，就是中国将来的理想的社会主义社会，即能实现理想民生的共产主义大同社会。

三、深层省思：对民生问题主客体认识的流转与深化

民生主体和客体是民生观中的重要内容。民生观不同，对民生中主体、客体以及它们之间的关系认识也不同。在不同的阶段，李大钊对民生中主体和客体的认识发生极大的变化，改善民生的主体从最初的寄希望于封建君主（包括袁世凯等封建军阀），到“由中流社会之有恒产者自进而造成新中心势力，以为国本之所托”[①]，再到无产阶级专政旗帜下团结起来的工农大众，“民众的生活”从被改善到自我完善，这是李大钊民生观发展的重要方面。

这种民生主体客体的转变是随着他对民众力量的认识而变化的。早期李大钊深受传统儒学教育，民生是中国传统理想中的重要内容，《左传》中就有“民生在勤，勤则不匮”的说法，在《礼记·礼运》中，把“老有所终，壮有所用，幼有所长，鳏寡孤独废疾者皆有所养”作为一种民生理想提出来，成为中国传统理想的重要内容。李大钊深受这种传统民生观念的影响，极同情民众的疾苦生活。但一方面儒家思想强调“民为邦本，本固邦宁”，统治阶级应当力行仁政，关心百姓生活，认为这是国家长治久安的根本保证。新文化运动前，李大钊正是用这种民本思想的国家观来思考现实，试图用“仁政德治”的道德模式来改造现实、解除人民的苦难、改善民生状况；另一方面，他认为中国当时的问题根本在于“民德”的丧失，在《暗杀与群德》一文中，明确提出宋教仁的死因在于民德的衰落。在《论民权之旁落》一文中，李大钊对“民

① 朱文通等整理编辑：《李大钊全集》第二卷，河北教育出版社 1999 年版，第 679 页。

德”和“民权”的关系等作了集中阐发。针对孙中山提出的“民权”，李大钊仍用“民德”去分析，认为民德比民权更根本，指出民权被窃取的根本原因在于民德的衰落。他认为：民权需要一种实力才可以持有，如果没有实力，所谓的民权不过是空谈：“盖夫权之为物，其本体原具有一种实力，这就是民力。这种民力的根本在于民德”，“民力宿于民德，民权荷于民力。”① 李大钊认为当时中国是“群德之衰”的时期，由于民德的衰落，“宿于民德”的民力自然也就无力可言，也就更无力于改善民生。基于这两方面的思想基础，李大钊早期民生观中主张由“为吾民谋福利护权威者”即统治势力改善民生，将造成民生问题出现的根本原因归于封建军阀政府，又顺理成章地将其作为解决民生问题的责任主体。

在西方文明不断的冲击下，中国社会发生了深刻变革，使民生问题空前突出，同时，也为民生问题的解决提供了新的思路。学习西方、发展科学技术和现代工商业，实现民族自强成为先进中国人的选择。在救国救民道路的探索中，李大钊接受了资产阶级民主革命思想，在政治制度方面主张实行代议制的民主制度，在经济方面则提出以振农、通商、惠工为富强之本，必须“由中流社会之有恒产者自进而造成新的中心势力，以为国本所托”②，这与儒家民本思想中注重“民生”，“藏富于民”的“富民”思想是一脉相承的。这一时期，李大钊的民生思想深受资产阶级革命领袖孙中山的民生思想影响。孙中山把民生问题视为中国社会的核心命题，提出了民生主义的经济主张和社会理想。他视民生主义为社会主义：“民生就是人民的生活——社会的生存、国民的生计、群众的生命便是”，“故

① 朱文通等整理编辑：《李大钊全集》第一卷，河北教育出版社 1999 年版，第 598 页。
② 朱文通等整理编辑：《李大钊全集》第二卷，河北教育出版社 1999 年版，第 679 页。

民生主义就是社会主义，又名共产主义，既是大同主义”[①]。为了实现民生主义，他提出了气势恢宏的实业计划和“平均地权、节制资本”的方针策略，而且提出：“工人之失业者，国家当为之谋救济之道，尤当为之制定劳工法，以改良工人之生活。此外如养老之制、育儿之制、周恤废之制、普及教育之制，有相辅而行之性质者！皆当努力求其实现。”[②]孙中山指出：一旦达到了民生主义的目的，在中国会实现“幼者有所教、壮者有所用、老者有所养、孔子之理想的大同世界”[③]。在这里，孙中山提出的改善民生的手段是由资产阶级民主国家为主体，而李大钊也视资产阶级为中国之“有恒产者之新的中心势力”为改善民生的主体。

十月革命之后，李大钊逐渐接受马克思主义，并开始用马克思主义的基本原理与中国革命的具体实践相结合，探索解决中国社会问题包括民生问题的根本途径，主张运用阶级斗争手段来实现社会制度的根本改变，相对于孙中山在资本主义体制下的改革民生的思想有根本的进步。他认为：无产阶级是中国社会主义革命的领导阶级，而农民是社会主义革命的主力军，在这种思想基础之上，他视以工农为基础的中国广大民众为彻底改革民生的主要力量，主张民生从被改善到自我实现。关于工人阶级，在《劳动问题的祸源》（1923 年 12 月 4 日）中分析了其生活艰难的根本原因在于资本主义剥削制度；1924 年 9 月 22 日在“不许干涉中国协会组织的国际大会上所作演讲直接指出：只有无产阶级才能充当革命的领导者”；在《中国的内战与工人阶级》中，他明确指出：“中国无产阶级开始意

① 孟庆鹏编：《孙中山文集》，团结出版社 1997 年版，第 231 页。

② 同上书，第 400~401 页。

③ 同上书，第 767 页。

识到自己在中国民族革命和世界无产阶级革命中的责任，他们懂得了中国的民族革命必须取得有利于世界革命的胜利，中国无产阶级还懂得了为了取得中国民族革命的胜利，工人们应当紧密地组织起来，并且成为革命的核心”，“中国工人的党——共产党及中国全体工人，应当成为反对国际帝国主义斗争的先锋队”[①]。对于农民阶级，在《土地与农民》一文中，李大钊充分分析中国社会是以农业为基础、农民占绝大多数的现实状况，指出农民是中国革命的主力军，“在经济落后沦为半殖民地的中国，农民约占总人口的百分之七十以上，在全人口中占主要的位置，农业尚为其国民经济之基础。故当估量革命动力时，不能不注意到农民是其重要的成分”，“太平、辛亥诸革命进行未已的途程，而有待于中国现代广大的工农阶级依革命的力量以为之完成”[②]，而在《鲁豫陕等省的红枪会》中则直接提出变旧式的红枪会为革命武装的问题。

综上所述，从早期的忧患“民生”开始，李大钊的民生观经历了从传统思想影响下对民生的关注，到主张资本主义民主政体下用国家政策改善民生，再到马克思主义革命理论指导下进行社会主义革命彻底改革民生的转变。他的民生观是中国共产党早期民生思想的重要组成部分，具有重要的历史意义，同时对于我们现在幸福民生的建设也有着很好的借鉴意义。

（王小梅，原载《河北学刊》2016 年第 3 期）

① 朱文通等整理编辑:《李大钊全集》第四卷，河北教育出版社 1999 年版，第 496 页。
② 同上书，第 619 页。

李大钊对孙中山民生主义的继承与超越

民生问题伴随人类社会产生而出现，是关系社会生存与发展的基本问题。重民生的思想在中国源远流长，殷周时期就已产生“敬天保民”的思想，先秦时期儒家学派对“敬民”“保民”的思想加以吸收，主张“为政之道，以顺民心为本，以厚民生为本”[①]，对后世影响深远。当历史的脚步行至近代，伴随着国门洞开之后的生灵涂炭，中国开始走上谋求民主富强与改善民生的现代化之路。“然而为国家求富强的过程又常常要淹没民生，使近代化的过程衍化为一个国家与社会脱节的过程。”[②]在19世纪与20世纪之交的中国，寻求革命救国的孙中山看到了社会的“贫富不均”，并因此“对于社会问题尤热心研究”。他在继承中国传统文化的同时，积极吸取西方各学派思想精华，并加以创新，使民生的旧义在时代变迁之中发生新陈代谢；在革命实践中，将国家与社会连接起来，形成了自己独具特色的民生主义学说，使久被至上的国家观念淹没的社会重新回到了世人的眼前。受孙中山与同时代先进人物的影响，中国共产党的主要创始人之一李大钊亦一生“以民生为念”，并在其伟大的人生历程中形成了独具特色的民生思想。以下笔者即对李大钊民生思想的形成与发展作一探讨，并与孙中山的民生主义思想进行比

① （宋）程颢、程颐著，王孝鱼点校：《二程集》第四册，中华书局1981年版，第851页。

② 杨国强：《革命家的良心：民生主义的历史思辨》，《浙江社会科学》1993年第2期。

较，以期丰富对李大钊民生思想问题的理性认知。

一、李大钊民生思想的形成

20世纪初，当民生作为一种“主义”与民族主义、民权主义连为一体，成为孙中山三民主义的一个重要组成之时，李大钊的求学之路发生了很大变化。

1905年，清朝废除科举制，原本参加科举考试的李大钊进入永平府中学学习，这可以看作他人生的第一次重大转折。李大钊幼年受祖父启蒙，6岁入旧式私塾学习，在进入永平中学之前，他已经接受了十年的儒学思想的乳育，传统的民本思想、儒家的仁爱学说，对他的民生思想的形成势必产生不容忽视的影响。李大钊在永平中学这所新式学堂里，开始正式学习西方知识，研读康梁维新派文章，思考如何救国、救民于水火。

1907年，李大钊考入北洋法政学堂，开启了在津的六载求学生涯。天津是戊戌时期维新思潮的发源地之一，严复翻译的《天演论》、亚当·斯密等西方近代著名思想家有关经济学、政治学等方面的经典著作成为包括李大钊在内的很多法政学生的必读之物。西方先进思潮，对其民生思想的形成产生深远影响。他从各种思想中吸收营养，不时地探索新的救国救民的理论和方法。此时的他更加关注民生，思考民生问题，努力学习政治经济学，希望可以寻求解决民生问题的方法。民国成立不久，他写下了《隐忧篇》，表达对国家面临困境的担忧和对民生的隐虑。1912年秋，由北洋法政学堂的学生组建的北洋法政学会成立。李大钊和同窗好友郁嶷一同出任学会编辑部长，负责学会杂志《言治》月刊的编辑撰稿。李大钊在第1期的《言治》月刊发表了《大哀篇》，揭露当时社会的黑暗，为人民大众痛苦命运悲哀。“尽管他在这个时期还没有对人民与国家之间的关系作深入探讨，对国家的认识还有些抽象，有些朦胧，但他显然把人民幸福与痛苦作为衡量国家政治善恶良否的根本标准。他为国家担忧实质上是为人民的疾苦担忧，国家与人民在他的心目中成为不可分离的整体。”在法政学会同人中，多数著文“拘挛法理糟粕之学”，唯有李大钊“振翰荦荦，发为感慨悲歌之篇，其造意树义，一以民生为念”。[①] 此时，国事民瘼已经成为李大钊最为关心的问题。

1912 年至 1913 年，李大钊受国内第二次社会主义思潮影响，开始接触社会主义思潮。1912 年末，他加入中国社会党，并于 1913 年初出任中国社会党天津支部总务干事，直至同年 8 月社会党被迫解散[②]。中国社会党成立于 1911 年底或 1912 年初，以宣传“纯粹社会主义”“纯粹的共产社会主义”作为宗旨，实则宣传无政府社会主义。1912 年，陈翼龙出任社会党北京总部总务干事，他办平民学校，推行妇女教育，创办报刊。这些活动吸引了“一以民生为念”的李大钊的注意，进而加入社会党。

李大钊感到自己的知识学问还有待于充实，遂于 1913 年冬留学日本，打算进一步深入研究社会经济学，“研考民生凋敝之原，探所以抑强横扶羸弱者”[③]。1914 年由章士钊创办并担任主编的《甲寅》杂志在日本东京创刊，李大钊成为杂志撰稿人，李、章的结交，对双方而言产生了重大而深远的影响。章士钊在李大钊早期思想变化

① 朱志敏:《李大钊传》，山东人民出版社 1998 年版，第 39 页。

② 关于李大钊是否加入过中国社会党，一直存有争议，笔者赞同朱文通的观点，即认为李大钊曾经加入过中国社会党。详见朱文通主编:《李大钊传》，天津古籍出版社 2005 年版，第 50~53 页。

③ 郁嶷:《送李龟年游学日本序》，《言治》1913 年第四期。

过程中扮演了重要角色，而东京《甲寅》月刊时期尤为明显。从这一时期，李大钊所发表的《物价与购买力》《风俗》《国情》《厌世心与觉世心》等文章在思想观点上和章士钊非常接近就可以得到印证。“《甲寅》是袁世凯专制时期中国最重要的政治刊物，它通过宣传民主共和，反对帝制复辟，阐述国家与个人的关系，强调公民在政治责任上的自觉心，为新文化运动的兴起开辟了道路。它重新解释了国家与个人的关系，把立脚点转移到人权上来，为新文化运动的兴起提供了思想转变的理论契机，并为以个人主义为基础、强调自由平等和个性解放的新文化运动，扫除了国家观念上的障碍。”①

二、李大钊对孙中山民生主义的继承与发展

孙中山说：“世界开化，人智益蒸，物质发舒，百年锐于千载，经济问题继政治问题之后，则民生主义跃跃然动，二十世纪不得不为民生主义之擅场时代也。”② 新文化运动中，孙中山所预言的“民生主义跃跃然动”成为一种可见的事实。币制问题、人力车问题、面包问题、人口问题、学生问题、劳动教育问题、女子解放问题、劳工问题、平民经济问题、自杀问题、无业问题、游民问题、兵匪问题、废娼问题、童工问题等倏然涌起于四面八方，汇成了以中国社会为全景的思想潮流。作为新文化运动的思想领袖，这些问题无一不成为他研讨思考的对象。李大钊对工人、农民、学生等不同职业民众的生活状态进行了深入的考察，为妇女、儿童等弱势群体的悲惨生存状况而撰文呼吁。他提出八小时工作制、带薪休假等举措

① 闵锐武：《〈甲寅〉杂志与〈青年〉杂志的渊源关系》，《河北师范大学学报》2001 年第 3 期。

② 广东社会科学院历史研究所等合编：《孙中山全集》第一卷，中华书局 1981 年版，第 299 页。

来改善工人的境遇；认为童工的衣食住，均极惨苦，建议取缔童工，并呼吁社会对其多加关注。李大钊主张对农民和工人进行教育培训，多设补助教育机关，以满足工农知识的要求，对于弱势群体，应加强社会救助力度，多建立孤儿院、养老院，扩充济良所，收容那些愿意入所的娼妓。就思想发展的历史足迹而言，李大钊对于民生问题的议论和思考都是沿着国家观念与社会观念的嬗蜕向前延伸的结果，也可以说是孙中山民生主义的继承与发展。

孙中山认为“民生就是人民的生活——社会的生存，国民的生计，群众的生命”[①]。他始终把改善人民的基本生活，作为其民生思想的出发点。面对积贫积弱的中国社会，孙中山既患贫又患不均。他想用“节制资本”的办法把资本主义的生产过程与“资本家”剥离开来。“资本主义言利，民生主义言义，孙中山半生锲而不舍于用近代文明造民生主义，走的正是一条化利为义的路。由于化利为义，求索民生主义的过程又使孙中山成为一个能够同情和理解社会主义的人。然而，在‘兴实业’的经济活动中，两者实在是难分难割的。”[②]作为资产阶级政党的领袖，孙中山用更多的精力和时间来关注资本主义在中国的发展，当资本主义的行程还没有在中国走完的时候，民生主义始终面对着一种无法从心所欲的历史难题。与其相比，从小生活在乡间，熟悉普通劳动人民生活的李大钊对民众疾苦的认识就更为深刻，其民生思想中有明显的注重下层民众的倾向。新文化运动期间，李大钊撰写了相当数量的关注民生问题的文章，并开始运用马克思主义的方法原理来分析民生问题，认识到只有解决了社会制度问题，有些问题才能从根本上得以解决。

① 参见《孙中山选集》上卷，人民出版社 1956 年版。

② 杨国强：《革命家的良心：民生主义的历史思辨》，《浙江社会科学》1993 年第 2 期。

孙中山认为民生问题即经济问题。他希望通过将土地自然的增价收归国有，来平均地权；节制资本，以防止垄断等途径来解决民生问题。孙中山没看到社会制度这个根源问题，因此，在当时的历史条件下，他的这些主张是很难实现的。而李大钊从同情关注下层百姓的疾苦到进而接触马克思主义，对民生问题的认识更深了一层，认识到社会制度的解决才是解决民生问题的关键所在。

三、国共合作时期李大钊对孙中山民生主义的影响与升华

1922 年到 1925 年间，在国共双方为寻求合作救国的过程中，李大钊与孙中山有了实际的接触。1922 年秋，他与林伯渠一起会见孙中山，这可以看作李、孙二人的首次会晤。此后，他们又进行了多次交谈，讨论发展国民党以振兴中国的相关问题，有时“畅谈不倦、几乎忘食”。1924 年 1 月 11 日孙中山与李大钊为首的出席国民党一大的北京代表会面，示以亲笔拟订的建国大纲，征询意见。李大钊参加审定和修改了“国民党第一次全国代表大会宣言”和“国民党党章”等工作。由此可见，这一时期李大钊和孙中山的关系极为密切。

李、孙二人密切交往也有利于彼此民生思想的发展。孙中山关注百姓生活，认为衣食住行是民生的基础。他说：“吃饭问题就是顶重要的民生问题。如果吃饭问题不能够解决，民生主义便没有方法解决。所以民生主义的第一个问题，便是吃饭问题。”[①] 对此，李大钊也有类似的表述，他在《面包运动》一文中强调“民以食为天”的重要：“什么爱国咧，什么共和咧，什么政治改良咧，什么社会改

① 广东社会科学院历史研究所等合编:《孙中山全集》第九卷，中华书局 1986 年版，第 394 页。

造咧，口头上的话你们只管去说，吾侪小民，只是吃饭要紧。”①

李大钊对民众衣食住行的关注，对土地问题的看法以及评价都与孙中山的民生主义有很多相似之处。这有利于国共合作的顺利开展，特别是对于帮助孙中山由旧民生主义发展为新民生主义也十分重要。早在19世纪末，孙中山就已经认识到土地问题的重要，提出“耕者有其田”的思想，后来根据革命形势的需要，在吸收亨利·乔治的“单税论”的基础上提出了更加温和的“平均地权”的主张，而不再提及“耕者有其田”。他主张“核定地价，其现有之地价，仍属原主所有，其革命后社会改良进步之增价，则归于国家，为国民所共享”。直至1924年，孙中山重提“耕者有其田”的革命口号。他公开声称民生主义在社会发展目标上与马克思主义的社会主义、共产主义理想不相冲突，而且是好朋友。孙中山说：“共产主义是民生的理想，民生主义是共产的实行；所以两种主义没有什么分别，要分别的还是在方法。”又说，“这种把以后涨高的地价收归众人公有的办法，才是国民党所主张的平均地权，才是民生主义。这种民生主义就是共产主义……因为三民主义之中的民生主义，大目的就是要众人能够共产。”②孙中山的这些民生主义的新看法一方面是国共合作的需要，另一方面也可以看作是中国共产党包括李大钊本人等的影响，这些都促使他的旧三民主义发展成新三民主义，而这也成为国共合作之基础。在这个过程中，李大钊对孙中山的影响作用不可忽视。

在国共合作的相互影响下，李大钊对于土地问题的理解也更加深入。1925年底到1926年，李大钊写下《土地与农民》，认识到

①《新生活》第八期，1919年10月12日。
② 同上。

农民在政治生活和社会改造中的重要作用。他借助马克思主义的分析方法，研究农民问题。他指出："中国今日的土地问题，实远承累代历史上农民革命运动的轨辙，近循太平、辛亥诸革命进行未已的途程，而有待于中国现代广大的工农阶级依革命的力量以为之完成。"[①] 中国革命要取得胜利，必须解决土地问题。李大钊认为："孙中山的民生主义，其中心亦在平均地权与节制资本。惜其所拟的平均地权办法，未能及身而见其实行。"[②] 他主张政府应该按"耕地农有"的方针，建立新土地政策，让耕地尽归农民所有，经营方法由粗放改为集约，从而提高劳动生产率。《土地与农民》作为李大钊关于农民问题系列文章之一，后来被收入到毛泽东主持编写的《农民问题丛刊》，并曾作为广州第六期农民运动讲习所学员的学习资料。由此可见，李大钊对于土地问题的意见丰富了中国共产党在此期间探索中国革命基本问题所取得的成果，为后来者提供了有用的借鉴。

综上所述，孙中山与李大钊同为中国革命先驱，对民生问题的认识，孙中山较早于李大钊，系统地阐述了民生主义，形成了他的民生主义学说，影响了包括李大钊在内的很多后来人。而李大钊在学习和革命的过程中，从孙中山的民生主义中吸取营养，在马克思主义的指导下，民生思想更具革命性和现实可行性，为国共合作期间孙中山民生主义的发展提供了帮助，在这一点上，他与孙中山能够形成一种历史递进中的前后接续。

（张静，原载《河北学刊》2016 年第 3 期）

① 朱文通等整理编辑：《李大钊全集》第四卷，河北教育出版社 1999 年版，第 619 页。
② 同上。

李大钊社会救助思想研究

社会救助是国家和社会对陷入困难和不幸中的公民给予款物接济和帮助的一种政策或制度。社会救助工作的开展，对维护社会稳定与和谐，促进经济增长，发挥着重要作用。作为中国最早的马克思主义者和共产主义者，中国共产党的主要创始人之一，李大钊非常关注民生问题，在他解决社会问题、改造社会的宏观设想以及革命实践活动中，都蕴含着一种对弱势群体社会救助思想。李大钊社会救助思想是其思想理论遗产的重要组成部分之一，为建立和丰富中国共产党社会救助思想作出了突出贡献。研究李大钊社会救助思想，对在今日中国建立与社会主义市场经济相适应的社会救助制度，具有重要的启示意义。

一、关于弱势群体成因的思想

探寻弱势群体成因是世人认识、理解和分析弱势群体与社会救助问题的基本角度[①]。弱势群体成因复杂多样，对它的认识和理论诠释也多种多样。纵观中外历史上对弱势群体成因的认识，主要可归纳为两种观点：一种是个体主义贫困观，即个人对自己的贫穷负责；一种是社会结构贫困观，即认为贫困是社会制度和社会结构的产物。这两种认识基本上代表了传统与现代两种不同的理念，如在英

① 刘继同：《英国社会救助制度的历史变迁与核心争论》，《国外社会科学》2003 年第 3 期。

国工业革命时期与中国古代社会，个体主义贫困观一直得到社会的广泛认同；人类进入现代社会以后，基本上认为是社会结构、制度等因素导致了社会弱势群体的贫困。

在对弱势群体成因的认识上，李大钊是典型的社会结构（制度）论者。早在1913年4月，他在《大哀篇》一文中就认为是“今之自命为吾民谋福利护权威者”及其“保护制度”“社会政策”导致“农失其田，工失其业，商失其源，父母兄弟妻子离散茕焉，不得安其居，刀兵水火，天灾乘之，人祸临之，荡析离居，转死沟洫，尸骸暴露，饿殍遍野”[①]，无数人成为弱势群体。1919年1月，他在《新自杀季节》一文中指出：“那些因不耐冻饿”等自杀的现象“只应从社会制度上寻找他的原因”[②]。1919年4月，他在《废娼问题》一文中又指出，妓女沦落是因为有一个“社会现象背后逼着一部分妇女不去卖淫不能生活的社会组织”[③]；他在《不自由之悲剧》等文章中还抨击了造成人们不幸的具体制度，如婚姻制度、家族制度等。到1924年，他更明确指出，是“帝国主义的沉重压迫”和国内的“军阀”统治导致“农民丧失了土地，绝大多数产业工人饱受着失业之苦”[④]。

李大钊对弱势群体的这种归因论，反映了数千年来的剥削制度，特别是近代以来“三座大山”造成中国社会长期贫困，使民众动辄陷入困境甚至绝境，成为弱势群体的客观事实；一定程度上也是他

① 中国李大钊研究会编注：《李大钊全集》（最新注释本）第一卷，人民出版社2006年版，第12页。

② 中国李大钊研究会编注：《李大钊全集》（最新注释本）第二卷，人民出版社2006年版，第273页。

③ 同上书，第334页。

④ 中国李大钊研究会编注：《李大钊全集》（最新注释本）第五卷，人民出版社2006年版，第33页。

运用马克思主义阶级分析方法剖析中国社会的结果；同样说明在近代以来中西文化的碰撞、交流中，他关于弱势群体成因问题的认识，已摆脱传统的个人因素论，开始向富于现代气息的理念转变。

李大钊将弱势群体问题归因为旧的社会制度，有利于使弱势群体问题“在向社会主义过渡的过程中，其‘问题性’得到肯定甚至是强化，取得社会问题的合法社会地位”[①]。但这种归因特点，显然因忽视了其他因素而不够全面，如当时他对滋生弱势群体的其他重要因素，如我国的资源禀赋——人口众多、可耕地有限等就没能认识清楚。这种认识的局限容易使一些本来存在的弱势群体问题被遮蔽，也容易使人们对弱势群体问题存在的长期性缺乏足够认识。

二、对弱势群体社会救助工作必要性与重要性的认识

社会救助是社会保障制度的第一道防线和组成部分之一。在大的社会变革时期，相对于其他社会保障措施，社会救助的重要性凸显。所以对社会救助工作必要性与重要性的认识，是分析和把握弱势群体社会救助问题的又一关键所在。

自古以来，弱势群体问题就是社会风险的渊薮，所以研究灾荒史的邓云特如此总结灾民与政局、社会秩序的关系：“我国历史上累次发生的农民起义，无论其范围大小，或时间的久暂，实无一不以荒年为背景，这实已成为历史的公例。”[②]荒年意味着大量自然性弱势群体——灾民的产生，农民起义则是社会与政局稳定的严重威胁，荒年必导致农民起义可见弱势群体问题的严重性和社会救助的重要意义。

---

① 李立志：《变迁与重建：1949—1956 年的中国社会》，江西人民出版社 2002 年版，第 195 页。

② 邓云特：《中国救荒史》，生活 · 读书 · 新知三联书店 1958 年版，第 105 页。

1917年，李大钊在《学生问题》一文中也提出类似思想：“凡社会对于一特定之阶级，一特种之身份，存排斥之见，轻蔑之心不肯与以同情，不愿畀以职业，限制其活动，屈抑其地位，则居此阶级、具此身份者之生活，必成为社会问题。既已成为社会问题，而社会视之犹不加以注意，以谋救济解决之道，俾得相当之分以去，而因以善其身安其境，则必至酿成社会革命而后已。”[①] 1920年，他在《变革的原动力》一文中又指出：“饥饿是变革的原动力，法兰西大革命，饥饿是重要原因；俄罗斯大革命，饥饿也是重要的原因。今年北方旱蝗并作，灾区很广，才是初秋，已经饿殍遍野了，等到明春，更不知惨到甚么样子！军阀、财阀、政客们，还是旁观坐视，依样横行。将来恐不免要造一回大变革。”[②]后来，他又说：“工人过剩了，失业者多了，社会秩序因之愈为紊乱。”[③] 这说明，在李大钊看来，包括弱势群体问题在内的社会问题，如得不到及时解决很可能酿成社会革命，威胁政权的稳定和社会的安宁，而救助弱势群体无疑具有维护政权稳定和社会安宁的重要意义。

我们知道，通常情况下，弱势群体问题并不一定必然导致社会的非稳定性和影响政权的巩固。比如失业现象，“失业率控制在一个保障社会稳定所许可的范围内、不突破社会承受能力的警戒线，更重要的是建立健全比较完善的社会保障体系，一定限度的失业不至于影响社会稳定，反而有利于提高社会劳动生产率”[④]。李大钊对

① 中国李大钊研究会编注：《李大钊全集》（最新注释本）第二卷，人民出版社2006年版，第85页。

② 中国李大钊研究会编注：《李大钊全集》（最新注释本）第三卷，人民出版社2006年版，第213页。

③ 中国李大钊研究会编注：《李大钊全集》（最新注释本）第四卷，人民出版社2006年版，第369页。

④ 李占才：《建国初期共产党人的劳动就业观》，《同济大学学报》2002年第5期。

弱势群体“问题性”的认识，是在当时社会保障不足的情况下，他将比较严重的弱势群体问题置于社会变革背景下予以关注的结果。

如果说李大钊关于弱势群体的社会制度、结构归因论，有利于使弱势群体问题在向新的社会制度过渡时获得合法地位从而具备解决可能性的话，那么他对弱势群体“问题性”和社会救助重要性的认识，就在一定程度上引导着人们主动和自觉地开展社会救助工作，有助于提高弱势群体社会救助政策制定的快速性、有效性以及实施力度。

三、对社会救助内涵和途径的认识

不论对弱势群体成因及其“问题性”的认识如何，解决弱势群体问题最终得诉诸社会救助工作。那么，什么是社会救助？怎样进行社会救助？对此，不同历史时期人们的理解是不同的。这也直接决定了社会救助不同方式的选择。对这一问题的认识，涉及理论和实践两个层面的问题，在社会救助理念中具有重要意义。

马克思认为，社会上贫困的根源是生产资料的不平等占有，生产资料的不平等占有又是社会制度造成的。所以只有通过彻底改变资本主义的生产关系才能最终解决贫困问题。

李大钊是中国最早的马克思主义者和共产主义者。在根据马克思主义分析中国社会贫穷落后的根源和中国社会存在的问题时，基于制度造就弱势群体的认识，认为弱势群体问题的解决，最根本的办法是彻底改变不合理的社会制度。1919 年 8 月，在《再论问题与主义》一文中，李大钊曾宏观地讲，在当时“没有组织没有生机”的中国，“恐怕必须有一个根本解决，才有把一个一个的具体问题都解决了的希望”[①]。1922 年 1 月，他又指出，要“救济自杀者”——“生活上的弱者、失败者、落伍者”，应该是“大家一同来改造这缺陷的社会”[②]。而救助妓女，“根本解决的办法，还是非把这个社会现象背后逼着一部分妇女不去卖淫不能生活的社会组织根本改造不可”[③]。

对于暂时不具备“政治的设备”“社会的设备”，而无可能根本解决的弱势群体问题，李大钊则主张用社会政策。如，1917 年，他在《可怜之人力车夫》一文中，对于“一时无善策”拯救的“可怜之人力车夫”，他主张“以警察之力干涉车主（指出赁人力车者）之设备。俾奔走老瘁之车夫，稍受涓埃之保护，或足以聊慰其不平之情乎？”同时，根据“北京浊尘漫天，马（渤）勃牛溲都含其中，车马杂沓之通衢，飞腾四起，车夫哮喘以行其间，最易吸入肺中。苟有精确之观察，年中车夫之殭（殭）卧而死者，必以患肺病者居多”的情况，提出“应令车主每车备一避尘口囊，警察告以理由，令车夫于行路时使着之，一也；冬时备一双手囊，二也；夏时备雨衣雨帽各一具，置车厢中备用，三也”[④]。对于其他困难群体，如，对于陷入无业等困难境地的学生，李大钊主张“俾于教育方针、商工事业、政治制度速谋救济之方”[⑤]；对于街上的乞丐，他主张“多立贫民学校、贫民工厂、孤儿院、恤老院”，“幼年的儿童，送入贫

① 中国李大钊研究会编注：《李大钊全集》（最新注释本）第三卷，人民出版社 2006 年版，第 6 页。

② 中国李大钊研究会编注：《李大钊全集》（最新注释本）第四卷，人民出版社 2006 年版，第 35、36 页。

③ 朱文通等整理编辑：《李大钊全集》第三卷，河北教育出版社 1999 年版，第 214~216 页。

④ 中国李大钊研究会编注：《李大钊全集》（最新注释本）第一卷，人民出版社 2006 年版，第 264 页。

⑤ 中国李大钊研究会编注：《李大钊全集》（最新注释本）第二卷，人民出版社 2006 年版，第 87 页。

民学校或孤儿院，由校或者院给他衣食，教养成人，去自营生业；中年的人，送入贫民工厂做工，贫民工厂应该是公立的，或对私立的加以严重的监督，以防资本家以慈善为名从中取利；衰老的人，送入恤老院”；为解决娼妓问题，他提出“扩充济良所，有愿入所的娼妓，不问他受虐待与否，一概收容。济良所应该是教育机关兼着工厂的组织”的主张。[①]

由此可见，李大钊主张采取社会革命和社会政策两种途径救助弱势群体。通过社会革命来解决弱势群体问题，在当时的时代背景下，是治理弱势群体的根本办法；在社会革命条件不具备的情况下，采取社会政策，有利于解决弱势群体的燃眉之急。采取社会革命和社会政策两种途径救助弱势群体，既立足眼前，又着眼长远，标本兼治，无疑是正确的。

四、对社会救助中主、客体的认识

马克思主义认为“国家是社会在一定发展阶段上的产物；国家是承认：这个社会陷入不可解决的自我矛盾，分裂为两个不可调和的对立面而又无力摆脱这些对立面。而为了使这些对立面，这些经济利益相互冲突的阶级，不致在无谓的斗争中把自己和社会消灭，就需要有一种表面上凌驾于社会之上的力量，这种力量应当缓和冲突，把冲突保持在‘秩序’的范围以内：这种从社会中产生但又自居于社会之上并且日益同社会相异化的力量，就是国家”[②]。这其中阐释了国家的一项非常重要的职能，即管理公共事务的职能。作为

---

① 中国李大钊研究会编注：《李大钊全集》（最新注释本）第三卷，人民出版社 2006 年版，第 52、53 页。

②《马克思恩格斯选集》第四卷，人民出版社 1995 年版，第 170 页。

中国最早的马克思主义者，李大钊也秉承这一观点。他既然将弱势群体问题的出现归咎为“权威者”“社会制度”，那么，顺理成章，他是将政府作为解决弱势群体第一责任主体的。

李大钊不仅将政府视为社会救助责任主体，而且囊括了整个社会。1919 年他在《再论问题与主义》一文中指出：“一个社会问题的解决，必须靠着社会上大多数人共同的运动。那么，我们要想解决一个问题，应该设法使他成了社会上多数人共同的问题。”[①] 这里的“多数人”甚至包括弱势群体自身。如李大钊在《学生问题》（二）中指出：“凡社会问题，固赖社会各方之协力，始易于解决。然为人谋者，不如自为谋者之忠且切，乃人情之常。故工人问题之解决，以工人自己运动之力居多。妇人问题之解决，依妇人自身觉醒之力过半。”所以主张包括无业之学生在内的弱势群体要“与自然抗，与人事竞”，因为唯有“待其本身之运动觉醒，依自力以为奋斗”，才能使“社会许以权利，赉以自由，遇以同情，待以公理”[②]。

由此可见，在李大钊看来，社会救助主体是一个庞大的集合体，不仅包括政府，而且包括社会，甚至弱势群体自身。

关于社会救助客体，尽管李大钊没有专门论述，但我们翻阅《李大钊全集》可以发现，李大钊在其诸如《大哀篇》《可怜之人力车夫》《学生问题》《新自杀季节》《废娼问题》《万恶之原》《被裁的士兵》《归国的工人》《论自杀》《中国内战与中国农民》《中国内战与中国工人》和《学生问题》（二）等著述中，将处于弱势地位的灾民、失业者、乞丐、妓女、鳏寡孤独残疾者等视为社会救助对象。

---

① 中国李大钊研究会编注：《李大钊全集》（最新注释本）第三卷，人民出版社 2006 年版，第 1 页。

② 中国李大钊研究会编注：《李大钊全集》（最新注释本）第二卷，人民出版社 2006 年版，第 88 页。

换句话说，李大钊认为社会救助客体大致包括失业人员（工人、学生等）、城市贫民、贫农、鳏寡孤独及妓女、乞丐等群体。

研究社会救助问题的首要难题是确定谁是救助对象、依据什么标准确定救助对象。"表面上，这个问题是非常具有技术性和操作性的议题，实质上，这是最基础与最关键的价值议题，因为它能够典型地反映特定社会价值取向与社会主流意识形态，反映社会的宽容大度、同情不幸、博爱世人、互助互济和保护弱者之情。"[①]李大钊对上述救助对象的认定，是其代表广大人民利益特别是下层人民利益价值取向的直接反映。

结束语

综上所述，李大钊对弱势群体与社会救助的核心理念，即那些关系到整个社会救助制度全局性安排和战略性决策的基础性与关键性的重要问题，包括有关弱势群体的成因、弱势群体社会救助的必要性与重要性、社会救助的内涵和途径以及社会救助中主、客体关系等诸多方面，都作了阐释，初步形成了其社会救助思想体系。李大钊社会救助思想颇有创新性：

第一，救助途径的积极性。

中国古代社会救助奉行的是与农业社会相适应的、以救灾和济贫为主要内容的"重养轻教"的救助理念。这种理念在社会财富总量有限的情况下不仅会造成救济不力，也容易使受助者养成严重的依赖心理或承受较深的负债心理，其消极性显而易见。近代以来，由于国势衰微，"养民无术"以及"西风东渐"的影响，中国思想界开始反思我国传统救济方式的弊病，主张西方"富国养民""以

① 刘继同：《英国社会救助制度的历史变迁与核心争论》，《国外社会科学》2003 年第 3 期。

教代养”“教养并重”的理念，社会救助理念开始由消极向积极的方向转变[1]。

李大钊则在前人的基础上进行了进一步的创新。在李大钊社会救助思想体系中，救助手段包括两个层面：其一，根源于制度造就贫困的思想认识，李大钊把社会革命当作解决中国弱势群体问题的根本措施之一。其二，根据马克思的唯物史观，李大钊提倡弱势群体要立足于提升自救能力。可见，李大钊社会救助思想不仅已经完全突破了中国古代社会消极的“养民”思想，而且将变革社会制度、改变生存环境，与帮助弱势群体恢复其自救能力、为其自救创造条件等治本之策叠加起来救助弱势群体，其“积极”性异常显著。这一方面可以为弱势群体的自救和发展提供基本的平台，有利于调动个体的潜能，以发展促救助，从而实现有效救助；另一方面可以钝化社会矛盾，维护社会公正和效率，这对推动社会救助的可持续发展和社会进步无疑具有重要意义。

同时，按照惯常的理解，社会救助是指国家和社会面向由贫困人口与不幸者组成的社会脆弱群体提供款物接济和扶助的一种生活保障政策，在社会救助的内涵中对社会救助与国家政治经济生活的关系鲜有涉及。李大钊明确指出了民族独立、人民翻身解放对社会救助事业的决定性作用，它不仅是社会救助发展的政治制度前提，又是社会救助的主要内容，这清楚地说明了国家政治与社会救助的关系，反映了李大钊广阔和综合性的理论视野。

第二，救助主、客体认定上的现代性。

在对社会救助主体范围的认定上，李大钊不仅将国家视为责任

① 董根明：《从“重养轻教”到“救人救彻”》，《中国社会科学院研究生院学报》2005年第5期。

主体，而且囊括了整个社会，特别是社会救助一定要依靠弱势群体自身，主要靠发掘弱势群体的自救能力来实现，这是以往没有的。这事实上是强调社会救助中政府的责任性和能力的有限性，与现代政治学的理念不谋而合。政府、社会与弱势群体自身协同救助，不仅反映了他社会救助思想的现代性，而且无疑对社会救助事业的持续发展大有裨益。

传统的礼法社会对受接济者有着强烈的道德要求，违反纲常伦理的人是得不到社会关怀或同情的。近代以来这种状况虽有所改观，但仅是刚刚起步。李大钊对救助客体的认定则完全摆脱了传统社会的伦理道德标准，将妓女、乞丐等群体都纳入关怀的范围，反映了他在弱势群体认定上民主与平等意识、民权与法制观念的增强。

社会救助是社会保障制度中最古老、最基础与最重要的部分。任何一个社会如何对待那些需要得到帮助的人的理念都会折射出特定社会的思想观念与价值取向。综上分析可见，李大钊社会救助思想确立的过程，是中国传统的社会救助观念在马克思主义影响下的一个自我完善与再生的过程。它是李大钊变革旧的社会制度、建设新的社会制度的理论体系的一部分，或与其密切相关，反映了中国共产党人的主导价值观。

在中国革命中产生和发展起来的李大钊的社会救助思想，对什么是社会救助、怎样进行社会救助以及谁是救助主体、客体等社会救助的核心问题重新加以审视，成就了一种视角新颖的社会救助学说，不仅为我们提供了丰富的思想源泉，而且对当今中国社会救助制度安排和实践模式选择有重要的指导意义。

（高冬梅，原载《纪念李大钊诞辰120周年学术论文选集》，云南教育出版社2011年版）

四、妇女解放思想及统战思想

试论五四时期李大钊的妇女解放思想

五四运动是我国新民主主义革命的开端，也是我国新民主主义时期妇女解放运动的起点。在五四先驱中，李大钊最早宣传马克思主义的妇女解放思想。五四时期，他除了积极宣传民主、科学、文学革命和传播马克思主义之外，还在其演讲和著作中阐述了关于妇女解放的思想。这无论是对于我国新民主主义革命时期妇女解放运动的兴起，还是对于中国共产党妇女运动理论的形成都具有十分重要的意义。

在纪念李大钊诞辰100周年之际，笔者循着李大钊思想发展的轨迹，就其对于妇女解放问题的论述略作探讨，以就教于史学界同行和师友。

1915年9月，《青年杂志》（第二期改为《新青年》）在上海创刊，标志着以宣传民主、科学和文学革命为主要内容的新文化运动的兴起。在新文化运动的影响下，冲破封建束缚、要求妇女解放的呼声愈来愈高。新文化运动伊始，李大钊首先就把批判的锋芒指向了统治中国人民长达两千年之久的封建制度和长期束缚广大妇女的道德礼教、宗法思想、三纲五常和忠孝节烈，等等。对遭受封建制度压迫的广大妇女予以深切的同情，唤醒她们觉悟，号召她们从封建压迫的最底层起来进行斗争。他指出："看那两千余年来支配中国人精神的孔门伦理，所谓纲常，所谓名教，所谓道德，所谓礼义”，“都是牺牲被治者的个性以事治者”[①]。对封建礼教进行了无情的揭露。

1919年11月，长沙发生了青年女子赵五贞因父母强逼出嫁，在花轿中愤怒自杀一事。长沙《大公报》披露这一消息后，引起社会各界的巨大震动。11月9日，李大钊在《新生活》杂志第十二期发表了一篇犀利的短文，以愤怒的文字揭露了封建制度下买卖婚姻给广大妇女造成的悲剧："一群告化子拥着一顶红轿，帘幕封得紧紧的，几个人抬着飞跑，好像掠夺来的物品一样。这是中国结婚的仪式！这是中国女子的人格！"[②]在这种买卖婚姻的交易中，不知葬送了多少劳动妇女的幸福和生命。

几乎同时，在北京女高师又发生了广西学生李超，因家庭固守“女子无才便是德”的信条，以断绝经济来源相威胁，逼她中途辍学，李超忧愤交加，积悲成疾而死。李超之死，引起了教育界的广泛同情和愤怒。11月9日，李大钊和北京大学校长蔡元培先生以及胡适等人一起发起、参加了李超女士的追悼大会，并发表了演说，这次追悼会对当时的妇女解放有着一定的影响。追悼会后，女高师的学生为李超之死写了话剧进行上演，并将所得收入办各种妇女学校和识字班等，一直坚持了几个月[③]。

对于这种在封建社会里，妇女的悲惨命运和痛苦，李大钊进行了淋漓尽致的描述。他指出，几千年来，广大妇女受奴役受压迫，没有就学、做工及选择职业等自由，这是严重的社会问题。“至于夫妇关系，更把女性完全浸却：女子要守贞操，而男子可以多妻

①《李大钊文集》（下），人民出版社1984年版，第178~179、183页。

② 同上书，第121页。

③ 彭明：《五四运动史》，人民出版社1984年版，第647页。

蓄妾；女子要从一而终，而男子可以细故出妻；女子要为已死的丈夫守节，而男子可以再娶。就是亲子关系的'孝'，母的一方还不能完全享受，因为伊是隶属于父权之下的；所以女德重'三从'，'在家从父，出嫁从夫，夫死从子'。""只用几个'顺''从''贞节'的名辞，使妻的一方完全牺牲于夫，女子的一方完全牺牲于男子。"[①] 这些精辟的分析反映了李大钊对妇女悲惨命运的同情以及对妇女解放运动的支持。

恩格斯曾经指出："在任何社会中，妇女解放的程度是衡量普遍解放的天然尺度。"[②]李大钊并没有仅仅局限于对妇女命运的同情，而是通过男女不平、包办婚姻以及广大妇女所遭受的种种压迫，对封建社会制度进行了痛斥和无情的鞭挞。

李大钊认为，在封建社会和半殖民地半封建社会里，妇女处于社会的最底层和遭受的不平等待遇，完全是由社会制度造成的。他曾在两篇文章中讲到，"在一个社会里，如果只有男子活动的机会，把那一半的妇女关闭起来，不许伊们在社会上活动，几乎排出于社会的生活以外，那个社会，一定是个专制、刚愎、横暴、冷酷、干燥的社会，断没有'平民主义'的精神。"[③] 妇女地位是由社会"经济的构造"决定的，压迫妇女的，不是男子，而是"有产阶级（包括男女）专断的社会制度"。

反对封建专制，要求民主，是五四时期的主要口号。而广大妇女的受压迫则是封建统治的死角。对她们来说，没有丝毫的民主。李大钊把妇女解放与反对封建制度、争取民主权利联系起来，论

①《李大钊文集》（下），人民出版社 1984 年版，第 178~179、183 页。
②《马克思恩格斯选集》第三卷，人民出版社 1972 年版，第 411~412 页。
③《李大钊文集》（下），人民出版社 1984 年版，第 604、605 页。

述了妇女解放与民主的关系。他认为：“妇女解放与 Democracy 很有关系。有了妇女解放，真正的 Democracy 才能实现。没有妇女解放的 Democracy，断不是真正的 Democracy。我们若是要求真正的 Democracy，必须要求妇女解放。”①李大钊主张用妇女解放的“天然尺度”来衡量一个社会的民主。在漫长的封建社会里，广大妇女身受封建政权、族权、神权、夫权的重重压迫，在死亡线上挣扎。推翻封建制度，要求民主，就必须使广大妇女获得解放，这是反封建不可缺少的重要内容。“在妇女没有解放的国家，绝没有真正的‘平民主义’。”即使“现代欧美号称自由的国家，依然没有达到真正的‘平民主义’的地步，因为他们一切的运动、立法、言论、思想，都还是以男子为本位，那一半的妇女的利害关系，他们都说不关心”②。资产阶级民主有其虚假和不彻底的一面。而“若想真正的‘平民主义’在中国能够实现，必须先作妇女解放的运动”③。李大钊把妇女解放与反对封建制度，实现民主紧密地结合起来，号召人民和广大妇女起来进行斗争，这对于推动五四时期蓬勃兴起的妇女解放运动有着重要意义。

男女不平等并不是有史以来就存在的。李大钊从人类社会之初考察起，追根溯源，分析了妇女社会地位的变化，并指出其原因。他认为：“妇女在社会上的地位，随着经济状况变动。”④他从经济的发展、生产力的提高来分析推动妇女解放运动发展的物质原因。“因为近代工业进步的结果，添出了很多宜于妇女的工作，也是助她们解放运动的一个原因。”⑤近代工业的发展，经济的繁荣，为妇

①《李大钊文集》（下），人民出版社 1984 年版，第 102 页。
② 同上书，第 604、605 页。
③ 同上。
④ 同上书，第 144 页。
⑤ 同上书，第 178~179、183 页。

女的解放提供了物质条件，使之成为不可阻挡的历史潮流。恩格斯指出："妇女的解放，只有在妇女可以大量地、社会规模地参加生产，而家务劳动只占她们极少功夫的时候，而这只有依靠大工业才能办到，现代大工业不仅容许大量的妇女劳动，而且是真正要求这样的劳动，并且它还越来越要把私人的家务劳动溶化在公共的事业中。"[①]

不仅如此，就是压迫妇女的"孔子的学说所以能支配中国人心有二千余年的原故，不是他的学说本身具有绝大的权威，永久不变的真理，配作中国人的'万世之表'，因他是适应中国二千余年来未曾变动的农业经济组织反映出来的产物，因他是中国大家族制度上的表层结构，因为经济上有他的基础"[②]。因此，"经济问题的解决，是根本解决"。"经济问题一旦解决"，"女子解放问题"等都可以解决[③]。关键的问题是打破压迫妇女的经济基础和社会制度。

新文化运动初期，社会上有着各种各样的妇女解放思潮。它们有的主张争取参政权、教育权等等，进行改良主义的妇女解放运动，以达到妇女解放的目的，不寻求根本的解决。有的宣传极端的女权主义学说，主张废除婚姻、消灭家庭的个人绝对的自由主义。

1918 年 6 月 15 日，《新青年》第四卷第六号上刊登了挪威戏剧家易卜生的剧本《娜拉》，此剧宣传男女平等，主张妇女解放。女主人公娜拉由于不堪忍受封建家庭的束缚而出走。剧本发表和上演后，引起思想界和广大妇女的反响。但是，怎样根除娜拉的悲剧呢？迫切需要在理论上予以阐明。

①《马克思恩格斯选集》第四卷，人民出版社 1972 年版，第 158 页。

②《李大钊文集》(下)，人民出版社 1984 年版，第 178~179、183 页。

③ 同上书，第 37 页。

面对各种各样的思潮和问题，李大钊认真分析和研究了妇女解放的根本道路问题。他指出，只有在马克思主义的指导下，推翻压迫妇女的社会制度，才能使广大妇女获得真正的解放。他的这一思想既区别了资产阶级的女权主义学说，又区别了无政府主义的妇女解放思潮，李大钊最早在理论上阐述了马克思主义的妇女解放思想。

1919 年 2 月 15 日，李大钊在《新青年》杂志发表的《战后之妇人问题》中指出："我以为妇人问题彻底解决的方法，一方面要合妇人全体的力量，去打破那男子专断的社会制度；一方面还要合世界无产阶级妇人的力量，去打破那有产阶级（包括男女）专断的社会制度。"[①]他还辛辣地指出，妇女没有平等地位、未获彻底解放的社会是一个患有"半身不遂"的社会。当时，上海有人提出"废娼问题"，某报开辟一栏，以征求社会上对这一问题的意见。但登出好久，并没有一人应声。4 月 27 日，李大钊在《每周评论》上发表了《废娼问题》一文，为此事感叹道："可见中国人一般的心理，都不认妇女有个人格。这真是可怜的现象！"[②]李大钊在论述了关于废娼问题的种种道理之后，精辟地指出，对于这一问题，决非只采取禁止人身买卖、实行女子强迫教育等"治标"的办法所能解决了的。"根本解决的办法，还是非把这个社会现象背后逼着一部分妇女不去卖淫不能生活的社会组织根本改造不可。"[③]要改造这一社会制度，达到妇女解放，"决非简单的平民团体所能办到；非组织强有力的政治团体去解决他不可！有了强有力的政治团体，则能握到政权。先得到了政权，则可以徐图解决自身问题"[④]。"在私有财产制度

①《李大钊文集》（上），人民出版社 1984 年版，第 640 页。
② 同上书，第 678 页。
③ 同上书，第 679 页。
④《李大钊文集》（下），人民出版社 1984 年版，第 586 页。

下，妇女真正的解放是不可能的”，“只有无产阶级获得了政权，妇女们才能得到真正的解放”[①]。这些论述表明李大钊的思想已向马克思主义方向转变。这一转变不是空洞的，而是脚踏实地的，有着深刻的思想基础。他并不是只从词句上介绍和宣传一些皮毛，而是从马克思主义的本质方面，联系中国的具体实践予以阐述，也展示了李大钊作为中国第一个马克思主义者的理论水平。

广大妇女要获得真正的解放，就必须进行妇女解放运动。李大钊指出：“二十世纪是被压迫阶级底解放时代，亦是妇女底解放时代；是妇女寻觅伊们自己的时代，亦是男子发现妇女底意义的时代。”[②]

关于妇女解放运动，李大钊首先从世界历史的角度划分了十月革命前后国际妇女运动的不同。十月革命前，“多数劳工妇女在资本阶级压制之下，少数中流阶级的妇女断不能圆满达到女权运动的目的。反之，劳工妇女运动若能成功，全妇女界的地位都可以提高”。十月革命后，“苏俄劳农政治下妇女享有自由独立的量，比世界各国的妇女都多，就是一个显例”。他还介绍说，“第三国际的执行委员会，于1920年指定Clara Zetkin为妇女共产党的国际的书记，计划着开一国际共产党劳工妇女会，示全世界劳工阶级妇女以正当的道路，以矫正大战开始后1915年在Berne开的第一次国际妇女大会的错误。这又为女权运动开一新纪元。”[③]

其次，李大钊还用阶级分析的方法论述了各种妇女运动的区别。宗教的妇女运动，对于“社会上有不安宁或困难及痛苦之现象

① 中央档案馆编：《中共中央文件选集》第一册，中共中央党校出版社1982年版，第57页。

②《李大钊文集》(下)，人民出版社1984年版，第513~516页。

③ 同上。

发生后，临时讲求救济之术，究竟所以发生不安宁或困难及痛苦之由来，则毫不过问，舍本逐末，必将有防之不胜其防之隐忧”，不能从根本上解决问题。“母权的妇女运动，在北欧极盛”，“其唯一理由，以为妇女在社会上应有一种特别权利，国家亦当为极充分之保护”。极力强调妇女的特别权利。“女权的妇女运动，为中流阶级的妇女运动，即资产阶级的女子，其居于社会之地位，虽亦有较男子为高者，但实际考察，仍不免有极不平等之现象，故必毅然突起，为两性平权之运动。”[①] 而无产阶级的妇女解放运动，主张无论“男子统治女子，女子统治男子”，“均为社会主义的精神所不许”[②]，“无产阶级的妇女运动，对于那种阶级的差别，绝不过问，只求同阶级中之人类，俱得享有同等之权利，并不承认社会现象中有压迫与被压迫两种阶级之事实，极力主张无产阶级的妇女，应与男子同等加入人权运动团体中。换言之，其所主张者，确在男女两性都不处于压迫与被压迫之地位”[③]。

就当时的中国而言，李大钊历数了妇女解放运动中应主张实现的种种权利：选举与被选举权、民法、刑法、婚姻法上的种种权利以及参政权、受教育权，等等。“一切男子之职业，女子可以参加者，均须有同等参加之权。”[④] 他指出，当今中国是军阀专横之时代，无论宗教的、母权的、女权的、无产阶级的妇女运动，都必须联合起来，“可合而不可分，可聚而不可散，可通力合作而不可独立门户”。如果这样，“则今之为女权运动者，始得曰成功！”[⑤] 李大钊对

①《李大钊文集》（下），人民出版社 1984 年版，第 626~628 页。
② 同上书，第 574 页。
③ 同上书，第 626~628 页。
④ 同上。
⑤ 同上。

妇女解放运动的阐述，与中国共产党成立后所做的关于妇女解放的决议是一致的，宣传了马克思主义的妇女解放运动理论，为中共妇女解放思想的形成和传播作出了重要贡献。

李大钊不仅在理论上阐述了妇女解放的思想，而且还多次在不同场合进行讲演和宣传，并在实践上对妇女运动进行具体指导。

1920 年 7 月，李大钊被北京女子高等师范学校聘请讲授《社会学》和《女权运动史》两门课程，使学生“初步接触到马列主义的理论，了解俄国十月革命的情况，世界劳动妇女争取自由平等的动态”[①]。李大钊在课堂上大声疾呼：“马列主义给妇女指出了一条正确的道路，只有社会性质改变，只有在共产主义社会，妇女才能获得真正的解放。”[②]将近考试时，李大钊又给学生们布置了“论妇女解放”的论文题目，并在评卷中选出一二篇送到校刊发表。7 月 21 日，李大钊还担任了北京大学妇孺救济会调查部主干。除此之外，他还多次应女权运动同盟会或其他学校和团体的邀请进行演讲，大力宣传马克思主义的妇女解放理论和近代妇女运动、无产阶级妇女解放运动的情况，在理论上武装广大妇女，提高了她们的觉悟。

又比如，天津“觉悟社”成立后的第五天，李大钊就受天津学生联合会和女界爱国同志会的联合邀请来天津演讲。他对“觉悟社”成立一个男女合组的团体和出不定期的刊物表示赞成。1920 年 8 月，“觉悟社”的社员在北京通过了《改造联合宣言》之后，“留京的几个社员即在李大钊先生领导下从事劳工、妇女和青年学生运动”[③]。他以自己的革命实践活动影响和支持着广大妇女投身于妇女

① 中国社会科学院近代史研究所编：《五四运动回忆录》上册，中国社会科学出版社 1979 年版，第 277、593 页。

② 同上。

③ 同上。

解放运动之中。

综上所述，李大钊在五四时期阐述的关于妇女解放的思想是对马克思主义妇女解放理论的一大贡献，对于中国共产党妇女解放理论的形成具有重要作用。第一，他在宣传民主、科学和文学革命，传播马克思主义的同时，对封建制度下广大妇女悲惨命运的实质进行了揭露，对封建专制制度和两千余年来的封建伦理道德进行了辛辣的批判，号召广大妇女起来进行斗争，解放自己。第二，他把反对封建专制，提倡民主与妇女解放联系起来，把妇女解放看作衡量社会民主的“天然尺度”。第三，他从人类社会之初考察起，论述了男女不平等的根源在于社会的“经济结构”，而要对之进行改造，必须靠“政治团体”组织起来，夺取政权，打破男女不平等的社会制度，主张“根本的解决”。既不同于只解决一个一个问题的资产阶级女权主义，也不同于主张绝对自由的无政府主义。他认为，只有在马克思主义的指导下，进行革命、消灭私有制，才是解放妇女的根本道路。在五四先驱中，李大钊首先阐述和宣传了马克思主义的妇女解放思想。第四，他区分了十月革命前后妇女运动的不同特点以及各种妇女运动的本质区别。他指出，无产阶级的妇女解放运动主张“男女两性都不处于压迫与被压迫的地位”。

此外，李大钊还多次讲演和宣传马克思主义的妇女解放理论，并对五四时期的妇女解放运动进行具体的指导，鼓舞和支持了正在兴起的新民主主义的妇女解放运动。

李大钊五四时期的妇女解放思想是他留给后人的宝贵遗产，我们要认真地进行研究和继承。

（肖贵清，原载《李大钊研究》第一辑，河北人民出版社 1991 年版）

李大钊个性解放思想解析

19世纪末，伴随着西方文明的传播和西学东渐的历史潮流，“个性解放”“人格独立”“人本主义”等西方社会政治思想开始传入中国，并逐渐成为冲击封建专制政治思想的潮流。个性解放的核心是人本主义，是人作为一个自然人与生物人的确立，是人自我意识的苏醒，是人的生存价值和生命意义的追求和实现，是人在整个自然世界与人类社会中个人地位的确认。“个性解放”在中国真正成为一个时代的主题，是在新文化运动时期。以陈独秀、胡适、李大钊等为代表的新文化运动倡导者，高举民主科学的旗帜，发起新文化运动，提出了“人格独立”“个性解放”等西方资产阶级上升时期的理念，并将其摆在思想启蒙的中心位置。

在五四进步思想家中，胡适对个性解放的认识和阐述，曾产生过较大的影响。李大钊对“个性解放”进行了思考，并初步形成了自己的思想。尤其是他接受马克思主义以后，对“个性解放”的认识，也不断深化和成熟。他的这些认识散见于《民彝与政治》《宪法与思想自由》《危险思想与言论自由》《由平民政治到工人政治》《战后之妇人问题》《现代的女权运动》《自由与秩序》《平民主义》等文中。

关于李大钊思想研究，近些年研究成果颇丰。特别是对其民主思想、“民彝”思想、妇女解放思想等挖掘较深，而从个性解放的角度进行的研究寥寥无几。本文试图就李大钊对“个性解放”与专制、民主的关系，与自由的关系，与社会主义的关系，与社会解放的关系等作一考察，以期有助于更全面地理解李大钊的民主思想和社会主义思想。同时，研究这一问题，对于我们今天如何坚持和做到“以人为本”，促进人的全面发展具有一定的借鉴意义。

一、个性解放与民主主义、专制主义

从历史发展来看，个性解放是实现民主政治的基础，又是实现民主政治的重要内容，它与封建专制主义是根本对立的。

李大钊把英文的“Democracy”一词翻译成唯民主义、平民主义、民主主义，或直译为“德谟克拉西”。他清楚地阐明了个性解放与民主、专制的关系，即：“德谟克拉西，原是要给个性以自由发展底机会；从前的君主制度，由一个专制压迫民众，决不能发展民众各自的个性，而给以自由。”①反之，“德谟克拉西，无论在政治上、经济上、社会上，都要尊重人的个性”②。十分明确地指出了个性解放、个性自由与民主政治的关系，是相辅相成、密不可分的。同时，李大钊认为，现代民主精神的内涵，“就是大凡在一个共同生活组织中的人，无论他在什么种族、什么属性、什么阶级、什么地域，都能在政治上、社会上、经济上、教育上得一个均等的机会，去发展他们的个性，享有他们的权利”③。这就进一步说明了二者之间的密切关系。并且强调指出：“个性自由之不能不要求，代议政治之不能不采行。”④

众所周知，辛亥革命之后，袁世凯凭借武力，始则专制，继

① 朱文通等整理编辑：《李大钊全集》第三卷，河北教育出版社 1999 年版，第 676 页。
② 同上书，第 677 页。
③ 同上书，第 164 页。
④ 同上书，第 45 页。

则称帝，民主共和，空有其名，官僚政客勾结军阀，结党营私。民国初期的社会现状让李大钊感到深深的失望，于是，他把批判锋芒指向了封建专制主义，《民彝与政治》一文，可以说是批判袁世凯封建复古主义的战斗檄文。“李大钊的民彝思想，其内涵和外延虽然是比较丰富和复杂的，它并不限于对袁世凯的封建主义进行批判，但是，应该看到，对于袁世凯封建主义的批判，却确实是它最主要的内容，是它内容的最基本部分。”[①] 李大钊批判了袁世凯的英雄主义观，英雄史观在袁世凯窃国复辟的过程中，曾起过特别重要的作用，袁世凯曾一度被国人看作是“华盛顿”“拿破仑”式的英雄。李大钊认为，英雄主义是专制之源，并指出：“迷信英雄之害，实与迷信历史同科，均为酝酿专制之因、戕贼民性之本，所当力自湔除者也。”[②] 对于袁世凯的复辟帝制，李大钊更是给予了无情的鞭挞，“两三年前，吾民脑中之神武人物，曾几何时，人人倾心之华、拿，忽变而为人人切齿之操、莽，袒裼裸裎，以暴其魑魅魍魉之形于世，掩无可掩，饰无可饰”。[③] 并大声呼吁：“今犹有敢播专制之余烬、起君主之篝火者，不问其为筹安之徒与复辟之辈，一律认为国家之叛逆、国民之公敌，而诛其人，火其书，殄灭其丑类，摧拉其根株，无所姑息，不稍优容，永绝其萌，勿使滋蔓，而后再造神州之大任始有可图，中华维新之运命始有成功之望也。”[④]

李大钊认为对封建礼教的批判有助于打破政治上的权威主义和传统的价值观的束缚，实现真正的个性解放。他看到了“东人生活之自然法则，在于牺牲自我（Self-sacrifice or Self-negation）”，“而

① 朱成甲：《李大钊早期思想与近代中国》，人民出版社1999年版，第318页。
② 朱文通等整理编辑：《李大钊全集》第二卷，河北教育出版社1999年版，第352页。
③ 同上书，第348页。
④ 同上书，第358页。

暗合其牺牲自我之心理，结果适以助强有力者之张目，驯至权利、人权、财产、生命、真理、正义之信仰，乃无往而不可以牺牲”[①]。正因为他看到了封建文化对国人个性的压抑，致使“个性灭却”[②]，因此他明确指出：“在吾国，自我之解放，乃在破孔之束制。”[③]他把孔子和儒学，和几千年君主专制制度，尤其是与袁世凯复辟帝制联系起来，揭露其实质，并从其障弊“民彝”，阻碍民主共和政治的实质的角度，对孔子和儒学进行了整体性的批判。当然，对于孔学，他并非一棒子打死。而是从现代生活的角度，重新估定孔学的价值。孔子作为中国传统文化的突出代表，其思想中包含着许多优秀的成分，孔子及其学说在当时社会的重要地位是不容否认的，李大钊首先肯定了这一点，“孔子于其生存时代之社会，确足为其社会之中枢，确足为其时代之圣哲，其说亦确足以代表其社会其时代之道德”[④]，进而指出：“孔子生于专制之社会，专制之时代，自不能不就当时之政治制度而立说，故其说确足以代表专制社会之道德，亦确足为专制君主所利用资以为护符也。”[⑤]但是随着时代的进步和社会的发展，孔子思想中的有些方面已不再适应社会发展的要求，有的甚至成为新思想发展的障碍，是“数千年前之残骸枯骨”，“历代帝王专制之护符”[⑥]，因而以孔学为代表的传统的思想文化与现代工业化大生产社会的新道德理念有诸多不相适应。李大钊清楚地看到了中国封建伦理道德束缚人的个性的本质，一针见血地指出：“看那二千余年来支配中国人精神的孔门伦理，所谓纲常，所谓名

① 朱文通等整理编辑：《李大钊全集》第三卷，河北教育出版社 1999 年版，第 33 页。
② 同上书，第 41 页。
③ 朱文通等整理编辑：《李大钊全集》第二卷，河北教育出版社 1999 年版，第 435 页。
④ 同上书，第 454 页。
⑤ 同上。
⑥ 同上书，第 448 页。

教，所谓道德，所谓礼义，那一样不是损卑下以奉尊长？那一样不是牺牲被治者的个性以事治者？那一样不是本着大家族制下子弟对于亲长的精神？”[①]接着又明确指出，“孔子所谓修身，不是使人完成他的个性，乃是使人牺牲他的个性。”[②]在李大钊看来：在个人隶属于国家与家族和个性遭到压抑的前提之下，在封建纲常名教的压制之下，所谓的“修身”不但不能解放个人，反而会使个性受到更大的压抑。“我们觉得人间一切生活上的不安、不快，都是因为用了许多制度、习惯，把人间相互的好意隔绝，使社会成了一个精神孤立的社会。在这个社会里，个人的生活，无一处不感孤独的悲哀、苦痛；什么国、什么家、什么礼法、什么制度，都是束缚个人精神活动的东西，都是隔绝各个人间相互表示友好、同情、爱慕的东西。”[③]既然孔门的伦理，“是使子弟完全牺牲他自己以奉其尊上的伦理”，孔门的道德，“是与治者以绝对的权力责被治者以片面的义务的道德”，那么要实现民主主义，实现个性解放，必须打破大家族制度。

二、个性解放与自由

关于个性解放与自由之间的关系，李大钊强调：“人类相互之间，自然要各尊重各的个性。各自的个性，不受外界的侵害、束缚、压制、剥夺，便是自由。”[④]这里，他指出了个性解放与自由之间的关系。只有实现个性解放，才能获得自由，但反过来说，只有获得自由，才有实现个性解放的可能。如果连起码的自由都没有，

① 朱文通等整理编辑：《李大钊全集》第三卷，河北教育出版社 1999 年版，第 434 页。
② 同上书，第 435 页。
③ 同上书，第 475 页。
④ 同上书，第 342 页。

个性解放、个性自由更是无从谈起。

李大钊认为自由对于人民的幸福而言，其他任何东西都无法取代。他把自由看作“人类生存必需之需求，无自由则无生存之价值”。“人之于世，不自由而不生存可也，生存而不自由不能忍也。”[①] 也就是说李大钊认为自由与生命等同，甚至远远超过生命的价值。在李大钊的政治理念中，自由是人权思想的内在精神和价值基石，其他一切的政治理念都或多或少地体现着自由的精神。“一切解放的基础，都在精神解放。”[②] 这种精神的彻底解放，也就是能享有充分的民主和自由的权利，使人的个性能得到应有的发挥。只有获得思想上的自由，才能更大限度地自我解放。

李大钊倡导自由、发扬民权，国民应该有其自主意识和自由的个性，不可受制于人，为他人所摆布。他鲜明指出：“民与君不两立，自由与专制不并存，是故君主生则国民死，专制活则自由亡。”[③] 在他看来，自由是民主政治的内在精神，民主政治以自由作为基石，“立宪政治基于自由之理”[④]。他认为民主政治并非是一块空洞的招牌，有其丰富的内容，特别是尊重人的价值与尊严，顾及人的个性的自主，以保证民主政治的稳固。所以他特别强调只有在人的个性发展的基础上，才能建立以自由为根基的新型的民主政治新体制，“弃专制之我，迎立宪之我，俾再造之我适于再造中国之新体制，再造之中国适于再造世界之新潮流”[⑤]。

因此要实现个性解放，必须保障人民的自由，倡导给予人民最

① 朱文通等整理编辑：《李大钊全集》第二卷，河北教育出版社 1999 年版，第 432 页。
② 朱文通等整理编辑：《李大钊全集》第三卷，河北教育出版社 1999 年版，第 475 页。
③ 朱文通等整理编辑：《李大钊全集》第二卷，河北教育出版社 1999 年版，第 358 页。
④ 同上书，第 352 页。
⑤ 同上书，第 358 页。

基本的民主权利。言论自由和思想自由是最基本的民主权利。因为“思想自由与言论自由，都是为保障人生达于光明和真实的境界而设的”，而“禁止思想是绝对不可能的，因为思想有超越一切的力量”[①]。表明他之所谓思想自由首要是反对文化专制主义。李大钊清醒地认识到，民国时期国人精神萎靡的原因在于专制政治对于个性自由的禁锢，民众缺乏对自我的追求，“是皆专制政治之余毒，吾人久承其习染而今犹未能湔除者”[②]。为此，他大声呼吁：“吾国思想界之销沉，非大声疾呼以扬布自我解放之说，不足以挽积重难返之势。”[③]

李大钊思想的一个重要方面强调以人为本，尊重人的价值与人格，特别注重民众的地位与价值。“惟以今日吾之国民，几于人人尽丧其为我，而甘为圣哲之虚声劫夺以去，长此不反，国人犹举相讳忌，噤口而无敢昌说，则我之既无，国于何有？”[④]“而吾民族思想之固执，终以沿承因袭，踏故习常，不识不知，安之若命。言必称尧、舜、汤、文、武、周、孔，义必取于《诗》《礼》《春秋》。”[⑤]这里，他不是简单地指出了民国时期国人自我价值缺失，而是质疑国民完全丧失了作为一个“人”的基本思想与情欲，没有自我意识，变得麻木不仁、逆来顺受，“失却自我独立之人格，堕于奴隶服从之地位”[⑥]。基于此认识和体察，李大钊疾呼要树立自我意识、自我权威。即要求世人把自由看成是一种天赋权利，失却了自由，必然会失去天赋权利。同时，他强调指出：“立宪国民之责任，不仅

① 朱文通等整理编辑：《李大钊全集》第三卷，河北教育出版社 1999 年版，第 273 页。
② 同上书，第 527 页。
③ 同上书，第 435 页。
④ 同上书，第 343 页。
⑤ 朱文通等整理编辑：《李大钊全集》第二卷，河北教育出版社 1999 年版，第 344 页。
⑥ 同上书，第 349~350 页。

在保持国之权威，并宜尊重人之价值。”[①]这些主张实质上是从发展个性尊重人格出发的，倡导尊重人的价值和尊严，其主要目标是达到社会的公平、个性的自由和发展。

三、个性解放与社会主义、共产主义

李大钊把人的解放、人的自由发展作为大同团结理想社会的终极价值，明确指出：“现在世界进化的轨道，都是沿着一条线走，这条线就是达到世界大同的通衢，就是人类精神连贯的脉络……这条线的渊源，就是个性解放。个性解放，断断不是单为求一个分裂就算了事，乃是为完成一切个性。脱离了旧绊锁，重新改造了一个普通广大的新组织。一方面是个性解放，一方面是大同团结。这个性解放的运动，同时伴着一个大同团结的运动，这两种运动，似乎是相反，实在是相成。”[②]这里李大钊所说的“大同世界”“大同团结”指的就是他的理想社会，即共产主义社会。个性解放是在走向大同世界的必要环节，而大同世界的主导价值是个性自由发展，它是自由人格的联合体，容纳并保护着每一个人的自由发展。所以说个性解放的过程，也正是大同世界的形成过程。他说：“各个性都得自由，都是平等，都相爱助，就是大同的景运。”[③]因而，在李大钊看来，大同团结和个性解放是辩证统一的。

于此，李大钊把人的自由发展、个性解放与社会秩序紧密联系起来加以思考，即自由与社会的关系问题。《自由与秩序》一文，李大钊明确指出，个人主义和社会主义不仅绝不矛盾，而且应当相

① 朱文通等整理编辑：《李大钊全集》第二卷，河北教育出版社 1999 年版，第 356 页。
② 朱文通等整理编辑：《李大钊全集》第四卷，河北教育出版社 1999 年版，第 157~158 页。
③ 朱文通等整理编辑：《李大钊全集》第三卷，河北教育出版社 1999 年版，第 448 页。

互结合，这就避免了极端个人主义的产生。他主张的是“合理的个人主义”和“合理的社会主义”，认为人人自由是相对于社会秩序而言的，离开了社会，个人断没有一点自由可以选择，也失去了个人的意义；社会是由于个人结合而成，若社会抹杀个性发展压迫个人自由，则会死气沉沉，无所谓秩序可言。在谈到个人与社会、自由与秩序的辩证关系时，他指出：“真正合理的个人主义，没有不顾社会秩序的；真正合理的社会主义，没有不顾个人自由的。个人是群合的元素，社会是众异的组织。真实的自由，不是扫除一切的关系，是在种种不同的安排整列中保有宽裕的选择的机会；不是完成的终极境界，是进展的向上行程。真实的秩序，不是压服一切个性的活动，是包蓄种种不同的机会使其中的各个分子可以自由选择的安排；不是死的状态，是活的机体。”[①]在他看来，个人主义之所以与社会主义并不矛盾，就在于自由与秩序的统一。

与此相适应，李大钊倡导平民化的个性解放的自由的人格，实质上就是培养人的知、情、意全面发展的统一体，造就全面发展的自由个性，从而达到真、善、美相统一的理想境界。用他自己的话说，就是“社会主义是在客观的事实界创造吾人在知的情况的意象中所已经认识的东西的努力”[②]。他的这一目标“既是对传统理想人格观的否定，又是对近代资产阶级个人主义自由观的超越”[③]。这里，李大钊较早地论述了社会主义秩序和社会主义自由观，即“真正的社会主义”是兼顾社会秩序与个人自由的。这对当代亦具有重要的指导价值。

---

① 朱文通等整理编辑：《李大钊全集》第三卷，河北教育出版社 1999 年版，第 579 页。
② 同上书，第 680 页。
③ 徐曼：《李大钊人的全面发展思想探析》，《理论月刊》2008 年第 2 期。

四、个性解放与女权运动、社会解放

李大钊把女性的个性解放与妇女解放联系起来，作为致力改革社会的主题之一。实质上，新文化运动的先驱者所倡导的“个性解放”，就包含着“妇女解放”的内容。而近代妇女解放就是要争取妇女的人格独立、人身自主、人权平等的问题。李大钊很早就注意研究妇女解放问题，把妇女解放运动视为反封建、争民主的思想启蒙运动。在他的著述和演讲中，有十余篇文章关注妇女解放运动。作为现代中国提倡女权运动的代表，李大钊认为“二十世纪是被压迫阶级底解放时代，亦是妇女底解放时代；是妇女寻觅伊们自己的时代，亦是男子发见妇女底意义的时代”①。

在实践中，李大钊强调女权运动应当同人权运动相结合。女子应当支持和参与男子进行的各种人权活动，“极力主张无产阶级的妇女，应与男子同等加入人权运动团体中”②。他把没有女权的社会比作一个“半身不遂”的社会，并希望不要因为世界上有中国，世界文明就成为“半身不遂”的文明。由此把女性的发现置于人的发现之中，把妇女解放置于整个个性解放之中。为此，他对压抑女子个性的封建礼教进行无情的批判，倡导恢复独立自主之人格，同时呼吁女子要有受教育的权利，主张男女社交公开，强调女子参加工作，树立平等的婚恋观，力主废妾废娼等等。并运用唯物史观，从经济上阐明妇女地位长期低下的根本原因，指出社会主义制度是妇女解放的最终归宿。李大钊认为，妇女问题解决的根本方法有两个：一是联合全体妇女的力量，去打破男子专断的社会制度；一是

① 朱文通等整理编辑：《李大钊全集》第四卷，河北教育出版社 1999 年版，第 9 页。
② 同上书，第 173 页。

联合世界无产阶级妇女的力量，去打破资产阶级专断的社会制度。这实际上是将实现妇女个性解放与整个社会政治变革连在一起。

同样，李大钊把整个社会的个性解放与社会解放联系在一起。他从唯物史观出发，指出束缚个性的根本原因在于“中国的大家族制”，而且认为由于中国的农业经济没有很大的变动，故这种个性被限制的现象长期存在。而现在个性解放思想流行，则是“应经济的新状态、社会的新要求发生的，不是以几个青年凭空造出来”[①]。个性解放思想的产生和发展都是与社会有着紧密的联系。没有社会的解放，个性解放也不可能实现。李大钊逐渐认识到抽象地谈论个性解放是软弱无力的。对于劳苦大众来说，不消除民族压迫和阶级压迫，没有经济和政治上的解放，就不可能有真正的个性解放。这一思想，远远超出了同时代大多数人的思想认知，高瞻远瞩。

综上所述，李大钊从当时中国社会的具体实际和人类文明社会发展进步的角度出发，把个性解放与民主主义、专制主义，与自由，与社会主义、共产主义，与女权运动、社会解放等结合起来考察，承认人的价值，强调个人的人格对于促进人的觉醒具有重要的意义。而他所倡导的个性解放与大同团结、与社会秩序、与社会解放相结合的思想，则从更深层面上阐发了个性解放问题，特别是与“真正合理的社会主义”相联系，是开创中国探索中国社会主义特色道路的先声，李大钊如此深刻远见的认识远远超越了五四时期个性解放的思想主旨和思想内涵。

（裴赞芬，原载《河北学刊》2009年第6期）

① 朱文通等整理编辑:《李大钊全集》第三卷，河北教育出版社1999年版，第441页。

论李大钊联合吴佩孚思想形成的原因

中共成立后，作为中共重要创始人之一，中国最早的马列主义者李大钊曾努力争取直系军阀吴佩孚的合作，随后又根据时局的发展需要提出了“孙吴合作”的策略，开展了孙中山与吴佩孚合作的尝试。这本来是客观存在的历史事实，但过去由于“左”倾思想的禁锢，且很少有人论及，本文试图探讨李大钊联吴思想产生的原因，以求指正。

一

苏俄和共产国际的联合吴佩孚政策是李大钊联吴思想产生的外因。十月革命胜利后，列宁及共产国际十分关心中国人民的革命斗争。1919 年 7 月 25 日苏俄政府发表了第一次对华宣言，宣布“废除一切不平等条约”[①]，表示愿意帮助中国人民的革命斗争。但是由于苏俄正处于帝国主义的武装干涉和国内反动势力的包围中，当时的皖系北洋军阀政府也积极参加帝国主义武装干涉苏俄的行列，派兵封锁满洲里、瑷珲、绥芬河、东宁、虎林、图们江等地，从而关闭了中俄交通[②]，致使苏俄和共产国际直到 1920 年才真正把注意力转向东方。当时中国境内发生的直皖战争及以皖系为中枢的北京政

① 中国社会科学院近代史研究所编:《五四运动文选》，生活 · 读书 · 新知三联书店 1959 年版，第 367 页。

② 中国人民解放军政治学院党史教研室编:《中共党史参考资料》第十二册，中国人民解放军政治学院 1979 年印行，第 619 页。

权的倒台，为中苏之间建立新关系创造了条件。新政权一改过去亲日反俄的政策，不仅同英美合作，而且欲改善同苏俄的关系。1920年夏，北京政府派陆军中将张斯麟率使团赴莫斯科访问。8月1日正式停止交付对俄庚子赔款；9月宣布不承认沙俄政府的外交使节和领事；撤销了皖系北京政府同日本签订的反苏俄的联合军事协定。所有这些表明北京政府力图改善同苏俄的关系。这就在客观上为苏俄和共产国际帮助中国革命准备了条件。苏俄支持中国人民的革命斗争是毫无疑问的，但是遍体鳞伤的苏维埃国家，更重视寻找强有力的同盟者，而且俄国领导人认为："从现在的大国和政府以及正在发展中的亚洲民族资产阶级那里，比从无产阶级那里更容易得到这些东西。"① 那时中国有三个著名人物举足轻重，即张作霖、孙中山、吴佩孚。张作霖虽是推翻皖系北京政府的重要力量，可是苏俄把它看成是受日本操纵的段祺瑞的替身，也是同苏俄有直接矛盾的人，张作霖不可能成为苏俄的联合对象。孙中山是苏俄最理想的同盟者。早在辛亥革命时期列宁就密切关注着中国的革命事业，指出辛亥革命"具有世界意义②，将给亚洲带来解放，使欧洲资产阶级的统治遭到破坏"③。同时他对孙中山的思想给予很高评价，指出：孙中山纲领的每一行都渗透着战斗的、真诚的民主主义④。而孙中山同情支持苏联人民的革命斗争，在十月革命胜利的第二年孙中山曾致电列宁表示祝贺，这是中苏关系最早的纽带。从此以后，苏俄和共产国际曾派几个代表团到中国访问孙中山。仅1920年3月至1922年5月，与孙中山接触的俄国代表至少有5人，但孙中山的革命斗争

①《马林在中国的有关资料》（增订本），人民出版社1984年版，第234页。

②《列宁全集》第十七卷，人民出版社1986年版，第457页。

③ 同上书，第457页。

④《列宁选集》第二卷，人民出版社1972年版，第424页。

屡受挫折，几经盛衰，甚至连号称革命基地的广东都无法控制，孙中山在苏俄和共产国际的地位因而受到影响。

吴佩孚是一个十分机智的军阀，他反对日本在中国的势力和投靠日本的皖系军阀。在五四运动中，他支持学生运动，“报端无日不有吴氏之通电，且语语爱国，字字为民，吴氏之大名遂无人不知”[①]。他在推倒亲日的皖系北京政权中起了关键作用，特别是直皖战争后，吴佩孚建议召开国民大会，解决政治问题，使南北统一。这个建议不被其他任何军阀所接受，不但张作霖对此十分恼火，而且他的上司曹锟也不赞同[②]。因此吴佩孚被国内外舆论称为“民族的救星”。同时吴佩孚又是直系军阀的灵魂，掌握着直系军阀精锐的武力。这样吴佩孚受到苏俄的重视并成为重要的联络对象。由此可以看出，苏俄和共产国际试图北联吴佩孚，南联孙中山，但是孙中山和直系军阀尖锐对立，孙中山、段祺瑞、张作霖反直三角联盟正在形成。这与苏俄利益是背道而驰的。所以共产国际远东局认为:“为开展中国民族主义运动可以合作的人是吴佩孚，而不是孙中山。”[③]因此“他们同意支持吴佩孚的方针”[④]。同时苏俄政府外交对象是北京政府，并希望尽快与北京建立外交关系，因此苏俄外交事务人民委员部也支持这种观点[⑤]。但是共产国际的正式代表马林却采取与此不同的方针。他认为:维经斯基与赤塔远东局主张联吴是错误的[⑥]。1921 年 4 月，马林奉列宁委派来到中国,6 月 3 日抵达上海，他出席了中共一大，并同国民党建立了联系。马林根据“在

① 濑江浊物:《吴佩孚正传》，国史编辑社 1920 年版，第 31~32 页。

② 参见蒋自强、余福美编:《吴佩孚传》，山东人民出版社 1985 年版。

③《马林在中国的有关资料》(增订本)，人民出版社 1984 年版，第 23 页。

④ 同上书，第 238 页。

⑤ 同上书，第 105 页。

⑥ 同上书，第 26 页。

爪哇伊斯兰教联盟运动中取得的经验”，提出共产党应该加入国民党，实行党内合作的策略。但是中共中央多数人均不同意马林的建议。因此马林于1922年7月17日提交了《给共产国际执委会的报告》。共产国际非常重视马林的报告并给予很高的评价，认为这个报告“通过透彻的研究，对这个大国的复杂的政治和经济状况有了一个很深入的了解”[①]，并作出了中共党员以个人身份加入国民党，实现建立民主联合战线的指示。8月，中共中央召开了杭州西湖会议，会议最后接受马林的建议。显然马林采取联合孙中山的方针。尽管共产国际和苏俄赞同马林提出的联合国民党的方针，但这并不意味着苏俄和共产国际放弃了联合吴佩孚的活动。诚然，1921年间，苏俄共产国际联吴的政策受到挫折，但并未失去信心。1922年直奉战争爆发，苏俄和共产国际又一次开展同吴佩孚的联合工作。在直奉战争爆发之时，苏俄外交使团顾问威廉斯基就亲自到洛阳访问吴佩孚，并同吴佩孚进行了深入的会谈[②]。会后威廉斯基向莫斯科报告了会谈情况，他高度赞扬了吴佩孚，并说吴同意实行中德俄联盟。5月22日苏俄代表霍德罗夫到保定会见吴佩孚并同吴的高级幕僚白坚武作主义上的深谈[③]。7月中旬霍德罗夫又到洛阳，再次与吴佩孚、白坚武会谈[④]。8月12日，苏俄派出以越飞为全权代表的驻华外交使团抵达北京。21日，越飞又派出参赞与吴佩孚、白坚武会谈。越飞曾是1918年《布列斯特和约》和1922年《拉巴洛条约》的具体签订者，这两个协定不仅挽救了新生的苏维埃政治生命，而且使

①《马林在中国的有关资料》(增订本)，人民出版社1984年版，第65页。

② 杨树升等:《李大钊年谱》，载《河北文史资料选辑》第三辑，第148页。

③ 中国社会科学院近代史研究所编:《白坚武日记》第一册，江苏古籍出版社1992年版，第368~369页。

④ 同上。

苏俄在西方资本主义经济围攻中打开了一个缺口，以越飞为首的代表团到中国，充分说明苏俄对改善同吴佩孚及其控制下的北京政府关系的重视。1922 年 10 月，苏俄外交人民委员齐切林称吴佩孚是“中国民族主义政策的拥护者”[①]，更有甚者，苏俄的舆论工具称他“不仅是中国工业资产阶级的代表，而且是中国民族解放的象征”。由此可以看出，苏俄和共产国际十分重视孙中山和吴佩孚，特别是第一次直奉战争后，采取南联孙中山北联吴佩孚，并积极促进孙中山和吴佩孚的合作。李大钊是中共的重要创始人之一，又是北方革命斗争的直接领导者，苏俄和共产国际驻北方的代表与李大钊有着密切联系。他们的联吴活动多是经过李大钊而进行的，共产国际远东局的代表维经斯基第一次到中国就决定联合吴佩孚，发动民主运动，守常因孙丹林、白坚武的中介，曾到洛阳与吴佩孚见面作过长谈[②]。因此苏俄和共产国际的联吴政策必然对李大钊产生影响，这是李大钊联吴思想产生的外因。

二

客观地考察中国政局是李大钊联吴思想产生的基本原因。早在五四时期，李大钊初步运用马列主义观点，观察中国国情，认识中国的历史和现实，萌生了民众大联合的思想。1919 年底他写的《大联合》一文中指出：“五四、六三以来，全国学生已形成一个大联合。全国各种职业、各种团体，都有小组织，都有大联合。”这是真正民治的基础[③]。中国共产党成立后李大钊在领会列宁民族殖民地

① 国际新闻通讯社编：《齐切林关于外交政策的文章和讲话集》，1961 年俄文版。

② 中国人民解放军政治学院党史教研室编：《中共党史教学参考资料》第十二册，中国人民解放军政治学院 1985 年印行，第 634 页。

③《李大钊文集》（下），人民出版社 1984 年版，第 174 页。

理论的基础上，不断地发表演说，撰写文章，阐述建立统一战线的紧迫性和重要性。党的三大前夕他明确指出："任何主义者都应该在这时抛弃一切武断的成见，客观的考察中国实际情形，应该在此时共同认定一联合的战线，用革命的手段，从而实现民主主义为前提。"① 这里所讲的联合战线实际上是五四运动中"大联合"思想的继续和发展。众所周知，五四运动中的大联合矛头指向侵略中国最凶恶的日本帝国主义及其亲日的皖系北京政权。但是五四运动并未推翻皖系军阀的统治。1920 年的直皖战争，皖系军阀政权被推翻。但是皖系势力并未完全泯灭，张作霖取代了段祺瑞成为日本代理人并在北京政权中占有重要地位。因此李大钊所讲的联合战线实际上仍是反日及其反亲日军阀的联合战线。这种联合战线是客观考察中国实际的结果，是党的二大制定的民主联合战线的具体化。吴佩孚是反对皖系军阀的主将，在五四运动中他支持学生运动，又提了一些开明的主张。在这种情况下，中共内部有许多人认为吴有别于其他军阀，是可以争取联合的对象，李大钊、陈独秀均持这种观点②。

中共成立后，李大钊主要肩负北方党组织的领导工作，并把工人运动作为党的工作的重点。同时他还密切注意时局的变化，开始做吴佩孚统战工作。中共联络吴佩孚主要是通过李大钊进行的。李大钊同吴佩孚接触的牵线人是白坚武。白坚武是李大钊在天津北洋法政专科学校读书时的同窗密友。同时白坚武同直系军阀有着密切的联系，是直系军阀的重要幕僚，1918 年同吴佩孚建立了联系，1922 年 1 月正式投到吴佩孚的幕下，出任吴佩孚的公署政务处长。这就为李大钊联络吴佩孚提供了方便。固然与"吴佩孚联络的政策

①《少年中国人》三卷十一期，1922 年 6 月 1 日。

② 同上。

是国际主持的”[①]，但也是“中央委员会和党的主要负责人陈独秀赞同的”[②]。早在1921年春李大钊就通过白坚武亲自赴洛阳同吴佩孚会谈。党的一大以后根据政治形势的发展这种联络工作进一步加强，而且党的主要领导人陈独秀也参与联吴工作，1922年3月9日，李大钊委托陈独秀与白坚武商讨要事。当时陈独秀认为吴佩孚在“打倒安福部段祺瑞、打倒张作霖交通系的行为上不但是爱国者，而且是一种革命行动”[③]。且不说这种评价是否适当，但利用统治阶级内部矛盾来推进革命运动的发展无疑是正确的。众所周知，中国共产党是以北方铁路工人运动起家的[④]，当时北方党组织开展铁路工人运动之初，曾遇到了不少困难，其中最主要的困难就是要和交通系争夺铁路工人。交通系是以梁士诒、叶恭绰为首长期把持中国铁路的一个政治集团。北京政府内阁虽历经更迭，但交通总长几乎全由该系所垄断，交通系爪牙布满各铁路干线，国家铁路几乎变成该系私产，其势力根深蒂固。他们通过动员工人参加交通部举办的学校和地区性组织来加强对工人的控制。因此中共为开展铁路工人运动必然和交通系进行斗争。而交通系是张作霖在北京政权中的亲信[⑤]。此时直奉矛盾激化，战争一触即发。在近代战争中，控制铁路对于战争的胜负至关重要，吴佩孚深知张作霖的亲信交通系在铁路上势力雄厚。同时他又了解共产党是铁路上新兴力量[⑥]。因此吴佩孚为了打击交通系控制铁路，以便准备对奉战争，便转向中共和李大钊。中

① 中央档案馆编:《中共党史报告选编》，中共中央党校出版社1982年版，第78页。
②《陈独秀代表中共中央向第三次党代表会议报告》，1923年8月18日。
③ 陈独秀:《革命与反革命》，《向导》1923年1月8日。
④ 张国焘:《我的回忆》第一册，现代史料编刊社1980年版，第221页。
⑤ 邓中夏:《中国职工运动简史（1919—1926）》，人民出版社1953年版，第24页。
⑥ 同上书，第25页。

共为发展工人运动“首先须将交通系打倒”[①]。这样在反对交通系及其他的支持者奉张的斗争中，中共与吴佩孚进行了政治合作。正如路透社和哈尔滨的一份左派报纸所说：“吴佩孚同情激进分子，如果发生战争，吴会与激进分子合作夺取北京政权。”[②]第一次直奉战争，吴佩孚由于得到铁路工人的支持，才取得了对张作霖作战的胜利。战后，交通系内阁倒台，代之而起的是吴佩孚的御用内阁。经李大钊建议，吴佩孚发表保护劳工通电，中共适时抓住机遇发展工人运动，李大钊通过白坚武、孙丹林向交通总长高恩洪建议派密查员监视和检举交通系的舞弊行为，进一步铲除交通系的势力，得到允许[③]。于是李大钊推荐张昆弟、安体诚、陈为人、何孟雄、包惠僧和袁子贞6名共产党人担任密查员，分别在津浦、京奉、正太、京绥、京汉、陇海等开展工作。这6名密查员名义上是在交通部调查交通系及其骨干分子的活动情况，而实际上是劳动组合书记部领导工人运动的秘密特派员。他们在交通部任职11个月，使铁路职工运动出现了“从未有过的黄金时代”[④]。各地工会组织纷纷建立，参加工会的人数日益扩大。自1921年中共北京支部在长辛店创办工人劳动补习学校，到1922年5月，已在26个主要车站建立了俱乐部工人学校等组织，除东三省外遍及各路。正因为如此，北方工潮，首先是从6条铁路揭开序幕。罢工捷报频传，东起连云，西达陕西，横亘中州，震动畿辅，远及南方，这是我党初显身手重大事件[⑤]。在这些罢工斗争中，李大钊向各条铁路派出的特派员和交通部派出的

① 邓中夏：《中国职工运动简史（1919—1926）》，人民出版社1953年版，第25页。

② 王来均：《中苏外交的序幕》，人民出版社1953年版，第27页。

③ 同上书，第25页。

④ 张国焘：《我的回忆》第一册，现代史料编刊社1980年版，第263页。

⑤ 中国革命博物馆编：《北方地区工人运动资料选编（1921—1923）》，北京出版社1981年版，第55页。

密查员，“对于组织发动和领导各条铁路的罢工斗争，发挥了巨大的作用”①。上述罢工斗争的兴起，改变了北方工运落后的局面，使北方工人运动成为全国工潮中发展最快和成效最显著、影响最大的地区之一。

三

孙吴联合的主张是李大钊根据当时政治局势发展的需要提出的，是进一步贯彻民主联合战线的尝试。第一次直奉战争后，吴佩孚接受白坚武提出的“恢复法统”的建议②。5月10日在保定召开恢复法统决策会议，并开始对南方进行疏通。15日直系将领孙传芳公开提出“解决时局以恢复法统为捷径”③。各省督军、省长纷纷响应，旧国会的一班议员更是欣喜若狂，在直系的支持下，声称“依法自行集会”④。自此“恢复旧国会之声浪愈唱愈高，几乎弥漫全国，无论何党何派，殆莫不视此为解决时局的一种方法”⑤。在直系和旧国会的逼迫下，由安福国会选举的大总统徐世昌以衰病为由宣告辞职。6月11日，黎元洪赴公府怀仁堂暂行大总统职权。尽管直系声称与孙中山“护法之初旨不约而同”，但孙中山并没有因直系声称护法而罢兵。6月6日孙中山发表著名的兵工宣言，明确提出直系诸将如诚意服从护法，“应将所部军队半数，由政府改为工兵”，“如能履行此条件，本大总统立饬全国罢兵”⑥。正当孙中山与直系军阀进行不妥协斗争之际，陈炯明发动叛变，袭击孙中山的总统府，在

① 李新、陈铁健主编:《伟大的开端》，上海人民出版社1991年版，第581页。
②《河北文史集粹》政治卷，河北人民出版社1991年版，第150页。
③ 张梓生:《黎元洪复职记》，《东方杂志》十九卷第十二号。
④《申报》1922年5月24日。
⑤ 李剑农:《戊戌以后三十年中国政治史》，中华书局1965年版，第338页。
⑥ 吴相湘:《孙中山先生传》（下），远东图书公司1982年印行，第1521页。

危难之中，孙中山登舰与叛军斗争50余天。8月初决定离舰赴上海，重新寻找出路。陈炯明的叛变使孙中山遭受一生中最为严重的失败，陷于绝望之中，此时他“态度极冷静，也想得到较有实力而又可与其共事人物共谋统一”[①]。同时也“愿结束护法主张，收军权于中央，发展县自治，以打破分省割据之局”。所有这些“洛吴可表一致”[②]，这样孙吴合作就有了可能。因此当孙中山莅沪时，不仅受到各界人民空前欢迎，而且北方军阀也派出代表前去迎接，曹吴的代表尤其引人注目[③]。

李大钊不仅赞同孙吴合作的主张，而且积极推动孙吴合作的实现，以“破民党与段、张结合”[④]，使中国政局沿着更加进步的路线发展。1922年5月11日，吴佩孚的高级幕僚白坚武请吴佩孚聘李大钊为顾问，赞助进行统一问题[⑤]。同一天由资产阶级著名人士胡适起草的《我们的政治主张》成文后，经蔡元培、李大钊等讨论，略加修改在《努力周报》上发表。该文提出了当时最低政治主张即建议所有的能人不管其党派如何，都一起为建立一个立宪的、全国的组织严明的政府而努力。李大钊不但签名作为提议人，而且把“我们的政治主张”作为同吴佩孚谈判的政纲。无疑政纲反映了资产阶级的利益和要求[⑥]。同时还应看到“好人政府”的主张是资产阶级反对段祺瑞及梁士诒内阁的产物。袁世凯死后，资产阶级曾认为他们所希望的议会民主一定会实现。但是从段祺瑞内阁开始，北洋军阀政府仍然奉行残民、媚外、内战政策，于是资产阶级中一些人

①《河北文史资料选集》第三辑，第152页。

② 同上。

③ 吴相湘:《孙中山先生传》(下)，远东图书公司1982年印行，第1512页。

④ 中央档案馆编:《中共党史报告选编》，中共中央党校出版社1982年版，第40页。

⑤ 杨纪元:《李大钊研究论札》，中共中央党校出版社1992年版，第166页。

⑥ 高军:《中国现代政治思想评要》，华夏出版社1990年版，第250页。

便把中国问题简单归结为坏人当道。还在五四运动前，就有人提出“贤人政治”的主张。1921年末徐世昌在张作霖的支持下，任命亲日派梁士诒为国务总理，梁内阁一上台，就遭到人民反对，吴佩孚为攻击徐世昌、张作霖也激烈地抨击梁内阁的卖国政策，公开为民请命。这样一部分资产阶级希望吴佩孚组织一个理想中的“好人政府”。李大钊赞同这项主张是针对时政而言，是为争取教育更多的群众共同反对恶势力，特别是反对侵略中国最凶恶的日本帝国主义及其代理人。不可否认《我们的政治主张》带有改良派的政治色彩，对此李大钊是清醒的，他曾明确提出：“我们不是改良主义者，也不相信不破坏这制度加入军阀或官僚阶级中，即可将他们改变过来，实现我们的主义。”[①]但是马列主义者并不拒绝利用敌人营垒中间一切争斗，缺口、矛盾统统收集起来，作为反对当前主要敌人之用[②]。提倡孙吴联合好人政府，对于打破孙、段、张联盟，批判北洋军阀的恶人政治有一定积极作用。正如李大钊所说：在这样的混乱的政治局面里，成立好人政府的政策是解决中国问题的唯一办法[③]。正是在这种思想指导下,1922年6月李大钊多次与吴佩孚进行会谈，推动吴佩孚接受其主张，为孙吴联合准备条件。1922年8月22日，李大钊建议中共中央，联合孙中山与联合吴佩孚并进，促成孙吴合作。李大钊在那时还对张国焘说：“吴佩孚及其洛阳系的一些曾经给侵犯中国的日本沉重打击的爱国军人，如果孙吴合作，那么中国的政治局势实际上就会沿着更加进步的路线发展。”[④]邓中夏说：“陈独秀也同意这一观点。而且也得到苏俄派到中国的外交代

①《少年中国人》三卷十一期，1922年6月1日。

②《毛泽东选集》第一卷，人民出版社1991年版，第134页。

③ 张国焘：《我的回忆》第一册，现代史料编刊社1980年版，第263页。

④ 同上书，第263页。

表越飞的支持。越飞来华重要使命之一就是推进孙中山和吴佩孚的合作。”[①] 在这种情况下，中共中央虽然怀疑这个计划，但认为它值得一试。1922 年 8 月，李大钊在上海会见孙中山提出孙吴联合的建议，孙中山表示愿与北军将士提携以谋统一之进行。9 月 8 日，李大钊由沪抵洛，会见了吴佩孚、白坚武，就中国统一问题与吴佩孚交换了意见，同时转达了孙中山的政治主张[②]。1922 年 9 月 19 日成立的好人政府是孙吴合作的最大成果。新内阁中由吴佩孚提议吸收《我们的政治主张》签名中的部分好人入阁。国民党员王宠惠虽然是内阁总理，但“枢府政务，皆由内务总长孙丹林，交通总长高恩洪主持”[③]。所以王内阁又称洛派政府。此时直系内部分裂，以曹锟为首的津保派要倒阁驱黎，以便为谋取总统准备条件。吴佩孚则支持王内阁。特别是王宠惠暗中将吴佩孚和孙中山二人拉拢，促孙吴合作[④]。尤其是津保派获悉孙吴最近有几项协定，其中一项关于所谓最高问题之孙正吴副说[⑤]，更激起曹锟的嫉妒。这不仅加剧了曹吴之间的裂痕，也加速了王内阁的垮台。王内阁在津保派严厉打击下，仅存在了 72 天就寿终正寝。接着吴佩孚屈服于曹锟和帝国主义压力，而倒向反革命营垒。

应当看到，李大钊虽然提出了孙吴联合的政策，并努力推进孙吴联合的实现，但李大钊仍然把工人运动放在首位，把依靠民权运动的力量来削弱督军的势力作为中心[⑥]。此间中共开展了劳动立法运

① 刘杰诚:《毛泽东与斯大林》，中共中央党校出版社 1993 年版，第 60 页。
② 中国社会科学院近代史研究所编:《白坚武日记》第一册，江苏古籍出版社 1992 年版，第 377~348 页。
③ 刘楚湘:《癸亥政变记略》，泰东书局 1924 年版，第 32 页。
④ 李剑农:《戊戌以后三十年中国政治史》，中华书局 1965 年版，第 338 页。
⑤《向导》第十二期，第 93 页。
⑥ 高一涵:《答 K C君》，《努力周报》第六十三期，1923 年 7 月 29 日。

动，虽然劳动立法未被封建军阀卵翼下的国会通过，但揭露直系军阀保护劳工、制宪的骗局，赢得了社会各界的同情，促进了工人阶级政治觉悟的提高，特别是劳动组合书记部提出的劳动法大纲，反映了工人群众的利益和要求，实际上成了罢工的斗争纲领，对于推动工运高潮起了重要作用。

孙吴合作虽然未能实现，但它仍是贯彻民主联合战线的一种有益的尝试，它教育了资产积极知识分子及其广大群众，民主政治的实现希望寄托在军阀内部的斗争或某一个开明军阀身上，是绝对不会有什么好结果的。特别使一些曾对直系军阀存有幻想的知识分子认识到直奉军阀都是一丘之貉。正如当时的舆论所说："我们现在无论对于何方，都绝望。"无疑这对于他们进一步认识中国国情，参加中国共产党的反帝反封建民主革命是有积极意义的。

综上所述，李大钊联吴思想的产生并非偶然，苏俄和共产国际的联吴政策是这种思想产生的外因；客观地考察中国政局，推进革命事业的发展，是其基本原因。李大钊提出的"孙吴联合"的策略，并非是主张改良主义，而是贯彻民主联合战线的一种尝试。

（郑志廷，原载《李大钊研究》第五辑，《理论学习与研究》1995 年增刊）

李大钊统一战线思想与实践刍论

列宁统一战线思想的实质，在革命战略中属于联盟、中立、团结、对抗的关系转换，属于敌、我、友、领导权的演变范畴，是一定时期一定社会政治力量的联合，这个革命基本和首要问题是战略问题而不是策略。中国共产党和中国国民党的合作确实在中国国民革命进程中发挥过重大作用，共产国际四大通过的工人阶级统一战线纲领，也把统一战线提升到革命总体战略的高度，统一战线理论研究是革命进程中重要的战略性理论问题。毛泽东更是把它称之为“法宝”，这是因为它关系着革命进程中进步力量的最大凝聚，关系着调动一切可调动的积极因素，尽快战胜敌人的问题。

梳理李大钊在 1923 年至 1927 年的统一战线思想与实践活动，有助于我们深入了解第一次国共合作过程中李大钊对统一战线的认识及其创造性地开展统战工作的丰功伟绩，有助于对我党初建时期统战工作的经验总结和理论概括，有助于我们深入了解中国共产党人倡导新时期统一战线实践的重要意义。

一、李大钊接受统一战线的思想基础

为什么李大钊能够对列宁关于中国民主革命统一战线理论顺利接受，一贯性地拥护共产国际关于国共合作的决定呢？

对于这个问题，李大钊自己作出过如下陈述：

“数年研究之结果，深知中国今日扰乱之本原，全由于欧洲现代工业勃兴，形成帝国主义，而以其经济势力压迫吾产业落后之国家，用种种不平等条约束制吾法权、税权之独立与自主。而吾之国民经济，遂以江河日下之势而趋于破产。今欲挽此危局，非将束制吾民族生机之不平等条约废止不可。从前英、法联军有事于中国之日，正欧、美强迫日本以与之缔结不平等条约之时，日本之税权、法权，亦一时丧失其独立自主之位置。厥后，日本忧国之志士，不忍见其国运之沉沦，乃冒种种困难，完成其维新之大业，尊王覆幕，废止不平等条约，日本遂以回复其民族之独立，今亦列于帝国主义国家之林。惟吾中国，自鸦片战役而后，继之以英、法联军之役，太平天国之变，甲午之战，庚子之变，乃至辛亥革命之变，直到于今，中国民族尚困轭于列强不平等条约之下，而未能解脱。此等不平等条约如不废除，则中国将永不能恢复其在国际上自由平等之位置。而长此以往，吾之国计民生，将必陷于绝无挽救之境界矣！然在今日谋中国民族之解放，已不能再用日本维新时代之政策，因在当时之世界，正是资本主义勃兴之时期，故日本能亦采用资本主义之制度，而成其民族解放之伟业。今日之世界，乃为资本主义渐次崩颓之时期，故必须采用一种新政策。对外联合以平等待我之民族及被压迫之弱小民族，并列强本国内之多数民众；对内唤起国内之多数民众，共同团结于一个挽救全民族之政治纲领之下，以抵制列强之压迫，而达到建立一恢复民族自主、保护民众利益、发达国家产业之国家之目的。”

“大约在四五年前，其时孙中山先生因陈炯明之叛变，避居上海。钊曾亲赴上海与孙先生晤面，讨论振兴国民党以振兴中国之问题。曾忆有一次孙先生与我畅论其建国方略，亘数时间，即由先生亲自主盟，介绍我入国民党。是为钊献身于中国国民党之始。”[①]

一方面，李大钊通过对日本和中国的同异状况比较分析，从而对中国革命的进程有了清醒的认识：中国想走资本主义道路已经走不通了，新的政策只能是全国上下共同团结于一个挽救全民族之政治纲领之下，联合、团结则存；分裂、争斗则亡。

与此同时，李大钊对列宁的崇敬和思想信仰由来已久，1921 年 7 月 1 日他就在《新青年》以“俄罗斯革命的过去和现在”为题，对列宁做过全面的介绍。说自己读到列宁的《苏维埃政权的任务》《国家与革命》和《无产阶级的革命》三种，而他列出的列宁著作目录有 19 种之多。1924 年 2 月 7 日二七惨案的周年纪念日发表演说，指出“列宁同志是世界上被压迫民族的解放者，他的死是全世界被压迫阶级与民族，尤其是东方被压迫民族若中国，一件莫大的损失”。在《列宁不死》一文中说：“列宁是弱小民族的良朋，是被压迫者的忠仆，是献身于世界革命的一个仁勇的战士。”所以，李大钊接受列宁的关于国共合作的思想以及关于统一战线的策略是十分顺利的。

李大钊加入国民党的第一项工作，首先体现在贯彻落实建立民主的联合战线上，在加入中国国民党之后的几天（1922 年 8 月 28 日），李大钊就写信给胡适：

适之吾兄：

学潮如何结束？中山抵沪后，态度极冷静，愿结束护法主张，收军权于中央，发展县自治，以打破分省割据之局。洛阳对此，可表示一致。中山命议员即日返京。

① 中国李大钊研究会编注：《李大钊全集》（最新注释本）第五卷，人民出版社 2006 年版，第 226 页。

昨与溥泉、仲甫商结合“民主的联合战线”（Democratic Front），与反动派决裂。伯兰稍迟亦当来京，为政治的奋斗。《努力》对中山的态度，似宜赞助之。弟于明日与仲甫赴杭一游，一二日即回沪去洛返京矣。余容面谈，请将此情形告知梦麟、一涵诸同人。

弟　李守常

在信中明确提出了对孙中山的态度，“似宜赞助之”，因为“中山抵沪后，态度极冷静，愿结束护法主张，收军权于中央，发展县自治，以打破分省割据之局”。又提出“结合‘民主的联合战线’，与反动派决裂”，则是与张溥泉、陈独秀商定的。并且希望让蒋梦麟、高一涵等知道。

“民主的联合战线”，从此进入了中国革命的历史进程。

二、李大钊是真心实意的统战实践者

中国革命的民主的联合战线，当然不限于国民党、共产党两家，如何争取各派系的军阀成为民主的联合战线呢？

1922 年 9 月 8 日—11 日，李大钊自上海赴洛阳再度会见吴佩孚。10 月 9 日，李大钊与张继（溥泉）、王励斋（法勤）一起代表孙中山赴洛阳，又一次会见吴佩孚。在《白坚武日记》中记载得略详：“九日孙中山代表张溥泉及王励斋、李守常来洛，张与吴将军握谈颇欢洽。闽乱，徐又铮出头，阴有蔓延之势……连晚与守常谈京况。”“十日双十节。午后同张溥泉、王励斋、李守常、宋飏臣、项子和、陈东府、张竹桥、李参谋长倬章等游关陵、龙门、香山寺，登临尽日，夕阳归来。”“十一日张溥泉今日言归，吴子玉将军复函，答孙中山以共同忠于民国相勉，勿与卖国党匪党邻近。溥泉电孙中山，意大略亦同……送张溥泉、王励斋、李大钊、项子和至金谷园车站握别。”[①]一些想借助国民党来扩大势力的地方军阀，其态度取决于其个人利益的得失，而对革命进程的全局并不关心，因此，团结、联合、合作都具明显的暂时性。

李大钊为贯彻落实民主的联合战线是真心实意、竭尽全力的。1923年4月18日，李大钊在《向导》第二十一期，署名T.C.L，发表了《普遍全国的国民党》一文，指出："中国现在很需要一个普遍全国的国民党，国民党应该有适应这种需要，努力于普遍全国的组织和宣传的觉悟。""一个政治革命的党，必须看重普遍的国民的运动。""国民党是中国今日政治的国民之花，在广东和海外的栽植者啊，要努力传播他的种子于荒凉满目的全中国！"

1923年6月12日—20日，李大钊出席中国共产党第三次全国代表大会，在会上讲了关于加入国民党以后的工作，指出国民运动的领导因素过去和将来都是无产阶级，因此要参加并站在国民运动的前列，工作是大有希望的。大会通过了《中国共产党第三次全国代表大会宣言》《关于国民运动及国民党问题的决议案》。确立了国共合作的方针、政策，决定以共产党员加入国民党的形式同国民党合作，同时强调共产党要保持政治上、组织上、思想上的独立性。李大钊当选为中央执行委员。1923年夏，孙中山会见李大钊，讨论外交政策。9月初，鲍罗廷奉命来华，任驻广州常设代表，在北京与李大钊会晤，就国共合作交换意见。10月19日，孙中山密电国民党上海事务所，着其密电李大钊赴上海，商讨国民党改组事宜。李大钊、张继等5人，被孙中山委任为国民党改组委员。11月12日，

① 中国社会科学院近代史研究所编:《白坚武日记》第一册，江苏古籍出版社1992年版，第385~386页。

孙中山发表《中国国民党改组宣言》，同时公布了《中国国民党党纲草案》。11 月 24 日，李大钊在上海出席中国共产党第三届第一次中央执行委员会会议。

1924 年 1 月 4 日，李大钊主持在京国民党党员大会，出席 1000 余人。选举出李大钊、谭仲逵、许宝驹、谭克敏、石瑛、张国焘等 6 人为出席国民党第一次代表大会代表。5 日，一起南下广州出席会议。此前，李大钊为大会的召开做了许多筹备工作。1 月 20 日，中国国民党第一次全国代表大会召开。李大钊被指定为主席团五名成员之一，与胡汉民、汪精卫、林森、谢持一起协助孙中山主持大会。1 月 23 日，大会通过《中国国民党第一次全国代表大会宣言》。1 月 28 日，李大钊在大会上代表中国共产党发言。“本人原为第三国际共产党员，此次偕诸同志加入本党，是为服从本党主义，遵守本党党章，参加国民革命事业，绝对不是想把国民党化为共产党，乃是以个人的第三国际共产党员资格加入国民革命事业，并望诸前辈同志指导一切。”1 月 30 日，李大钊当选中国国民党中央执行委员会委员。中国国民党第一次全国代表大会的胜利召开，标志着国民党改组的完成和国共合作的正式建立，具有划时代意义的国共合作终于成了现实。所通过的由苏联顾问鲍罗廷和瞿秋白起草、汪精卫润色、孙中山定稿的大会宣言，对孙中山的三民主义作了重新解释，加进了联俄、联共、扶助农工的内容，是孙中山的新三民主义。

国民党二大召开前后，国共两党的组织力量对比已明显形成逆转之势。1926 年 2 月 10 日，维经斯基在给共产国际执委会的报告中说：“共产党实际上领导着国民党。小小的共产党处于国民党的机构之中，在组织和发展国民党”；“共产党的影响太大了，很难划清两党之间的界限，几乎所有领导权都掌握在共产党人手里。我们在那里的同志问，是否应该使国民党摆脱共产党的影响享有更多一些自由呢？”[①]据谭平山称，在1926年1月国民党二大召开前后，已有大约90%的国民党地方组织处于共产党员和国民党左派的领导之下[②]。在北京，“所有工作皆守常在那里提调，几乎K.M.T.（国民党）就是李守常”[③]。

三、李大钊为统一中国策应北伐英勇牺牲

在国共两党合作时期，李大钊和张继的关系很密切。而张继其人与国民军的孙岳十分相熟。“在这里，我要提出孙岳这个人，介绍于读者。他是河北高阳人，字禹行，为明末名将孙承宗之后，是一位老革命党，和王励斋、张溥泉诸先生为好友。”[④]李大钊与国民军、冯玉祥的关系与张继相关。1926年6月25日，国民党政治会议派李煜瀛（石曾）、张继、李大钊、柏文蔚（烈武）、易培基与国民军接洽。

李大钊是在3月底将国共两党的党部机关迁入苏联大使馆西院的旧兵营内的。因为“三一八”的当天夜里，段祺瑞亲自出席内阁会议，决议发出逮捕李大钊等的通缉令。“在国民军的盛世，张溥泉（继），于右任，徐季龙（谦）诸要人，便是这小客厅的老客。书室中四面都放着书架，满室都堆着俄文书报，中文文件，李老头

① 中共中央党史研究室第一研究部译：《联共（布）、共产国际与中国国民革命运动（1926—1927）》（上），北京图书馆出版社1998年版，第44、60页。

② 杰柳辛、科斯佳耶娃：《大革命时期的中国共产党与国民党》，《国外中国近代史研究》1990年第16期。

③ 中央统战部、中央档案馆编：《中共中央第一次国内革命战争时期统一战线文件选编》，档案出版社1991年版，第291~292页。

④ 冯玉祥：《我的生活·冯玉祥自传》第一卷，解放军文艺出版社2002年版，第323页。

儿整天都在书城里面踱着方步。”①

没过多久，徐谦、顾孟余、陈友人、丁惟汾等国民党领导人相继离京南下。“先是十五年（1926 年）春国民军退出京津，北京重归军阀政府统治，反动恶势力日盛，革命大受摧残，青年学生，大学教授，因‘赤化’‘共产’嫌疑而被捕杀者，日必数起，京尘险恶，人人自危。当横暴未到来之前，人心浮动，变故时生，国民党的要人（如李石曾、顾孟余、张继等），左倾教授学者（如鲁迅、周作人、陈启修等）知大难之到来，都跑去一空。”国共两党的领导责任都落在李大钊身上，真的是 K.M.T 就是李大钊了。

就是在这样的白色恐怖条件下，李大钊还在 1927 年 1 月 24 日送交国民党中央政治委员会一份报告书，这份报告书分别有《关于晋阎之报告》《关于靳云鹗之第一次报告》《关于靳云鹗之第二次报告》《关于杨宇霆的报告》《关于北京外交使团最近态度的报告》等五篇。附有李大钊致柏文蔚、王法勤、徐谦、顾孟余四位国民党中央执行委员的一封信。设立于 1924 年 7 月的中国国民党中央政治委员会，简称“中政会”，是党的政治咨询机关。1926 年 1 月，国民党二届一中全会确定政治委员会隶属中央执行委员会，为中央执委会特设的政治指导机关。并规定政治委员会认为必要时得推任同志在某地方组织分会，同年建立了北京、太原、武汉、广州四个地方分会。

李大钊为了策应国民革命军北伐，尽心尽力地做好冯玉祥和国民军的工作，谋划了南口战役，使得吴佩孚、张作霖、孙传芳、张宗昌的直、奉、晋各路军阀联合“讨赤”，1926 年的南口战役，投

① 参见国华:《在俄大使馆之李大钊》，载《现代史料》第四册，上海海天出版社 1935 年版。

入兵力达59万人（42个师、47个旅）；国民军投入22万人（18个师、25个旅）。双方投入兵力总数达到81万人。长达4个多月的战斗，直接影响着国民革命军的北伐进展。吴佩孚从此退出历史舞台，张作霖在北京的大元帅再也当不成，怎么能不迁怒于李大钊，一定要将其置之死地而后快。直到今天还有人提问张作霖为什么要杀害李大钊，这是今天还有人在讲南口战役是中国军阀最后的一次混战所必然带来的疑问。因为他们没有讲明白南口战役的战略思想是李大钊精心谋划并付诸实施的。

“李大钊被害后，北伐军早已占领武汉，进击中原。同时冯玉祥亦自莫斯科归国，在五原誓师。北洋军阀残余恶势，日见崩溃。冯在军中闻李之哀耗，也居然一念当年，老泪纵横，除先后在陕豫为李举行追悼会，且为李发丧，全军戴孝！国民党要人，如蔡元培、于右任、张溥泉、顾孟余等大家也同声哀悼，北大学生亦感念之至。”①

李大钊是为统一中国策应北伐而英勇牺牲的。李大钊一度是国民党北京分会的负责人。而张继任国民党北京政治分会负责人，则是在1928年11月的事情了。

四、结论

李大钊的革命实践经历比较短暂，许多方面的工作都还处在进行中，还来不及进行理论概括。今天要对李大钊的统一战线思想进行总结也显得十分困难。所以，我们先是叙述和分析了相关的历史史实，由此，我们可以尝试得出以下理论概括：

（1）统一战线战略思想是由于中国国情所决定了的；

① 李继华等编著：《李大钊被捕牺牲安葬资料选编》，线装书局2011年版，第455~456页。

（2）统一战线就是一定时期一定社会政治力量的联合；

（3）统一战线是战略思想而不是策略性的权宜之计；

（4）统一战线中党组织的独立性和领导权十分重要；

（5）统一战线外部条件是各民族平等和世界人民支持。

［王艳萍，原载《华中师范大学学报》（人文社会科学版）2011 年第 1 期］

浅析李大钊“乡村联合战线”思想的基本内涵

李大钊作为中国共产党早期的主要领导人之一，北方党的无可争辩的领袖，在大革命后期以很大的精力动员和领导党的各级组织与广大党员，深入农村做社会调查，开展农民运动，成效卓著，为全党所公认。可是，在1927年4月28日李大钊以身殉党之后，曾经担任过中共北方区委秘书，党的八七会议后又任中共中央北方局秘书长、书记、中央巡视员的蔡和森，却在他起草的中共中央文件中指责：过去北方党的工作是“避免争斗的机会主义”[①]。接着，在他的影响或领导之下，1927年末中共顺直省委在有关农民运动的决议案中，亦进一步指责：“党的‘乡村联合战线’的机会主义政策，已在顺直尤其主要在幼稚的农运中存在着。”[②] 由于蔡和森当时的身份和地位，以上意见70余年以来似成定论，至少影响甚广。因此，此问题不澄清，直接关系到对李大钊大革命时期农民运动的方针、政策、方法的客观、公正的评价。同时，它也必将涉及对土地革命初期北方农民运动和农民暴动的评价。为此，笔者做了一些粗浅的分析，初步认识主要如下：

---

①《蔡和森的十二篇文章》，人民出版社1980年版，第111页。

② 张葆文主编:《玉田农民暴动》，中共党史出版社1993年版，第70页。

一、帝国主义、军阀、封建大地主阶级是李大钊“乡村联合战线”反对的主要敌人

从笔者目前所能见到的资料看，李大钊的“乡村联合战线”思想是当时北方农民运动中统一战线思想的另一种表述。李大钊虽有此思想与实践，但在他的著作中却未见“乡村联合战线”的完整概念，它是由别人（其中主要是蔡和森）总结概括出来的，本文姑且亦来借用之。为了分析“乡村联合战线”思想的正确与错误，我们不能不从李大钊农民运动的理论与实践中去寻根挖源。

首先，李大钊领导的农民运动是反抗军阀的。李大钊为了引导北方党开展农民运动，他发表了《土地与农民》，并且，在1926年3月的“三一八”惨案发生的当天晚上，李大钊非常敏锐地总结了惨案的教训，他指出：“在工农工作的路线中，不要再指靠军阀，即指望中国反动派在军事上的垮台，而要深入地开展党的工作，尤其是要在贫农中深入地开展党的工作，使贫农能够掌握某些革命的口号。”[①]显然，他是把农民运动摆在了与反动军阀对立的地位。进而，李大钊在1926年8月8日发表的《鲁豫陕等省的红枪会》一文中指出：“河南的红枪会可以消灭国民二军的军阀势力，陕西的红枪会可以消灭刘镇华的军阀势力。”“这可以证明农民阶级的力量可以制胜军阀，可以崩溃军阀的军队，尤可证明同一农民，守着他的阶级，则可以战胜一切军阀，离开了他的阶级，则将与军阀同趋于灭亡的命运。”[②]李大钊确已认识到中国农民阶级的力量是巨大的，在中国民主革命的进程中反对军阀、战胜军阀要依靠农民阶级的力

① 阎稚新等：《李大钊与中国革命》，国防大学出版社1989年版，第268页。

②《李大钊文集》（下），人民出版社1984年版，第872~873页。

量，农民阶级与军阀是势不两立的对抗的两大阶级力量。

其次，李大钊领导的农民运动是反对帝国主义的。帝国主义是中国军阀的“后台老板”，帝国主义营垒又是分裂的，不同国家、不同时期各有不同的利益，他们为了自身的利益而操纵不同派系的军阀分疆裂土，互相攻伐，造成了中国自民国以来的内战频繁，民不聊生。而深受内战之苦、首当其冲的、受害最为惨烈的莫过于农民。所以，李大钊指出：“红枪会反对洋人，便是农民反对外国帝国主义的表现。”①

最后，李大钊领导的农民运动是反对封建地主阶级的。中国的封建地主阶级是帝国主义、军阀赖以生存的重要社会基础，帝国主义、军阀则是封建地主阶级的政治靠山与政治代表。在压迫、压榨中国人民这一点上，他们三者的利益是合而为一的。因此，李大钊说：我们要“变旧式的红枪会而为堂堂正正的现代的武装农民自卫团，变旧式的乡村的贵族的青苗会为新式的乡村的民主的农民协会，才能真正地达到除暴安良，守望相助，阻御豪匪，抗拒苛税，抵制暴官污吏，打倒劣绅土豪的目的”②。土豪劣绅是封建地主阶级中的恶劣代表，他们是农村基层政权的实际控制者。真正打倒地主阶级，李大钊认为必须普遍地解决中国社会的土地问题，“在这种情形下，‘耕地农有’便成为广众的贫农所急切要求的口号”③。“耕地农有”是“耕者有其田”的转化，乃是孙中山提出的革命口号，但孙中山终其身而未及实行。中国共产党和李大钊接过他的革命精神，高举国民革命的旗帜。李大钊把“耕者”变为“农民”，尤其

①《李大钊文集》（下），人民出版社 1984 年版，第 873 页。

② 同上书，第 876~877 页。

③ 同上书，第 831 页。

是数量众多的贫农，其站在农村最底层广大贫农的阶级立场是显而易见的。

二、“乡村联合战线”的阶级基础是农民阶级

首先，为了发动农民运动，必须端正对农民在民主革命中的地位和作用的认识。只有把这个问题搞清楚了，共产党才会有最基本的出发点，才能下最大的决心。李大钊的心目中：“在经济落后沦为半殖民地的中国，农民约占总人口百分之七十以上，在全人口中占主要的位置，农业尚为其国民经济之基础，故当估量革命动力时，不能不注意到农民是其重要的成分。”[①] 李大钊已初步认识到中国当时以农业立国，农业为国民经济的基础，地位分外重要。因此，在民主革命中，农民则必然是革命的最主要的动力之一。“中国的浩大的农民群众，如果能够组织起来，参加国民革命，中国国民革命的成功就不远了。”[②] 这样，李大钊已认识到并申明农民阶级同时也是“乡村联合战线”天然的阶级基础。

其次，李大钊提出了“小农”这一概念，并进而认为贫农、雇工是农民阶级的主力军，他们是工人阶级可靠的同盟者。农民并不是一个单纯的阶级，它可以分为几个阶层。其中，占农民大多数的，最具革命性的，最能成为城市工人阶级可靠的助手、同盟军的，则只有贫农与雇工等阶层。李大钊已对农村的各阶级与阶层作过初步的、粗略的分析，提出了贫农、佃农、雇工、自耕农、自耕兼佃等不同的阶级与阶层。他认为中国的农业经济是普遍的小农经济，土地集中的现象比较严重，在农民中占多数的则是贫农、佃

---

①《李大钊文集》（下），人民出版社 1984 年版，第 824 页。

② 同上书，第 834 页。

农、雇工、自耕农与自耕兼佃等阶层。“此等小农因受外资侵入、军阀横行的影响，生活日感苦痛。”[①] 他们从切身感受中，已初步具有了反帝、反军阀、反封建地主的阶级意识，有待革命的政党去发动、组织和提高他们，“乡村联合战线”中的中坚力量则必须非他们莫属。

最后，李大钊提出了“自耕农”这个阶级概念，但未做更细致的分析。中国的自耕农可以划分为中农、上中农（富裕中农）和富农等不同的阶层，中农则为自耕农中的多数，中农、上中农也是“乡村联合战线”的有效力量。

三、“乡村联合战线”团结的主要对象是中农、上中农

对中、小地主和富农要争取、影响，对开明绅士也要争取和一定程度上的联合。在李大钊的头脑中，已经粗有“乡村联合战线”团结、争取、借重力量的思想。囿于当时农民运动刚刚展开的实际状况，因而在理论上、认识上尚处于初步的、萌芽状态。

第一，李大钊使用了“乡村中少有产者”的概念及对这一概念的初步分析。

李大钊认为北方各省的红枪会运动“可以说这是中国农民运动的一大进步，同时亦可以认作乡村中少有产者起来反抗兵匪一个表征”[②]。其一，李大钊所说的“有产者”所指的阶级、阶层包括哪些？笔者根据上文引用李大钊的文字和思想，理解为中农、上中农、富农和小地主、中等地主、大地主等阶层。其二，中、小有产者则是除了大地主之外的中农、上中农、富农和小地主、中等地主等阶级

①《李大钊文集》（下），人民出版社 1984 年版，第 825 页。
② 同上书，第 875 页。

和阶层。其三，少有产者则指中农、上中农（富裕中农）。其四，李大钊认为红枪会运动亦表明了中农、上中农、富农和中、小地主这些农村中少有产者可以联合起来反抗土匪与军阀。其五，李大钊感觉到：我们做红枪会工作的人，在对红枪会进行影响、争取时，同时要争取、影响、团结中农、上中农；对富农和中、小地主，使他们在一定时期内或在一定范围内与贫农、雇工等阶级、阶层一起来反对军阀。其六，李大钊这里指的是军阀的部队，反抗兵匪即反抗军阀和土匪。

第二，李大钊对地主阶级的代表人物已有了劣绅、绅董、土豪与绅士等区别，并注意到了他们不同的政治态度。

其一，李大钊把土豪、劣绅放到了农民运动打击的直接对象的地位。红枪会“因为有枪有人更易为军阀土豪所居为奇货，我们的口号，是武装农民自卫的组织，应该是属于乡村多数群众而从事于守望相助的，而不是供军阀、土豪、流氓、土匪所驱使，而离开农村化为兵匪的”[①]。在这里，李大钊把军阀与土豪并称，可见他是把农民与军阀、土豪视为相互对立的两大社会力量的组合的。

其二，李大钊已经看到了地主阶级中的一部分代表人物，即乡绅，他们对军阀有反感，在一定程度上同情或支持农民运动，他们并可在一定范围内为维护自身的某些利益而参加农民的某些斗争。李大钊在分析红枪会的成分极为复杂时，指出：“河南通许县知事下乡劝告绅民勿勾结红枪会，绅民向知事质问道：‘要叫我们不信红会很容易，只要地方不见土匪，军队不扰乱，官府不派苛捐杂税，完粮纳税收用纸币，便可不奉红会。’这都是可以证明大多数的红枪会，是农民自卫结会。通许绅士答知事的话，更可反映出来红枪会

①《李大钊文集》（下），人民出版社1984年版，第876页。

是代表农民利益而防备兵匪，反抗苛捐杂税而组织的事实。”① 由此可见，绅士们反对土匪，反对军阀军队的骚扰，反对官府的苛捐杂税，反对官府不收纸币。那么，反过来思考，当农民运动反对这四种祸害之时，或反对其中一种或几种时，就可能争取乡绅或绅士中的一部分人或大部分人参加。他们可在一定限度内，支持或同情农民运动或民主革命。从这里，我们可以深切感受到李大钊作为伟大的无产阶级革命家，其政治上所具备的敏感、敏锐和思维上所富有的细腻、严谨。中国共产党对开明绅士的政策的基石，李大钊在领导大革命时期的北方农民运动时即已垫下了坚实的第一块。

四、李大钊批评了村落主义等落后的农民意识，倡导联合

李大钊在指导农民运动的过程中，深切感悟到农民阶级有其自身落后的一面和共产党有不断地教育农民的极端重要性。共产党人和革命者要教育农民、引导农民，使他们认识农民阶级在民主革命中的地位和力量，同时要克服农民阶级的目光短浅、狭隘，乡土观念，封建主义及小生产者的其他弱点，真正分清谁是敌人，谁是朋友，从而达到农民阶级在一定程度上和一定范围内的大联合。李大钊说：“我们应该使一般农民明了其阶级地位，把他们的乡土观念，渐渐发展而显出阶级的觉悟，知道农民的团结应该是扩大的而不应该是狭隘的，应该是联合的而不应该是一村落或一县邑的分立的，甚至于自相冲突的。为的使他们消免相互间的冲突，应该使他们有集中的组织，联络的关系，否则一有冲突，必有一方为官府或土豪所利用，以蹂躏另一方的农民结合。”② 他在这里主张农民各阶级、

①《李大钊文集》(下)，人民出版社 1984 年版，第 872 页。

② 同上书，第 875 页。

阶层应该团结对敌，应该实现全县或县以上范围的大联合并相应地建立联合组织。在李大钊直接而有力的领导下，北方各省在红枪会运动的高潮中，各县分别建立了联络站、处之类的组织，它们不同程度地起到了领导、协调、联络的作用，曾在关键时刻发挥过巨大作用。同时，李大钊在这段文字里把土豪、官府放到了与农民阶级相对立的地位，他是将土豪与绅士加以严格区别的。

李大钊还主张各地要普遍建立农民协会作为农民运动的核心组织。李大钊指出："若想提高贫农的地位，非由贫农、佃农及雇工自己组织农民协会不可。"[①] 农民协会的主体显然是李大钊所指出的以上三个阶层的成员，这便可见农民协会的阶级性，它与红枪会等农民组织有着本质上的区别，农民协会是"乡村联合战线"的主体和中坚力量。

综上所述，笔者有以下几点粗浅的看法：

第一，本文所述的李大钊基本观点，有的已成形，有的仅在萌芽之中。然而，我们从中可以看到：在20世纪20年代后期，在中国共产党的艰难探索中，对民主革命理论，李大钊在理论与实践上都作出了不可磨灭的巨大贡献，特别在农民运动的理论上，有突出贡献。

第二，蔡和森等人对李大钊"乡村联合战线"思想与实践的误解，集中在共产党应不应该在一定时期内、在一定范围内、在一定程度上，争取、联合富农和中、小地主与开明绅士，作为我们的助力，同时还要防备他们的反水或反客为主。诚然，革命的实践证明：李大钊的主张是符合当时中国农村的实际情况的，是对革命有利的，是高瞻远瞩的真知灼见。蔡和森在"左"倾盲动错误弥漫全

---

①《李大钊文集》（下），人民出版社1984年版，第833页。

党的1927年末提出对李大钊正确思想与实践的指责，今日看来有其历史的深刻原因。第一，这与20世纪30年代初，毛泽东被指责为“富农路线”有某些相似之处。第二，这与20世纪40年代的土地改革中，在相当广的地区犯的“左”的错误，即将相当一批中农错划为富农、地主，破坏民族工商业，对开明绅士过火的斗争等，亦有相通的地方。第三，这并非蔡和森个人独有的思想与行动，它是有深刻的社会阶级和历史根源的，这也就是“左”倾盲动错误产生的根源。第四，这也是用土地革命时期的思想与政策为是非标准来评判大革命时期的正确的思想、方法与政策的形而上学的表现。

总之，李大钊的“乡村联合战线”思想是当时党的统一战线思想在北方农村工作中的雏形，充满了实事求是的精神。“乡村联合战线”的思想与实践完全是从中国北方农村的实际情况出发的精明而缜密的原则与方法，而绝非什么机会主义。李大钊一切从客观现实出发来制定党的政策的革命精神，至今仍给我们以深刻的启迪。

（果峰、肖桂林，原载《河北省社会主义学院学报》2002年增刊）

文化·学术·传播

李大钊兼具深厚的中国传统文化底蕴和西方现代文化的视野，博古通今，学贯中西；在史学、哲学、文学、法学、社会学、政治学等领域颇有造诣和建树；为多家报刊撰写政论、时评、通讯等，议论精辟，文笔雄健，他一生留下了很多珍贵的精神财富。“铁肩担道义，妙手著文章”是他一生的真实写照。李大钊的学术思想及其在知识传播和学术建构中的突出贡献，成为学者们长期以来不断解读和阐释的重点。

一、文化教育

李大钊的中西文化观述论

如何看待中国传统文化，如何认识西方文化，如何正确处理中西两种不同的文化价值观念的关系，是置身于近代中国文化领域的任何一位思想家都不能回避的问题。伟大的马克思主义者李大钊，在其遗留后世的论文、演说中，对上述诸问题阐述了自己的看法。本文拟就其中西文化观的发展和变化以及对未来文化的选择与追求，作粗浅的探讨。

一

在近代“先进的中国人”的行列中，李大钊堪称通晓古今、学贯中西。在他的知识结构中，既有着丰厚坚实的“国学”功底，又具备较为渊博的近代西方文化知识。正唯其如此，他才能在中国传统文化整体的把握的基础上，以西方文化为参照系，对中国传统文化的各个层面进行批判性反思，弘扬其精华，剔除其糟粕。才能从改造中国社会的政治目标出发，有选择地汲取西方文化的精华，进而融合中西，“别创一生面”。

李大钊是一位卓越的爱国者，对中华民族及其创造的灿烂文化，有着一种深沉炽烈的爱。他在著述中，称中国为“文化渊源神明遗裔之宗邦”，“亚细亚莫不以我中华为鼻主”，称古代中国“典章文物，灿然大备”，“文学艺术，名作辈出，就建筑工程而论，如长城之连绵万里，至今犹为世所推称”。中国文明“可以代表全亚细亚文明”。高度评价了中华民族对世界文明所作的贡献，指出“印刷术、火药、罗盘针三大发明”，“变更了全世界的情形，先文学，次战争，最后航海，引起无数的变迁，影响及于人事，没有比这些机械发明再大的”[①]。充分肯定了中国固有文明在很长的历史时期内执世界牛耳的优越地位，并用饱蘸赤子之情的笔调，纵情礼赞祖国的壮丽山河。

李大钊并不讳言近代“中国文明之疾病，已达炎热最高之度，中国民族之运命，已臻奄奄垂死之期”的现状。但他坚信“积亚洲由来之数多民族冶融而成”的中华民族，必将能够复活，能够对世界文明作出第二次贡献。正是这种对祖国、对民族、对民族文化赤诚的挚爱，升华为一种道义上的巨大力量，推动着李大钊去不懈地寻求“复活、更生、回春再造”新民族、新中国的理想途径。

李大钊的中西文化研究，约略言之，在十月革命前，其焦点主要集中在中西国民性的比较研究上，着力于民智觉悟的文化启蒙和新国民性格的塑造上。这是以他的政治变革目标——在中国建立资产阶级共和国为出发点的。十月革命后，他主要围绕着如何处理中西不同的文化价值关系，致力于融合中西文化，以创造一种新特质的文化，这又与其在政治上要求用马克思主义改造中国的主张相一致。可以说李大钊对中西文化的比较研究，纯学术的意味并不浓厚，而始终与中国社会前途的政治抉择紧紧联系在一起。

---

①《李大钊文集》（下），人民出版社 1984 年版，第 272 页。

二

十月革命前，李大钊写了一系列中西文化的研究文章，综合起来看，从分析中西国民性的差异入手，来反思中国的传统文化和积极认同异质的近代西方文化价值观念，是李大钊这个时期中西文化研究的特色。

第一，以探讨中国国民性的弱点为突破口，对中国传统文化的反思与批判。

通过中西国民性的比较，李大钊指出："兹世文明先进之国民，莫不争求适宜之政治，以信其民彝，彰其民彝。"[①] 所谓"适宜之政治"，即"惟民主义是其精神，代议制度为其形质之政治"[②]。他认为"先进国民"为"求引政治者，断头流血，万死不辞，培养民权自由之华，经年郁茂以有今日之盛"[③]。而我国国民缺乏的正是这种积极进取精神，指出"吾民族思想之固执，终以沿承因袭，踏故习常，不识不知，安之若命。言必称尧、舜、禹、汤、文、武、周、孔，义必取于诗、礼、春秋；即其身体力行之际，确见形格势禁，心尝有所未安"[④]。

李大钊认为造成国民上述弱点的原因，在于"吾华""历史最古，历史上遗留之种种重压累积于国民思想者，其力绝厚"[⑤]，积重难返。在他看来，一部中国历史，就是乡愿和大盗交为狼狈、深为盘结的记录，是他们"假尧、舜、禹、汤、文、武、孔之典谟训诰

---

①《李大钊文集》(上)，人民出版社 1984 年版，第 157~162 页。

② 同上。

③ 同上。

④ 同上。

⑤ 同上书，第 245~247 页。

为护符，尽倾其秽恶之心血”的历史，他指出“自秦以降，其为吾人自由之敌者，惟皇帝与圣人而已”[①]，强调“以圣人之虚声劫持吾人思想自由者”，“其祸视以皇帝之权威分割吾人身体为尤烈，吾人对之与以其反抗之决心与实力，亦当视征伐皇帝之役为尤勇也”[②]。并以“虽冒毁圣非法之名，亦所不恤”的大无畏的革命精神，把批判的锋芒直指中国最大的圣人权威——孔子和封建伦理道德，发出了在我国“自我之解放，乃在破孔子之束制”[③]的战斗呼声。指出孔子是“数千年前之残骸枯骨”，“历代帝王专制之护符”，“保持君主政治之偶像”，戳穿了尊孔复古之流欲复活专制，而利用孔子“壮其声势”，“以图压服人心，钳制人口”的反动政治实质。并依进化论的观点，说明道德是随着社会进化而进化的。强调代表专制社会道德的孔子学说，已不适于今日的时代精神。这种批判已基本触及以孔子为代表的儒学为主体的封建思想文化的核心内容。

但必须指出，李大钊用以批判孔子及封建伦理道德的理论武器，是机械唯物论和进化论，因此还不能科学地阐明孔子思想的反动本质。而且这种批判是在肯定孔子是我国过去一伟人的前提下进行的，虽指出孔子之道“施之今日，决非所通”，但又认为“孔子之说，今日有其真价，吾人亦绝不敢蔑视，惟取孔子之说以助益其自我之修养”[④]，提出立宪国民的修养应该是“依吾儒忠恕之道，西哲自由、博爱、平等之理”，“以克己之精神，养守法循礼之习惯”[⑤]。由此可见，李大钊早期对中国传统文化的反思与批判是极不彻底的。

---

①《李大钊文集》（上），人民出版社 1984 年版，第 245~247 页。

② 同上。

③ 同上。

④ 同上。

⑤ 同上书，第 334 页。

第二，从熔铸国民新精神的目的出发，对西方文化的择取与借鉴。

李大钊对西方文化的认识，有一个逐步深化的过程，就这个时期说，他所接触和了解的西方文化的内容庞杂而不纯，从著述来看，对他影响较大的有：卢梭的天赋人权学说，约翰·穆勒的自由学说，托尔斯泰的人道主义，尼采的权力意志论，达尔文的进化论等等，其中影响最大的则是达尔文的进化论思想。李大钊接受了达氏的观点，并用来指导自己的文化研究。

这个时期，李大钊研究了西方历史和文化的发展进程，抨击了欧洲中世纪教会势力的黑暗统治，热情讴歌16世纪路德“别树新教之帜”的宗教改革，对孕育了19世纪全世界的文明的法国大革命，给予了高度的评价。他尤其强调文化启蒙的意义和作用，在他看来，近代西方文化优于中国传统文化，就在于其民主、自由和科学精神。在《厌世心与自觉心》的文章中，他对中西不同的政俗作了比较，阐明了国民应有的自觉之道。指出国民今日之责：“一面宜自觉近世国家之真意义，而改进其本质，使之确足福民而不损民”，“一面宜自觉近世公民之新精神”，告诫国民“惟奋其精诚之所至以求之……”①

李大钊主张学习西方文化的民主自由精神，改造国民性，但他并非一味醉心于西方文化，而是从国情民性的现状出发，有选择地撷取西方文化的精华。“与时俱进”，月异岁新。他对进化论态度的变化就是一例。达尔文的进化论曾作为李大钊早期文化观的哲学基础，但他从马尔萨斯的“人口论”中发现进化论也“有足以助战祸之昌炽”的危险，态度遂由信奉转向怀疑以至否定。

①《李大钊文集》（上），人民出版社1984年版，第149页。

值得特别指出的是，这个时期，李大钊曾用“动静”说来概括东西文明的不同特质，即认为“东方文明之特质，全为静的；西方文明之特质，全为动的”[①]。着重强调生态环境对民族群体、民族文化的形成及其表现形态和发展道路所产生的决定性影响，突出了文化地域性和民族性的特征，给人以一定的启迪。但却忽视了作为社会范畴的文化所具有的时代性特征。其实，这种新的思维模式，并非创自李大钊，早在1903年，邓实在《政艺通报》第二十四号上就载文指出：“泰西之土地华离，吾国之土地方整，泰西之人种亚利安，吾国之人种巴克，则土地人种不同也；泰西之政教，重民权而一神，吾国之政教，重君权而多神。”其意在强调东西文明是东西民族依自然创造的两个独立的文化体系，并无所谓高低优劣之分。此后，杜亚泉先生也在《东方杂志》第十四卷第四号上发表了《静的文明和动的文明》的文章，将邓实的中西文化“动静”说加以引申和发挥，指出“西洋文明浓郁如酒，吾国文明淡白如水；西洋文明美腴如肉，吾国文明粗粝如蔬，而中酒与肉之毒者，则当以水及蔬疗之也”。其意在维护中国的固有文明，鼓吹用中国文明济西洋文明之穷，这显然与邓实始创“动静”说的初衷相左。

同样袭用“动静”说，李大钊得出的结论却与杜先生迥异，而同邓实的立意相吻合，即从整体的意义上来把握中西文化，将之视为两大独立的文化体系，进而探讨两种异质文化的冲突原因，以期找到融合协调中西文化的最佳结合部。从这种新的思维模式出发，李大钊研究了“西学东渐”的历史和中西文化的冲突过程。他认为中西文化相冲突的原因在于“累代之专制政治戕贼民性泰甚，以成此不自然之状态，并以助长好同恶异之根性，致保守之力过坚”。

①《李大钊文集》（上），人民出版社1984年版，第439~440页。

对外来文明，“但知拒而不知迎，但知避而不知引。重以吾国历史悠久，有吾国民族固有之文明，逮夫近代西方文明汹涌东渐，一方迫之愈急，一方拒之愈甚”[①]。致使“旧者自守其旧，新者自用其新，二者分野，俨若鸿沟。既无同化之功，亦鲜融合之效”[②]。但李大钊在这里所强调的还不仅是这样一种文化现象，而在于通过剖析近代中西文化冲突的根源及其性质，以探求解决冲突的方法和途径。

他在《动的生活与静的生活》一文中指出：“吾人认定于今日动的世界之中，非创造一种动的生活，不足以自存。吾人又认定于静的文明之上，而欲创造一种动的生活，非依绝大之努力不足以有成。”[③]笔者认为这是李大钊在十月革命前中西文化观的最确切表述。其一，他强调向西方学习是大势所趋。在他看来，西洋动的文明，代表着近世文明进化的潮流，中国要存立于世，就必须将国家、民族、文明、生活由静的变为动的，“以应兹世变，当此潮流”[④]。其二，强调这种“由静变动”，并非全盘照搬西方动的文明，而是“于静的文明之上”的“创造”，并指出这种“创造”工程的艰巨性。

诚然，这个时期李大钊也曾号召青年“取由来之历史，一举而推焚之，取以前之文明，一举而沦葬之”[⑤]。但我们决不能据此认定他在早期有全盘否定中国传统文明的趋向。我认为这主要是针对“历史积重之难返，依赖之根性之难除”的国民性现状而发的。诚如他自己所言：“吾今持论稍嫌过激。盖尝秘窥吾国思想界之消沉，非大声疾呼以扬布自我解放之说，不足以挽积重难返之势。”[⑥]因此，

---

①《李大钊文集》（上），人民出版社 1984 年版，第 253 页。

② 同上。

③ 同上书，第 439~440 页。

④ 同上。

⑤ 同上书，第 181 页。

⑥ 同上书，第 245~247 页。

对此类的过激之词，我们应取历史主义的态度，作具体分析。

三

“十月革命一声炮响，给我们送来了马克思主义”。李大钊是中国最早接受马克思主义的先进分子，《庶民的胜利》《布尔什维主义的胜利》等文章的发表，标志着他从一个革命民主主义者开始向马克思主义者的转变。与其世界观的转变相适应，其中西文化观也发生变迁，但由于马克思主义主要是在西方文化的基础上发展起来的，中国的先进分子要接受、掌握和运用它，有一个渐趋成熟、日臻完善的过程，因此李大钊的中西文化观也呈现出循序渐变的特征。

第一，“五四”前的中西文化研究。

《东西文明根本之异点》，是这一阶段李大钊中西文化研究的代表作。文章从人类生活史的角度出发，在自然生态环境、生活方式、行为方式、哲学、宗教、伦理、政治诸方面，对东西文明作了较为详尽的比较研究。李大钊指出：“东洋文明与西洋文明，实为世界进步之两大机轴，正如车之两轮，鸟之双翼，缺一不可。而此二大精神之自身，又必须时时调和、时时融会，以创造新生命，而演进于无疆。”[①]进一步丰富和发展了邓实的中西文明“动静”说。

他认为“东西文明，互有长短，不宜妄为轩轻于其间”。中国文明之短表现在：“（一）厌世的人生观，不适于宇宙进化之理法；（二）惰性太重；（三）不尊重个性之权威与势力；（四）阶级的精神视个人仅为一较大单位中不完全之部分，部分之生存价值全为单位所吞没；（五）对于妇人之轻侮；（六）同情心之缺乏；（七）神权之

①《李大钊文集》（上），人民出版社1984年版，第560页。

偏重;(八)专制主义之盛行。”以上所列未必都正确，但不可否认，李大钊对中国传统文化的反思与分析，较前有了进一步深化。

这一阶段李大钊对西方文化的研究，虽曾一度受到世界性的反科学思潮的影响，但用西洋文明之长来济东洋文明之穷的主张并未改变。他指出:“彼西洋之动的文明，物质的生活，虽就其自身之重累而言，不无趋于自杀之倾向，而以临于吾侪，则实居优越之域。”强调国人“惟以彻底之觉悟，将从来之静止的观念、怠惰的态度，根本扫荡，期与彼西洋之动的世界观相接近，与物质的生活相适应”。并指出:“时至今日，吾人所当努力者，惟在如何以吸收西洋文明之长，以济吾东洋文明之穷。断不许以义和团的思想，欲以吾陈死寂灭之气象腐化世界。断不许舍己芸人，但指摘西洋物质文明之疲穷，不自反东洋精神文明之颓废。”号召青年“竭力铲除种族根性之偏执，启发科学的精神以索真理，奋其勇气以从事于动性之技艺与产业”。“出全力以研究西洋之文明，以迎受西洋之学说。”对于如何处理中西文化价值的关系问题，李大钊的态度十分鲜明，他反对那种“挟种族之偏见，以自高而卑人”的“我族文化中心主义”，对“国粹论”者辜鸿铭“为欧人计，惟有欢迎吾中国人之精神，惟有欢迎孔子之道”的谬论，予以激烈的抨击。

他认为:“东西文明调和之大业，必至二种文明本身各有彻底之觉悟，而以异派之所长补本身之所短，世界新文明始有焕扬光采、发育完成之一日。”强调指出:“对于东西文明之调和，吾人实负有至重之责任，当虚怀若谷以迎受彼动的文明，使之变形易质于静的文明之中，而别创一生面。”

在他看来，“东洋文明既衰颓于静止之中，而西洋文明又疲命于物质之下，为救世界之危机，非有第三新文明之崛起，不足以渡此危崖”。他认为，“俄罗斯之文明，诚足以当媒介东西之任。”在《法俄革命之比较观》中，他通过对法俄革命的比较研究，指出俄国革命是“影响于未来世纪文明之绝大变动”，“是二十世纪初期之革命，是立于社会主义上之革命，是社会的革命而并著世界的革命之采色者也”。“非独俄罗斯人心变动之显兆”。号召国人“翘首以迎其世界的新文明之曙光……而求所以适应此世界的新潮流”[①]。如果说在此之前，李大钊向西方学习，主要是学“法兰西文明”的话，那么，从此以后，他的目光则转向了“俄罗斯文明”，“走俄国人的路”成为他新的奋斗目标。

还要指出，这个阶段李大钊抛弃了曾作为其早期文化观的哲学基础的进化论思想。他在《新纪元》一文中指出：“从前讲天演进化的，都说是优胜劣败，弱肉强食，你们应该当强者去弱者的生存幸福，造成你们优胜的地位，你们应该当强者去食人，不要当弱者，当人家的肉。从今以后都晓得这话大错……”[②]从对进化论的怀疑转向批判，是李大钊实现由革命民主主义者向共产主义者根本转变的必要步骤。只有完全放弃进化史观，才有可能真正确立起科学的唯物史观。

总之，这个阶段李大钊的中西文化比较研究，仍然是从东西民族生存的地域上的差异来立论的，其认识还未提高到以历史时代来解释中西文化差异的层次。

第二，“五四”后的中西文化研究。

伟大的五四运动揭开了中国近代史的新篇章。“五四”以后，新文化运动立即转变为以广泛宣传马克思主义和介绍俄国十月革命

---

①《李大钊文集》（上），人民出版社 1984 年版，第 560、573~575 页。

② 同上书，第 607 页。

为中心的新的思想解放运动。经过“五四”锻炼的李大钊，理论思维发生了新的飞跃，这就是马克思唯物史观的确立。从这种新的社会历史观出发，他研究了中西不同的社会经济形态的构造，揭示中西文化的时代性差异。

他首先分析了中国社会经济形态的构造，认为“中国以农业立国”，“所以大家族制度在中国特别发达”。“中国的大家族制度，就是中国的农业经济组织，就是中国二千年来社会的基础构造。一切政治、法度、伦理、道德、学术、思想、风俗、习惯，都建筑在大家族制度上作他的表层构造。”[①]他对封建伦理道德阶级实质，进行了深刻的揭露和批判，指出两千多年来支配中国人精神的孔门伦理道德，“是使子弟完全牺牲他自己以奉其尊上的伦理”；“是与治者以绝对的权力责被治者以片面的义务的道德”。并指出：“孔子的学说所以能支配中国人心有二千余年的原故，不是他的学说本身具有绝大的权威，永久不变的真理，配作中国人的‘万世师表’，因他是适应中国二千余年来未曾变动的农业经济组织反映出来的产物，因他是中国大家族制度上的表层构造，因为经济上有他的基础。”[②]这种对封建思想文化的核心内容——孔门伦理道德的彻底批判态度，标志着用马克思主义理论武装起来的李大钊对中国传统文化的反思已达到了新水平。

李大钊分析了西方的社会经济形态，指出：“西洋文明是建立在工商经济上的构造，具有一种动的精神，常求以人为克制自然，时时进步，时时创造。”[③]“到了近世，科学日见昌明，机械发明的结

①《李大钊文集》(下)，人民出版社 1984 年版，第 178~184 页。

② 同上。

③ 同上。

果，促起了工业革命……他们一方不能不扩张市场，一方不能不搜求原料，这种经济上的需要，驱着西洋的商人，来叩东洋沈静的大门。”①

通过中西不同的社会经济形态的研究，李大钊不仅指出了中西文化的时代性差异，阐明近代中西文化之争的实质，即是以农业经济为基础的封建主义文化与以工商经济为基础的近代资本主义文化之争；而且也提示出近代中西冲突，“不全是政治上、宗教上、人种上、文化上的冲突”，而“都含着经济上的意味”②。从承认中西文化的民族性差异到时代性差异的认识，对于李大钊正确地处理中西不同的文化价值的关系，取西方文化之长以补己之短，无疑有着重要的意义。但这并不意味着解决了中国文化的再创造问题，因为时代的变迁已使这个问题变得更加复杂。这也就决定了李大钊必须重新反省西方文化价值观念，同时又必须选择一种能超越资本主义文化的新文化。如果这两个问题解决不好，创造中国新文化也就无从谈起。

在“五四”之前，李大钊即开始反省西方文化中的民主和自由等价值观念，如在论述战后世界社会革命潮流时就指出：“这回民主主义的胜利，不是从前英、美式民主主义的胜利，乃是新发生的德、俄式社会民主主义的胜利。”③把资产阶级的民主主义同无产阶级民主主义区分开来。“五四”后，李大钊写了《由平民政治到工人政治》《平民政治与工人政治》《平民主义》等文章，对资产阶级的代议制民主的虚伪性进行了批判，指出“普通所说的平民政治，

①《李大钊文集》（下），人民出版社1984年版，第178~184页。
② 同上。
③《李大钊文集》（上），人民出版社1984年版，第627页。

不是真正的平民政治，乃是中产阶级的平民政治”[①]，“现代欧美号称自由的国家，依然没有达到真正的‘平民主义’的地步”，“没有‘平民主义’化的社会，断没有‘平民主义’的政治”[②]。但这种批判并不是抛弃民主的根本精神，而是把民主的根本精神同社会主义、无产阶级专政联系起来。在他看来，“德谟克拉西，无论在政治上、经济上、社会上，都要尊重人的个性。社会主义的精神，亦是如此”[③]。“真正的德谟克拉西，其目的在废除统治与屈服的关系，在打破擅用他人一切器物的制度。而社会主义的目的，亦是这样。”[④]并指出：“无产阶级的平民政治……就是‘工人政治’……在革命的时期，为镇压反动者的死灰复燃，为使新制度新理想的基础巩固，不能不经过一个无产者专政的时期。在此时期，以无产阶级的权力代替中产阶级的权力，以劳工阶级的统治代替中产阶级的少数政治……”[⑤]由此可见，李大钊通过揭露和批判资产阶级的民主，阐明和树立起无产阶级专政的思想，这是他完成由资产阶级革命民主主义者向共产主义者转变的又一必要步骤。

重建中国新文化是时代的召唤，也是李大钊进行中西文化比较研究的目的所在，而新文化的重建又取决于作为文化选择的主体——人的自身重建。十月革命后，李大钊开始倾向、选择并接受了马克思主义，确立了唯物史观和无产阶级专政的思想。马克思主义为他进行中西文化的价值判断和价值取向提供了科学的理论工具。十月革命的胜利以及战后世界社会革命潮流的兴起，又使他获

①《李大钊文集》(下)，人民出版社 1984 年版，第 571~572 页。

② 同上书，第 604~605 页。

③ 同上书，第 503 页。

④ 同上书，第 506 页。

⑤ 同上书，第 571~572 页。

得了重建中国文化的新思路和新的参照系。因此与他在政治上选择了社会主义模式以救中国的同时，也开始初步从理论上建构中国文化未来发展框架。他指出：“中国今日在世界经济上，实立于将为世界的无产阶级的地位。”[①]“现代的经济组织，促起劳工阶级的自觉，应合社会的新要求，就发生了‘劳工神圣’的新伦理，这也是新经济组织上必然发生的构造。”[②]李大钊在这里所说的“新经济组织”，指的是“劳工阶级、无产阶级联合起来”，“以反抗富权阶级、资本阶级”[③]，“以铲除国内的掠夺阶级，抵抗此世界的资本主义”[④]的纯粹生产者的组织。而“劳工神圣”的新伦理和“应经济的新状态社会的新要求发生的”[⑤]，未明确指出就是新民主主义的文化——“即无产阶级领导的人民大众的反帝反封建的文化”[⑥]的因素。

诚然，李大钊重构中国新文化的思想，并没有在理论上形成一个完整的体系（如毛泽东的新民主主义文化理论），但他为建构中国的未来文化的发展模式——社会主义新文化所做的奠基性的工作，是功不可没的。

（董林亭，原载《李大钊研究》第一辑，河北人民出版社 1991 年版）

---

①《李大钊文集》（下），人民出版社 1984 年版，第 178~184 页。

② 同上。

③ 同上书，第 202 页。

④ 同上书，第 455 页。

⑤ 同上书，第 178~184 页。

⑥《毛泽东选集》（合订本），人民出版社 1964 年版，第 653 页。

论新文化运动中李大钊的文化观

新文化运动是中国近代史上中西文化激烈撞击、冲突的一次巨大的思想解放运动。在这一文化剧变的时代，作为中国先进知识分子群中一员的李大钊，多方位对比中国传统文化与西方近代文化，孜孜探求中国文化的成因，寻找其出路；并随着世界观的转变，最终以马克思主义观点科学缜密地评析中国传统文化与西方近代文化，形成了“中西文化相长”为主要特征的文化观。在纪念李大钊100周年诞辰之际，探讨和研究李大钊的中西文化观，对在改革开放、建设中国特色社会主义的过程中，如何正确对待和吸收西方文化，如何正确对待和弘扬我国传统文化是一个很好的借鉴。

一

李大钊把世界文明划分为两大系统：一为南道文明，即东方文化，包括中国、印度、阿富汗、波斯、土耳其、埃及、日本等；北道文明，即近代西方文化，包括欧洲诸国及巴尔干半岛。

李大钊认为，千百年来自然和历史变迁的陶冶，铸成了东方、西方两大文化系统。东方文化的主要特征是“静”，西方文化的主要特征是“动”。东方是“与自然和解、与人类和解之文明”；西方是“与自然奋斗、与同类奋斗之文明”[①]。这两种文化在很多方面截

①《李大钊文集》(上)，人民出版社1984年版，第557页。

然不同。“一为自然的，一为人为的；一为安息的，一为战争的；一为消极的，一为积极的；一为依赖的，一为独立的；一为苟安的，一为突进的；一为因袭的，一为创造的；一为保守的，一为进步的；一为直觉的，一为理智的；一为空想的，一为体验的；一为艺术的，一为科学的；一为精神的，一为物质的；一为灵的；一为肉的；一为向天的，一为立地的；一为自然支配人间的，一为人间征服自然的。”①李大钊在将西方资本主义社会和东方宗法社会的文化心理结构的对比中，特别强调了东方宗法等级社会形成的静态的、和解的、自然的、安息的、消极的、依赖的、苟安的、因袭的、保守的、直觉的、空想的、精神的、性灵的、向天的社会心理。这种社会心理凝聚积淀，越来越与社会生活的现代化发展趋势不相容。

东西方不同的文化心理反映出不同的价值观念。“东人持厌世主义（Pessimism），以为无论何物皆无竞争之价值，个性之生存，不甚重要；西人持乐天主义（Optimism），凡事皆依此精神，以求益为向上进化发展，确认人道能有进步，不问其究极目的为何，但信前事惟前进奋斗为首务。东人既以个性之生存为不甚重要，则事事一听之天命，是谓定命主义（Fatalism）；西人既信人道能有进步，则可事一本自力以为创造，是谓创化主义（Creative Progressionism）。东人之哲学，为求凉哲学；西人之哲学，为求温哲学。求凉者必静，求温者必动。东方之圣人，见由生活中逃出，是由人间以向实在，而欲化人间为实在者也；西方之圣人，是向生活里杀来，是由实在以向人间，而欲化实在为人间者也。”②

东方之宗教，是解脱的宗教；西方的宗教，是生活的宗教。东

---

①《李大钊文集》（上），人民出版社 1984 年版，第 557~558 页。

② 同上。

方教主告诫众生由生活解脱的事实，以清静寂灭为人生的终极。“寺院中之偶像，龛前之柳，池中之水，沉沉无声，皆足为寂灭之象征；西方教主于生活中寻出活泼泼地之生命，自位于众生之中央，示人以发见新生命、创造新生命之理，其教义以永生在天灵魂不灭为人生之究竟，教堂中之福音与祈祷，皆足以助人生之奋斗。”①

政治上，李大钊认为，“东方想望英雄，其结果为专制政治，有世袭之天子，有忠顺之百姓，政治现象毫无生机，几于死体，依一人之意思，遏制众人之愿望，使之顺从；西方依重国民，其结果为民主政治，有数年更迭之元首之代议士，有随民意以为进退之内阁，政治现象，刻刻流转，刻刻运行，随各个人之意向与要求，聚集各个势力以为发展。东人求治，在使政象静止，维持现状，形成一种死秩序，稍呈活动之观，则诋之以捣乱；西人求治，在使政象活泼、打破现状，演成一种活秩序，稍有沉滞之机，则摧之以革命。”②

李大钊将近代西方资产阶级民主政治与中国封建专制政治作对比，肯定了资产阶级民主相对于封建专制的进步作用，高举“民主”的大旗，抨击北洋军阀的封建统治，呼唤着民主、科学的新文化的勃兴。国家观上，李大钊认为：“国家目的，东西政俗之精神，本自不同。东方特质，则在自贬以奉人；西方特质，则在自存以相安。风俗名教，既以此种特质精神为之基，政治亦即建于其上，无或异致。”③

在经济上，李大钊认为，“西方人的经济思想，既于欲望的是

① 《李大钊文集》（上），人民出版社 1984 年版，第 559 页。

② 同上书，第 559~560 页。

③ 同上书，第 146 页。

非邪正，一概不加择别”；“东方人的经济思想，于欲望既须加以严正的择别，于一定的限度内认为必要的欲望，可以使之满足，此外则必须加以节制，而于满足欲望的手段，亦须守正当的轨范。所以西方的经济思想，其要点在于应欲与从欲，在于适用与足用；东方的经济思想，其要点在于无欲与寡欲，在于节用与俭用”①。这里李大钊明确地指出了资本主义社会中商品拜金主义盛行，资本家在金钱驱使下展开“大鱼吃小鱼”，不择手段的生存竞争。而东方经济生活中存在着勤劳节俭的传统美德。李大钊认为两种不同经济思想根源于不同的经济基础，由于西方人欲望值远远大于自然界提供的产品量，而东方人的欲望值与大自然提供的产品量基本平衡。供需矛盾尖锐，导致“应欲与从欲”；供需矛盾钝化，导致“无欲与寡欲”。

通过对比中西文化，李大钊认为当时中国文化属于宗法等级社会的文化，其根本特征是“静”，安于现状，因循依赖，空想虚玄，寻求世外的“解脱”，愈来愈与社会的进步不相容。而近代西方文化是“动”的文化，创新竞智，崇尚科学，重视现实，讲求实效。这种文化带来资本主义经济的发展与政治的活跃，但正滑向掠夺、战争的泥潭，暴露出致命的缺点。自 18 世纪以来，世界上曾大受法兰西文明之益，“但是今日的法兰西，却是日趋黑暗，在东方的法兰西人更是倒行逆施，不惜作些摧残自由悖反人道的事。吾们不禁叹息咨嗟，回想当年自由、平等、博爱的法兰西，如今那里去了！”②

中西文化，都有长处与短处。中国文化其短有下述几点：（1）厌

①《李大钊文集》（下），人民出版社 1984 年版，第 244 页。

② 同上书，第 440 页。

世的人生观，不适于宇宙进化的理法；（2）惰性太重；（3）不尊重个性的权威与势力；（4）阶级的精神视个人仅为较大单位中不完全之部分，部分的生存价值全为单位所吞没；（5）轻视妇女；（6）专制主义盛行等。中国文化的长处“则在使彼西人依是得有深透之观察，以窥见生活之神秘的原子，益觉沉静与安泰。因而起一反省，自问日在物质的机械的生活之中，纷忙竞争，创作发明，孜孜不倦，延人生于无限争夺之域，从而不暇思及人类灵魂之最深问题者，究竟为何？”他指出：第一次世界大战“使欧洲文明之权威大生疑念。欧人自己亦对于其文明之真价不得不加以反省，因而对于他人之批评虚心坦怀以倾听之者亦较多”[①]。自1918年11月《庶民的胜利》一文发表后，李大钊从实质上已能初步运用马克思主义观点来评价东西方文化了。从整体上，李大钊承认近代中国文化落后了，但从更深一层讲，中国传统文化并非一无所长；近代西方文化的确优于近代中国文化，但亦非完美无缺。

二

中西文化在近代表现出了明显的差异，这种差异的形成有深刻的历史根源和多方面的因素。李大钊从形成中西文化的多种因素和历史轨迹中寻找产生这些差异的根源，即所谓“溯诸人类生活史，而求其原因”[②]。

（一）自然环境的影响。东西文化发源地不同，东方文化发源的地区“得太阳之恩惠多，受自然之赐予厚”[③]，故其文化为与自然、

①《李大钊文集》（上），人民出版社1984年版，第565页。

② 同上书，第557页。

③ 同上。

同类和解之文化。李大钊认为，物产丰足的东方民族，特别是中华民族，历史发展过程中形成自给自足的自然经济。耕地而食，凿井而饮，商品不盛，交换不兴。长期定居一处的封闭型生活，造成封闭型家庭、封闭型的思维方式和意识形态。田园牧歌式的生活，培植出“静”的文化。而西方文化的发源地，“得太阳之恩惠少，受自然之赐予啬”①，由于自然界赐予匮乏，不得不经常迁徙移动，导致生产上以工商为主，商品经济率先发展，形成向外拓展以满足自身欲望的文化意识。由于居住地时常转徙，致使家族简单，盛行个人主义。相反长期定居一地的生活，形成重家族的习俗、观念。李大钊在 1918 年 7 月《东西文明根本之异点》一文中，主要用“地理环境决定论”来解释东西文化的差异。这显然是停留在表面上的一种似是而非的观察，对东西文化特点的概括还不十分精确，但初步提出了挽救世界文化危机，有待于第三种新文化崛起的设想。

（二）李大钊转变成马克思主义者后，对东西文化的差异进一步反思，批判地审视以往的观点，用历史唯物主义重新解释中西文化差异的原因，得出了马克思主义的结论。即凡一时代，经济上若发生了变动，文化上也必然发生变动，经济变动是文化思想变动的原因。东方民族，因为太阳的恩惠厚，自然的供给丰，故以农业为本位，而为定居的；西方民族，因为太阳的恩惠薄，自然的供给啬，故以工商为本位，而为移住的。农业本位的民族，祖祖辈辈定居一处，因此家族繁衍，形成大家族制度；工商本位的民族，因常奔走于各地，所以家族简单，形成小家族制度，即个人主义。经济生活决定后者与自然竞争，与同类竞争。商品经济孕育了“动”的文化；安居乐业，与世无争的自然经济生产出“静”的文化。中国

①《李大钊文集》（上），人民出版社 1984 年版，第 557 页。

的学术思想，都与那静沉沉的农村生活相映照，停滞在静止的状态中，呈现出“万世不变”的死寂。孔子的学说能够支配中国人心两千余年，并非其学说具有绝对的权威，永久不变的真理，而是产生儒学的经济基础依然存在。孔学本身就是农业自然经济组织的产物，是中国大家族制度的表层构造。近代西方文化则是建立于商品经济之上的表层构造，“具有一种动的精神，常求以人为克制自然，时时进步，时时创造”[①]。不断拓展市场，搜求原料的经济需要，驱使西方资本家奔走于全世界，用炮舰叩开东洋民族沉静的大门。“生产的不断变革，一切社会关系不停的动荡，永远不安定和变动，这就是资产阶级时代不同于过去一切时代的地方。一切固定的古老的关系以及与之相适应的素被尊崇的观念和见解都被消除了，一切新形成的关系等不到固定下来就陈旧了。一切固定的东西都烟消云散了，一切神圣的东西都被亵渎了。”[②]

（三）近代以来西学东渐，中西文化撞击冲突裂变，使中国社会扰攘不安。其内在原因是中国的自然经济，因受到帝国主义的压力而发生动摇，新的经济基础尚未建立。李大钊正告那些钳制新思想的人：“你们若是能够把现代的世界经济关系完全打破，再复古代闭关自守的生活，把欧洲的物质文明、动的文明，完全扫除，再复古代静止的生活，新思想自然不会发生。你们若是无奈何这新经济势力，那么只有听新思想自由流行，因为新思想是应经济的新状态、社会的新要求发生的，不是几个青年凭空造出来的。”[③]在这里，李大钊用经济基础决定上层建筑，“物质生活的生产方式制约着整

①《李大钊文集》（下），人民出版社 1984 年版，第 179 页。
②《马克思恩格斯选集》第一卷，人民出版社 1972 年版，第 254 页。
③《李大钊文集》（下），人民出版社 1984 年版，第 184 页。

个社会生活、政治生活和精神生活的过程”的马克思主义原理，找到了中西文化差异的根本原因。李大钊是中国最早用马克思主义分析研究中西文化的人，在其同代人中是颇有见地的。

三

李大钊在对中西文化对比研究的过程中形成了他的中西文化观。他认为:“宇宙大化之进行，全赖有二种之世界观，鼓驭而前，即静的与动的、保守与进步是也。东洋文明与西洋文明，实为世界进步之二大机轴，正如车之两轮，鸟之双翼，缺一不可。而此二大精神之自身，又必须时时调和、时时融会，以创造新生命，而演进于无疆。由今言之，东洋文明既衰颓于静止之中，而西洋文明又疲命于物质之下，为救世界之危机，非有第三种文明之崛起，不足以渡此危崖。”[①] 李大钊认为近代东西方文化都面临危机和突破。虽然俄罗斯的文化似可充当二者调和的新文化，但真正的发展与突破，则最终需要东西文化本身的觉醒。

李大钊比较中西文化的目的在于启蒙国人，摒弃中国传统文化中的糟粕，吸收近代西方文化的精华，发展中国文化。他痛切地感到近代中国文化的弊病已达“炎热最高之度”，中华民族的命运“已臻奄奄垂死之期”。中国“静”的文化处于屈败之势，西方“动”的文化“实居优越之域”。“百年以还，西方之动的生活，挟其风驰云卷之势力，以侵入东方静的生活之范围，而沈沈大陆之酣梦为之惊破，盖以劳遇逸，以动临静，无在不呈披靡之观，无往不有摧拉之势。”[②] 然而“顾宇宙间之质力，稍一凝静，惰性即从之而

①《李大钊文集》(上)，人民出版社 1984 年版，第 560 页。

② 同上书，第 439 页。

生。矧以数千万年惯习自然之静的生活，而欲革除之于一旦，此为必不可能之事，于是矛盾之生活现象，乃随处而皆是”[1]。

在李大钊看来，近代西方文化的强劲冲击，使中国习惯的静的文化处于被动改变的矛盾漩涡。面对西方文化的冲击，中国人不应消极被动地等待，而应该珍惜历史的机遇，积极奋进，改造中国静的文化。不应全盘抛弃中国文化，而应当扬弃其弊，在保存中国传统文化精华的基础上吸收外来文化的优秀部分。“火车轮船之不能不乘，电灯电话之不能不用，个性自由之不能不要求，代议政治之不能不采行。”凡此种种，足以证明中国人的生活领域确为动的文化浪潮所冲击，且其势滔滔，殆不可遏。尽管中国文化在以往人类历史上曾光彩照人，一度风靡世界，到近代却已时过境迁；但也并非一无所长。近代西方文化优点颇多，但也有致命的缺点。因此，“全盘西化”是行不通的。中国传统文化的出路何在？李大钊在历史的反思中作出精深的论断。

（一）中西文化相长。中西文化在世界文化发展史上互为雄长，并且也都有极其广阔的发展前途，都有自己独特的优点和长处。那么中国文化的出路首先在于走出自己静的、封闭的圈子，“竭力以受西方文明之特长，以济吾静止文明之穷”，“将从来之静止的观念、怠惰的态度根本扫荡”。用西方文化动的精神，打破中国文化的沉滞，发展中国文化，为世界文化的发展作出新贡献。

（二）中西文化调和。李大钊认为宇宙间“遵调和之道以进者，随处皆是生机，背调和之道以行者，随处皆是死路也”[2]。但李大钊这里所讲的“调和”是指两种文化矛盾竞争进化而达到一个更高

①《李大钊文集》（上），人民出版社 1984 年版，第 440 页。
② 同上书，第 549 页。

层次的过程。调和本身并不“捐禁竞争”，调和的目的在于存我而不在于媚人，也在于容人而不在毁我。“自他两存之事，非牺牲自我之事。抗行竞进之事，非敷衍粉饰之事。”①李大钊指出，不要持“种族之偏见以自高而卑人”，不要“妄为轩轾”。应该“虚怀若谷”地“别创一生面”。“一切事物无论其于遗袭之习惯若何神圣，不惮加以验察而寻其真，彼能自示其优良即直取之，以施于用，时时创造，时时扩张”，“固执于文明物质之民族固不易与反对之文明言调和，而能综合异派文明兼容并收之民族，因于异派文明之调和易与介绍疏通助”。

（三）静动相宜。李大钊认为，东方文化既衰颓于静止之中，西方文化又在赤裸裸的生存竞争中疲于奔命，两种文化都濒于“危崖”，要发展世界文化，“东洋文明，宜竭力打破其静的世界观，以容纳西洋之动的世界观；在西洋文明，宜斟酌抑止其物质的生活，以容纳东洋之精神的生活而已”②。东西方文化都需要本身“徹底之觉悟”。他“确信东西文明调和之大业，必至二种文明本身各有徹底之觉悟，而以异派之所长补本身之所短，世界新文明始有焕扬光采、发育完成之一日。”③

（四）马克思主义作为一种新文化，必将在全世界胜利。李大钊认为，通过俄国十月社会主义革命而发现导源于西方的马克思主义是“世界的新文明”和“新潮流”，并预言“二十世纪初叶以后之文明，必将起绝大之变动，其萌芽即茁发于今日俄国革命血潮之中”④。“今俄人革命之风云，冲决‘神’与‘独裁君主’之势力

①《李大钊文集》（上），人民出版社 1984 年版，第 550 页。
② 同上书，第 560~561 页。
③ 同上书，第 571 页。
④ 同上书，第 572 页。

范围，而以人道、自由为基础，将统治一切之权力，全收于民众之手。世界中将来能创造一兼东西文明特质，欧亚民族天才之世界的新文明者，盖舍俄罗斯人莫属。”① 十月革命的胜利使中国新文化运动“翘首以迎其世界的新文明之曙光”，开始转变为马克思主义的思想解放运动。在一代先驱的宣传下，中国人终于接受了西方文化的精华马克思主义，并将科学的理论与中国革命的实际相结合，探索出中国革命的新道路。在中国共产党的领导下，经过艰苦卓绝的奋斗，开创了中国历史的新纪元。李大钊所预言的中国新文化、新文明终于变成了现实。

在新文化运动激烈冲击中国传统文化的浪潮中，中国的知识分子两极分化：一极是死抱中国旧文化不放；另一极曾一度出现西方一切皆好的形式主义偏向。在这一文化剧变撞击冲突的时期，李大钊客观地分析评价中西文化，将二者看作是人类文化整体中相互联系的组成部分，互为雄长，互为融合发展的前提。他批评中国传统文化之弊切中要害，而不计毁宗灭祖之罪；称颂中国传统文化之精华则旗帜鲜明，而不避因循调和之嫌；赞扬近代西方文化进步之处实事求是，而不陷其弊，不虚意夸张；主张吸收近代西方文化的精华，而不赞成“全盘西化”。李大钊的中西文化观在中国近现代文化史上有着重要的地位，也为正确对待中国传统文化，正确对待西方文化留下一面历史的镜子。

（张同乐，原载《李大钊研究》第一辑，河北人民出版社 1991 年版）

①《李大钊文集》（上），人民出版社 1984 年版，第 575 页。

李大钊对中国传统文化认识的思想特色

作为新文化运动的发起者之一，中国共产主义运动的伟大先驱李大钊的文化观具有丰富的思想内容。对此，学术界论述很多。本文仅对李大钊在研究中国传统文化、寻求中国思想文化出路过程中所表现出来的思想特色作一粗浅探讨。

一、爱国主义的思想基础

爱国主义是中国传统文化的重要内容，也是李大钊立志研究思想文化的基本前提。

少年时代的李大钊曾受过10年中国古代传统文化的教育。在清末社会变动的年代，在中华民族危机日益加深的情况下，颇具爱国之心的李大钊在进入成年之后即决心从研究中国的政治、文化入手，寻求救国的真理。他在《狱中自述》中写道："钊感于国势之危迫，急思深研政理，求得挽救民族、振奋国群之良策，乃赴天津投考北洋政法专门学校。"[①] 在北洋政法专门学校的学习，李大钊受益匪浅，"随政治知识之日进，而再建中国之志趣亦日益腾高"[②]。

从1913年底东渡日本开始，李大钊对中国政治、文化进行了较为深入的研究。特别是新文化运动中，在对中国传统文化的反思中，其爱国主义思想得到了充分的体现。

---

①《李大钊文集》(下)，人民出版社1984年版，第888页。

② 同上书，第888~889页。

李大钊十分重视国民性的研究，他忧虑国民之弱点，强调改进国民之精神。在很多的论著中，李大钊指出了国民由古至今延续下来的弱点，如凡事皆以感情为主，不以理性为主；凡事好依腕力而争，不以法律而争；同胞之间无爱警逊让之情，不能和衷共济，而是门户横分，自相水火等。他认为，国民的这些弱点，显然不能改变社会腐败、民族危机的状况。他指出，“抑理性而纵感情者，其所事乃有败而无成；施腕力之勇，“犹能立国，吾不信也”[①]；同胞之间，“长此相凌，将何以国”；嫉贤妒能之心理，风俗人心之坏，“是则堪为痛苦也！”然而，在忧虑之时，李大钊并没有像陈独秀所表现的那样悲观。陈独秀在其《爱国心与自觉心》中认为，中国人缺乏真诚的感情、纯正的理智，没有真正的爱国者和真正的自觉者。李大钊则认为，“吾民具有良智良能，乌可过自菲薄，至不跻于他族之列。”[②]他认为，要救国，必须改变历史延续下来的弱点，必须唤醒国民，树立信心，“改进立国之精神”[③]。他说：“一息尚存，断不许吾人以绝望自灰。”[④]“中国者为吾四万万国民之中国，苟吾四万万国民不甘于亡者，任何强敌，亦不能亡吾中国于吾四万万国民未死以前。”[⑤]他认为文人“当以全副血泪，倾注墨池，启发众生之天良，觉醒众生之忏悔”，“昭示人心来复之机，方能救人救世”[⑥]。他对青年学生寄予很大希望，“吾辈学生，于国民中尤当负重大之责任，研究精神上之学术者，宜时出其优美之文学，高尚之思潮，助我国民精神界之发展”，“诚以精神具万能之势力，苟克持之以诚毅，将

---

①《李大钊文集》（上），人民出版社1984年版，第333~334页。

② 同上书，第148~149页。

③ 同上书，第146页。

④ 同上书，第148页。

⑤ 同上书，第123页。

⑥ 同上书，第73页。

有伟大之功能事业”[①]。在此，李大钊虽有唯心主义的思想，但却表明他振兴民族精神的决心和信心。

对袁世凯复辟帝制的活动，蔡锷发动的护国运动和孙中山发动的讨袁运动是政治军事的重要斗争。与此同时，陈独秀、李大钊等发起的新文化运动对袁世凯的倒行逆施在思想文化上进行了斗争。这场运动的意义不可低估，它不仅表现于反袁斗争本身，而且它对封建专制主义及封建伦理道德进行了深刻的批判。

李大钊指出，国家之所以陷入危急的境地，根源在于封建专制主义。他说：“窃尝端居深念，秘探吾国致乱之源，因果复颐，莫可悉举而拓其窃要。举凡历史积重之难返，依赖根性之难除，众论武断之难抗，法制拘执之难移，莫不为自由之敌、民彝之蔽、政治之关也。”[②]他更明确地指出，今日中国，衰竭陆沉，“余思之，且重思之，则君主专制之祸耳”[③]。李大钊从爱国主义出发认为，要创造民主、自由的“青春中华”，必须铲除封建专制制度。他说：“民与君不两立，自由与专制不并存，是故君主生而国民死，专制活而自由亡。”[④]他警告，有谁胆敢“播专制之余烬，起君主之篝火者，不问其为筹安之徒与复辟之辈，一律认为国家之叛逆、国民之公敌，而诛其人，火其书”[⑤]。

封建伦理道德思想是中国封建专制制度的基础。张勋、袁世凯短命和复辟也无一不是以孔子思想为“符护”，因此，在有人试图将孔教列入宪法时，探寻救国真理的李大钊不遗余力地进行了抨

①《李大钊文集》(上)，人民出版社 1984 年版，第 140 页。
② 同上书，第 160 页。
③ 同上书，第 175 页。
④ 同上。
⑤ 同上。

击。他认为，宪法应该是“现代国民之血气精神”，“现代国民自由之证券”，“生存乐利之信条”，而孔子思想则是“数千年前之残骸枯骨”，以孔教为国教而列入宪法，则宪法“将为陈腐死人之宪法，非我辈生人之宪法也；荒陵古墓之宪法，非光天化日中之宪法也；护持偶像权威之宪法，非保障生民利益之宪法也”[①]。

中国历来的政治观念是以“皇权”为本位的，历代统治阶级也以尊重“皇权”作为爱国的标准。李大钊批判君主专制主义，提出与传统思想相反的伦理观念作为爱国主义政治观念，是一种重大变革，是寻求救国之道的新思路和新贡献。

二、历史主义的态度

在西方文化撞击下，如何认识中国传统文化的形成，对中国传统文化采取什么态度，这是五四前后启蒙思想家都曾遇到的问题，尽管李大钊在认识上存在着不足甚至有一些错误观点，但从总体上看，他能用历史主义的态度全面分析和正确对待传统文化。

首先，把中国社会文化心理结构的形成放在社会历史环境中进行分析。自19世纪末以来就有人以静与动来区分中西文化的不同。19世纪80年代驻法使馆幕僚钟天伟即提出“西人之性好动，华人之性好静”；五四前夜，《东方杂志》主编杜亚泉（伧父）撰文《静的文明与动的文明》，指出中西文化的不同特质；陈独秀也曾认为，西洋文明以战争、个人、法制为本位，东洋民族以安息、家族、情感为本位。李大钊沿用了静与动的概念，具体指出了东西文化的根本差异，提出了中国传统文化表现出来的民族心理，即静态的、和解的、自然的、安息的、消极的、依赖的、苟安的、因袭的、保守

①《李大钊文集》（上），人民出版社1984年版，第258页。

的、直觉的、空想的、精神的、性灵的、向天的社会心理层面。应该说，李大钊的分析存有片面性，因为这些并非中国传统文化社会心理的全部。在中国古代文化中，还有与此不同甚至相反和对抗的社会心理，但是，李大钊指出的这些毕竟是存在的。可贵的是，他把东西文化心理结构的形成放在整个社会历史环境中进行分析，表明了李大钊与前人认识的不同与进步。他指出，这种差异的出现"最要之点，则在东西民族之祖先，其生活之依据不同"[①]。他认为，"东方之生计以农业为主，西方之生计以商业为主。惟其务农，故利于固定；惟其营商，故利于流通。惟其固定居处之久也，故血统日繁，而庞大之家族主义于以盛行；惟其流通转徙之远也，故族系日分，而简单之个人主义于以建立。"[②]新文化运动前期的李大钊还不是马克思主义者，他不可能用彻底的历史唯物主义分析一切社会现象，但他把文化性格的形成与历史环境、经济生活联系在一起，无疑为他接受马克思主义奠定了基础。

其次，在批判传统文化糟粕的同时，强调弘扬传统文化的精华。李大钊批评民众的弱点，批判封建专制制度和封建的伦理道德，这是对待传统文化的正确态度，对此，前面已有叙述。应当指出，在李大钊看来，中国的历史文化，既存在着封建的、反民主的方面，又有民主的精华的内容。李大钊弘扬了中国传统文化的精华，注重把优秀文化吸收于自己的思想之中。李大钊对中国悠久的历史和灿烂的文化引以为自豪。他曾指出："印刷术、火药、罗盘针三大发明……变更了全世界的情形，先文学，次战争，最后航海，引起了无数次的变迁，影响及于人事，没有比这些机械的发明再大

---

①《李大钊文集》（上），人民出版社 1984 年版，第 439 页。

② 同上。

的。”[①] 他还说：“中国于人类进步，已尝有伟大之贡献。其古代文明，扩延及高丽，乃至日本，影响于人类者甚大。”[②]

作为伟大的思想家，李大钊的哲学思想、政治思想、伦理思想受到了中国传统文化极大的影响。李大钊在阐述其宇宙观时指出：“吾人以为宇宙乃无始无终自然的存在。由宇宙自然之真实本体所生之一切现象，乃循此自然法而自然的、因果的、机械的以渐次发生渐次进化。道德者，宇宙现象之一也。故其发生进化亦必应其自然进化之社会。而其自然变迁，断非神秘主宰之惠与物，亦非古昔圣哲之遗留品也。”[③]“宇宙大化，刻刻流转，绝不停留。”[④]“大千本无一有，更立不定日新、日日新、又日新之谓也。”“生死、盛衰、阴阳、否泰、剥复、屈信、消长、盈虚、吉凶、祸福、青春白首，健壮颓老之轮回反复，连续流转无非青春之进程。”[⑤] 这些思想中，不仅借用了中国古代哲学思想里的一些概念和范畴，而且与传统的朴素唯物主义与辩证法思想有密切的关系。民彝观是李大钊政治思想的重要内容，李大钊在《民彝与政治》一文中进行了集中的阐述。文中引用了《书》《诗》等儒家经典，表明了其政治伦理思想与传统文化的关系。

再次，对孔子思想也进行了历史的评价。一方面，李大钊充分认识到了孔子思想的消极作用和影响；另一方面，也指出了孔子思想产生和存在的必然性及其地位。李大钊认为，“一个学说的成立，与其时代环境，有莫大的关系”[⑥]，孔子生活在春秋末期、社会

①《李大钊文集》（上），人民出版社 1984 年版，第 272 页。
② 同上书，第 561 页。
③ 同上书，第 263 页。
④ 同上书，第 532 页。
⑤ 同上书，第 196 页。
⑥《李大钊文集》（下），人民出版社 1984 年版，第 68 页。

剧烈动荡的时代，他“自不能不以当时之政治制度而立说”，孔子思想的盛行是封建经济所决定的。孔教“所以能在中国行了二千余年，全是因为中国的农业经济，没有很大的变动，他的学说适宜于那样经济状况的缘故”[①]。“孔子于其生存时代之社会，确足为其社会之中枢，确足为其时代之圣哲，其说亦确足以代表其社会其时代之道德。”[②]李大钊认为，孔子思想从体系上应当否定，但孔学的某些观点仍有可取之处，“孔子之说，今日有其真价，吾人绝不敢蔑视之”[③]。李大钊还对孔子的人格和精神进行了较高的评价。他认为，孔子有“自重之精神”，“孔孟亦何尝责人以牺牲其自我之权威，而低首下心甘为其傀儡也哉！”[④]

毛泽东在评价新文化运动时曾经指出：“那时的许多领导人物，还没有马克思主义的批判精神，他们使用的方法，一般地还是资产阶级的方法，即形式主义方法……他们对于现状，对于历史，对于外国事物，没有历史唯物主义的批判精神，所谓坏就是绝对的坏，一切皆坏；所谓好就是绝对的好，一切皆好。”[⑤]新文化运动中的这种缺陷的确是存在的，但就李大钊与陈独秀、胡适等新文化运动的主将比较而言，这种形式主义的偏向要小得多。

三、马克思主义的选择

李大钊经历了由资产阶级民主主义者向马克思主义者的转变，其文化观也经过了从向往资本主义文化以社会主义文化新取向的发

①《李大钊文集》（下），人民出版社 1984 年版，第 184 页。
②《李大钊文集》（上），人民出版社 1984 年版，第 263~264 页。
③《李大钊文集》（下），人民出版社 1984 年版，第 264 页。
④《李大钊文集》（上），人民出版社 1984 年版，第 161 页。
⑤《毛泽东选集》第三卷，人民出版社 1991 年版，第 831~832 页。

展变化。

鸦片战争以来先进的中国人为拯救国家向西方国家寻求真理。五四前后的启蒙思想家也不例外。封建文化的落后性是陈独秀、李大钊、鲁迅等人的共识。在封建主义文化和资本主义文化之间，李大钊选择了后者。他认为，中西文明相比较，中国“静的文明，精神的生活，已从处于屈败之势”，西洋“动的文明，物质的生活”，“实属优越之域”，中国社会要改变“静为基础”的状况，适应历史潮流，学习西方文化。他说：“火车轮船之不能不乘，电灯电话之不能不用，个性自由之不能不要求，代议政治之不能不采行”，要“竭力以受西洋文明之特长，以济吾静止文明之穷”[①]。因此，李大钊提出“冲决过去历史之网罗，破坏陈腐学说之囹圄”[②]。受俄国二月革命的影响，他认为：“专制之不可复活，民权之不可复抑，共和之不可复毁，帝制之不可复兴”，中国要“依俄国革命成功之影响，以厚我共和政治之势力”[③]。当然，李大钊不是“全盘西化”论者，他是以民主主义立场，以西方的文明改造中国的文化，以西方文明之所长，补中国文明之所短。

第一次世界大战中帝国主义本质的暴露，李大钊对资本主义文化进行了冷静的思考和分析，并对此采取了批判的态度。早在1913年，李大钊就曾感到资产阶级民主政治在中国行不通。他说：“所谓民政者，少数豪暴狡狯者之专政，非吾民自主之政也；民权者，少数豪暴狡狯者之窃权，非吾民自得之权也；幸福者，少数豪暴狡狯者掠夺之幸福，非吾民安享之幸福也。”[④]他虽然赞同“代议政治

①《李大钊文集》（上），人民出版社1984年版，第562页。
② 同上书，第204页。
③《李大钊文集》（下），人民出版社1984年版，第264页。
④《李大钊文集》（上），人民出版社1984年版，第6~7页。

不能不采行”，但在此问题上的认识较为慎重。比如他曾认为代议制“其良其否，难以确知，其存其易，亦未可测”[①]。之后，他对西方资本主义文明有着更为清醒的认识。他说：“试揭欧洲今日文明之内幕，贫富相悬，如隔深渊。富者男女竞于骄奢之虚荣，荡佚之淫乐”，“贫者颠连于困顿无告之遇”[②]。他赞同“西洋之文明，掠夺之文明也；西洋之主义，掠夺之主义也”[③]。

西方资本主义文化处于危机之中，加之中国资产阶级的软弱，在中国已不可能建立起主导作用的资本主义文化。这种事实也迫使李大钊去寻找中华民族解放和人民幸福的新文化。他说：要“创造新文明，改建新国家，俾存立于世界，与西洋之文明之民族相对立”[④]。俄国十月革命的胜利，使李大钊十分兴奋，也给他探寻新文化以希望。他认为：“东洋文明既衰颓于静止之中，而西洋文明又疲命于物质之下，为救世界之危机，非有第三种文明之崛起，不足以渡此危崖。俄罗斯之文明，诚足以当媒介东西之任。”[⑤]在此基础上，李大钊迅速地接受了指导十月革命取得成功的马克思主义、社会主义理论。从1918年7月到1919年元旦，李大钊接连发表了《法俄革命之比较观》《庶民的胜利》《布尔什维主义的胜利》《新纪元》，热情赞颂十月革命，认为十月革命是“二十世纪中世界革命的先声”，“开辟了世界革命的新纪元”，“带来新生活新文明新世界”。后来，他又发表多篇文章宣传马克思主义的唯物史观、经济思想，并试图把马克思主义与中国革命实际结合起来。这一时期，李大钊

①《李大钊文集》（上），人民出版社1984年版，第168页。
② 同上书，第392~393页。
③ 同上书，第449页。
④ 同上书，第450页。
⑤ 同上书，第560页。

还注意鉴别马克思主义与非马克思主义，同非马克思主义和反马克思主义思潮进行了坚决的斗争，捍卫了马克思主义，坚定了对马克思主义的信仰。他说："我可以自白，我是喜欢谈布尔什维主义的"，"我总觉得布尔什维主义的流行，实在是世界文化史上的一大变动，我们应当研究他、介绍他，把他的实象昭布在人类社会"[①]。

李大钊的文化观为以后中国共产党人正确文化观的形成打下了基础，李大钊在探索过程中表现出来的思想特色给我们今天正确对待西方文化和中国传统文化以深刻的启迪，他适应时代潮流、把握正确方向、勇于进取、锲而不舍的精神是我们建设和发展具有中国特色社会主义的光辉典范。

（宋学民，原载《李大钊研究》第七辑，《河北学刊》1997 年增刊）

①《李大钊文集》（下），人民出版社 1984 年版，第 35~36 页。

李大钊对《天坛宪法草案》十九条附款的批判

——兼论李大钊的孔子观

一

1913 年 4 月 8 日，中华民国第一届国会召开，10 月 31 日，通过《天坛宪法草案》(以下简称《宪草》)。学界对该宪草的评论，大体有两种倾向：一是较多地肯定，认为它在更大程度上体现了国会中占大多数席位的国民党限制袁世凯的要求，确认了责任内阁制、国会两院制和三权分立的国家政权组织形式；二是较多地否定，认为它是国民党同旧势力妥协、退让、屈从的产物，赋予了总统过多过大的权力。李大钊既没有为《宪草》所规定的政治制度鼓舞，也没有指责它赋予总统的权力，他的最大忧虑是《宪草》第十九条附加款，即“国民教育以孔子之道为修身大本”。他明确而坚决地表示，对于《宪草》其他条款皆有商榷余地，独于附款则不然。他认为，附款的祸患比“皇帝之权威侵害吾人身体为尤烈，吾人对之与以其反抗之决心与实力，亦当视征伐皇帝之役为尤勇也”[①]。

（一）附款的政治用心。附款的规定是专制传统的变种和恶性发展的标志，潜藏着不可告人的政治目的，其中“必有大奸慝怀挟专制之野心者，秘持其权衡，而议坛诸公，未能烛照其奸，诚为最可痛惜之事”[②]。

从历史上看，孔子生于专制社会、专制时代，无法超出社会和

①《李大钊文集》(上)，人民出版社 1984 年版，第 245~246 页。

② 同上书，第 245 页。

时代的局限，“不能不就当时之政治制度而立说，故其说确足以代表专制社会之道德，亦确足以为专制君主所利用资以为护符也。历代君主，莫不尊之祀之，奉为先师，崇为至圣”[①]。失去孔子，封建帝王就失去保护伞；没有帝王，孔子就绝不会成为圣人。孔子与帝王密不可分，甚至“中国一部历史，是大盗与乡愿结合的记录。大盗不结合乡愿，作不成皇帝；乡愿不结合大盗，作不成圣人。所以我说皇帝是大盗的代表，圣人是乡愿的代表”[②]。大盗有乡愿的吹捧更能欺世盗名，乡愿有大盗撑腰更加厚颜无耻。正是两者的结合，使得中国既无学术又无政治，“学以造乡愿，政以畜大盗”[③]。因此，“吾国自秦以降，其为吾人自由之敌者，惟皇帝与圣人而已”[④]。乍听这些话，不免有过激之感，然而就专制社会的实质而言，丝毫也不过分。

辛亥革命使共和的观念深入人心，作为专制制度的核心——皇帝，成了臭名昭著的称谓。然而，专制制度崩溃了而专制灵魂不散，那些老谋深算、顽固不化的专制者们会适应新的情况以更加时髦的称谓出现，去扮演比帝王更加可恶的角色，其手法之一就是利用现代宪法去维护作为封建帝王护符的圣人，“务求于自由宪法之中，获一偶像之位置而后已”[⑤]，以期托宪法之名，藏身于偶像之中，行专制之实。

孔子进入宪法，则宪法将为专制之宪法，将为野心家利用之宪法。“此专制复活之先声也。此乡愿政治之见端也。”[⑥]而专制的复活，

①《李大钊文集》(上)，人民出版社1984年版，第264页。

② 同上书，第619页。

③ 同上书，第163页。

④ 同上书，第245页。

⑤ 同上。

⑥ 同上书，第269页。

实际上也就宣告了宪法的死亡。宪法与专制不共存，宪法中之孔子是宪法致命之病。

（二）附款与国民自由。附款是专制复活的先兆，而专制活则自由亡。自由是有条件的，它必须以宪法为保证，“宪法上之自由，为立宪国民生存必需之要求；无宪法上之自由，则无立宪国民生存之价值”[①]。宪法是什么？宪法是“自由之保证书”[②]，是“现代国民自由之证券”[③]。不能保证国民自由的宪法是伪宪法，是专制政治的修饰品。附款不仅侵害了自由，尤其侵害了思想言论自由。它强迫国民以孔子之道为修身大本，是对国民行动的束缚；它强迫国民接受孔子教育，是对思想言论的控制。

因此，李大钊坚决反对附款的规定，认为将孔子载入宪法，“宪法将为陈腐死人之宪法，非我辈生人之宪法也；荒陵古墓中之宪法，非光天化日中之宪法也；护持偶像权威之宪法，非保障生民利益之宪法也。此孔子之纪念碑也。此孔子之墓志铭也”[④]。

再就世界形势和国民的精神需要而言，中国的封建门户被打开，外来各种思想文化广泛传播，使得长期处于封闭、僵化的思想文化氛围中的国民，别见洞天，精神需求剧增。而附款维护孔子之道的独尊地位，无疑是对外来文化的蔑视和排斥，是限制国民日益增长的思想要求，使其继续孤立于精神空虚、荒芜之地。当然，潮流不可逆转，国民的要求无法遏止。

就教育而论，附款强迫国民接受孔子教育，而教育自由却付诸阙如。事实上，“吾国专制之政体虽经推翻，而专制之思想尚复弥

①《李大钊文集》（上），人民出版社 1984 年版，第 244 页。
② 同上书，第 218 页。
③ 同上书，第 258 页。
④ 同上。

漫于社会”，国民对于各种学说思想不是接触多了，而是少了，如果宪法无明文保障教授自由，“则其他之学说思想，恐不能各如其量以传播于教坛学圃也”。因此，须以“教授自由”取代附款，以保证各种学说思想“均得于国立、私立学塾教授之”[①]。国民有教授自由，但没有被迫教授孔子之道的义务。这对于繁荣学术、发展并发现真理、提高国民素质、肃清专制思想流毒有绝大关系。

从宪法的实施上说，附款规定国民以孔子之道为修身大本，而世界哲人为我们修养之明星者又岂止孔子？国民中以孔子而外之哲人为泰斗者多矣。在宗教上，民国由多民族组成，各民族有各自的信仰，有各自的修身之本。退一步，仅就儒家而论，孔孟之徒，与杨墨之说不并容，孟子视其为禽兽，而梁任公又大力提倡墨学。凡此种种，如以为违宪而罚之，则将不可胜罚，国民的自由剥夺殆尽；“如不以为违而听之，则一端之挫，伤及全体，宪法之尊严扫地尽矣”[②]。总之，不论是违宪还是不违宪，都只能对统治者有利，对国民有害。若违宪，则统治者可以依据宪法剥夺国民自由；若不违宪，就等于宣告宪法失效，公开地实行人治。而不要宪法，实行人治，也就没有国民的自由。

（三）附款与宗教信仰。即使把孔子之道奉作一种宗教，那么附款的规定也违背了宗教信仰的起码要求。宗教信仰是“出于人类精神上之自然的要求，非可以人为之力施以干涉也”[③]。因此，必须绝对自由，决不稍加限制。信仰是出于自由，而附款则是强迫；信仰需要虔诚，而附款则要求虚伪。

---

①《李大钊文集》（上），人民出版社 1984 年版，第 250 页。

② 同上书，第 224 页。

③ 同上书，第 248 页。

附款将孔学定为国教，是政教相混的表现。而政教相混，强迫人们信或不信某教，势必酿造纷争。“欧洲一部历史，皆其纷争之记录也”；中国则不同，很久以来就“儒、释、道、回、耶，杂然并传”[①]。因此，附款的规定是蹈历史之覆辙，背本国之国情。

以民族言，中国是一个多民族的统一国家，“族性不同，宗仰各异。蒙藏之族，自以其喇嘛教为修身大本矣；回教之族，自以穆罕默德之教为修身大本矣；他如五族之中，间亦有信奉耶教者，则亦必以耶稣之道为修身大本矣；信奉佛教者，抑且甚多，则必以释迦之道为修身大本矣”[②]。而孔子只是国民中一部分尊其为圣人，宪法则是国民全体都必须共同遵守的大法。以一部分人尊崇之圣人入于全国所遵循之宪法，此宪法将为一部分人之宪法，非国民全体之宪法；是孔教徒之宪法，非各民族各宗教共同遵守之宪法；是一小社会之宪法，非一国家之宪法。它的祸患不仅在于违背了宗教信仰必须自由的原则，而且迟早会破坏国家的统一，导致民族的分裂。“此挑动教争之呼声也。此离析蒙藏之口令也。”[③]

（四）附款与真理。宇宙万象森列，千变万化，错综复杂，小而无限，大而无穷，人们永远也不会终结对真理的认识，真理“非一人一教所得而私也”[④]。孔子之道即使是真理，也不能对它实行垄断。任何一个正常人都有认识追求真理的能力和权利，任何学说或宗教即使包含真理，也未必全是真理，即使全是真理，也未必穷尽了真理。哪怕是真理也不能强迫一个对它尚未认识理解的人违心地把它视作真理。而附款把孔学视作普遍至高无上的真理，强迫国民

①《李大钊文集》（上），人民出版社 1984 年版，第 249 页。

② 同上书，第 224 页。

③ 同上书，第 259 页。

④ 同上书，第 261 页。

接受教育，作为修身大本，不仅禁止了人们对它的再认识，也限制了它自身的发展，同时也否认了人们的追求、发现新的真理的能力和权利。这样，孔学即使是真理也成了人们认识探索真理的障碍，真理不为人所用，而是奴役人的工具。因此，“吾人欲求真理之所在，当先知我之所在”[①]，断不可奉其自我以供偶像威灵之牺牲。一定本着思想自由、良知自信的原则，不屈从，不盲从，不自欺，不欺人，科学地对待一切学说、思想或宗教，对孔学也毫不例外，它有几分真理，“我则取之；否则，斥之”，“故吾人与其信孔子，信释迦、信耶稣，不如信真理”[②]。

（五）孔子之道与宪法。且不论孔学产生于数千年前而宪法诞生于现代民主社会，也不论一种学说和一部宪法的内容精神是否统一，仅就学说和宪法的语言表达特点而论，二者从来就不是一码事。“孔子之道者，含混无界之辞也”，“何者为孔子之道？何者为非孔子之道？必如何始为以孔子之道为修身大本？必如何则否？此质之主张规定此条之议宪诸君，亦将瞠目而莫知所应”。他人即欲信奉此条，“亦苦于无确切之域以资循守”。而“宪法者，一文一字均有极确之意义，极强之效力者也”。以含混无界之辞入于辞严力强之宪法，“此宪法之自杀也，此宪法自取消其效力之告白也”[③]。

以上是关于附款的批判，从中可知，李大钊为什么不为宪草所确认的共和国方案而欢呼反倒忧患不已，为什么不忧患宪草公开赋予总统的权力而忧患一个不显眼的附款规定。

---

①《李大钊文集》（上），人民出版社 1984 年版，第 262 页。

② 同上。

③ 同上书，第 259 页。

二

李大钊在批判附款的同时，不能避开孔子而不论。因此，有必要进一步探讨他对孔子的看法。

（一）孔子对现代社会的消极影响。现代社会，在政治上是民主法制，与专制人治正相对立；在经济上是工商业，与小农经济有本质不同；在社会上是尊重自我，与牺牲个性有别；在思想言论上享有充分自由，是对文化专制的否定。而孔学是代表后者，不适应现代社会。

在政治上，孔子强调臣对君要忠，使臣服从君，维护君权。在社会上维护大家族制度，强调子对父要孝，使子牺牲于父，维护父权；强调妇顺夫，使妇牺牲于夫，维护夫权。而孝于父是为了忠于君，以君权为核心的专制制度是以父权为核心的家族制度的发达体。在专制政治和家族制度的基本框架里，孔子强调修身，不是使人完成其个性，乃是自我牺牲。试看孔门的伦理、纲常、名教、道德、礼义，“那一样不是损卑下以奉尊长？那一样不是牺牲被治者的个性以事治者？那一样不是本着大家族制下子弟对于亲长的精神？”[①]因此，“孔门的伦理，是使子弟完全牺牲他自己以奉其尊上的伦理；孔门的道德，是与治者以绝对的权力责被治者以片面的义务的道德”[②]。正因如此，孔子才为历代专制者所利用，成为他们保护自身的欺骗和束缚国人的偶像。

在经济上，孔学是中国小农经济的反映。到了近现代，在西洋工商经济的影响下，旧的经济不断解体，也就从根本上动摇了孔

①《李大钊文集》（下），人民出版社1984年版，第178页。

② 同上书，第179页。

学，代之而起的是适应新的经济发展要求的各种新的思想和学说。因此，李大钊正告那些钳制新思想的人们："你们若是能够把现代的世界经济关系完全打破，再复古代闭关自守的生活，把欧洲物质文明、动的文明，完全扫除，再复古代静止的生活，新思想自然不会发生。你们若是无奈何这新经济势力，那么就只有听新思想自由流行。"[①] 企图用旧的孔学来阻止新的经济发展，是暂时的，也是徒劳的，新的经济必然带来新的思想。

孔学不适应现代社会，现代化过程势必与孔学发生冲突。李大钊站在时代的最前列，坚决支持参与各种新思潮运动和解放运动，认为那是打破孔子主义的运动。比如：政治上的民主运动乃是推翻君主专制制度的运动，也是推翻孔子的忠君主义运动；社会上种种解放运动是打破家族制度的运动，是打破父权、夫权、男子专制社会的运动，也就是推翻孔子的孝父主义、顺夫主义、贱女主义运动；劳工运动也是打破孔子贱视劳动者的阶级主义运动。

总之，孔子不能使中国走向现代化，中国的现代化过程必须不断肃清孔子的消极影响。

（二）现代社会也需要孔子。从整体上否认孔子在现代社会中的进步作用，但不是全盘否定，现代社会也需要孔子，需要从孔子身上吸收营养。那么，吸收什么？怎样吸收？最重要的是孔子适应那个时代的需要而表现出来的伟大创造精神，而不是经书圣训，不是孔学本身，不是孔子创造出来的现成结论。孔子的时代已经过去，他的思想也基本过时，后世崇敬他，"不在其法制典章示人以守成之规，而在其卓越天才示人以创造之力也"。当代国人，"惟有秘契先民创造之灵"，用以创造新的历史，才无愧于先哲；若只

---

①《李大钊文集》（下），人民出版社 1984 年版，第 184 页。

知感恩颂德，循规蹈矩，则是对先哲的犯罪，是不肖之子孙[1]。李大钊曾不止一次地假设："使孔子而生于今日，或更创一新学说以适应今之社会，亦未可知"[2]；"使孔子而生于今日，或且倡民权自由之大义，亦未可知"[3]。李大钊进而发问，为什么古代能生孔子那样的伟人，而现代又何尝不能，又何须膜拜古代的孔子？"历史是人创造的，古时是古人创造的，今世是今人创造的"[4]。若死死抱住数千年前孔子创造的对于现代社会早已过时了的现成成果，正是背叛了孔子的创造精神，永远也不会像孔子那样创造出适应时代需要的新学说。只能坐吃山空，败坏先辈的遗产。反之，按照现代社会的要求，为工商经济、民主法制、自由平等而立说，正弘扬了孔子的创造精神。假若孔子生于现代，要成为现代的伟人，这也是他们所应完成的任务。

孔子的伟大人格，尤其是他的自重精神，也为现代社会所必需。因此，"真能学孔孟者，真能遵孔孟之言者，但学其有我，遵其自重之精神"，"孔孟何尝责人以必牺牲其自我之权威，而低首下心甘为其傀儡也哉！"[5]孔子并没有膜拜圣人，甘愿牺牲；也没有自封圣人，要后人崇拜，牺牲自我；而后人反其道而行之，弃本而取末，又自称是学孔，尊孔之道，岂不太谬！

孔子的学说，对现代社会也绝非一无所取，完全过时。"孔子之说，今日有其真价，吾人亦绝不敢蔑视。"[6]孔学对现代社会有哪些价值，李大钊虽然来不及作专门系统的阐述，但有价值可取则是

---

①《李大钊文集》(下)，人民出版社 1984 年版，第 164 页。
②《李大钊文集》(上)，人民出版社 1984 年版，第 263 页。
③ 同上书，第 264 页。
④ 同上书，第 512 页。
⑤ 同上书，第 161 页。
⑥ 同上书，第 246 页。

无疑的，而且他也作了一些探索。他在说明孔学的某一观点对现代社会的进步作用时，都赋予它新的含义。比如，他不止一次地称“以力服人，非心服也”的观点，但不是老调重弹，而主张各种政治势力要互相制约、平衡，在宪法范围内活动，不可恃强欺弱；认为国家机关必须充分体现民意，反对用暴力强奸民意，压制国民的意志自由。这就打破了专制框架，成了民主宪政的一个理论根据。他主张以“忠恕”之道作为立宪国民的修养，反对虚伪，倡言坦诚；反对顺从，倡言自尊；反对偏狭，倡言宽容，增添了自由、平等、博爱等新的内容。他还主张以儒家“日新”的精神再造自我，“弃罪恶之我，迎光明之我；弃陈腐之我，迎活泼之我；弃白首之我，迎青春之我；弃专制之我，迎立宪之我；俾再造之表适于再造中国之新体制，再造之中国适于再造世界之新潮流”[①]。这里的“日新”已不是原来意义上的自我道德修养，也不是知识的积累或更新，而只取其不断进取的精神，内容则是全新的。

（三）对历史上孔子的肯定。李大钊反对神化圣化孔子，同时也反对丑化鬼化孔子，孔子不是平庸之辈，更不是地痞流氓刽子手，鬼化和圣化，表现形式迥别，但本质相同，都同样是反科学的。因此，李大钊曾不止一次地称孔子是“一代哲人”，是古代的一位“伟人”。“孔子于其生存时代之社会，确足为其社会之中枢，确足为其时代之圣哲，其说亦确足以代表其社会其时代之道德。”[②]孔学不适应现代社会，但不能因此否定它在历史上曾经起过的进步作用。要求先哲离开他所处的历史条件为现代社会而创造，不仅不可能，而且也是无能的表现。现代社会只能由现代人创造。在经济

①《李大钊文集》（上），人民出版社 1984 年版，第 175 页。

② 同上书，第 263 页。

上，孔学“所以能在中国行了二千余年，全是因为中国的农业经济，没有很大的变动，他的学说适宜于那样经济状况的缘故”[①]。近现代出现了新的工商经济，人们应当拥护它、支持它、发展它，但不能要求孔子时代就发展现代经济。发展现代经济、为现代经济而立说是现代人的事而不是孔子的事，不能否定孔学在维护旧经济方面的历史作用。

（四）保护国民尊孔信孔的权利，鼓励对孔子进行自由的探讨。用政治或法律的手段强迫人们尊孔信孔与用同样的其他手段强迫人们批孔反孔，表面看来，水火不容，但实质上毫无区别，都是专制主义在思想文化领域的表现，都是对思想言论自由这一原则的践踏。前者在反对之列，后者也必须加以反对。如前所述，李大钊基本上否定了孔学在现代社会中的进步作用，然而他同时主张，对于“一部尊崇孔子之人，尽可听其自由以事传播。国家并无法律以禁止之，社会并可另设方法以奖助之”[②]。即使对于将孔子纳入宪法的议宪诸公，李大钊也非常尊重：“以孔子为吾国过去之一伟人而敬之，吾人亦不让尊崇孔教之诸公”；“即其忠于孔子之心，吾人多少亦表感佩之意”[③]。只要本于自信和良知，而不是自欺、屈从或将己之所好强加于人，那么尊孔信孔不仅不可非议，而且必须加以保护，受到尊重，因为那是个人的权利和自由。然而，将少数人所好上升为宪法，用宪法维护孔子的独尊地位，强迫国人同其所好，从而使其他各种学说在宪法中隐然消失，禁锢人的思想，侵害他人的权利和自由，也“终非所以忠于孔子之道也”，“孔子固有之精华，

①《李大钊文集》（下），人民出版社 1984 年版，第 184 页。

②《李大钊文集》（上），人民出版社 1984 年版，第 259 页。

③ 同上书，第 246 页。

将无由以发挥光大之”[①]。忠于孔子之心固可宝贵，但忠于之法却不可取。孔子之道果真是真理，就无须宪法的庇护，完全可以靠自身赢得信服。相反，将其纳入宪法，不仅说明它自身的虚弱无力，而且它即使是真理也势必处于孤立、封闭、隔离的状态中，无法发展。忠于孔子之心和忠于之方法要统一起来，这个方法就是信仰自由、思想言论自由。因此，李大钊不仅不反尊孔信孔之人，而且指出了尊孔信孔之道，他只反对自己尊孔也强迫他人尊孔，自己反孔也强迫他人反孔。

（五）改作重作的历史任务。中国的现代化是在几千年的文化传统中进行的，无法回避孔子问题。因此，李大钊提出：“本着新的眼光，去不断的改作重作，的确是我们应取的途径了。”[②]他还说，孔子虽然死了，但他在历史中永存，并“将经万劫而不灭”[③]。现实的人们应根据不断发展的需要，以新的方法和价值标准去不断地对孔子进行再认识。

三

前文共两部分，一是李大钊对《宪草》附款的批判，二是李大钊的孔子观。二者相互依存，联系在一起，前者是前提或原因，后者是结果。因此，二者是一个问题的两个方面。探讨它，不仅为李大创的研究做了一点工作，而且可以帮助人们从一个侧面理解新文化运动和五四运动中的反孔问题。至少从李大钊那里可以看出，批判孔子不是因为孔子本身，而是因为将孔子载入宪法，塑造偶像，

①《李大钊文集》（上），人民出版社 1984 年版，第 246 页。

②《李大钊文集》（下），人民出版社 1984 年版，第 578 页。

③ 同上书，第 718 页。

束缚国民，实行专制统治。这种批判主要是对宪法的批判，而不是对孔子的批判。李大钊曾明确表示："掊击孔子，非掊击孔子本身，乃掊击孔子为历代君主所雕塑之偶像的权威也；非掊击孔子，乃掊击专制政治之灵魂也。"[①] 批判的锋芒不是孔子，而是孔子偶像，是塑造偶像的专制政治，是专制政治的护符，关心和忧患的是蒙在鼓里在偶像面前充当了牺牲、丧失了自我的人们，即使批判孔子，也是为这种政治目的服务。这种批判的政治意义是深远的，不容否定。特别是如何认识五四时期"打倒孔家店"的口号，目前学界有不同看法。这一口号是不是李大钊亲自提出来的，姑且不论，但它体现了李大钊的思想是可以肯定的。李大钊主张砸碎孔子"偶像"，撕毁孔子"护符"，清除孔子"残骸枯骨"，这"偶像""护符""残骸枯骨"，跟"孔家店"有同一含义，甚至比它更猛烈更彻底。然而，这绝不是感情的发泄，绝不是反科学反理性的，绝不是意味着对孔子、儒学乃至传统文化的全面否定。"孔家店"也好，"偶像"也好，"护符"也好，它跟孔子不是毫不相关，但不等于孔子、孔学。李大钊对孔子的态度是客观而严肃的。

就李大钊的孔子观而言，即使在今天乃至今后仍有它的意义。特别是他对待孔子的态度。当人们对一种旧的政治制度或政权充满仇恨和愤怒的时候，很容易将其垄断的旧学说也全面否定，岂不知旧制度或旧政权可迅速瓦解，而旧的文化传统却不能也不应该同时消失。因为它远比垄断它的政治更有生命力，不能简单对待。本着这种精神，李大钊不仅大胆地否定了孔学在现代社会中的进步性，而且指出它有可取的一面，肯定了历史上的孔子；他反对孔子偶像，但又尊重孔子，尊重那些真诚地尊孔信孔的人们，提倡对孔子进行

①《李大钊文集》（上），人民出版社 1984 年版，第 264 页。

自由的学术探讨。这种无畏的勇气、博大的胸怀和科学的态度，这种伟大的人格，是思想学术界的骄傲。

李大钊没有穷尽对孔子的研究，然而他的基本观点带有方向性。首先，孔学是基本上过时了的学说，不适应现代社会，现代社会必须选择新的坐标。研究孔子的主要任务是肃清他对现代社会的消极影响，是批判，不是继承，更不是顶礼膜拜、循规蹈矩、不越雷池一步。其次，孔子精神必须弘扬。最重要的是弘扬他适应时代的要求而表现出来的创造精神，学习他自尊自重的伟大人格。要有强烈的时代感、使命感，要进行新的创造，而不是死守孔子创造出来的现成结论，牺牲自我。对于孔子学说也要继承，但这种继承，既不是全部，也不是部分照搬，而是加工创造、赋予新的含义，将其镶嵌在现代社会的基本框架上。再次，弘扬孔子精神，首先要解决政治问题，既反对对孔子进行政治保护，同时警惕政治迫害。前者一概肯定，糟粕与精华不分，而糟粕不除，精华难以光大；而后者一概否定，割断传统，势必造成文化真空，堕入历史深渊。唯一的方法是思想言论自由，恢复孔子在各家各派中平等一员的自由身份，既尊重人们批孔反孔的权利，也尊重人们尊孔信孔的权利，提倡并保护对孔子进行自由的学术探讨。最后，李大钊提出，孔子“将经万劫而不灭”，需“不断的改作重作”，这不仅是那一代人所面临的课题，也是我们乃至后人所要不断完成的任务。

（高积顺，原载《李大钊研究》第三辑，《河北学刊》1992年增刊）

李大钊教育思想简论

李大钊不仅是中国共产主义的伟大先驱者，也是一位优秀的学者和教育家，影响和培育出大批革命者和优秀青年。李大钊的教育思想和实践，为中国近代教育思想史增添了宝贵的内容，对今天的教育改革具有重要的借鉴价值。

一、教育“乃培根固本之图”

李大钊对发展近代教育极为重视，在这方面有许多精辟的论述。他把发展教育、培养人才提到“国本”的高度来认识，大力呼吁“昌学”。

1913 年 6 月，年仅 24 岁的李大钊就提出“国民教育，乃培根固本之图，所关至钜”[①]的主张，强调教育对国家发展和社会进步具有“培根固本”的重要作用，决不可以忽视。他认为国家和社会的发展端赖人才，而培养人才的基础在教育。为此，李大钊大力呼吁各界“昌学”，发展现代教育事业。面对黑暗的社会政治和颓靡的世风，他认为要“谋遏洪涛，昌学而已”，但“昌学”不能依靠少数“圣人”“英雄”，而应依靠广大国民，“昌学之责，匹夫而已”[②]。

李大钊还把发展国民教育与挽救祖国危亡联系起来，他说:“政府果不愿为亡国之政府，则宜及早觉悟其复古之非、弃民之失，速

① 朱文通等整理编辑:《李大钊全集》第一卷，河北教育出版社 1999 年版，第 600 页。
② 同上书，第 671 页。

与天下更始，定根本大计，恢复真正民意机关，普及国民教育，生聚训练，以图复此深仇奇辱。”[①]此时的李大钊虽然也有“教育救国”的幻想，但他重视发展国民教育，把教育提到“培根固本之图”的高度来认识，从长远的角度来看，还是很有可取之处的。试想，一个教育极端落后、现代知识人才极端匮乏的国度，如何能实现国家的富强和民族的振兴？

二、主张教育普及，重视大众教育

李大钊作为近代著名无产阶级革命活动家和教育家，也非常重视普及教育工作。他把发展国民教育视为“培根固本”的大事，而“国民教育”对象是包括中国国民全体的，无论何种性别、职业、出身，也无论贫富尊卑、地位高下，人人皆有受教育的权利。正如他所说：“想教育发展，一定要使全国人民不论何时何地都有研究学问的机会。”[②]他对“不良社会制度下”“为衣食所迫”而丧失了受教育权利的劳动人民极为同情，认为这是“侮辱个性、束缚个性的事”，“也断非现在 Democracy 的时代所许的”[③]。他还提出，按照 Democracy 的精神，“不但在政治上要求普通选举，在经济上要求分配平均，在教育上、文学上也要求一个人人均等机会，去应一般人知识的要求”。“现代的教育，不许专立几个专门学校，拿印板的程序去造一班智识阶级就算了事，必须多设补助教育机关，使一般劳作的人，也能就近得个适当的机会，去满足他们知识的要求。”他还根据中国的实际情况明确指出：“像我们这教育不昌、知识贫弱的

① 朱文通等整理编辑：《李大钊全集》第二卷，河北教育出版社 1999 年版，第 308 页。
② 朱文通等整理编辑：《李大钊全集》第三卷，河北教育出版社 1999 年版，第 417 页。
③ 同上书，第 162 页。

国民，劳工补助教育机关，尤是必要之必要。”[①] 由此可见，他对发展劳工教育是何等重视，他是把发展劳工业余教育视为普及教育的重要措施提出来的。1919 年 9 月 21 日，他在《北京市民应该要求的新生活》一文中，再次提出“多立劳工教育机关（如夜校、半日学校等）”“多立贫民学校”[②]，作为改良北京市民生活的重要措施之一。为了改变“做工的穷人没有力量读书受教育”的状况，李大钊积极支持北京大学工读互助团的活动，他说：“实行半工半读主义，庶几可以达教育和职业合一的理想，倘然试办有效，可以推行全国。”[③] 他认为，实行半工半读，是在劳动群众中普及文化知识的好办法，“工不误读，读不误工，工读打成片，才是真正人的生活”[④]。李大钊不仅坐而论，而且起而行。在他的支持和帮助下，北京大学的进步学生在北京、河北等地举办了数十所劳动补习学校、夜校等，有力地推动了当地劳工教育的开展。

农民占中国人口的大多数，且绝大多数是目不识丁的文盲，因此在农村普及教育的任务更为繁重。虽然当时的农村还不具备普及教育的社会经济条件，但李大钊对这个问题还是予以强烈的关注。他说：“农村的教育机关，不完不备，虽有成立一二初等小学的地方，也不过刚有一个形式。小学教师的知识，也不晓得去现代延迟到几世纪呢！”[⑤] 如何解决农村教育问题呢？他认为城市里的半工半读形式可兹农村效仿。实际上，李大钊所说的劳工，是把农民包含在内的，他认为“我们中国是一个农国，大多数的劳工阶级就是那

① 朱文通等整理编辑：《李大钊全集》第三卷，河北教育出版社 1999 年版，第 163 页。
② 同上书，第 324 页。
③ 同上书，第 423 页。
④ 同上书，第 426 页。
⑤ 同上书，第 180 页。

些农民”[1]。因此，他所主张的半工半读主义，当然也同样适用于农民。他在《工读》一文中曾对乡间“耕读传家”的古语表示赞赏，并把它改为“耕读作人”，认为这是一句“绝好的新格言”[2]。此中的含义非常明确，就是通过“耕读”的形式，使没有文化的农民在劳动之余获取知识，成为有文化的“新人”。他号召知识青年“速向农村去”，“都去做开发农村、改善农民生活的事业”，“作现代文明的导线”，“把黑暗的农村变成光明的农村”[3]。可见，李大钊对改变农村文化贫瘠状况的愿望是多么迫切。为了实现这个愿望，他发出了知识青年“向农村去”的响亮呼吁，为发展农村教育指出了一条有效的途径。

妇女是中国人口的“半边天”，受“女子无才便是德”传统封建观念的影响，广大妇女更是没有受教育的权利和机会。李大钊认为，这种现象是中国社会的“半身不遂”，他指出，要解决中国社会这种“半身不遂”的问题，必须给妇女以受教育的机会，“女子教育机会的扩张，似乎比承认参政权更要紧”。只有掌握知识利器的妇女，才能在争取妇女解放、个性解放的斗争中获得胜利。当时男女还不能同校，而专门女校又寥若晨星。李大钊敢于冲破传统观念的束缚，提倡女子进校读书，实行男女同校。他在家乡筹办的大黑坨初等小学，在男生班外就设有女生班。他每次回家乡都动员乡亲们“让女孩子去上学”，“我们村先行一步，给邻近的村子带个头，领个路”[4]。在他的说服教育下，大黑坨村很快有十几个女孩上学，

---

① 朱文通等整理编辑:《李大钊全集》第三卷，河北教育出版社 1999 年版，第 180 页。

② 同上书，第 425 页。

③ 同上书，第 182~183 页。

④ 中共河北省委党史资料征集编审委员会:《李大钊在河北》，河北人民出版社 1989 年版，第 27~28 页。

有的女孩还到离家二十多里的县城上了中学，成为当地很有影响的一件事。

李大钊也非常重视教师在普及国民教育中的作用，称教师是“为社会传播光明的种子”[①]。他非常尊重教师的劳动，认为“他们劳精瘏口，教育这一般青年，很辛苦的”[②]。鉴于中国、特别是农村的师资极为匮乏，他号召城里的知识青年不应在都市里“混”，而“应该到农村里去”，“来做些开发农村的事”，“作现代文明的导线”[③]。这里所谓“文明”，当然主要是指现代精神文明，包括新思想、新观念、新道德和现代文化知识等。他希望“知识阶级与劳工阶级打成一气”，承担起在劳农群众中传播现代文明的重任，如此来弥补中国师资不足的缺憾。

不难看出，李大钊对普及国民教育重要性的认识是很明确的，认为这是现代民主社会发展的必然趋势。并且，他对教育对象的认识，也明显凸显出大众性，尤其突出了对普通劳动大众教育的关注，对师资问题也很重视。这些认识彰显出他对中国教育问题的深入思考和战略眼光。

三、明确教育目标，重视品德培养

发展教育的目的在于培养人才，但培养什么样的人才，不同的时代、不同的阶级有着不同的标准。立于 20 世纪民主革命潮头、胸怀创造“青春中华”伟大抱负的李大钊，当然希望能培养出众多的肯于为国家、为社会、为人民大众服务的有用之才，为中国的独

① 朱文通等整理编辑:《李大钊全集》第三卷，河北教育出版社 1999 年版，第 430 页。
② 同上书，第 456 页。
③ 同上书，第 179~182 页。

立、富强贡献聪明才智。

还在大黑坨初等学校成立时，李大钊就为学校专门写了一副对联："学校造人才为改造社会；读书为做事不是为做官。"[①] 这副对联既是李大钊为该校规定的校训，也鲜明反映了他的人才观。李大钊明确主张，青少年读书求学不是为了个人升官发财，而是为了"做大事"，即做改造社会、建设中国的大事，做为人民谋福利的人才。这副对联的含义与孙中山"要做大事，不要做大官"的格言有异曲同工之妙，都是要培养迥异于以做官发财为目的的封建知识分子的崭新知识人才。

李大钊在教学中率先垂范，注重教书育人，总要启发学生树立正确的学习目的。他在上《社会学》第一节课时就教导大家："学习的目的在于应用。应用要服务于社会，不能为个人名利。"他勉励学生"为挽救危难中华而学，为人民造福献才智"[②]。1924 年 10 月底，他对旅莫（莫斯科）青年团员讲演时说："我们来此是学习革命的，并不是留洋留学求博士的"，"我们的革命是为全人类的"[③]。服务于社会、服务于人民、服务于革命，这既是李大钊对青年学子的殷殷厚望，也是他对教育目的的明确要求。为了实现上述教育目的，李大钊强调，在向青年学生传授文化知识的同时，还应注意对他们进行"人格教育"，培养他们的思想品德。他认为："教育只是偏重知识，而忽于使用知识之人格，知识也不过是作恶的材料。"因此，他要求教师"至少于每小时授课之余，当授以三五分钟的人格教育，使人们相互之间，都能以赤裸裸的真面目相见，而知识教

① 中共河北省委党史资料征集编审委员会：《李大钊在河北》，河北人民出版社 1989 年版，第 28 页。

② 同上书，第 215 页。

③ 朱文通等整理编辑：《李大钊全集》第四卷，河北教育出版社 1999 年版，第 493 页。

育的效用也因此增进”[①]。这里所谓“人格教育”，主要是指思想品德教育。通过经常的“人格教育”，培养学生高尚的人格操守，使学生摒弃一己私利，树立起献身社会、服务大众的远大志向。李大钊认为，如果只偏重于知识教育（智育），忽略人格教育（德育），就不能培养出对国家、对社会、对人民有用的人才。这里实际上已经涉及应该处理好德育与智育的辩证关系问题。

成为马克思主义者之后，李大钊把学习马克思主义列为对青年学生进行思想理论教育的重要内容。他曾对学生们说：“倘若你们能在读书之余去研究马克思的学说，使中国将来能够产生几位真正能够了解马克思学说的，真正能够在中国放点光彩的，这实在是我最大的希望。”[②]本此志趣，李大钊通过组织马克思学说研究会等多种形式，积极向青年学子宣传马克思主义。在李大钊等的影响下，毛泽东、周恩来等一批杰出的马克思主义者脱颖而出，并在中国革命史上大放异彩。

四、倡导教学内容和教学方法的改革

中国几千年传统封建的旧式教育，充斥着许多封建主义糟粕，成为封建统治者欺骗、奴役人民的工具，也阻碍着新思想、新文化的传播。因此，改革旧的教学内容和教学方法，成为李大钊等关注的问题之一。

在教学内容上，李大钊主张打破孔儒经学垄断教坛学圃的情况，把近代科技文化知识和各种新思潮引进讲堂上来。针对袁世凯

① 朱文通等整理编辑：《李大钊全集》第四卷，河北教育出版社 1999 年版，第 266 页。
② 中共河北省委党史资料征集编审委员会：《李大钊在河北》，河北人民出版社 1989 年版，第 216 页。

等在思想、教育等领域掀起的尊孔复古逆流，李大钊发表多篇文章，指斥“以孔道为修身之本”的所谓“国民教育”是束制民彝、锢蔽民智，违背民主和科学精神。针对《天坛宪法草案》抹杀思想自由、教授自由的情况，李大钊明确提出“各种之科学技艺，各家之性理思想，均得于国立、私立学塾教授之”。他认为，此举对“助进国家之文化，所关盖甚钜也”①。他任北京大学教授以后，在北大、北师大等校开设了有关现代政治、经济、哲学、法学、史学等许多新课程，并最早把马克思主义引进大学讲坛，在中国近代教育史上首开先河。

李大钊也很注意教学方法的改革，他力主改变传统的注入式教授法，调动学生自学的主动性。他指出：“从前旧教授法是以教师为主体的，现在不满意这种制度。”新教授法应该“在教科书和讲堂以外，还由教师指出许多的参考书作学生自动的材料”，他认为，这种方法可以鼓励学生学习和研究的兴趣②。他建议大学图书馆应该增加图书复本，实行开架借书，以满足学生自学的需要。李大钊还极力倡导多组织讲演会、读书会和学生社团等活动，以丰富学生的课外学习生活，使学生获得更多的新知，得到实际的锻炼，增长自己的才干。

李大钊重视理论联系实际的方法，他认为学习先进的理论是非常重要的，但学习理论不是为了“空谈”，而是要“拿来作工具，用以为实际的运动”③。他向学生强调，“根据学理研究实际问题”是

---

① 朱文通等整理编辑：《李大钊全集》第二卷，河北教育出版社 1999 年版，第 438~439 页。

② 朱文通等整理编辑：《李大钊全集》第三卷，河北教育出版社 1999 年版，第 418 页。

③ 同上书，第 306 页。

很重要的[①]，应该积极参加社会实践，获取有价值的经验。他鼓励知识青年走与工农相结合的道路，走出知识分子的狭小天地，“同劳动阶级打成一片”[②]。这里，李大钊实际提出了把学校教育和社会实践结合起来的重大问题，也为知识青年指明了努力的方向。

李大钊的教育思想是很丰富的，他在发展现代教育方面有许多真知灼见。例如，把发展国民教育提高到“国本”的高度，反映他具有“科教兴国”的战略眼光；普及国民教育的思想，映透出他民主平等的教育理念；规范教育目标，重视品德培养，折射出他德才兼备的人才培养观；倡导改革旧的教育内容和方法，浸透着他强烈的改革意识和进取精神。所有这些，都是李大钊与时俱进的现代教育理念的生动体现。虽然当时还不具备实现上述设想的社会经济条件，但他对中国教育问题所作的深入思考和可贵探索，却为中国近代教育思想史增添了宝贵的内容，对中国教育的现代化具有重要的指导意义。

（郭贵儒，原载《河北师范大学学报》2005 年第 2 期）

① 朱文通等整理编辑:《李大钊全集》第四卷，河北教育出版社 1999 年版，第 128 页。

② 中共河北省委党史资料征集编审委员会:《李大钊在河北》，河北人民出版社 1989 年版，第 137 页。

二、历史学与哲学

李大钊与中国马克思主义史学

20世纪20年代，马克思主义的传播，在我国形成滔滔滚滚的运动。这一思潮以其特殊的生命力，强烈冲击着政治和学术思想的各个领域，史学是其中的一个重要方面。中国无产阶级向史学领域的进军从此开始了。

李大钊作为我国马克思主义者的先驱，他曾经以史学为重要阵地，传播马克思主义，宣传唯物史观，向一切因循守旧、悲观倒退的旧史观进行不妥协的斗争，为推动我国马克思主义史学体系的形成和进步的史学队伍的建立，作出了重要贡献。

五四运动前后，他写了大量专论马克思主义史学的著作，重要的有:《史学要论》《史学思想史》等专集;《我的马克思主义观》《研究历史的任务》《历史与哲学》《唯物史观在现代史学上的价值》《由经济上解释中国近代思想变动的原因》《清代通史序》等多篇论文。他还先后在北京、上海、武汉等地多次进行以“唯物史观”“史学概论”“历史与哲学”为题的讲演。1920年后，他又在北大、女高师、朝阳大学、中国大学等校，别开生面地开设“唯物史观研究”“史学思想史”“史学概论”“历史哲学”“女权运动史”等课程。在这些论著和讲学中，他以马克思主义观点，阐明历史学的对象、任务和方法，指出新旧史学的根本区别和马克思主义对历史学的重要意义，并结合历史实际深入批判各种唯心主义观点；他还从史学思想史上，论证了马克思主义唯物史观产生的历史必然性，热情介绍国际工人运动——巴黎公社、第一国际及马克思、列宁革命活动的历史。从而为我国正在兴起的新文化运动和无产阶级领导的反帝反封建的政治革命运动辩护。这在当时有力地冲击着传统的史学，闪烁出我国“史学界的新曙光”，对后来也有着深远的影响。

一

我国在延续两千多年的封建社会发展过程中，形成了完整的史学体系。它作为封建统治阶级的政治工具，发挥着巨大的影响。封建主义史学，“其中所载，大抵不外帝王爵贵的起居，一家一姓的谱系”[①]。那浩如烟海的史籍，陈陈相因如“海岸之石，乱堆错落”[②]。唯心主义的旧史观，“以潜入于人心，深固而不可拔除”[③]。

在20世纪初兴起的资产阶级革命运动中，以梁启超为代表的资产阶级思想家，曾经举起“史界革命”的旗帜，宣传历史进化论，向封建的传统观念展开猛烈攻击，一度给史学论坛带来某些活跃的气氛。但是，中国资产阶级的史学思想与其政治思想一样的软弱。当无产阶级革命力量兴起，马克思主义传入中国时，梁启超等随着在政治上的堕落，史学思想也急骤倒退下来，所谓“史界革命”也就偃旗息鼓，他们抛弃了历史进化论，在那里“发伤时的慨叹，动怀古的幽情”，陷入悲观论和循环论，而与帝国主义、封建势力同流合污。由于这班人的推波助澜，使本来就根深蒂固的封建

① 李守常:《史学要论》，北京师范大学史学研究所1980年校印，第6页。
② 参见梁启超:《新史学》，《饮冰室合集 · 文集》之九，中华书局1936年版。
③《李大钊选集》，人民出版社1959年版，第291页。

主义旧史观，更有了“反动复活的趋势”[①]。因此李大钊指出：“吾侪治史学于今日的中国，新史观的树立，对于旧史观的抗辩，其兴味正自深切，其责任正自重大。”[②]

什么是历史？什么是历史学的对象和任务？资产阶级史学家曾提出：“史料即历史”的主张，认为“史学的对象就是史料，史学的工作便是整理史料”；又认为“以科学的比较为手段，去处理不同的记载”，便是历史学的全部内容[③]。因此，他们提出“整理国故”的口号，引导青年到古书里“考证一个‘了’字和一个‘们’字的历史”[④]，实行繁琐考据的“小心求证”。

李大钊断然反对这种观点，他指出历史“不是些陈编，不是故纸，不是僵石，不是枯骨，不是死的东西，不是印成呆板的东西”[⑤]。那成千上万部的史书史籍，不过是历史研究的材料，而不是历史。“历史学虽是发源于记录，而记录决不是历史。”[⑥]他进而指出：历史“是人类生活的行程，是人类生活的联续，是人类生活的变迁，是人类生活的传演，是有生命的东西，是进步的东西，是发展的东西，是周流变动的东西”[⑦]。马克思主义认为历史“乃与‘社会’同质而异观……同一吾人所托以生存的社会，纵以观之，则为历史，横以观之，则为社会。横观则收之于现在，纵观则放之于往古”[⑧]。人类社会从低级到高级的发展，是不以人们的意志为转移的

①《李大钊选集》，人民出版社 1959 年版，第 488 页。
② 同上书，第 291 页。
③ 参见傅斯年：《史学方法导论》，《历史语言研究所集刊》第一期。
④《胡适文存》第三卷，亚东图书馆 1928 年版，第 100 页。
⑤ 李守常：《史学要论》，北京师范大学史学研究所 1980 年校印，第 1 页。
⑥《李大钊选集》，人民出版社 1959 年版，第 484 页。
⑦ 李守常：《史学要论》，北京师范大学史学研究所 1980 年校印，第 1 页。
⑧《李大钊选集》，人民出版社 1959 年版，第 287 页。

客观历史过程。因此马克思称历史是“社会的变革”，是人类在这个变革过程中“包括一切社会生活现象广大的活动”[①]。“历史学就是研究社会的变革的学问。”[②]“一切史的知识，都依他为事实，一切史学的研究，都依他为对象，一切史的记录，都为他所占领。”[③]在错综复杂、生动无已的社会历史长河中，探求其发展变革的客观规律。

既然“这活的历史，固屹然存在于这些故纸陈编的堆积以外，而有他的永续的生命”[④]，历史的研究，就不应当局限在故纸堆里作孤立的考据，而应从中寻出“真确的证据”，得出“进步的真理”，[⑤]明确前进的方向。这就要求历史学家，必须同时进行两个方面的工作，即一方面要对历史事实作记述整理的工作，同时又要进一步，对这些史实进行理论的研究。

马克思主义从不否认史料工作的重要，认为可靠的史料是历史研究的必要基础。恩格斯曾经指出：“即使只是在一个单独的历史实例上发展唯物主义观点，也是一项要求多年冷静钻研的科学工作，因为很明显，在这里只谈空话是无济于事的，只有靠大量的，批判地审查过的，充分掌握了的历史资料，才能解决这样的任务。”[⑥]所以李大钊十分重视史料工作，把历史事实的“观察与证验”和对“特殊史实的精查”，当作“史学家的要务”[⑦]。认为只有“个个事实的考察，比较的充分施行，而后关于普遍的理法的发见，始能比较

①《李大钊选集》，人民出版社1959年版，第335页。

② 李守常:《史学要论》，北京师范大学史学研究所1980年校印，第11页。

③《李大钊选集》，人民出版社1959年版，第287页。

④ 李守常:《史学要论》，北京师范大学史学研究所1980年校印，第2页。

⑤《李大钊选集》，人民出版社1959年版，第484页。

⑥《马克思恩格斯选集》第二卷，人民出版社1972年版，第118页。

⑦ 李守常:《史学要论》，北京师范大学史学研究所1980年校印，第13页。

的明确”[①]。为此，他要求对各个时代的社会经济、政治制度、民族关系、杰出人物，都应当有详细的考察、记录和整理，以为研究工作提供必要的条件。

但是史料的考订决不能代替历史研究。史料的考订至多只能把个别历史事实弄清楚，不可能揭示各个历史事实间的因果联系。而且史料作为一定社会环境的产物，其内容和形式必然受到一定时代的经济关系、政治制度和思想观点的制约，具有许多局限性，必须在唯物史观的指导下对之进行考订和鉴别，分析它的不同的发展形态并探寻出各种形态的内部联系。这也正是历史学从“沿革的研究”进入“推理的研究”的重要特征[②]。根据当时史学界的状况，李大钊特别强调了这个方面。他指出:“今日历史的研究，不仅以考证确定零零碎碎的事实为毕乃能事;必须进一步，不把人事看作片片段段的东西;要把人事看作一个整个的，互为因果、互有连锁的东西去考察他。于全般的历史事实的中间，寻求一个普遍的理法，以明事实与事实间的相互的影响与感应。在这种研究中，有时亦需要考证或确定片片段段的事实，但这只是为于全般事实中寻求普遍理法的手段，不能说这便是史学的目的。”[③]

历史的发展有无规律，人们对这种规律能否认识，这是决定历史研究能否成为科学的根本问题。从来的历史学家，由于时代和阶级的局限，他们受到或者是“神权的”“王者的”“英雄的”“个人的”“精神的”“宗教的”种种历史观的支配，对历史现象往往感到惶惑不解，对历史规律常常是茫然无知。某些资产阶级史学家为了

① 李守常:《史学要论》，北京师范大学史学研究所 1980 年校印，第 17 页。

② 同上书，第 12 页。

③ 同上书，第 15 页。

阻挡人民革命的潮流，一向否认历史发展的规律性。胡适就把历史比作顺从的女孩子，“百依百顺由我们替他涂抹起来”，又比作一块大理石，任意“由我们雕成什么像”[①]。

李大钊明确指出：历史的发展，正如自然界一样，是有规律可循的，而且人们对于这种规律是完全可以认识的。“世界一切现象，无能逃于理法的支配者，人事界的现象，亦不能无特种的理法，惟俟史家去发见它，确定它了。”[②]同时他又指出，只有马克思、恩格斯把辩证唯物主义运用于观察社会历史，才有可能把人类历史作为一个有规律的统一过程进行研究，以“于其中发见历史的必然的法则”[③]。所以只有马克思的唯物史观，才把历史学的“真正意义发明出来”。从而使历史学真正成为科学，“提到与自然科学同等的地位，此等功绩，实为史学界开一新纪元”[④]。

李大钊最先把马克思主义传入我国，并运用马克思主义改造旧史学，推动以唯物史观为基础的历史科学的建立，这也就为我国历史学的发展，开创了一个新的纪元。

还应当指出，李大钊不仅指明了历史发展具有的规律性，并且充分运用这一原理来说明现实的运动，指导革命的实践。他深刻地分析了俄国十月革命后的世界和中国的形势，指出：“俄国革命，不过是天下惊秋的一片桐叶罢了。”从此“历史上残余的东西，什么皇帝咧、贵族咧、军阀咧、官僚咧、军国主义咧、资本主义咧——凡可以障阻这新运动的进路的，必挟雷霆万钧的力量摧拉他们。他们遇见这种不可当的潮流，都像枯黄的树叶遇见凛冽的秋风一般，一

---

①《胡适文存》第二卷，亚东图书馆 1928 年版，第 106 页。

② 李守常：《史学要论》，北京师范大学史学研究所 1980 年校印，第 16 页。

③《李大钊选集》，人民出版社 1959 年版，第 465 页。

④ 同上书，第 294 页。

个一个的飞落在地”[①]。因此，这种革命的潮流“是只能迎，不能拒的”[②]。他坚信“社会主义的社会，无论人愿要他不愿要他，他的运命的必然的出现，这是历史的命令”[③]。号召人民“很深刻的觉悟他们自己的责任，应该赶快的不踌躇的联合一个‘民主的联合战线’，建设一个人民的政府，抵抗国际资本主义……”[④]。以为社会主义的实现准备必要的条件。正是根植于这一深刻的观念，李大钊对共产主义在中国的实现充满胜利的信心，他为此而赴汤蹈火，百折不挠，直至献出宝贵的生命。

二

人类社会前进的动因何在？推动社会发展的诸因素中决定的因素又是什么？对这一问题，新旧史观作出了截然相反的回答。当时资产阶级史学家曾强调，决定历史发展的是所谓“人类心力”和“民族意力”；是“纯为个性发挥的制造品”，认为研究某些人的“素性及其临时之冲动断制”，就可以“活现史迹的筋脉”[⑤]。胡适则把人们的“欲望”看作一切存在的根源。宣扬“一言可以兴邦、一言可以丧邦”，“……一个念头，也许可以引起几十年的血战”[⑥]的不可知论。这样他们就完全颠倒了社会存在与社会意识、社会经济基础与上层建筑之间的关系。李大钊指出：“从来的历史家欲单从社会的上层说明社会的变革即历史，而不顾基础，那样的方法不能真正理解

①《李大钊选集》，人民出版社1959年版，第117页。

② 同上书，第110页。

③ 同上书，第465页。

④ 同上书，第401页。

⑤ 参见梁启超：《中国历史研究法》，《饮冰室合集·文集》之七十三，中华书局1936年版。

⑥《胡适论学近著》第一集卷五，商务印书馆1935年版，第636页。

历史。上层的变革，全靠经济基础的变动，故历史非从经济关系上说明不可。”[①]他又指出，决定历史发展的，不是“心的势力”，而是“物的势力”，因为心的变动常是为物的环境所支配”[②]。

1919年5月，在他发表的第一篇系统宣传马克思主义的文献——《我的马克思主义观》中，就着重介绍了马克思在《哲学的贫困》和《政治经济学批判》序言中，关于历史唯物主义的经典表述。指出唯物史观有二要点：“其一是说人类社会生产关系的总和，构成社会经济的构造。这是社会的基础构造。一切社会上政治的、法制的、伦理的、哲学的，简单说，凡是精神上的构造，都是随着经济的构造变化而变化。我们可以称这些精神的构造为表面构造，表面构造常视基础构造为转移”；“其二是说生产力与社会组织有密切的关系。生产力一有变动，社会组织必须随着他变动……生产力在那里发展的社会组织，当初必然助长生产力的发展，后来发展的力量到社会组织不能适应的程度，那社会组织不但不能助他，反倒束缚他妨碍他了。而这生产力……仍然向前发展不已……结局这旧社会组织非至崩坏不可。这就是社会革命”。

生产力与生产关系、经济基础与上层建筑原理是马克思主义唯物史观的核心，它指明了“不是人们的意识决定人们的存在，相反，是人们的社会存在决定人们的意识”[③]。因此史学研究就不能仅仅考察人们历史活动的思想动机，必须去考察产生这些动机的原因。李大钊运用经济基础与上层建筑关系的原理，正确地解释了精神与物质的关系，说明“凡一时代，经济上若发生了变动，思想上

---

①《李大钊选集》，人民出版社1959年版，第293页。

② 同上书，第337页。

③《马克思恩格斯选集》第二卷，人民出版社1972年版，第82页。

也必发生变动”[①]。从而为新思潮在中国兴起的深刻根源作了科学的论证。他指出：孔子的学说“所以能在中国行了二千余年，全是因为中国的农业经济没有很大的变动，他的学说适宜于那样经济状况的原故，现在经济上生了变动，他的学说就根本动摇……”。因此封建阶级的纲常名教，“并不是永久不变的真理”，“孔子只是‘一代哲人’，决不是‘万世师表’”[②]。这就令人信服地证明，我国近代政治上的民主主义运动，思想上的新文化运动和马克思主义运动，是统治中国几千年的农业经济和宗法的、封建的大家族制度动摇崩溃所引起的必然反应，它决不是几个青年凭空造出来的，也决不是有谁能够阻拦得住的。

李大钊还批驳了地主、资产阶级为维护封建统治而提出的所谓“道德复旧”的复古主义谬论，指出：“道德是精神现象的一种，精神现象是物质的反映，物质既不复旧，道德断无单独复旧的道理。物质既须急于开新，道德亦必跟着开新，因为物质与精神是一体的，因为道德的要求是适应物质上社会的要求而成的。”[③]我国近代社会经济已经发生了根本变动，旧道德正在失去其存在的物质基础。因此，地主、资产阶级宣扬的道德永久不变的谬论，只能是没落阶级的一种梦想而已。“五四”以来人民群众反对旧道德、提倡新道德的思想运动，正是顺应了历史潮流的发展，任何人也无法使它逆转。

既然经济基础是起决定作用的因素，那么革命者在斗争中，就应当着眼于经济问题的根本解决，也就是说要首先推翻旧的生产关系，建立新的经济基础。李大钊在与胡适的论战中，驳斥所谓一个

①《李大钊选集》，人民出版社 1959 年版，第 295 页。
② 同上书，第 301~302 页。
③ 同上书，第 267~269 页。

一个问题的解决，一点一滴的改良的主张时，强调必须实行根本解决，认为“经济问题一旦解决，什么政治问题、法律问题、家庭制度问题、女子解放问题、工人解放问题，都可以解决”[①]。否则，不打碎旧的国家机器，不根本改变生产关系，要彻底解决这个那个具体问题是不可能的。

李大钊在强调经济基础对社会发展决定作用的同时，又注意到上层建筑对经济基础的反作用。他指出：“在经济构造上建立的一切表面构造，如法律等，不是绝对的不能加些影响于各个的经济现象，但是他们都是随着经济全进路的大势走的，都是辅助着经济内部变化的，就是有时可以抑制各个经济现象，也不能反抗经济全进路的大势。”[②]这就是说，革命人民在社会变革面前不是完全被动的，而是可以在先进思想和学说的武装下，在先进政党的领导下，通过阶级斗争来促进生产关系的变革，推动历史的发展。但在这个过程中，确又必须遵循社会发展的客观规律，不能违抗“经济全进路的大势”。

正是在这一认识基础之上，李大钊强调了阶级斗争作为马克思主义唯物史观基本要素的意义。他介绍了马克思、恩格斯在《共产党宣言》中，关于“到目前为止的一切社会的历史，都是阶级斗争的历史”，以及马克思在《政治经济学批判》序言中，关于“从来的历史都是在阶级对立——固然在种种时代呈现种种形式——中进行的”[③]等科学论断，帮助革命人民用阶级斗争观点、阶级分析方法，来认识近百年中国历史错综复杂的形势。他说我国自1840年

①《李大钊选集》，人民出版社1959年版，第233页。

② 同上。

③ 同上书，第193页。

鸦片战争以来，中经英法联军之役、中法战争、中日战争、庚子联军之役、日俄战争、中德战争，一直到1925年的“五卅”运动以来帝国主义在上海、沙面、汉口、九江等处的屠杀，“是一部彻头彻尾的帝国主义压迫中国民族史”①。而自1841年三元里平英团起，中经太平天国的革命运动，三合会、哥老会、义和团的复清仇洋运动，乃至兴中会、同盟会的革命运动，直至“五四”“五卅”弥漫全国反帝国主义的大运动，又“是一部彻头彻尾的中国民众反抗帝国主义的民族革命史”②。从而明确、清晰地勾画出近百年中国历史的基本线索。他预见到“这一条浩浩荡荡的民族革命运动史的洪流，时而显现，时而潜伏，时而迂回旋绕，蓄势不前，时而急转直下，一泻万里。他的趋势是非流注于胜利的归宿而不止”③。李大钊关于中国革命前途的这一正确的论断，已由中国共产党领导的民主革命和社会主义革命的胜利实践证明了。这说明，先进的阶级和政党，能够认识和掌握客观规律，在推动历史的前进中发挥巨大作用。

三

谁是历史的主人，是人民群众还是神仙皇帝？在这个历史观的又一根本问题上也向来存在着尖锐的斗争。

一切封建的、资产阶级的政治家、史学家，都不承认人民群众的历史作用。梁启超虽然在他的著作中，也曾指斥旧史家“知有个人而不知有群体”，反对把历史写成帝王的家谱，但他最终还是把

---

①《李大钊选集》，人民出版社1959年版，第187~188页。

② 同上书，第537~538页。

③ 同上书，第506~507页。

历史归结为“英雄的舞台”，“舍英雄几无历史”，认为决定历史发展的，是少数“伟大人物”的“个性和心理的扩大”[①]。

胡适更竭力鼓吹个人创造历史，诬蔑群众是“阿斗”“愚众”和“没有思想的动物”，胡说“自由平等的国家不是一群奴才建造得起来的”[②]。在他们看来，人民只有听命于那些“特立独行之士”的任意摆布。

为此李大钊在他的著作中，用了很多笔墨来反复阐述马克思主义关于奴隶创造历史的基本原理。他指出：“旧历史观认为历史是神造的、是天命的，天生圣人则世运昌明，天降鞠凶则丧乱无已，本着这种史观所编的历史，全把那皇帝、王公、侯伯、世爵这等特权阶级放在神权保护之下，使一般人民对于所遭的丧乱、所受的艰难……不但不能反抗，抑且不敢怨恨……只能发出‘昊天不吊’的哀诉，‘我生不辰’的悲吟而已。”“在这种历史中，所能找出来的，只是些上帝、皇天、圣人、王者，决找不到我们的自己。”[③]人民群众只有“认定自己境遇的苦难，都是天命所确定的，都是超越自己所能辖治的范围以外的势力所左右的”，在这种情况下，唯有“忍受的一途”，“老老实实听人宰割而已”，所以这种史学，不过是“权势阶级惠民的器具”[④]。

马克思主义的唯物史观则教人们认识：“……社会生活的动因，不在‘赫赫’‘皇矣’的天神，不在‘天亶’‘天纵’的圣哲，乃在社会的生存的本身。”[⑤]“一切过去的历史，都是靠我们本身具有的人

① 参见梁启超：《新史学》，《饮冰室合集 · 文集》之九，中华书局 1936 年版。

②《胡适论学近著》第一集卷五，商务印书馆 1935 年版，第 635 页。

③ 李守常：《史学要论》，北京师范大学史学研究所 1980 年校印，第 55 页。

④《李大钊选集》，人民出版社 1959 年版，第 337~338 页。

⑤ 李守常：《史学要论》，北京师范大学史学研究所 1980 年校印，第 55 页。

力创造出来的，不是哪个伟大圣人给我们造的，亦不是上帝赐予我们，将来的历史亦还是如此。”[①]这种历史观，它把人民群众从神权、王权、天命的锁链下解放出来，站到历史主人公的位置，使之认识到，社会的进步全靠人民群众社会实践的推动，是“由联合以图进步的人民造成，他于是才自觉他自己的权威，他自己在社会上的位置，而取一种新态度”，从前他不过是一个被动的否定的生物……现在他变成一个活泼而积极的分子了”，把“他的肩头放在生活轮前推之挽之，使之直前进动”[②]。“欢天喜地的”去“创造一种世界的平民的新历史”[③]。这充分说明了李大钊相信人民、依靠人民，深刻地认识到，人民是革命力量的源泉，社会发展的动力“只能在人民本身的性质中去寻”[④]。因此，五四运动后，他向青年发出到民间去的号召，亲自带领先进的知识分子到工人农民当中去，传播科学社会主义思想，促进马克思主义与中国工人运动的结合，引导工农群众走上争取自身解放的斗争道路。

马克思主义在肯定人民群众创造历史的同时，并不否认杰出人物的作用。李大钊同时对领袖在历史上的作用给予了正确的评价，他认为:“个人在团体中，实亦有其相当的影响，即亦有其相当的意义，故史家不能全置个人于度外。”[⑤]但个别人所以能在历史上成为伟大人物，并不是由于他们“与常人有何殊异，只是他们感觉到这社会的要求敏锐些，想满足这社会的要求的情绪热烈些，所以挺身而起为社会献身，在历史上留下可歌可泣的悲剧、壮剧”[⑥]。他很推

①《李大钊选集》，人民出版社 1959 年版，第 340 页。
② 同上书，第 338 页。
③ 同上书，第 340 页。
④ 同上书，第 338 页。
⑤ 同上书，第 17 页。
⑥ 同上。

崇孙中山先生，认为孙中山所以伟大，是因为他认清了世界潮流，接受中国共产党的帮助，改组国民党成为普遍的群众性的党，从而推动了我国第一次大革命运动的到来。这就说明，杰出人物不是圣哲，更不是神仙，他是和普通人一样的人，他们所以能在历史上起伟大作用，是因为认识到社会发展的规律，反映了大多数人民的利益和要求，他们的行动适应了历史发展的趋势。在人民革命运动中这样的杰出人物是不能缺少的。

四

历史是发展的、进步的。人们对于历史的认识也在不断发展变化。李大钊说："一个时代有一个时代比较进步的历史观，一个时代有一个时代比较进步的知识，史观与知识不断的进步，人们对历史事实的解喻自然要不断的变动。"[①] 他以孔子为例指出，作为实在的孔子，已不复存在，他的生涯、境遇、行为，已经不能丝毫变动，然而历史上对孔子的评价却不断在变化，"汉唐时代人们想像中的孔子，与宋明时代人们想像中的孔子，已竟不同了；宋明时代人们想像中的孔子，与现代人们想像中的孔子，又不同了；十年前我自己想像中的孔子，与今日我自己想像中的孔子，亦不同了"[②]。这就说明："事实是死的，一成不变的，而解喻则是活的，与时俱化的。"[③] 因为人们对真理的认识，不可能一次穷尽，必须有一个发展进步的过程。历史上伟大史家的著作，在他那个时代，也许是尽善尽美，但不可能永远如此。"历史观的更新，恰如更上一层，以

① 李守常：《史学要论》，北京师范大学史学研究所 1980 年校印，第 6~7 页。

② 同上书，第 6 页。

③《李大钊选集》，人民出版社 1959 年版，第 289~290 页。

观环列的光景，所造愈高，所观愈广。从今所得以视古人，往往窃笑其愚，以为如斯浅识都不能解。其实，知识有限，如隔丛山，过后思之，以为易事，而在当时，则非其时之知识所能胜。”① 在此李大钊强调对历史“不怕重作，且必要重作”②；不怕推翻古人的前案，不受现成结论的束缚。前人的结论，包括马克思主义经典作家对历史所作的某些结论，都“并不是固定的，乃是比较的”③。列宁说过：“我们决不把马克思的理论看作某种一成不变的神圣不可侵犯的东西；恰恰相反我们深信，它只是给一种科学奠定了基础，社会主义者如果不愿意落后于实际生活，就应当在各方面把这门科学推向前进。”④ 每个时代都应当出现超越前人的成果，对历史作出越来越合乎实际的理解和判断。所以李大钊要求历史学家要树立“史演无已时，即史业无已时”⑤ 的信念，“精勤弗怠”地、“无一瞬间停歇”地去追此“滚滚不尽之史潮以进”⑥，不断地“把那些旧材料、旧记录，统通召集在新的知识面前，作一个判决书”⑦，写出更多无愧于伟大时代的篇章。

（韩一德，原载《河北师院学报》1983 年第 3 期）

①《李大钊选集》，人民出版社 1959 年版，第 289~290 页。
② 参见梁启超：《清代通史 · 序》，《饮冰室合集 · 文集》之四十一，中华书局 1936 年版。
③《李大钊选集》，人民出版社 1959 年版，第 483 页。
④《列宁全集》第四卷，人民出版社 1958 年版，第 187 页。
⑤ 参见梁启超：《清代通史 · 序》，《饮冰室合集 · 文集》之四十一，中华书局 1936 年版。
⑥ 同上。
⑦《李大钊选集》，人民出版社 1959 年版，第 483 页。

李大钊论历史的科学性质

一

历史的含义是多层面的。在我国学界，最早地把历史区分为实在过程的历史与认识的历史的，或许是李大钊[①]，因为李大钊确实指出了客观的历史过程与研究历史的学问是既相互联系又有原则区别的两回事："历史就是人类的生活并为其产物的文化"[②]；而历史学除"历史的记述"外，更重要的指"历史理论"，即狭隘的历史学，李大钊把它规定为："历史学就是研究社会的变革的学问"[③]，因此，历史在这里的意义，"乃指一种科学的学问而言"[④]。本文所要论述的历史，就是这种作为科学的历史。

在李大钊看来，在中国，由于作为严格意义的科学发育迟缓，历史作为一门科学也相应迟迟没有出现，直到五四时期也是如此。因此他说："中国并不是没有普通的记录，而专攻历史，以历史为一门科学的，却是没有。"[⑤]因此，李大钊特别致力于历史科学的建立。这就涉及诸多问题，如：历史能否成为科学，历史能成为什么样的科学，等等。而这些问题主要与历史的科学性质问题相关，为此，李大钊特别关注历史的科学性质问题，他曾说："历史科学一旦

① 陆象淦:《现代历史科学》，重庆出版社 1991 年版，第 2 页。
②《李大钊文集》（下），人民出版社 1984 年版，第 714 页。
③ 同上书，第 722 页。
④ 同上书，第 636 页。
⑤ 同上。

成立，果为如何的性质？”[①]

要探讨历史的科学性质问题，首先要弄清什么是科学。科学的含义是多层面的。我们这里主要指作为理论体系的学问性质而言的。在近代中国，缺乏西方那样发达的自然科学，中国人强调的科学及科学方法论，主要是通过介绍西方实证论来接受和理解西方的近代科学，实证主义哲学家们通常以物理学的科学准则来衡量一切学科，认为任何一门学科要成为严格意义上的科学，就必须要把研究的注意力集中于寻求规律或法则。这种观念对中国近代科学思想影响很大，这一开始就在严复为甄克斯（G. Genks）的《社会通诠》写的序言中明显地表现出来。在五四时期，人们已经大多认为：科学即是一种关于“公例”或“法则”的学问。李大钊也在很大程度上接受了这种科学观念。他说：“各种科学的任务，在各于其特有范围内，发见其统一，即在探究现象间的因果关系”[②]，而后建立其间的法则。因此，李大钊认为“历史要作成一种科学，不可不尽力为历史法则的发见”[③]，也就是说：“历史学与自然科学相等，以发见因果法则为其目的”[④]，“恰如自然科学以发见现象间的因果关系为任务，历史学不能不脱于单纯事实记述的范域，而进到因果关系统一之点。换言之，即是不可不以历史为一种科学。这样子历史现象间的因果关系弄得明白的时候，历史法则便能建立”[⑤]。这里，李大钊已经表明：历史要成为一种科学，即在于如自然科学那样地求得历史的法则，即首先成为一种“法则学”。当然“法则学”之所以能

---

①《李大钊文集》（下），人民出版社 1984 年版，第 724 页。

② 同上书，第 336 页。

③ 同上书，第 746 页。

④ 同上书，第 348 页。

⑤ 同上书，第 336 页。

够建立，在于客观的历史行程中确实存在着客观规律或法则，而这客观的法则以“普遍的原因”“广布而永存的倾向”“广而深的潜流”等形式决定客观历史行程。正是这种客观法则的存在，使历史作为一种科学成为可能。他说：“此原则（‘存在客观的历史法则’的原则——笔者注）的承认，是历史科学可能的一个根本的条件。驳拒此原则，是无异于宣告那样一种科学是诞妄无稽；是认此原则，便是表明用必要的尽力，历史科学将不难兴起；依此而行，用此以行，即是努力于历史科学的组织。”①

而且，李大钊认为，使历史成为科学的法则必须能够“推论同类事物”，可以说明历史的过去、现在及将来。李大钊说：“依此法则（历史的法则——笔者注），凡历史的进程均能明快以为说明。不宁惟是，被确立的历史法则，不但说明过去及现在，并且说明将来。即依此亦能预测将来的社会的如何，将来的历史阶段如何，这样一来，历史的范围，实亘过去、现在及未来，而为一个一贯的法则所支配。”②

当然，我们也应当指出，李大钊一开始有把因果关系与客观规律或法则混同起来的倾向，但这在他的后期论著中才得到彻底改变。他用“理法”等规律性概念与因果关系概念区分起来了。如他在《史学要论》中说道：“科学的考察在于：说明某种特定事物的性质及理法”③，同时，历史中确实存在“普遍的理法”，也即：“世界一切现象，无能逃于理性的支配者，人事界的现象，亦不能无特种的理法，惟俟史家去发见他，确定他了。”④为此，“史学家固不是仅

①《李大钊文集》（下），人民出版社1984年版，第316页。

② 同上书，第336~337页。

③ 同上书，第757页。

④ 同上书，第727页。

以精查特殊史实而确定之，整理之，即为毕乃能事；须进一步，而于史实间探求其理法”[①]。至此，我们已经看出李大钊所说的“作为科学的历史”，不再以考证个别事物以探求其因果关系以作合理的说明为满足，当进而建立历史演变之“普遍理法”，并为“一般的解释”。因为唯有如此，历史学才能具有科学品质，才可以与其他科学站在同等地位，于科学领域中占一相当位置。

二

然而，李大钊在继续介绍西方史学思想进程时说，在历史的科学性质的问题上，除了上述把历史当作一种法则学之外，还有把历史当作一种事实学，后者体现在新康德主义西南学派的“新理想主义的历史哲学”的主张中，即他们主张“于自然科学外建立历史的科学，即文化的科学的活动”。此派代表人物李凯尔特（李大钊称“理恺尔”）认为，历史依法则升到科学地位，“但究竟是比附唯一的科学的自然科学而居于附庸的地位”[②]，于是，由学问性质上主张历史学的独立。他们“不把历史看作法则学，却把历史看作事实学”[③]。这种“事实学”，强调历史的个性和价值，这与自然科学决然不同。李大钊介绍道：事实学认为，“自然科学的对象为自然，文化科学的对象为文化；自然是一般的东西，故须用一般化的方法研究之，文化是持个性者，故须用个性的方法研究；自然是不含有价值，故用离于价值的方法，文化含有价值的意味，故用价值关系的方法”[④]。也就是说，除了“依离于价值的方法发现一般法则为其目

①《李大钊文集》（下），人民出版社 1984 年版，第 724 页。
② 同上书，第 348 页。
③ 同上书，第 750 页。
④ 同上书，第 749~750 页。

的”的自然科学之外，还有“依价值关系的方法，决定只起一回事实为其任务”的科学，即“历史学，或历史的科学”①。这里，科学具有更广泛的含义，即“科学并不是在任何地方都采用自然科学方法或普遍化方法这一形式”②，由此导致学问研究的性质上具有更广泛的范域，除自然科学外，还有历史的科学文化的科学。李大钊介绍道:“学问云者，即是所构成的概念，此概念构成，从来人们认为只限于一般的东西，所以学问亦只有自然科学存在;然依理氏（李凯尔特）的见解，概念构成，没有那样狭的解释的必要，依何等方法改造对象以之取入于主观者即为概念，则与把一般的东西依一般化的方法取入于主观者为概念构成相等，把特殊的东西，依个性化的方法取于主观者，不能不说亦是概念构成。前者为自然科学，后者为历史学，或历史的科学。”③这种自然科学与历史学的形式上对立，表现在内容上就是自然科学与文化科学的对立。

三

以上我们已经看出，在历史的科学性质问题上存在着两种对立的观点:一种认历史为一种法则学;一种认历史为一种事实学。那么，李大钊是怎样处理这个问题的呢？我们从李大钊的一系列史学思想的论述中不难看出，李大钊企图在马克思主义唯物史观基础上将以上两种对立观点统合起来，认为:历史成为一种科学，首先在于成为一种法则学，而这种“法则学”同时关注事实学所强调的历史的个性和价值。

①《李大钊文集》（下），人民出版社 1984 年版，第 350 页。

②［德］H·李凯尔特著，涂纪亮译:《文化科学和自然科学》，商务印书馆 1986 年版，第 52 页。

③《李大钊文集》（下），人民出版社 1984 年版，第 349~350 页。

首先，李大钊继承了近代实证主义的径数，认为历史当如自然科学那样是依法则而成为一种科学的。因此，在西方史学思想史上，历史成为科学的过程，实质上是寻求确定的历史的法则的过程，而这一历程在李大钊的一系列史学论著中体现出来，归结起来，他说：西方自近代以来，随着自然科学的发展，尤其是牛顿发现引力法则，“依据引力法则，可以解释一切自然界的现象，唯物论、无神论的宇宙观、人生观，于是乎发端。到了康德的时代，他已经想望当有凯蒲儿及奈端其人者，诞生于史学界；迨经孔道西（Condoreet）、桑西门（Sain-Simon）、孔德（Comte）、韦柯（Vico）、马克思（Karl Marx）诸哲，先后努力的结果，已于历史发见一定的法则，遂把史学提到与自然科学同等的地位、历史学遂得在科学系统中占有相当的位置”①。

这里，李大钊认为，在历史成为科学的思想进程中，只有到了马克思的唯物史观这个“社会学上的一种法则”的确立，才使历史作为科学得以真正说明和保证。之所以如此，是因为首先，唯物史观能在历史中寻出历史演变的“普遍理法”。李大钊认为，唯物史观，又可称为经济史观，既是历史观，亦是社会观，意在以生产力和生产关系的变革说明历史社会的演进。在李大钊看来，以生产力、生产关系着眼以探求历史规律的唯物论，不仅在“以发见因果法则为其目的”上与自然科学无异，而且由于“以社会基址的经济关系为中心，研究其上层建筑的观念的形态而察其变迁，因为经济关系能如自然科学发见其法则”②。其次，唯物史观对历史能为“一般的解释”，能真正解释历史。这里，李大钊认为唯物史观“消除

①《李大钊文集》（下），人民出版社 1984 年版，第 745 页。
② 同上书，第 347 页。

了以往的历史理论的两个主要缺点”[①]。第一，唯物史观较好地解决了历史领域里的心物关系。李大钊说道：在唯物史观那里，“经济的构造是社会的基础构造，全社会的表面构造，都依着他迁移变化。但这经济构造本身，又按他每个进化的程级，为他那最高动因的连续体式所决定……马克思则以‘物质的生产力’为最高动因”[②]。这里，唯物史观的“这种历史的解释方法不求其原因于心的势力，而求于物的势力，因为心的变动常是为物的环境所支配”。因此，李大钊曾明确地把“历史的唯心的解释”说成“仿佛是把车放在马前一样的倒置”[③]。第二，在心物关系的前提下，群己关系因而也得到了正确的解决。因为李大钊认为，人们赖以满足生活需要的生产的发展和技术的进步，是普通的劳动群众造成的，所以劳动人民是历史的主人，人们有了这种认识，看到“一切进步由联合以图进步的人民造成，他于是才自觉他自己的权威，他自己在社会上的位置，而取一种新态度”[④]。这样，唯物史观克服了以往英雄史观、神命论的局限，科学地说明历史中的群众活动。

李大钊所认为的“唯有唯物史观才使历史真正成为科学”的论断，是契合马克思主义创立者的本意的，因为正是唯物史观，使马克思、恩格斯认为：“我们仅仅知道一门唯一的科学，即历史科学。”[⑤]不过，我们必须指出：李大钊虽然认为唯物史观使历史真正成为科学，但他并不认为唯物史观就是历史科学理论本身，因为李大钊在《史学要论》中明确指出：“历史哲学”与“历史科学”不同，

①《列宁选集》第二卷，人民出版社 1972 年版，第 586 页。
②《李大钊文集》（下），人民出版社 1984 年版，第 368 页。
③ 同上书，第 362 页。
④ 同上书，第 363 页。
⑤《马克思恩格斯选集》第一卷，人民出版社 1972 年版，第 21 页。

两者“各有判然当守的界域”，唯物史观只是作为启发和指导历史科学的原理。

而且，我们也应当指出，唯物史观是使历史成为科学的一个法则，这种法则是客观存在的，这与实证主义法则学又有根本区别，因为实证主义将知识局限于感觉经验范围，从而对外物的存在持怀疑或否定态度，因此也否认客观法则的存在；如果我们从科学性质这角度来看，实证主义简单地把历史科学类同自然科学，忽视历史认识与自然科学的差别，忽视历史的个性和价值，这必然用幻想的或假设的某种“规律”来作为适用于一切历史过程的普遍法则，从而决定了实证主义所谓的法则不可能是客观的存在。

实证主义企图用自然科学一样的方法缔造一种普遍绝对的法则原理或知识体系，来适用包括历史在内的一切问题，这不仅忽视历史的特殊性，而且，由于他们把历史中人生问题当作自然问题，这必然忽视了“人的意义”等。这自然遭到一些哲学家们的自觉反抗。在西方，起初是洛采（R. H. Rotze）发起，以狄尔泰（W. Dilthey）以及后来包括李凯尔特在内的新康德主义者为代表的思想家们，在反对近代文明时，指出传统的实证的科学及科学方法并不能取代传统形而上学来解释人生意义等问题。对人的意义的强调，使传统的科学出现“危机”，也使科学观念的变化出现转机，启示着现代人文主义高潮。其实，所谓科学实证主义与人文（“理想”）主义的对立一开始就在近代中国学界有所体现，起初是王国维的“可爱与可信”矛盾，后来是由梁启超《欧游影录》导引出的“科学与玄学”大战。这里，我们并不想对此作充分展开，只是想指明影响李大钊的文化思潮背景。诚然，李大钊在介绍“新理想主义”者李凯尔特（“理恺尔”）的历史哲学时，并不意味李大钊完全直接地接受了李凯尔特的学说，但我们也能看出李大钊在一定程度上如李凯尔特一样关注历史中的价值与个性诸类因素。作为人文主义先驱者的李凯尔特，他所强调的“价值”即是对人“有意义的或无意义”的问题，即李大钊所介绍的“价值预想主观，对于主观有意义者，斯为价值”[①]。为此李凯尔特认为，史家选择“在历史上发生有意义的作用的事件”[②]。而且，对于何为历史认识，李凯尔特反对兰克（G. V. Rank）的“如实描述”说，而认为历史认识是具有价值倾向的人们的“理性的”改造活动[③]。同样李大钊也认为“史家记录的是引人注目的东西”；而且，李大钊同样认为历史认识不是直观的反映，而是能动的改造，为此他特别强调：所谓历史的事实，便是解喻中的事实[④]。只有经人的解喻才使历史的事实成为可能。这种经过解喻的历史的事实不同于历史的记录，它们的区别如同克罗齐（B.Croce）的“活的历史”与“死的编年”之间的区别，这在他的《史学要论》中的有关论述中明显地体现出来。所以他说：“只有充分的记录，不算历史的真实；必有充分的解喻，才算历史的真实。”[⑤]这里的解喻，可以解释为具有一定史观和知识的人们对历史事实的“整理”和“理解”的过程，因此，解喻的历史的事实必须受到人们的史观和知识的影响。因此李大钊反对这样一种观点：“或谓史学家不应有历史观，应当虚怀若谷的去研究。不可有了偏见或成见，以历史附合己见，才可算是好史学家”。相反，李大钊认为：“史学家当有一种历史观，而且自然的有一种历史观。不过不要采了个偏

---

①《李大钊文集》（下），人民出版社 1984 年版，第 352 页。

②［德］H · 李凯尔特著，涂纪亮译：《文化科学和自然科学》，商务印书馆 1986 年版，第 84 页。

③ 同上书，第 32 页。

④《李大钊文集》（下），人民出版社 1984 年版，第 717 页。

⑤ 同上。

的、差的历史观罢了。”[①] 李大钊承认人们在认识和理解历史时的价值诸类因素的合理性。正是如此，才使历史的解喻有可能。而解喻的历史事实自然要不断地变动，这是由于每个时代史观和知识不断进步的缘故。为此李大钊说：“没有一个历史事实，能有他的圆满的历史，即没有一个历史事实，不要不断的改作。这不是因为缺乏充分的材料与特殊的天才，乃是因为历史的事实本身，便是一个新史产生者。一时代有一时代比较进步的历史观，一时代有一时代比较进步的知识；史观与知识不断的进步，人们对于历史事实的解喻自然要不断的变动。”[②] 所以，李大钊的结论是：“一切的历史，不但不怕随时的改作，并且都要随时的改作。”[③]

但是，李大钊的观点同李凯尔特的“事实学”毕竟有着根本区别。因为，李大钊是以与特殊性相统一的普遍性的法则为基础来使历史成为科学的；而李凯尔特则相反，强调以历史的特殊性（个性）为唯一基础来使历史成为科学。其后者当然是有偏颇的，正如当代英国学者所批评的那样：“否认从过去的经验中进行概括的可能性，并且强调事件的独特性，不仅割断了历史与科学的联系，也割断了历史与哲学的联系。有个批评者写道：‘我们越是探求特殊性当中有无穷无尽的意义，特殊性当中的一切就越是显得毫无意义。’”[④] 因此，我们觉得李大钊的如下归结是很有见地的：对于理氏（李凯尔待）之说，“即今日我们对他的学说亦不能全表赞同。他认为历史学作为一种事实学，于详明史学的特性上，亦未尝无相当的理由，然

①《李大钊文集》（下），人民出版社 1984 年版，第 642 页。

② 同上书，第 718 页。

③ 同上书，第 719 页。

④［英］杰弗里·巴勒克拉夫著，杨豫译：《当代史学主要趋势》，上海译文出版社 1987 年版，第 21 页。

依此绝非能将马克思认历史学如自然科学的一种法则学的理论完全推翻者”[①]。

同时，李大钊虽强调解喻的历史的不断改作，但他毕竟没有像李凯尔特那样由此否定历史的客观确定性和实在性。李凯尔特否认经人解喻的历史的客观确定性和实在性。他说：自然科学和各种概念或多或少地接近于绝对的真理，而历史叙述则因与价值相关联而与绝对真理没有任何关系[②]。这种观念一直支配着后来人文主义者的历史哲学，如尼采曾说：“必不存在事实本身。事实要想存在，我们必须先引入意义。”[③]相反，李大钊认为解喻的历史还是有客观的确定性和实在性的，首先，李大钊认为“历史的事实”无论如何变动，都是对原先客观存在的“实在的事实”的一种解喻，而不是人们凭空臆造的产物，他说：“历史的真实有二义：一是说曾经遭遇过的事的纪录是正确的；一是说关于曾经遭遇过的事的解喻是正确的。”[④]这就是承认解喻的对象的客观实在性，并认为人们可以通过解喻使“历史的事实”同曾经遭遇的“实在的事实”的统一性。其次，历史的事实的解喻者本人的史观和知识是受一定时代的以经济关系为基础的社会条件的制约的。这在五四时期的知识分子中，李大钊最先也最深刻地自觉到这一点，并以此形成自己的理论特色，这在李大钊批评孔子的不同凡响的文章里明显地表现出来：不同的时代对孔子的不同解喻，是受各时代的经济条件的限制，而经济条件是不以人的意志为转移的。由此，决定了历史事实的解喻的某种

①《李大钊文集》（下），人民出版社 1984 年版，第 350 页。

②［德］H·李凯尔特著，涂纪亮译：《文化科学和自然科学》，商务印书馆 1986 年版，第 122 页。

③ 张文杰等编译：《现代西方历史哲学译文集》，上海译文出版社 1984 年版，第 93 页。

④《李大钊文集》（下），人民出版社 1984 年版，第 717 页。

客观确定性。再次，从历史认识的主体与客观的关系来看，历史的不断改作，自觉地反映时代的要求和精神，使历史认识主体与客体保持一种动态的统一性，这正是保持历史客观性的真正体现，这既不同于实证主义所谓涵盖一切的绝对体系，也不同于“事实学”所谓的主观相对主义观点①。所以李大钊说：“改作的历史，比以前的必较近真……历史要随着他的延长、发展，不断的修补，不断的重作。他同他的前途发展的愈长，他过去的真实为人们所认识的，愈益明确。”②

四

以上，李大钊力图在马克思主义基础上剔除实证主义法则学和“新理想主义”事实学中的消极因素，汲取它们互为补充的合理成分，从而体现出把历史之法则学与事实学统合起来的倾向。然而，无论是“法则学”还是“事实学”，尽管他们对科学的性质理解不同，但在“历史能够成为科学”这个问题上是一致的。除此之外，在西方各历史哲学家中，还有根本否认历史能够成为科学的，他们的诘难理由一般说来有二：第一，历史学描述的是人的活动，而人的活动是主观随意的；第二，历史学面对的是过去的事实，而过去的事实是不可再现的。因此极端的实证主义者和极端的人文主义者认为历史学根本不能成为科学，甚至把历史学归之于人文诗学。对于以上第一点诘难，李大钊有专门的论述，他答复道：“人事现象的

①《李大钊文集》（下），人民出版社1984年版，第177~184页。

② 同上书，第719页。这里，笔者不同意香港学者许冠三先生在他的力作《新史学九十年》的相关论述，他认为李大钊在历史的科学性质的问题上，有二元论之嫌，具体参见许冠三：《新史学九十年》（上），（香港）中文大学出版社1986年版，第2页。其实，许冠三似乎只看到李大钊对实证主义法则学和“相对主义”事实学的继承方面，而忽视李大钊对此两派的分析、批判、超越、整合的方面。

复杂，于研究上特感困难，亦诚为事实，然不能因为研究困难，遂谓人事科学全不能成立，全不能存在。将史实汇类在一起，而一一抽出其普通的形式，论定其一般的性质，表明普遍的理法，又安见其不能？且在心性的学问，如心理学及经济学，法律学等人文诸科学，颇极发达，各就其所研究的对象，为一般理论的研究的今日，而就以从事现象复杂难测为理由，主张就史实为一般理论的研究之不可能，真令人百思不得其解了。”① 对于第二点诘难，从李大钊的史学论述中可以看出：人们能够认识过去的事实，这是理所当然的。在我们看来，李大钊实质上不自觉地区分了“自然的过程”和“历史的过程”。在“自然的过程”中，事实一去不返，在一产生这俄顷就消失，成就了他们的历史存在；但是“自从他们消亡的那一俄顷，吾人便已发见之于吾人想像中，保藏之于吾人记忆中；他们便已生存于吾人的记忆中、想像中了。吾人保藏之愈益恒久，即发见之愈益完全，即解喻之愈益真切”②。也就是说人们可以在历史的过程中认识历史。当然，“历史的过程”是以客观历史过程的连续性为基础的，因为如果客观历史中过去与现在断若鸿沟，没有连续同一性，那么现在人认识过去是不可能的。李大钊毫无例外地承认客观历史过程的连续性，特别是他的“过去现在未来是一线贯焉”③的说法，实质上是创造性地把柏格森的所谓“绵延”赋予了贯穿整个历史的客观规律性意义了。

①《李大钊文集》（下），人民出版社 1984 年版，第 727 页。

② 同上书，第 718 页。

③ 同上书，第 763 页。

五

以上，李大钊在历史能否成为科学的问题上，驳斥了人们的一些诘难，在历史应为怎样性质的科学问题上，李大钊主要对实证主义法则学和“新理想主义”事实学的观念进行了分析、批判、整合。这些论述和思想对我们今天加深对历史的科学性质的认识仍具有借鉴作用。其他，我们大略地可以做出以下推论：历史作为一种法则学和历史作为一种事实学，实质上是历史作为“社会科学”和历史作为“人文学”对立的一种体现。李大钊在马克思主义基础上把法则学与事实学统合起来的倾向，实质上意味着历史是一种科学，它可以成为“社会科学”，但它不是“不多也不少”的那种科学，它也关注“人文学”的史学观念，但不能因此把它归结为人文“诗学”；当然，这里也不能把史学归结为艺术，因为李大钊认为，历史学虽有艺术的性质，但毕竟是有限度的，况且这种有限度的艺术性质并非历史学所仅有的[①]。

（夏晓明，原载《李大钊研究》第七辑，《河北学刊》1997 年增刊）

①《李大钊文集》（下），人民出版社 1984 年版，第 723 页。

李大钊与何炳松史学思想比较研究

李大钊与何炳松都是20世纪上半期颇有影响的史学家，在推动中国史学的现代化方面发挥了重大作用。李大钊比较系统地引进马克思主义基本原理并将其作为分析历史问题的重要方法，推动了唯物史观在中国的发展，马克思主义史学在中国蓬勃兴起。何炳松注重翻译“新史学学派”的著作，独树一帜地开启了以鲁滨孙为代表的“新史学学派”在中国的传播。在史学思想方面，李大钊与何炳松对历史学的相关概念、历史学的学科性质、历史学的研究方法、历史学的功用等有着许多相似的认识，同时也存在明显的差异。二人在坚持自己学术观点的同时构建了自己的史学理论框架，形成了各自的史学理论体系，对后世产生了巨大的影响。

一、李大钊、何炳松史学思想的形成

李大钊，字守常，原名耆年，字寿昌。1889年10月29日出生于直隶（今河北）乐亭县大黑坨村。其父李任荣在李大钊出生前半年去世，母亲在其出生后不久也病逝了。祖父将李大钊一手带大，并将其送入私塾读书。他曾两次参加童试科考并通过县试，1905年，

“府试中”[1]正赶上清政府废止科举考试，李大钊因为县试成绩优异，被永平府中学堂录取。因其具有“生性简易，聪爽绝伦”[2]的天资和刻苦、勤勉的态度，使得他在进入中学堂后，“每次考试各科成绩都名列前茅”[3]。1907年，李大钊考入北洋法政专门学堂学习。1913年6月，自北洋法政专门学堂毕业，年底，在汤化龙、孙洪伊的资助下赴日本东京留学。

在赴日期间，李大钊并没有专修历史学，而是选择了政治学、经济学、史学、法学、社会学等大量与社会问题相关的课程，大量阅读了书、报、杂志。与此同时，李大钊将更多注意力放到了中国实际的社会问题上，写作了《风俗》《物价与货币购买力》《政治对抗之养成》《国民之肝胆》等文章，积极参加了“反对二十一条”的运动，编辑了《国耻纪念》。此时的李大钊是否已经接触到马克思主义学说，还有待于学者们去做进一步的研究，但是仅从他对社会问题的高度关注来看，赴日求学的经历必然为其接受马克思主义学说和其他社会主义学说创造了条件。

张文生认为在李大钊史学思想形成过程中，历史观是李大钊史学思想形成的理论基础，“早期多年的私塾教育，为他打下了良好的国学基础，多年的新式的正规的学堂教育和留学生涯，也使他熟悉了中西方的科学文化……他对唯物史观的选择是理性的选择，他对唯物史观的接受是有思想基础和理论准备的”[4]。李大钊对马克思

---

① 出自《狱中自述》初稿。《狱中自述》共有三稿，三稿的内容基本相同，只是文字有详有略。有些情节在初稿、二稿中有所叙述而为三稿所略。详见《狱中自述》注释（朱文通等整理编辑：《李大钊全集》第四卷，河北教育出版社1999年版，第713页）。

② 董宝瑞：《乐亭人为李大钊写的传记》，载于《李大钊与故乡》，中共唐山市委党史研究室、中共秦皇岛市委党史研究室合编，中央文献出版社1994年版，第282页。

③ 朱文通主编：《李大钊传》，天津古籍出版社2005年版，第27~28页。

④ 张文生：《李大钊史学思想研究》，中国社会科学出版社2006年版，第74页。

主义唯物史观的选择，更为直接的是受到了社会革命形势的影响，确切地说是俄国十月革命的影响。1917 年 11 月，俄国十月革命的爆发震动了全世界，也使正在艰难探索救国之路的中国知识分子看到了新的曙光。俄国十月革命爆发后，马克思主义传入中国。李大钊开始接受唯物史观并运用唯物史观分析中国社会、历史问题，其史学思想也逐渐形成。[①]

何炳松，字柏丞，1890 年 10 月 18 日出生在浙江金华北乡后溪河（今罗店乡）。其先祖为南宋何基，人称北山先生，是朱熹得意门生黄干的弟子，创北山学派。父亲何寿铨“不乐仕途”[②]，而是倾心学问，治朱熹之学，专事教学。母亲身出名门，识文断字，知书明理，是南宋名臣宗泽的后裔。良好的家学背景对何炳松影响很大，1894 年，4 岁的何炳松在父亲的教授下开始识字，直到 13 岁一直在父亲的严厉督导下读书。1903 年春，何炳松参加了童试科考，顺利通过县、府、院的考试，“以高第补县学博士弟子员”[③]。同年秋，入金华府中学堂，兼习中西各科[④]。1906年，由于学习成绩优异，何炳松在中学并未卒业的情况下，被保送浙江高等学堂。1912 年，又因其成绩优异，“无试不冠军”[⑤]，以省公费生身份被派往美国留学。

1913 年 1 月，何炳松抵达美国。先后在加利福尼亚大学伯克利分校和威斯康星大学政治系，学习史学、政治学。1915 年夏，考入普林斯顿大学研究生院，专攻现代史和国际政治。何炳松在美国求学的几年，正是以鲁滨孙为代表的“新史学学派”风靡欧美诸国

---

① 张文生：《李大钊史学思想研究》，中国社会科学出版社 2006 年版，第 74~75 页。

② 刘寅生、谢巍、房鑫亮编校：《何炳松论文集》，商务印书馆 1990 年版，第 522 页。

③ 同上书，第 533 页。

④ 何炳松在考中秀才、取得生员资格后，没有继续参加乡试而是进入了新式学堂进行学习，应该是“不乐仕途”的何寿铨为儿子做的选择。

⑤ 刘寅生、谢巍、房鑫亮编校：《何炳松论文集》，商务印书馆 1990 年版，第 534 页。

的时期。攻读政治学与历史学的何炳松，自然会受到这种思潮的影响。在后来翻译的鲁滨孙《新史学 · 译者导言》中，何炳松写道："他（即鲁滨孙——引者注）的历史知识，很渊博的；他的史学思想，很新颖的。"[①]"Robinson（即鲁滨孙——引者注）博士所说的话，虽然统是属于欧洲史方面，但是很可以做我们中国研究历史的人的针砭。"[②] 从此"新史学学派"的学术思想便深深影响了何炳松以及他日后的学术道路。

1917 年，何炳松进入北京高等师范专科学校和北京大学教书，开设了西洋文明史、万国史、历史研究法、中古欧洲史、近世欧洲史等多门课程，编译相关教材，翻译鲁滨孙的著作《新史学》，发表《从历史到哲学》《读章学诚〈文史通义〉札记》《〈新史学〉导言》等论文，系统介绍了鲁滨孙"新史学"的理论及方法，并以其为指导进行历史研究和史学思想构建。何炳松的史学思想逐渐形成。

二、李大钊与何炳松史学思想之比较

（一）历史学学科性质的不同认知

李大钊认为马克思主义唯物史观与以政治为中心对历史进行考察的历史观不同，它主张对社会变革的原因进行经济性的考察，因为从经济关系中可以发现因果规律，抓住决定历史发展本质的经济后，历史学便被提到了科学的地位[③]。又认为进化的历史观是对落后的历史观的修订，经济的历史观是对政治的历史观的修订，社会的

① [美] 鲁滨孙著，何炳松译：《新史学》，广西师范大学出版社 2005 年版，《译者导言》第 4 页。
② 同上书，第 14 页。
③ 朱文通等整理编辑：《李大钊全集》第四卷，河北教育出版社 1999 年版，第 359 页。

历史观是对英雄的历史观的修订，科学的历史观是对神学的历史观的修订[①]。因此，要选择进步的、经济的、社会的、科学的历史观，而这就是马克思主义的唯物史观。

在李大钊看来，历史学是探究人类生活及其变革规律的学问。他认为，现在的历史学家不仅要对史实进行细致的考察并加以确定、整理，而且需要去探求历史中的理法，“研究古今东西全般历史的事实，为一般的解释，明普遍的理法，正为史学家的要务”[②]。同时，李大钊也看到了历史学与其他科学之间的不同。针对一些人因历史学研究对象在性质上与自然科学不同而否认将历史学作为一种科学的观点，李大钊提出了“人事科学”的概念，并将其作为与自然科学相互对应而又区别于心理学、经济学、法律学等人文科学的学问，用它来描述人类社会及其变革的概念，并将历史学归于此类。他认为，如果仅以研究内容的不同，就认为历史学不能进行事实的概况和“理法”的推理，不具有成为科学的性质，是错误的，“人事”中当也是有“理法”可循。因为这种“理法”经常会以同一普遍形态反复出现，所以较对一个个的特殊情形讨究起来更为容易。但由于这种“理法”隐藏在复杂人事关系之中，仍然“不易考察”。有鉴于这种困难性，李大钊认为历史科学系统的建立是需要相当长的时间的，这也正是历史学家应该努力的方向，坚信这一天终将到来[③]。

在何炳松看来，历史含有科学的部分属性。历史的形式和精神虽然远不如自然科学完备和饱满，但是它和科学一样都是有条理的

① 朱文通等整理编辑：《李大钊全集》第四卷，河北教育出版社 1999 年版，第 361 页。
② 同上书，第 368 页。
③ 同上书，第 369~373 页。

知识，都是本着科学的态度、以寻求真理为目的，所以我们是可以把它列在和自然科学同等的地位。但是，何炳松看到的更多的还是历史学与自然科学的区别。从根本上看，他认为历史学不是“纯粹的科学”[①]，历史中不存在因果规律。1924年11月何炳松复函姚名达，直接表达了自己的主张，“诚以史之为科学与理化之为科学不同……且科学上所谓定律，一层（成）不变者也。事实上果有因果律，即不当再有例外。既有例外，即非定律。鄙意凡百史事，只有源流而无因果……故史家事业在于追溯源流，不在于推求因果”[②]。何炳松将历史学与自然科学进行了严格的区分，最终将历史完全从科学中分离了出去。对历史学学科性质的不同认知，构成二人的史学思想的根本区别。

（二）历史及其相关概念问题的区分和历史研究方法的选择

李大钊认为历史应该研究“活的历史，不是死的历史”。“死的历史”指的是那些史学书籍或是历史记录。“活的历史”则指，“人类的生活并为其产物的文化……亦可以说历史就是社会的变革……纵着去看，便是历史，横着去看，便是社会”。因此，历史便成了整个的人类生活，同时也是整个的社会变革[③]。何炳松认为历史有两种定义，“一种就是人类过去的活动，一种就是人类过去活动的记载”，但这两个定义极易使得人们头脑中出现混乱，“因为他一方面就指的历史本身；一方面又可以指历史的著作或历史的书籍”。他同时指出，现在科学上所谓的历史，专指人类过去的活动，而不是指历史著作或历史书籍。他认为仅用“人类过去的生活”描述太空

① 刘寅生、谢巍、房鑫亮编校：《何炳松论文集》，商务印书馆1990年版，第207页。
② 同上书，第124~125页。
③ 朱文通等整理编辑：《李大钊全集》第四卷，河北教育出版社1999年版，第355~357页。

泛，具体应该包括一般历史学者认为的：经济、政治、教育、艺术等五个方面，并且作了两点说明：从横的方面讲，是对这五个方面整体内容的研究，从纵的方面讲，是对这五个方面整体变化的研究[①]。李大钊与何炳松对历史进行了主观与客观的分类。主观的历史指的是历史著作或历史书籍，客观的历史指的是人类过去的活动。二人都主张要研究客观的历史并要对其进行纵向和横向的研究。横向的研究是对社会的研究，纵向的研究是对社会演变的研究。主观与客观的分类将“历史”与历史记录清晰地分开，纵向和横向的研究为对历史进行全面的考察开辟了新的途径。这种层次分明的区分将历史研究推进到更为深入的程度。不难看出，二人对历史的认识有着惊人的相似，只是何炳松把“人类过去的生活”进一步具体化了。因此，周文玖才会认为何炳松在给历史概念下定义时吸收了李大钊的认识成果[②]。历史的研究对象自然涵盖了历史的全部内容，即人类生活的方方面面及其变革。

有了历史的概念、历史研究的对象，历史学的概念也就自然而然地产生了。在此基础上，李大钊对历史学概念进行了定义，“历史学就是研究社会的变革的学问，即是研究在不断的变革中的人生及为其产物的文化的学问”[③]。这一定义深入地揭示了历史研究对象应以人类为主体，强调了历史学科应以研究变化为本质内涵，既从范围上拓宽了历史研究的领域，也从重点上将个人的历史转移到人类的历史上，在当时来讲已经达到了空前先进的水平。直至今日，在“史学”的定义上，虽然各家纷纭、莫衷一是，但仍不能完全

① 刘寅生、谢巍、房鑫亮编校：《何炳松论文集》，商务印书馆1990年版，第147~148页。

② 周文玖：《史学史导论》，学苑出版社2006年版，第189页。

③ 朱文通等整理编辑：《李大钊全集》第四卷，河北教育出版社1999年版，第365页。

突破李大钊的这一定义。何炳松虽然没有直接对历史学的概念下定义，但是不难想象其所认为的历史学概念应与李大钊对历史学的定义并无大异。应该说，至此为止李大钊与何炳松在历史的认识上是非常相似的。但是由于历史观存在本质上的不同，到了具体的研究中（在研究方法上），李大钊更加注重了历史变革决定性因素——经济关系的考察；何炳松则强调了“综合的和变化的一方面”[①]，更多表现了他对综合的追求。

（三）历史研究法之比较

历史学研究法是历史研究者在历史观的指导下进行历史研究的具体方法，在一定意义上讲历史观决定着历史研究方法的选取。

在李大钊看来，马克思的唯物史观既是历史观，又是方法论。李大钊认为马克思的历史观主要是经济基础决定上层建筑的观点。马克思认为历史就是指社会的变革。人类社会恰如建筑，经济关系构成社会的基址（经济基础）；政治、宗教、伦理、哲学、艺术等构成社会的上层（上层建筑）。上层随着基址的变动而变动，适应基址的变动[②]。根据李大钊对马克思主义唯物史观的阐述，我们可以看出李大钊选择了从经济角度阐释历史，因为历史就是纵向的对于人类社会的考察，而经济关系的变动决定了人类社会的发展方向、历史的走向。因此，“非从经济关系上说明历史不可”。恰如王学典的评述，“唯物史观应用于史学领域，就要求人们从经济角度去解说和诠释人类历史”[③]。因为把握住了经济的视角，也就把握住了历史研究的根本方法。

---

① 刘寅生、谢巍、房鑫亮编校：《何炳松论文集》，商务印书馆 1990 年版，第 147~148 页。

② 朱文通等整理编辑：《李大钊全集》第四卷，河北教育出版社 1999 年版，第 357 页。

③ 王学典：《20 世纪中国史学评论》，山东人民出版社 2002 年版，第 68 页。

李大钊选择了马克思主义唯物史观，在从经济角度把握历史研究后，将历史研究方法归纳为三个层次：

材料的层次→事实的层次→理法的层次

材料的层次。此层面主要是针对历史材料的搜集、考订与整理，即“汇集史料进而为精细之研究”[①]的过程。在这个过程中，要广泛搜集各类相关资料，去除那些伪、粗的材料，选择那些真、精的材料，使史料为事实的确定提供证明与支持。

事实的层次。事实层面是对史实进行考证、确定和解释的阶段。李大钊认为除了采用王国维“二重证据法”、胡适的“实验主义”外，还要综合多种学科的方法，“采用生物学，考古学，心理学，社会学及人文科学等多研究的结果，更以证验于记述历史，历史理论的研究”[②]。通过多学科的交叉、多种方法的应用，来揭示历史真实。

理法的层次。理法层面是在揭示历史真实的基础上对于历史规律探讨的阶段。历史学家“须进一步，而于史实间探求其理法”，“以明事实与事实间的相互影响与感应”[③]。李大钊以探究理法为目的的历史研究，跳出了就历史而历史的窠臼，其根本目的是希望把历史与当下相结合，更好地指导人们的生活、生产实践活动。

由于深受鲁滨孙“新史学学派”的影响，何炳松一开始就带有“新史学学派”多元综合历史观和研究方法。在“新史学学派”看来，历史是进步的，应该以进步的历史观为指导，并且要综合各种新科学的研究方法，尤其要注重运用心理学的研究方法。“这部书

---

① 朱文通等整理编辑：《李大钊全集》第四卷，河北教育出版社 1999 年版，第 304 页。

② 同上书，第 372 页。

③ 同上书，第 367~369 页。

所以叫作《新史学》的缘故，就是特别要使大家知道历史不是一种停顿下进步的学问，只要改良研究的方法，搜集、批评、融化新史料，他定能进步的。”[①]“研究历史的人，应该急起直追，去利用新科学里面的新学说才好。所谓新科学，就是人类学、古物学、社会同动物的心理学，同比较宗教学的研究。”而其中又以社会心理学最为重要，它“可以使我们明白人类文化传播的原理”[②]。

在此基础上，何炳松翻译了《历史研究法》。发表在1929年1月1日《民铎杂志》第十卷第一号的《历史研究法》，原稿是何炳松应王云五的邀请于1918年8月7日在上海尚公学校所作的演讲，更为通俗地讲述了历史研究法的内容，并讨论了历史研究法的三个步骤：搜集材料、分析、综合。“分析”可分为：辨别真伪、知人论世、明白意义；“综合”可分为：判定事实、编比成文和勒成专著三个阶段。用图示可展示为：

搜集材料→辨伪→知人→明义→断事→编比→勒成著作

就内容讲：史料是起点，事实是终点，中间桥梁是一般史料的供给者。可再图示为：

史料→史料供给者→事实真相

通过上述图示，我们可以很明白地看出：从搜集史料到著作完成中间需要许多环节，而得到史料与明辨事实真相也是有距离的。因此，历史研究法的作用正是指导我们获取历史真相。之后，何炳松从搜集材料、辨明史料真伪、知人论世、明了史料的意义、断定历史的事实、比次历史的事实、勒成专门著作等方面进行了阐述，从而明了了历史研究的各个环节，对中国近代历史的发展研究的方

---

①［美］鲁滨孙著，何炳松译：《新史学》，广西师范大学出版社2005年版，第12页。

② 同上书，《译者导言》第7~8页。

法指导、方法论的研究都起到了积极的推进作用[①]。

由上可知，李大钊更多地从社会历史整体中关键因素的视角去探究历史并选择了马克思主义的经济史观；何炳松则更侧重从全面综合的角度揭示历史的变化，走向了鲁滨孙多元综合的历史观。在各自历史观的指导下，二人都将历史研究划分为不同的阶段或层次，层层推进式地搭建起了各自的历史研究方法框架和理论体系。

（四）历史学功用认识之异同

历史学的功用就是指史学所起到的功能和作用，是对历史学进行研究的价值所在。刘知几讲："史之为务，申以劝诫，树之风声。"[②]杨翼骧也指出，中国传统的历史学，"一开始就具有很强的辅助政务的宗旨，这是中国古代史学与生俱来的重要特点"[③]。

针对传统史学过分强调政治功用、忽视社会功用的弊端，何炳松与李大钊都进行了批评和论述。在何炳松看来，因为人们过去只把历史当作一种为军人和政客们提供参考、借鉴的前车之鉴，所以历史著作仅仅注重因果规律的探讨，以为这就是历史的作用和写作历史的目的，是很不对的。李大钊也认为传统史学，主要是对帝王爵贵起居、谱系的记录，在社会文化方面，记述则较少。史书只是对主政者行动的见解而成的[④]。"政治的历史"只是社会生活的一部分，而非社会生活的全部，以政治概况社会生活，就是用部分概况全部，是非常错误的[⑤]。在此基础上，二人对传统史学功用错误的原因进行了剖析。何炳松认为是因为研究历史和地理的人不懂得"进

① 刘寅生、谢巍、房鑫亮编校：《何炳松论文集》，商务印书馆1990年版，第147~152页。
②（唐）刘知几撰，黄寿成校点：《史通》，辽宁教育出版社1997年版，第58页。
③ 杨翼骧：《学忍堂文集》，中华书局2002年版，第388页。
④ 朱文通等整理编辑：《李大钊全集》第四卷，河北教育出版社1999年版，第358页。
⑤ 朱文通等整理编辑：《李大钊全集》第三卷，河北教育出版社1999年版，第537页。

化”的道理，不明白古今环境完全不同所致[①]。李大钊把原因归结为历史观的落后。“中国自古昔圣哲，即习为托古之说……此风既倡，后世逸民高歌，诗人梦想，大抵概念黄、农、虞、夏、无怀、葛天的黄金时代，以重寄其怀古的幽情，而退落的历史观，遂以隐中于人心。”[②]

李大钊将史学的功用分为智识方面与情感方面两部分。从情感方面讲，读史是为了培养爱国心。从智识方面讲，读史是为了获得观察社会的方法，增强人民认识社会、处理社会问题的能力。在此基础上，他进一步指出，历史能够给人民一种新的、积极乐观的人生观，这种历史观改变了“悲观、任运、消极、听天的人生观”，“却给我们新鲜的勇气，给我们乐观迈进的人生观”[③]。李大钊从爱国情感的塑造、社会能力的培养和人生观的追求三个方面对史学功用进行了较为全面的论述。

在何炳松看来，“历史是我们对于过去的知识，他的功用在于帮助我们明白我们自己的现状”[④]。在《历史研究法》中，何炳松将史学的功用概括为三方面：一是穷委竟源，博古通今。二是为研究人类科学，提供入门的坦途。三是培养智慧，此是历史的最大功用。“培养智慧”包括：一是受史法训练，对于研究态度有益。二是对驱除成见有益。三是对了解古今社会变迁，明了人事演化，推进社会进步有益[⑤]。何炳松分别从认识社会现状、研究学问之方法、培养启迪智慧三个方面论述了史学的功用，并将“培养智慧”分为：

---

① 刘寅生、谢巍、房鑫亮编校：《何炳松论文集》，商务印书馆 1990 年版，第 6 页。
② 朱文通等整理编辑：《李大钊全集》第四卷，河北教育出版社 1999 年版，第 311 页。
③ 同上书，第 217 页。
④ 刘寅生、谢巍、房鑫亮编校：《何炳松论文集》，商务印书馆 1990 年版，第 368 页。
⑤ 何炳松：《历史研究法》，商务印书馆 1935 年版，第 82~83 页。

培养科学的研究态度、驱除固有之成见、明了人类社会发展的趋势三个层次。

在历史学的功用方面，李大钊与何炳松分别从各自的历史观出发对传统史学功用进行了批判。二人都认为传统史学功用存在明显的局限性，都主张应当把历史学的落脚点放到现实社会中，并对于历史学在认识社会、启发智慧、增进能力等方面的功用都表示了认同，但是彼此又是各有偏重的。李大钊更加注重历史学在培养人民爱国情感、树立高尚的人生追求等方面的作用；何炳松更为强调历史在启迪智慧方面的作用，将历史作为一种培养科学的研究态度、获取社会认识的重要方法。

三、李大钊、何炳松两种史学思想对中国史学现代化的影响

李大钊与何炳松不仅注重西方先进史学理论的引进，更能够将西方理论与中国具体实际相结合，从历史学的整体认识到具体研究上都有不乏开创之处。二人都构建起了各自的史学思想体系，为中国史学开启了新的研究范式。在注重拓宽历史学研究思路的同时，二人更加注重推进历史科学化研究的进程，从而推动了中国史学现代化的进程，这些对当时的史学界及后辈史学家都产生了广泛而深刻的影响。

（一）构建起各自的史学理论体系，为中国史学开启了新的研究范式

能否建立起自己的史学体系被认为是评判一个史学家对历史学研究所作贡献大小的重要标准。李大钊和何炳松在进步的历史观指导下，对历史的科学性问题、历史定义及相关概念问题、历史的研究方法问题和历史功用问题进行了深入的研究和探讨，并在此基础

上搭建起了各自的研究框架和史学理论体系，分别成为马克思主义唯物史观派和“新史学学派”在中国的代表，为后辈学者进行历史研究提供了理论指导和方法借鉴。王学典对中国现有史学格局进行了总体概括：“进入‘新时期’以来的20年，是1949年后中国大陆史学最为活跃、最为开放、最富生机的20年……后20年间，基本上形成了唯物史观派史学、跨学科史学和所谓‘国学’复兴的三足鼎立格局。这三股史学趋向的起伏涨落，构成了近20年间史学界的总体图景。”[①] 在我们对李大钊与何炳松史学思想进行研究后，不难发现，“唯物史观派史学”和“跨学科史学”溯本求源正可以追寻到李大钊与何炳松。改革开放前，史学研究一度受到“影射史学”的严重干扰，何炳松的“新史学”理念和研究方法也只能潜滋暗流地影响着一批又一批的历史学者。进入新时期，马克思主义史学重新回归到李大钊开启的道路上并得到进一步发展；社会史思潮的兴起，跨学科史学研究的进步，清晰地影印了“新史学”痕迹，在一定意义上也可以说是以何炳松为代表的“新史学”理念及其研究方法的复兴。马克思主义史学和鲁滨孙“新史学”再次发生关联并成为构成中国新史学格局的两支重要力量。

（二）拓宽了历史学研究的新思路

中国传统史学以神权史观为导向，以借鉴为其政治功用，将历史记述的内容局限为“二十四姓之家谱”，极大地限制了历史学的发展及其社会功用的发挥。李大钊与何炳松对马克思主义唯物史观和鲁滨孙“新史学”的引进，拓宽了历史学研究的新思路。从范围上讲，二人将历史内容定义为“整个的人类活动”，因此历史研究就为整个人类历史的研究。就中国史而言，帝王的历史也就自

① 王学典：《20世纪中国史学评论》，山东人民出版社2002年版，第251页。

然成为历史研究中很小的一个部分，而那些尚未被传统史学所摒弃的、更为广阔、更为丰富的“人民的活动”，自然应该成为历史研究的主体。从方法上讲，“训诂”“考据”是传统史学研究的主要方法，在传统历史研究中，曾起过重要作用，但是到了近代，随着自然科学的发展、新学科的建立和新理论的不断彰显，借助其他学科的理论和方法对历史进行研究，往往会使历史内容变得更加生动活泼，从而得到更为丰富、更为深入的认识。李大钊与何炳松对于马克思主义唯物史观和鲁滨孙“新史学”的引进与研究实践，借助考古学、心理学、社会学、古生物学、人类学，以及其他人文科学的理论和方法，拓宽了历史研究的新思路，对历史学的发展起到了积极的推进作用。

（三）推进了历史学科学化研究的进程

历史学是否为科学的问题一直以来不能形成统一意见，但是必须对历史进行科学化的研究则成为学界的普遍共识。缺少了科学的态度、科学的方法就不能将真实的历史予以还原或是追求最趋于真实的历史。因此，对历史进行科学化研究成为历史学研究的一条必由之路。

对于“科学”的地位问题，胡适在20世纪20年代曾做过总结：“这三十年来，有一个名词在国内几乎做到无上尊严的地位；无论懂与不懂的人，无论守旧与维新的人，都不敢公然对他表示轻视或侮辱的态度。这个名词就是‘科学’。”[①]正是在这样的背景下，李大钊思考历史学与科学的关系，引进马克思主义唯物史观，努力将历史学建构成为科学。这就要求在这个过程中，从材料、方法、理论等各个方面冠以科学的属性，对历史进行科学化研究。

① 欧阳哲生编:《胡适文集》第三册，北京大学出版社1998年版，第152页。

何炳松对“科学”虽亦存有敬意，但他不愿意将历史与科学相比附。他认为“历史所谓科学，同化学物理所谓科学，是不同的”，“因为历史的材料同他种科学的材料不同的缘故”，历史成不了科学，只有“研究变化的程序，是一个科学的问题”，而这种研究自然是抱以科学态度并借助科学方法的[①]。这就使得何炳松在否定历史学是科学的同时，坚持了对历史的科学化研究，从另一个视角强调了历史科学化研究的重要性。

在推进历史学科学化研究的进程中，李大钊与何炳松虽然在历史学是否为科学的问题上存在根本性区别，但在历史需要科学化研究上却是完全一致的。二人从不同的角度对历史进行科学化研究的必要性进行了论证，从而推进了历史学科学化研究的进程。

（崔鲁威、王立敏，原载《唐山学院学报》2019 年第 4 期）

①［美］鲁滨孙著，何炳松译:《新史学》，广西师范大学出版社 2005 年版，《译者导言》，第 6~7 页。

试论朱舜水对李大钊早期哲学思想的影响

关于李大钊早期哲学思想研究的论述，很少有文章专门探讨朱舜水对李大钊的思想影响。因此，对李大钊的《筑声剑影楼纪丛》中的两文:《朱舜水之海天鸿爪》(1913年4月1日)、《东瀛人士关于舜水事迹之争讼》(1913年5月1日)及与之相关的《复景学钤君》(1913年5月1日)也就极少论及，便是自然的事情了。在影响较大的《李大钊传》中也只提到了“还编述了明末爱国志士朱舜水的事迹”,“表达了强烈的爱祖国爱人民的感情”[①]。至于李大钊何以要编述朱舜水的事迹，李又从中获取了哪些教益和影响，未加探究。以至目前刊行的《李大钊文集》中上述文内明显的误植亦未能加以订正或注释，这显然与关于朱舜水著述的流传不普及有关。1981年8月中华书局出版了朱谦之教授整理的《朱舜水集》(上、下册)，1984年8月第2次印刷。有了一个较前详尽的本子，这就为我们研究朱舜水思想发展及进而探究朱舜水对李大钊的思想影响提供了有利条件。本文试图将李大钊关于朱舜水的三篇文章纳入他早期哲学思想的形成与发展总体过程加以考察，试析朱舜水在反对宋明理学基础上所提出的“实理实学”主张对李大钊早期哲学思想的影响。

一

朱舜水的事迹在日本是流传很广的，他为促进中日文化交流和

①《李大钊传》，人民出版社1979年版，第13页。

人民友好作出了突出的贡献。只是由于清政府视其为明代遗臣而予禁忌，致使在国内当时鲜为人知。《清史稿》也只列入了《遗逸传》（见卷五〇五）。1913 年马浮依据日本稻叶君山编的《朱舜水全集》删定出版了《舜水遗书》，估计李大钊当时读到的正是这种版本。同时，李大钊已经熟谙日语，可以独自进行日汉文字的译校，接触到日本东京关于纪念朱舜水 250 年祭大典的报道及菊池仙湖、稻叶君山二位日本学者关于舜水事迹的争论情况，足以使李大钊能较为全面地认识朱舜水的思想及研究价值。从《复景学钤君》中还可以知道，李大钊除在国内可以读到马浮编的《舜水遗书》外，还直接从日本东京购买过稻叶君山所辑《朱舜水全集》。（他在信中说："近有稻叶君山所辑之《朱舜水全集》，装为一册，后藤新平男爵为之序，价日币三元，邮金四十钱，可向日本东京神田小川町一丈堂指购也。"）

朱舜水是怎样的一位中日文化交流杰出人物和明代爱国志士呢？

朱舜水（1600—1682 年）名之瑜，字鲁玙，浙江余姚人，出身官吏世家，幼时家境已贫迫，敏而好学，从学于明东阁大学士张肯堂等人。誓忠明堂，又不肯做官，特征而不拜。虽一心复明，终无建树，遂流亡日本，长达二十二年。在日本的二十二年中，始终以中国人客寄日本自持。在长崎讲学，又到东京，日本宰相德川光国尊为宾师。朱舜水在备受礼待下与日本学者探讨学术问题，亦招收弟子，授以中国文化，特别是讲授自己的"实理实学"的治学思想，即"明明白白，平平常常"的"现前道理"，"为学当有实功，有实用"，"学问之道，贵在实行"。这样，朱舜水便从鲜明的唯物主义倾向，一反当时程、朱为代表的客观唯心主义和陆、王为代表的主观唯心主义。朱舜水认为程朱理学是“纯弄虚脾，捕风捉影”，脱离实际的，是于国于己有害无益的。而陆王一派，“讲良知”，“杂佛书语”，实际上是“迂腐不近人情”，从表面上看像是与程朱水火不相容，实际上是一样的空谈祸国，是“终不曾做得一事的”。

因此，朱舜水认为他在日本所授之学，不是“倡明道学”，讲良知、言心情；而只不过是“木豆、瓦登、布、帛、菽粟而已”。“吾道之功，如布帛菽粟，衣之即不寒，食之即不饥；非如彼邪道，说玄说妙，说得天花乱坠，千年万年，总来无一人得见。”这样，朱舜水的思想以“实理实学”成了宋明理学的批判者。

朱舜水的实学，并非近功急利不重视历史，相反，他特别重视史学，认为“经简史明，经深而史实，经远而史近”，“得之史而求之经，亦下学而上述耳”。是要经由总结历史事实而通晓历史事变的内在规律。朱舜水认为的“实理实学”和他的历史观，对于日本以《大日本史》编纂为中心的“水户学”（“天宝学”）产生过一定的影响。

朱舜水在日本二十二年，是他六十岁到八十三岁的晚年生涯。一个老年人，做了这么多事情，临死还想着归葬祖国故土，坚信逆虏必亡。朱舜水受到日本学界的景仰和敬重。1715 年出版了《舜水先生文集》（水户本），其后又有享保本（1720 年）及稻叶本（1912 年）刊行于世。最早的《朱氏舜水谈绮》刊于 1708 年，分元亨利贞四册，为其弟子安积觉编辑，北京大学图书馆藏有此书。

这里限于篇幅，只是概括地介绍了朱舜水是一个怎样的中日文化交流的杰出人物和明清之际的哲学家和思想家。显然，青年李大钊面对这样的思想遗产不是无动于衷的，李大钊是深深地被吸引、被感动了，他把自己论述朱舜水的文章列为《筑声剑影楼纪丛》的开篇。他所述:“先哲朱舜水，身丁亡国大痛，间关出走，飘零异域，无时不以恢复中原为念。虽至势穷力尽，曾无灰心挫志，直至死而后已”。“钊生当衰季之世，怆怀故国，倾心往哲，每有感触，辄复凄然”。这便是他当时的心境的如实写照。

按照他这样的述怀追索下去，我们当可以管窥朱舜水对李大钊早期哲学思想之影响，这是实实在在的事情，而绝非牵强谬说。

二

李大钊写于1913年4月1日的《朱舜水之海天鸿爪》，正是世界书局出版马浮编《舜水遗书》的当年，梁启超的《朱舜水先生年谱》引文皆据《舜水遗书》，是在李大钊文章刊行于世之后，就此点而言，在国内着力介绍朱舜水事迹者，李大钊确为先行。

细读《朱舜水之海天鸿爪》，校之以《朱舜水集》，便可发现若干处明显的误植。更可感受开拓者的困难，因为“拾零存轶，杂次无纪，序而规之，以俟史者”。应该说，梁启超的《朱舜水先生年谱》是响应了这一号召的，而李大钊下笔为文时尚无可循。由是，原文中有所讹误，当可理会了。如文章开头“崇祯十七年，特征不就；弘光十一年，复征不就”，很明显是误植。崇祯十七年为公元1644年，而弘光只有元年，即公元1645年，而不存在“弘光十一年”。文中用冒号引出的“先生寄郑成功书”所援引的文字也有可订正之处，如“内降”“内款”应为“纳降”“纳款”，“绎”应为“驿”等。这段文字可参看《朱舜水集》卷七《与安东守约书二十五首》的第一篇第153页，有些或许是当时为原文集编定者所改动，如“满夷”“逆虏”“虏马”均写为“贼兵”“贼马”了。个别标点符号也可斟酌，以切原意。诸如此类，还有几处，从整体上说实属细节，并不影响对朱舜水思想、事迹的评价。我们相信，随着人们对朱舜水的研究，对李大钊的遗文是可以作出精细的注释的，这种一任讹误照排照印的情况定会有所改变。

在李大钊介绍朱舜水之后的十年，即 1923 年，梁启超写出了《中国近三百年学术史》，他继所作《朱舜水先生年谱》《清代学术概论》之后，又一次讲到“舜水之学不行于中国，是中国的不幸”。他说：“他反抗满洲的精神，至老不衰……文集中关于这类的话很多。这类话入到晚清青年眼中，像触着电气一般，震得直跳。对于近二十年的政治变动，影响实在不小。”[①] 可知，青年李大钊读朱舜水的文章，介绍朱舜水的事迹，绝非偶然。这是对他“矢志努力于民族解放之事业”的一次深刻熏陶。

李大钊感慨万端地说：“先哲……遗言遗籍，坐令其零散于海天万里，不一事搜求，斯其罪憾卒无穷期也。”是这样，李大钊才决心“披阅东报，见其关于先生轶事遗闻之记述，辄为译辑……以供众览”。当他写到稻叶君山与菊池仙湖二氏关于朱舜水是否归化日本的争议时，竟至以感情悲愤，“不其痛欤”而未能终篇。李大钊的拳拳爱国之情与朱舜水矢志恢复中原，终生以中国人自诩的高风亮节，实为灵犀相通。

1913 年的李大钊，刚刚二十四岁，即将毕业于法政专科学校，面临着走向社会的抉择。而在当时的中国，孙中山讨袁“二次革命”的失败，袁世凯独裁专制的横行，迫使李大钊寻一条救国救民的道路。朱舜水的爱国思想，实理实学的主张，固然可贵，但他毕竟选择的是一条幻想依靠外力灭清复明的不切实际之途。李大钊对此是很理解的。李大钊认为，要挽狂澜于既倒，必须“痛自振励”，

① 梁启超：《中国近三百年学术史》，北京中国书店 1985 年影印，第 84 页。

“铁肩担道义”，必须唤起民众，争取民族的解放。而“支那分割之命运”是如此严峻，“破碎神州日已曛”，面对如此现实，只是“大哀”已经不够了，必须从内心“隐忧”转而投入实际的革命斗争。

这样，李大钊的视野更为广阔，自然就把朱舜水放在了俟以他日，重整遗轶的正确位置上。更多、更新的具有生机和活力的革命思想充实着李大钊面对现实的观察、认识和思考。

三

李大钊东渡日本之后，积极地接受了社会主义思潮，对民主、科学有了更深刻的理解，许多日本学者给他以一定的影响，这可以列出一个长长的名单。例如早在天津法政专门学校以师生相识，又邂逅于日本东京的吉野作造；翻译过《共产党宣言》、写过《社会主义神髓》的幸德秋水；著有《人权新说》《自然与伦理》的加藤弘之；讲授马克思主义的河上肇；以及堺利彦、西川光二郎等。这在研究李大钊早期思想探源时是必须认真加以探究的。但从基本出发点来说，我们必须首先正视，到日本之前的李大钊具有怎样的思想理论基础；为什么到日本之后，李大钊迅即走上了接受社会主义思想的道路，而并非同去的每个人皆是如此。

令人信服的回答只能是阐明李大钊的思想理论准备。李大钊东渡日本之前就已经具备了侧重实践的“实理实学”的唯物主义哲学世界观。而从他所能接触并深受影响的哲学论著中，当首推孙中山先生的言与行。在此之前则有当时作为资产阶级改良派代表人物康有为、梁启超的言论。当然，还包括李大钊所认真研读过的“先哲”的典籍。朱舜水因此得占其间一席地位。这是不容忽视的事实，当然也不容加以夸大。

同时，李大钊的政治思想必须与之相联系，确信“富强之本不外振农、通商、惠工。农以生之，工以成之，商以通之”[①]。“伸张民权”“整顿吏治”“巩固国权”“民力既厚，权自归焉”[②]，这些思想观点，盖出于观察现实，通晓历史，察古今中外之变化规律而得，而以民为本、以生产为本的思想则实植根于我国唯物主义思想的传统之上。李大钊面对国事多艰，人民凄恻，以求索为己任。他终无悲观之念，奋力呼喊，以告国民，团结奋进。这种志士仁人之举，是中国之至宝，优良之传统。深为青年李大钊所敬仰的朱舜水，自是以其事迹成为李大钊所吸取的营养来源之一。

李大钊曾转述朱舜水这样的言辞：“贤人君子，国之至宝，而冷遇之，本末轻重失矣！”李大钊的人才观与此直接相通，在国家发展中，人才重于一切，人才有贤士与学士之不同。“博学多识，谓之学士；节义识见，谓之贤士”。这种区别直到今天，仍有意义。李大钊之所以从日本在学业未毕的情况下毅然回归祖国，奔赴革命事业，正是因为他在学士与贤士不能得兼条件下所做出的抉择。如是观之，李大钊之受朱舜水思想影响，断非笔者以李大钊三文所横生臆想，实是其潜移默化必有归宿。

这也可以回答有些学者认为李大钊唯物主义世界观形成中，日本学者的影响不可低估，而忽略李大钊在国内求学时期哲学思想已然在中国唯物主义哲学传统思想影响下逐步形成的这种认识上的偏颇。如果李大钊东渡日本之前没有如此之理论准备，也就难以成为接受社会主义思想的先行者。

是的，对李大钊早期哲学思想的探源这一重要研究课题，我们

---

①《李大钊文集》（上），人民出版社 1984 年版，第 6 页。

② 同上书，第 32~34 页。

还刚刚开始。但只要先细读李大钊早期著作，便会认识到若说李大钊认为宇宙之变化、无限的运动发展这一观点，也是受日本学者的影响，实是由于对李大钊早期哲学思想阐发不足所引起的误解，只要我们把探源的研究开展起来，还历史之原貌，我们对这些现象的认识就一定会达到一个新的高度。

（李权兴、张春伶，原载《毛泽东思想研究》1989 年第 3 期）

时间与真理

——李大钊哲学思想发微

时间、真理（存在）和它们的关系问题，可以说是思想者们自古就追问、现在仍在追问、未来还将永远追问下去的哲学之谜。以现象学和存在主义为代表的时间与真理学说对哲学传统观念的根本性挑战，更将这种追问的必要性、迫切性提到了前所未有的历史高度。我们当代马克思主义者理应站在新时代哲学思潮的前沿，对上述哲学热点问题作出适应当今世界哲学发展趋势的研究与回答。而要实现这种理论思维水平上的时代跨越，离开对中国时间与真理思想发展史的研究，将是无从谈起的。本文拟对中国最早的马克思主义者——李大钊的时间与真理观作初步探讨，以期对中国近代时间与真理理论史进行研究，进而对提高我们求索、探寻哲学之谜的理论思维能力有所推进。

一

李大钊是早期马克思主义者中为数很少的对时间问题进行过较深入哲学思考，并将这种思考用文章表达出来的思想者之一。他在论著中主要从以下方面阐发了时间问题：其一，时间是什么？这是每个时间论者都首先要面对和回答的问题，然而又是一个迄今仍令哲人们迷惑不解以至难窥堂奥的问题。对此，李大钊的表达是："时是无始无终的大自然，时是无疆无垠的大实在。""时是伟大的创造者，时亦是伟大的破坏者……世界的生灭成毁，人间的成败兴衰，都是时的幻身游戏。”[①] 即，时间是客观的、无限的、永恒的、独立自存的宇宙主体。这种时间本体论的观点颇似牛顿的绝对时间说，牛顿认为：“绝对值的、真正的、数学的时间自身在流逝着，而且由于其本性而在均匀地与任何其他外界事物无关地流逝着。”[②] 按照他的看法，整个世界即使都毁灭掉了，时间本体依然存在。李大钊所讲的世界生灭、兴衰是时间之幻象，也达到了和牛顿一样的观点。

这种包含成功进化思想的时间本体观，在李大钊的时代固然有打破中国汉代以来的循环时间观的积极意义，但也为信仰主义留下了理论空间，牛顿式的时间观本来就是建立在对上帝实体存在的信仰之上的。他曾明确地说过：上帝是无时不在和无所不在的，正因为如此，他就构成了时间和空间。可见，依这种把时间当作独立于物质世界的初始存在的观点，必然会得出时间即造物主或上帝的逻辑结论。

李大钊在时间本质问题上所持的上述绝对时间理论是中国落后的社会生产力和哲学对时间问题之理论思辨的发展严重滞后的必然结果。当时的中国社会正艰难地走入以机械化大生产为主要标志的近代社会门槛，因此，在已实现近代化的西方被以相对论为代表的关系性时间观等新思维所超越的牛顿式绝对时间框架论，在中国仍不失为一种批判循环论、进化论等传统时间观念的先进理论。先秦名家、道家等提出的时间直线流逝、无始无终等朴素的、富于思辨性的进步论时间观，随着汉代以后封建文化专制的日益强化，而在

①《李大钊文集》(下)，人民出版社 1984 年版，第 665 页。

②[英]牛顿著，郑太朴译：《自然哲学的数学原理》，商务印书馆 1931 年版，第 8 页。

思想界逐步退居次要地位。所以，当李大钊等最早一批马克思主义者试图驱散循环历史观的幽灵，实现中国哲学时间观的历史性变革时，只能从西方哲学思想中借来了绝对时间观这一落伍于世界哲学思潮的理论武器。

回答了时间是什么，接下来的一个与之紧密关联的时间哲学问题是：时间的特质是什么？李大钊归纳如下特质，即“时是有进无退的，时是一往不返的”[①]。为了更清晰地阐明时间的上述特征，李大钊将时间与空间作比较说：“时的引线，与空间异。引线于空间，可以直往，亦可以逆返……至于时间，则今日之日，不可延留，昨日之日，不能呼返。我们能从昨日来到今日，不能再由今日返于昨日。”[②] 上述说法明显与他绝对时间论的前提相矛盾。因为既然认时间为宇宙本体，空间等所有世界事物都是其派生之幻象，那么，时间即具不可逆性，空间的可逆性却从何而来呢？看来，只有打造时间绝对观，在恢复时间和空间都是一切存在的根本形式之本来面目的基础上，才能正确理解和把握时间的不可逆性和空间的可逆性的问题。

时间既无限，又不可逆，且与人类社会的成败兴衰全无关系。依这样的时间论，我们的一切成就都要被时间巨流荡尽，既不能重视，又无法在时间末日得到审判。我们的一切活动终究不过是时间本体的幻影，即只能任其摆布，却丝毫无法影响它的自在发展。那么人类存在的目的和意义在哪里呢？人类与天、地奋斗的追求和努力岂不都是虚妄的吗？看似预示着人类的光明前途和美好未来的豪迈的时间进步观竟自然地包含了这样令人颓丧的虚无主义结论。李

①《李大钊文集》（下），人民出版社 1984 年版，第 669 页。
② 同上书，第 666~667 页。

大钊作为严谨的马克思主义理论家当然无法回避对此问题的思考与解答。这思考和解答构成了李大钊时间哲学的第三方面内容，这部分内容就主要围绕时间与人的问题展开。

如何解释和把握时间进步论的虚无主义结论，李大钊主要给出如下两步解法：第一，通过承认时间不可逆转的流逝性，凸显人生不可重复的珍贵意义，进而提出珍重此生的思想。用他的话说就是："凡历史的事件，历史的人物，都是一趟过的……就是我们糊里糊涂一天一天的过去的生活，亦都为一往而不可复返……人生既是这样可以珍重的东西，那么……我们应该如何郑重的欢天喜地的行动着，创造着过去……机会不可复得，因缘永难再遇。我们在这万劫长流中大家珍重，向前迈进，走此一遭，必能达到黄金世界的境遇。"[①] 李大钊提出的实际是一种乐观、进取的人生观。这种达观的处世哲学是中国乐感文化思维传统的现代版，亦颇似当下流行的"潇洒走一回"的人生哲学。但依这种乐感人生观，我们不是仍无法改变人生因其不可复返而具有珍贵意义本身也必将为无限的时间巨浪所吞噬的冷酷事实吗？在不舍昼夜的无限流逝的时间面前，所谓生命的意义何在呢？

李大钊针对此给出了他的第二步解法。这就是通过对时间绵延性的强调，设定出人类现实存在意义的超现实之无限意义，并提出凭借对"今"的正确把握就能获取上述意义的观点。他写道："'现在'就是所有'过去'流入的世界，换句话说，所有'过去'都埋没于'现在'的里边。"[②]"一时代的变动，绝不消失，仍遗留于次一时代，这样传演，至于无穷，在世界中有一贯相联的永远性……无

①《李大钊文集》(下)，人民出版社 1984 年版，第 667 页。
②《李大钊文集》(上)，人民出版社 1984 年版，第 532 页。

限的‘过去’都以‘现在’为归宿，无限的‘未来’都以‘现在’为渊源。‘过去’‘未来’的中间全仗有‘现在’以成其连续，以成其永远，以成其无始无终的大实在……这就是‘今’最可宝贵的道理。”[①]因此，“吾人在世……宜善用‘今’以努力为‘将来’之创造。由‘今’所造的功德罪孽，永久不灭”[②]。上述论述不仅说明了人生可以在有限中实现无限，在现实中完成超越的道理，也是对他第一步解法的理论补充。即，时间的不可逆转性虽然决定了人类生存意义的不可重现，但此意义却可以由时间绵延性而施影响于无限的未来，从而达到一种近似的再现。

看来，“今”即“现在”的现实性问题成为制约李大钊解法成立与否的关键所在。这个问题是自第一个将时间当作纯粹哲学问题思考的奥古斯丁开始就令哲人们迷惑不解的问题。“现在”是多长一段时间呢？当我们说“现在”的时候，它已经成为过去的一刻了。因而大约只有眼下的一刹那可称为“现在”。但即使这一刹那也可无限分割至无穷短的时间点。于是“现在”的现实性几乎完全消失了。李大钊也注意到此问题的困难性。他说：“试问吾人说‘今’，说‘现在’，茫茫百千劫，究竟那一刹那是吾人的‘今’，是普人的‘现在’呢？刚刚说他是‘今’，是‘现在’，他早已风驰电掣的一般，已成‘过去’了。”[③]但李大钊并没有就此问题做进一步思考，只是通过对“现在”现实性的难以确定和把握的议论，进一步强调了他把握“今”的观点。即“吾人若要糊里糊涂把他（指‘今’）丢掉，岂不可惜？”这样说来，李大钊要我们珍惜、把握的

---

①《李大钊文集》(上)，人民出版社1984年版，第533页。

② 同上书，第535页。

③ 同上书，第532页。

“今”实际与西方浪漫主义“瞬间的永恒”时间观颇为相似。当然，前者主要表现为对存在者具体的、当下的生存状态的描写、论说与关怀；而后者的侧重点在于对“此在在世界之中”的存在方式的形而上追问、探寻与启悟。

以上我们考察了李大钊对时间本质、时间特质、时间与人诸问题的哲学观点。我们知道，马克思曾把西方时间哲学史的根本问题归结为时间与存在的关系问题。因此，不准确领悟存在之为存在问题，就不可能达到真正把握时间问题本质的深度，反之亦然。而存在问题在西方从古希腊开始就是与真理问题相提并论，难分彼此的。从巴门尼德的“存在和认识是一回事”，到亚里士多德把哲学定义为真理和存在的科学，以至现代哲学名家海德格尔的存在的意义就是存在的真理，都是如此。因而，真理具有与存在相同的对时间本质之深度把握的制约意义。但令人遗憾的是，在以实用理性为主要思维传统的中国，存在与真理这带有鲜明抽象思辨色彩的哲学范畴，却始终未引起思想者们足够的重视。那么，作为20世纪初叶中国思想界的先锋人物之一的李大钊对此问题是否有所体悟和阐发呢？如果有，他的认识和阐释在近代思想史上具有启悟意义吗？我们将沿着以上追问走向探究李大钊真理思想之路。

二

与时间相同，真理是什么这一问题是真理论者首先要追问和回答的问题。李大钊主要从本体论和认识论两个层次表达了他的真理概念。在本体论意义上，他指出：“宇宙间有唯一无二之真理，此真理者，乃宇宙之本体。”“毕竟宇宙之间无古今，无中外，常有此真实之一境。”[①] 不难读出，这种真理观与他所持的时间本体论是多么相似。在李大钊看来，时间就是真理，即存在，世间存在者的迁移流转和变动不居都是这个存在或称为真理的真实本体之幻象，绝对时间框架说演绎出了这绝对真理观念。此观念的萌芽在中国哲学史上可追溯到老庄对超验的绝对本体——“道”的追问中，老庄那隐晦、玄妙的“道”，实际上就是指支配、主宰世界的绝对规律即真理（存在）。当然，老庄的“道”是超越时空局限的宇宙本体，而李大钊讲的真理本体是时间的同义概念，但两者在将某种规律、范畴绝对化、本体化、一元化的思维方式上是同源的。道家的这种真理本体论在宋代为理学继承、借鉴，并从理论上予以了更精细、严谨的论证。理学的道德（真理）本体论的思想统治了此后数百年中国的知识、思维与信仰世界，直到今天，中国人的思维仍是以相信世间有一个象征公平、正义和至善的“天理”存在为主要特征的。

李大钊从唯物主义思想出发，却得出了与中国传统的真理观殊途同归的结论，其原因何在？我认为，他们都在哲学上片面夸大了世界规律、法则的绝对性、实体性，从而老庄把代表自然变化法则的“道”归结为超时空的万物本源；理学将以封建伦理规范为核心的“理”（天道）提升为普遍必然的、先验的宇宙法则；李大钊则更进一步，把所谓主宰宇宙万物（无古今、无中外）的本体，概括为了时间与真理。从中西哲学比较的角度看，李大钊的真理观可以看作西方 18 世纪自然神论的中国版。这种受西方机械化大生产的思维产物——机械决定论影响而生的自然本体观，由于忽视了人类在创造历史的实践中自我选择、自我设计、自我决定的主体性价值，从而将人变成似乎只能屈从自然规律支配的机器。而这种被唯

①《李大钊文集》（上），人民出版社 1984 年版，第 261 页。

物论者忽略、贬抑的人的主体性存在意义却正如马克思所说，为唯心主义所注意和发展了。即“从前的一切唯物主义——包括费尔巴哈的唯物主义——的主要缺点是：对事物、现实、感性，只是从客体的或者直观的形式去理解，而不是把它们当作人的感性活动，当作实践去理解，不是从主观方面去理解。所以，结果竟是这样，和唯物主义相反，唯心主义却发展了能动的方面，但只是抽象地发展了”[①]。

笔者在此想借李大钊因对人的主体能动性的忽略而走入规律本体论误区的事实，引发我们对马克思主义经典作家反复申说的，要重视人类能动的实践活动的巨大意义的观点之现实意义的再思考。

李大钊并非只是从客体方面考察、把握真理概念的，他也从主体的角度探究过真理的含义，但他只是注意了主体的思维活动，而未充分理解人类实践活动的价值和意义。他写道：“吾人欲寻真理之所在，当先知我之所在，即其我之身份、知识、境遇以求逻辑上真实之本分，即为真理。”[②]这可以说是从真理本体论转到了认识论，即康德哲学的第一个问题“我能知道什么？”所指向的内容。按李大钊的理解，人凭借当下的身份、知识以及外界的环境或机遇就可以达到对真理本体的领会。这里的“身份”和“境遇”究竟何指，李大钊并未讲明，故只好暂置不论。至于“知识”则应指通常意义上的知识概念所指的人的认识与经验的总和而言。那照此推衍，只要具备一定的科学知识的个体，就能从理论上（逻辑上）证得真理本体。这多少有些禅宗中人人皆有佛性，故众生皆可凭顿悟“本心”而成佛教义的味道。依李大钊的思路，真理既然是宇宙主体，

①《马克思恩格斯选集》第一卷，人民出版社 1972 年版，第 16 页。
②《李大钊文集》（上），人民出版社 1984 年版，第 262 页。

所以就“必能基于科学，循其逻辑之境，以表现于人类各个之智察”[①]。但我们不禁要问，科学如何保证我们的思想必然走向那个宇宙间“唯一无二”的真理本性呢？况且，人类个体的科学知识水平千差万别，他们真的各个都能将此本体显现于自己的智察之中吗？

李大钊对上述疑问大约也有同感。他说：“然而宇宙之内万象森列，以一人之智察而欲洞明一切应有尽有之实体，戛乎其难。即令各人竭其所知，以求真理之所在，而见仁见智，又人人殊，此其为道，不几一分而不可复合，一乱而不可复理，将言真理者愈众，求真理者愈多，而真理之为物愈以湮没而不彰乎？”但他又断言：“此不足以障真理之表显也。”因为“吾人各有其知力，即各有其知力所能达之境，达于其境而确将所信以示之人，此即其人所见之真理也”[②]。可是这种真理显系建构于个体认知之上的相对、片面的真理，而非真理本体的全部，而只有实现对绝对本体的完整领会才算真正把握了真理。显然，李大钊的上述真理认识论透露出他绝对真理观的封闭性、虚构性、狭隘性与活生生的现实世界之开放性、客观性、无限性之间的深刻矛盾。我们必须走出这种把握真理与时间作为给定了的世界本源的宇宙图景，走向开放的宇宙和无限的未来，时间和真理的绝对意义的展开只能依赖于它们的开放性、无限性、多元性的本质。

李大钊没有在上述对人类基于科学而能获取真理的论述上止步，而是转入了对人类认识能力的更深层次根源之追问、求索。他指出：“言论而发于良知之所信，无论其为急进、为渐进，皆能引于

①《李大钊文集》（上），人民出版社1984年版，第261页。

② 同上书，第446页。

进步之境，而达于真理之生涯也。”[①]故“而自信者，又人生达于真理之途径也”[②]。可见，李大钊把良知看作了人类认知真理能力的内在的、根本的基石。这样，曾被李大钊作为真理显现于主体之基础条件的科学的可靠性与有效性，得到了更深层次之认知基础——良知的保障。李大钊的良知说显系借用了从孟子开始到宋明理学逐渐规范、定型的“良知”的概念，但他又非直接利用，而是将此概念原始的人类天生具有的道德意识和情感的伦理学内涵注入了认识论意义。

很明显，相信你的良知吧，它能引导你到达真理本体之境，是李大钊上述论述中不言而喻的逻辑结论，即只要你的认识是对良知之所信为真理的东西之表达，它就必能引领你“达于真理之生涯”。这种认识的真理性依赖于主体良知判断力的真理发生论，颇似古希腊哲人普罗泰戈拉“人是万物的尺度”之命题。也只有在此种意义的引导下，我们才能准确理解前引李大钊所谓“吾人欲寻真理之所在，当先知我之所在”的真实含义。但我凭什么能自信良知所信为真理的东西就必然具有真理性呢？换句话说，良知对认识真理性之判断的绝对权威性从何而来呢？李大钊对此关键问题未予回答，大约是默认了心学良知是人类先验的判断是非准则的说法。只不过，他将其原本的道德是非含义扩展到了认知是非的领域。这样说来，良知就成了一种先验的、无所由来的人类直观形式。但实际上，这个良知范畴的本质仍植根于活生生的、客观实在的人类创造历史之实践活动之中，即有其深刻的现实物质基础。它是人类在漫长世代的社会实践活动中所积累、凝聚的社会理性在个体感性知觉中的内

①《李大钊文集》（上），人民出版社1984年版，第448页。

② 同上书，第446页。

化与积淀。因此，李大钊将人类体认真理的活动概括为的“良知之自由”，就完全不是理性积淀意义上的自由直观（创造直观）。前者抽掉了良知范畴的具体、生动、客观的人类历史内涵；而后者则强调这种看似不可分析、难以捉摸的思维的自由创造能力仍然来自人类的生活与社会实践。

所以，是神秘的、先验的归结人类认识的能动性，还是用客观的、实践的观点对此加以阐释、把握，是真理观中先验论与实践论的根本分界点。李大钊走入了前一条解释认识功能之路的事实，进一步确证了他对实践观点、主体能动性思想的巨大理论意义的忽略和漠视。今天，与汲取李大钊等前辈教训的同时，在马克思主义唯物史观的本来意义基础上重新理解、发掘实践理论的伟大价值与意义，并用之批判形形色色的先验的、主观主义的、非理性的归结人类认识能动性的思潮，使我们的真理（存在）思维水平跟上当代哲学的发展浪潮，应是每个当代马克思主义者努力实现的目标。

三

我们通过对李大钊的时间观、真理观及其对二者关系阐发的分析与考察，得出了如下的思考和结论：时间是宇宙的本体，是无限的、不可逆转的独立自存的“一”，世间万物都是这唯一真实的“一”变幻出的假象，人类只有把握时间绵延中的“现在”才能获取存在的现实意义。真理与时间一样，是宇宙“唯一无二”的实体。人类凭什么去领会它？凭科学。科学又凭什么？凭良知。良知从何而来？来自天生的内在感官。以上可以说是李大钊时间与真理思想的核心内容，其中包含的历史合理性我们已在文中述及。在此，笔者主要总结一下其中揭示出的理论思维教训。

首先，任何把某种范畴、原则、规律本体化、绝对化的企图都将使我们对世界的认识、理解和把握变得贫乏、单调、呆板、狭隘与封闭。世界本来是一个开放、不可穷尽、无限丰富多样的多元体系，我们只有从不同角度、不同途径、不同问题、不同要求、不同层次、不同侧面、不同风格，一句话，从无限多元的视角才能认识它、理解它、领悟它；多元认识取向是无限多元的世界本身对我们思维、认知方式的必然要求。那种简单地、机械地把世界本源归结为绝对化、实体化的时间与真理，并加以崇拜的思维模式，作为中国封建专制制度的绝对统治权威在思维领域投下的历史怪影，必将被我们开放的、永无穷尽的、无限多元的符合当今世界发展趋势的新世界本质论所扬弃与驱除。

其次，一方面应该把“认识如何可能”的追问构建在“人类社会实践如何可能”的思想基础上，从而清除将人类认识能力归结为本能、人性、先验直观等各种错误认识论的影响；另一方面，只有高扬个体、自我在创造人类历史的实践活动中的巨大主体性意义，才能在认知世界的过程中真正走上多种风格、流派、理想、体系既相互竞争又并行不悖的多元取向之路。

（王东宾，原载《河北省社会主义学院学报》2002 年增刊）

李大钊伦理思想述论

伦理学是全面而系统地研究道德关系的主观方面（即道德的意识活动）和道德关系的客观方面（即道德活动现象），从而揭示道德的形成、本质、社会作用及其发展规律的科学。

科学地揭示道德的形成、本质及其发展的规律性，是马克思主义唯物历史观确立之后，在伦理学中的革命变革，从而使伦理学建基于历史唯物主义的基本原理之上，我们称之为马克思主义伦理学。马克思主义伦理学的深刻、科学之处在于，揭示了道德关系只有从人们的社会经济中来加以说明和调节；揭示了道德的社会性和阶级性，剥削阶级道德的虚伪、欺骗和反动性；揭示了道德的本质、社会作用、发展规律，新道德产生的必然性；揭示了在社会革命阶段道德建设对经济基础和社会生活的巨大能动作用；提出了社会主义、共产主义的道德原则和道德规范，并指明了进行道德教育、道德修养，加强道德建设的途径和方法。

在中国传播马克思主义的第一人李大钊，他的伦理思想内容十分丰富，我们理应重视并进行深入研究。本文正是依据以上所述对马克思主义伦理学的认识和方法论，从对封建伦理思想的锐利批判者——“物心两面改造”的倡导者——“劳工神圣”新伦理的提出者这样三个相对可以划分的部分，对李大钊的伦理思想试予以述评的。

一、李大钊是对封建伦理思想的锐利批判者

1916年9月，康有为主张定孔教为“国教”，列入宪法。刚刚从日本返回中国，投入反帝反袁斗争中的李大钊以其政治敏锐性认识到，这将是套在中国人民身上的旧礼教、旧道德约束的精神枷锁，必须进行坚决的抨击和斗争。从1916年10月至1917年2月，李大钊发表了一系列文章，辨明此事的是非界限，旗帜鲜明地提出自己的“非抨击孔子，乃抨击专制政治之灵魂”的明确主张。这些文章是:《制定宪法之注意》(1916年10月)、《宪法与思想自由》(1916年12月)、《矛盾生活与二重负担》(1917年1月)、《孔子与宪法》(1917年1月)、《真理(一)(二)》(1917年2月)、《自然的伦理观与孔子》(1917年2月)。可以说，李大钊主持《甲寅》日刊的第一个回合，就是对把孔子当成偶像抬出来用以维护反动统治这一事件的戳穿与抨击。

此时的李大钊已经是被社会瞩目的新文化运动代表人物。他写的《风俗》一文，在《甲寅》刊出后，天津《大公报》以连载形式加以转登;他写的《国情》一文，更是使社会有振聋发聩之感，王森然先生就曾说过，当时《国情》一文被认为是“文中所含真理，历久不渝”。章士钊也正是在此时期与李大钊相识，并决定请李大钊主持《甲寅》的编务的。这些虽然是背景资料，但可说明李大钊的文章在当时是具有一定的导向性。李大钊针对草拟的宪法中列入“国民教育以孔子之道为修身大本”，针锋相对地提出:“孔子者，历代帝王专制之护符也。宪法者，现代国民自由之证券也”，两者不能相容;“孔子者，数千年之残骸枯骨也。宪法者，现代国民之血气精神也。以数千年前之残骸枯骨，入于现代国民之血气精神所结晶

之宪法，则其宪法将为陈腐死人之宪法。”[①] 李大钊指出，今日之时代精神应倡民权自由之大义，假若孔子活到今天，也会创一新学说以适应今之社会的。所以统治者抬出孔子之道，无非是用孔子的偶像束缚人们的思想，固守旧礼教、旧道德罢了。李大钊对孔子的评价同宪法以孔子之道为国民修身大本的提法，是界限分明的。这在当时，是很可贵的思想。李大钊此时已经提出了伦理、道德是要和时代精神相一致的思想。

李大钊的民权思想，比之于反对尊孔还要更早一些。当辛亥革命改变了封建社会几千年的人伦关系，从“主权在君”到“主权在民”之后，连各派军阀也不得不打出“民政”的幌子。李大钊便以切身观察的感受指出：边患、兵扰、财困、食艰、业敝、才难，没有一个不是给民众带来困苦的，民政非吾民自主之政，民权非吾民自得之权，幸福非吾民安享之幸福，吾惟哀吾民而已矣，“共和自共和，幸福何有于吾民也”[②]！这一切要改变，而要真正实现民权不旁落，社会就必须担负起“民德”的建设，因为“民力宿于民德，民权荷于民力，无德之民，力于何有？”[③]“无力之民，权于何有？”在这里，李大钊已经提出了人民之受到统治者愚弄，是因为长时期的愚民政策所使然。要使人民行使自己的权利，还须经过解放思想，树立新道德、新伦理的艰苦工作。

李大钊看到了久旱致使麦苗枯槁，直赴庙宇求仙作祈祷的农民；看到了如同风沙中牛马一样的人力车夫；看到了盐商包办层层剥削下的盐业工人；也看到了社会上膺显职、握实权的大盗、民贼

①《李大钊文集》（上），人民出版社 1984 年版，第 258 页。
② 同上书，第 4 页。
③ 同上书，第 41 页。

奢侈之风。当时有人把这一切归罪于辛亥革命。李大钊认为“罪恶非革命之结果，革命乃罪恶之反响”。因为：“道德之堕落，不在革命勃发之日，而在专制积弊之时。”[①] 经一度之革命即以庄严之血涤荡一次，故而革命只会因涤荡罪恶而屡兴。

李大钊在对这种社会现象的成因进行剖析之后，认识到了伦理道德的重要性：“道德者，宇宙现象之一也。故其发生进化亦必应其自然进化之社会。而自然变迁，断非神秘主宰之惠与物，亦非古昔圣哲之遗留品也。”[②] 李大钊排斥了有神论和形而上学，是十足的进化论者。“道德者利便于一社会生存之习惯风俗也。古今之社会不同，古今之道德自异。而道德之进化发展，亦泰半由于自然淘汰，几分由于人为淘汰。”[③]

这一时期的李大钊的伦理思想，没有能超过进化论的范畴。他对封建伦理思想猛烈抨击，我们应予以充分的肯定。他的民权思想，我们应予以珍贵。但不能因此把他的伦理思想评价为已经完整地运用了马克思主义的历史分析、阶级分析的方法等等，因为他还没有确立起唯物史观的思想方法，没有看到道德背后的经济因素的决定性作用。李大钊在此时正处在试图用西方的“博爱说”和“个性说”与中国的忠、恕之道进行“调和”的思想认识阶段，这使他十分关注托尔斯泰和尼采的学说，但这条道路却又使他产生了更多的疑问。

---

①《李大钊文集》(上)，人民出版社 1984 年版，第 459 页。

② 同上书，第 263 页。

③ 同上书，第 264 页。

二、李大钊的伦理思想发展经历了倡导“物心两面改造，灵肉一致改造”二重论说的历史必然性

当章士钊在《甲寅》杂志上倡“调和”说时，李大钊阐释了自己的调和观，写出了《调和之法则》（1918 年 7 月）、《调和剩言》（1918 年 7 月），与其在此一年前写的《辟伪调和》（1917 年 8 月）一文合在一起，完整地表述了他的“调和”观。

“宇宙间有二种相反之质力焉，一切自然，无所不在。由一方言之，则为对抗；由他方言之，则为调和”[①]，“余爱两存之调和……余爱竞立之调和，余否认牺牲之调和”[②]，这便是李大钊的自我表白。

如果从政治思想上论述，李大钊参加关于调和的讨论，一是为了揭露“伪调和派”在拥袁中的自我掩饰之说；二是提出了调和是宽容（“有容”）的，但它也有淘汰（“有抗”）的，为避免被淘汰，就应“反省悔悟”“速自觉悟”以共同努力获取社会“有秩序之进步”。这是针对以梁启超为代表的政客人物的，而这些人根本不是什么“伪调和”与“调和”的问题，他们只是以其政治利益编造“理论”，冒充“科学”的政治骗子罢了。李大钊的揭露固然必要，但以他自己的调和说并没有能真正戳穿事物的真相。

如果从思想发展，特别是从伦理思想发展来考察，李大钊此时是试图从东西文化的异同比较研究中，以达尔文的进化论为理论指导，找出人的本性复归之途，实现“调和”之美。早在 1916 年 8 月，他曾写文章认为托尔斯泰为“举世倾仰的理想人物”，因为他倡导博爱主义，接着，李大钊写道：“夫人之真相为无限发现之

① 《李大钊文集》（上），人民出版社 1984 年版，第 555 页。
② 同上书，第 551 页。

爱；爱者实崇高无对之理”，“即一切道德之渊源”。继而李大钊又介绍尼采（尼杰），认为尼采的超人哲学，鼓吹英雄主义，高唱人格之权威，“颇能起衰振敝，而于吾最拘形式，重因袭，囚锢于奴隶道德之国，尤足以鼓舞青年之精神，奋发国民之勇气”[①]。在这两篇短文中，李大钊都是从伦理思想上来介绍其思想的。这表明他认为西方博爱的伦理观念、个人主义的价值观念有助于改造中国的奴隶道德和专制主义伦理。但是，李大钊转而认为，这种引进不能不和中国的忠恕之道结合起来，因为中西文化有异也有同，而中国的伦理和西方的伦理却有着截然不同："更以观于伦理：东方亲子间之爱厚，西方亲子间之爱薄；东人以牺牲自己为人生之本务，西人以满足自己为人生之本务；故东方之道德在个性灭却之维持，西方之道德在个性解放之运动。”[②]李大钊列举了东方文明的各种短处：（一）厌世的人生观，不适于宇宙进化之理法；（二）惰性太重；（三）不尊重个性之权威与势力；（四）阶级的精神视个人仅为一较大单位中不完全之部分，部分之生存价值全为单位所吞没；（五）对于妇人之轻侮；（六）同情心之缺乏；（七）神权之偏重；（八）专制主义之盛行[③]。既然如此，就应当“竭力以受西洋文明之特长，以济吾静止文明之穷，而立东西文明调和之基础”[④]。要达到一种什么样的境界呢？李大钊提出了一个尺度：“即依吾儒忠恕之道，西哲自由、博爱、平等之理，以自重而重人之人格，各人均以此惕慎自恃，以克己之精神，养守法循礼之习惯，而成立宪国绅士之风度。”[⑤]这就是对国民

①《李大钊文集》（上），人民出版社1984年版，第189页。
② 同上书，第559页。
③ 同上书，第560页。
④ 同上书，第562页。
⑤ 同上书，第334页。

修养的要求，重人格，重理性，重法律，这在当时提出来都是对的。但是李大钊把中国的现状如此之形成者说成是全体中国人民的责任，没能把劳动人民大众和专制主义的统治者区别开来，也没有真正找到实现“调和”的方法和途径。这样的理论观点和主张，不会被群众所掌握。他的调和论，比之于当时的“伪调和”，陈独秀的“只要认为西欧是光明的则足矣”，是来得深刻些、全面些，包含着肯定、否定和扬弃，更具有实践的色彩和调动人的自觉能动性，这和他此前一个时期的“青春观”“民彝观”也有所升华，但终究还没有彻底摆脱改良主义的轨道，只是更具变革的召唤而已。

在李大钊的早期论述中有两种力量推动着他不断向前进取，这两种力量在他的任何一篇文章中都可以反映出来。一是对国家命运的关注和对人民的热爱；二是他的求实精神和辩证观点。这就使李大钊的思想探求不会停滞，因为他为的不是一己的利益和名声，而是再造中国、振奋国群。苏俄的十月革命使他受到猛烈震动，使他对一个社会变革的“根本解放”有了全新的认识，使他认识到马克思主义是人类解放的伟大学说，李大钊便毅然地前进了。他没有任何要固执的己见，因为他认为服膺真理是治学的基本要求、做人的基本要求。而那些自视甚高，总以为自己是智者的人，就这样与时代精神的精华、马克思主义世界观失之交臂。李大钊成为中国的第一个马克思主义者的内因正在于此。

为什么在李大钊写出了《法俄革命之比较观》（1918 年 7 月）、《庶民的胜利》（1918 年 11 月）、《Bolshevism 的胜利》（1918 年 12 月）和《我的马克思主义观》（1919 年 5 月）之后，还会提出他的“物心两面改造”的二重建构呢？有人认为这是“二元论的思想”[①]；有

① 中国李大钊研究会编：《李大钊与中国社会主义道路》，北京大学出版社 1994 年版，第 169 页。

人认为这不是二元论，而“是对当时被曲解了的‘唯物史观’的纠正”[①]。只有依据史实来论析，才会对不同的看法在事实的印证下决定取舍。

写于1919年5月至11月的《我的马克思主义观》通常被作为李大钊成为马克思主义者的时间界标。即使如此，谁也不会忽略，确立马克思主义世界观、人生观、价值观要经历一个过程，而这一过程却不是应当以这篇文章的写作来界定的。李大钊在文章开头自己就说：“我平素对于马氏的学说没什么研究，今天硬想谈‘马克思主义’已是僭越的很。”把它看成是自谦，当然也可以。如果认真思想一下，李大钊把文章题目定为“我的马克思主义观”，而没有如同后来他写的《马克思的经济学说》《马克思的历史哲学与理恺尔的历史哲学》《马克思的中国民族革命观》等那样，就是因为李大钊在学习马克思主义时，是感到了接受中的思想转化之不易的。因此，他当时才会有试图对马克思“偏蔽”加以“救正”之说。

“有许多人所以深病‘马克思主义’原故，都因为他的学说全把伦理的观念抹煞一切，他那阶级竞争说尤足以使人头痛。”[②]李大钊提出了这种看法，李大钊在后面并不是剖析这种看法是否可以成立，而是承认马克思主义有所“偏蔽”，应加“救正”，还提出了救正方法之一是一种新的理想主义。这就是：“我们主张以人道主义改造人类精神，同时以社会主义改造经济组织。不改造经济组织，单求改造人类精神，必致没有效果。不改造人类精神，单求改造经济组织，也怕不成功。我们主张物心两面的改造，灵肉一致的改造。”[③]

---

① 陈瑛、廖申白主编:《现代伦理学》，重庆出版社1990年版，第56~57页。
②《李大钊文集》(下)，人民出版社1984年版，第67页。
③ 同上书，第68页。

这段话至少要我们明确以下几点：（一）李大钊的这一观点与马克思主义唯物史观是否相容；（二）这一观点的构成是否构成了对马克思主义以解偏蔽和应加救正；（三）这一观点的实质性内容构成是怎样的；（四）这一观点可以说李大钊宣扬的是二元论思想或是李大钊的思想发展经历了一个二元论阶段吗？

如果只就在《我的马克思主义观》中的这段话来展开讨论是十分困难的，而要把在写完《我的马克思主义观》之后，在 1919 年 12 月写的《物质变动与道德变动》一文联系起来看，就可以看到在伦理思想方面，李大钊的结论不是出于偶然而是研究有素的。

什么是李大钊所主张的改造人类精神的人道主义呢？先用“进化论”解答：“道德这个东西不是超自然的东西，不是超物质以上的东西，不是凭空从天上掉下来的东西。他的本原不在天神的宠赐，也不在圣徒的经传，实在我们人间的动物的地上的生活之中。他的基础就是自然，就是物质，就是生活的要求。简单一句话，道德就是适应社会生活要求之社会的本能。”① 这种社会的本能被解释为：（一）为社会全体舍弃自己的牺牲心；（二）拥护共同利益的勇气；（三）对于社会的忠诚；（四）对于全体意志的服从；（五）顾惜毁誉褒贬的名誉心；（六）公平。

这种社会本能从哪里产生和形成的呢？“在人人心中发一种有权威的声音”② 是共同生存与竞争所使然，成为一种本性，但它不是神的力和超自然的力。

李大钊认为这样就“把道德的本质阐发明白了”，剩下来的问题是用马克思一派唯物史观的要旨来说明“道德何以因时因地而生

---

①《李大钊文集》（下），人民出版社 1984 年版，第 138 页。
② 同上书，第 137 页。

种种变动？以何缘故社会的本能之活动发生种种差别？”李大钊认为:“说明这个道理，我们要用马克思一派的唯物史观了。”[①] 显然，这比之于《我的马克思主义观》的物心两面改造提法前进了一步。因为他已接受了马克思主义的经济基础与上层建筑的理论，把道德的决定性因素归结为物质和经济，证明了“道德的要求是适应物质上社会的要求而成的”，“道德现象是物质的反映”。

从以上论述可以看出，李大钊认为达尔文的进化论与马克思主义的唯物史观是相辅相成的，并不矛盾。因此他也同样认为“一切形式的社会主义根源都是纯粹的伦理”，这样，李大钊主张的人类精神的改造就和阶级竞争说（社会主义）改造经济组织，形成了二重结构，给人以用精神改造精神，用物质改造物质的割裂感，尽管他一再声称是“两面改造”“一致改造”。

此时，李大钊对社会主义的阶级竞争说在认识上也还是有偏颇的。他认为阶级斗争是在利益对立的阶级之间开展的维护还是废除现存经济组织、社会组织所进行的斗争，他没有明确认识到“一些阶级胜利了，一些阶级消灭了。这就是历史，这就是几千年的文明史”[②]这个历史唯物主义的根本观点。他在《我的马克思主义观》中极为准确地说出了“阶级竞争说恰如一条金线把马克思主义的三个部分联络起来”。可是李大钊是把阶级竞争说理解为主要是指经济组织“经济行程的自然的变化以内的”。基于这样的理解，基于要解释社会上一些人对马克思主义的误会，李大钊在当时提出“物心两面改造”说，用意是好的，却也正暴露出了他对唯物史观的理解还不够全面和深刻。因而他对新康德派哲学伦理社会主义，也就是

---

①《李大钊文集》(下)，人民出版社 1984 年版，第 139 页。

②《毛泽东选集》第四卷，人民出版社 1991 年版，第 1487 页。

李大钊称之为“近来，哲学上出现一种新理想主义修正马克思主义的唯物论，挽救他的偏蔽”表示赞同，并且用自己的表述方法形成了“我们主张”的观点。

就此而断定李大钊是二元论思想的观点，不能说没有根据，但又难以成立。原因是，这只是对李大钊的一个观点表述的分析结果，倘若全面地分析此一时期的李大钊思想发展历程，他正是处在对以往各种他所经历过的国家主义、改良主义、调和主义的反思和批判之中，不可能在此时期再去关注和热衷于二元论，也不可能存在一个二元论占主导思想的阶段。既不回避，又不夸大，就比较贴近事实了。

我们也不同意另外一种分析，即认为：李大钊提出的“物心两面”“灵肉一致”的社会改革主张，不是二元论，而是“既坚持了社会存在决定社会意识的基本原理，又充分体现了社会意识对社会存在的巨大反作用，充满了辩证唯物主义精神。它是对当时被曲解了的‘唯物史观’的纠正”[①]。

我们也不认为应当把《物质变动与道德变动》一文，说成是成熟的马克思主义伦理学著作。尽管这篇论文对什么是道德、道德的内容为什么会发生变化、为什么有新道德的产生、道德为什么有新与旧之分、道德与物质的关系是怎样的关系等问题都一一做了回答。但此时李大钊还没有认识到人的本质乃是社会关系的总和，从而只能从人们的社会经济关系来说明各种道德问题。有些研究李大钊伦理思想的文章没能充分注意到这一点，只凭写作时间在《我的马克思主义观》之后，便断定是中国马克思伦理学的奠基之作，这是不十分妥当的。

---

① 陈瑛、廖申白主编:《现代伦理学》，重庆出版社 1990 年版，第 57 页。

由于伦理学是一门十分复杂的科学，出现这些现象应该是完全能够理解的。可贵的是李大钊本人清醒地认识到了这一点，并且在后来的研究和宣传中大大地前进了。这就是写于1920年1月的《由经济上解释中国近代思想变动的原因》和著名的《史学思想史》讲义，后者是由11篇文章所构成的。在此以后，李大钊的伦理思想就是完全以马克思主义哲学的基本原理来探讨和宣传伦理问题了。

三、李大钊是“劳工神圣”新伦理的提出者

李大钊以他执着的研究精神，最先舍弃了道德的社会本能说。因为他认识到本能是永远不变的，是不足以证明历史发展进程的；他对阶级的产生和形成、社会分工的出现、伦理道德观念的变化一一进行了考察，肯定了道德是一定社会生活中社会关系的反映，只有在发生利益关系并需要调节这些利益关系时才出现道德；当道德成为独立的意识形式时，才出现了研究道德的伦理学说。

首先，李大钊明确指出了“经济的变动，是思想变动的重要原因。一切政治、法度、伦理、道德、学术、思想、风俗、习惯，都是建筑在经济组织上之表层构造”①。在这里，李大钊所用的“经济组织”“表层构造”，就是今天我们所说的“经济基础”和“上层建筑”。

其次，李大钊明确指出了伦理道德一经产生和形成是维护其凭以产生的经济基础的，是随着经济基础的变动而变动的。“中国的纲常、名教、伦理、道德，都是建立在大家族制上的东西”，“以孔子主义为其全结晶体”。“孔门的伦理，是使子弟完全牺牲他自己以奉其尊上的伦理。孔门的道德，是与治者以绝对的权力责被治者以片面的义务的道德”。“他是适应中国二千余年未曾变动的农业经济

①《李大钊文集》(下)，人民出版社1984年版，第178页。

组织反映出来的产物”。“现在经济发生了变动，他的学说，就根本动摇，因为他不能适应中国的现代生活，现代的社会”，“中国思想的变动，就是家族制崩溃的征候”[①]。

再次，李大钊明确指出了新的伦理、道德的产生和形成是不能遏抑的。它是伴随着经济变动以政治运动和解放运动表现出来的，是推动人类社会进步的力量。封建的伦理、纲常、名教，道德的忠、孝、顺从、贞节等等，都必将为民主思潮所冲决，建立起应合社会的新要求，形成新伦理。

最后，李大钊明确地指出了新伦理的核心是“劳工神圣”。这是李大钊对未来社会主义的新伦理所作出的精辟概括。“现代的经济组织，促起劳工阶级的自觉，应合社会的新要求，就发生了‘劳工神圣’的新伦理，这也是新经济组织上必然发生的构造。”[②] 他认为：“凡是劳作的人，都是高尚的，都是神圣的，都比你们这些吃人血不作人事的绅士、贤人、政客们强得多。”[③] 李大钊此时真正认识到劳动者的伟大，认识到了历史是由人民群众创造并推动它向前发展的。他提出：要尊重劳动，热爱劳动，知识分子要与劳动群众相结合；要把知识作为引人向光明方面的明灯；要有鲜明的政治责任感，爱祖国、爱人民，崇尚集体主义和革命英雄主义；要建立起进步的世界观，以得一种新人生的了解，确立起幸福观、义利观、苦乐观、婚恋观、家庭观和生死观，要有为壮丽的革命事业牺牲的精神。当把个人的有限生命融入社会进步的伟大事业之中时才是人生的最高目的和最大价值。

---

①《李大钊文集》（下），人民出版社 1984 年版，第 179~184 页。

② 同上。

③ 同上书，第 204 页。

李大钊马克思主义伦理思想是在经历了不断发展，才达到了对伦理学的主观和客观两方面论述的全面而富有创造性的高度的。这在1920年前后的中国思想界，是真正的最高成就。李大钊用此一以贯之的《史学思想史》的讲授，在各种报刊和集会上的讲演，多层面、全方位地传播了马克思主义伦理思想。康有为的“去苦求乐”的自然人性论，只是资产阶级博爱论的改装；严复的“合理的利己主义”，提出天赋人权，用以反对封建社会的“君权至上”，也未能脱离资产阶级思想的窠臼；章太炎写过《论革命之道德》，充分肯定了道德观念与利益关系的密不可分，反映了小资产者的要求，而他自己却首先放弃了这些要求，反而倡导“尊孔读经”去了。只有革命民主主义者孙中山以其民生史观为出发点论述的人生哲学，对道德的起源和本质以互助为人之天性、求生存之本能，提出了“忠孝、仁爱、信义、和平”，试图对传统道德加以继承和改造。孙中山的伦理思想明显地具有二元论的色彩，他所提出的许多积极的论断，如“失败是成功之母”“要存心做大事，不可存心做大官”“革命尚未成功，同志仍须努力”“为主义而奋斗，死了也是成仁取义”等等，是值得纪念和学习的，却未能确立起全面的唯物史观。

李大钊在寻求真理的途征中，与时俱进、与时屡进的孜孜以求精神；在捍卫真理的政治运动中，他的实践其所信，励行其所知的精神，铸就了他理所当然地是中国现代伦理思想的杰出代表，也是科学形态的中国伦理学史的马克思主义伦理思想大家。

（李权兴、吴焕发，原载《李大钊研究》第七辑，《河北学刊》1997年增刊）

三、报刊传媒

李大钊的编辑活动与编辑思想

从事报纸和刊物的编辑工作是李大钊文化活动与革命生涯的重要组成部分。在编辑活动中，他提出和体现的编辑思想是李大钊思想的一个重要方面，值得我们认真总结、继承和发展。

一

李大钊参与主办的第一个刊物是《言治》月刊。该刊从1912年冬开始筹办，当时李大钊尚在北洋法政专门学校读书。1913年，他与同学郁嶷被选为北洋法政学会编辑部长，负责主办刊物，据郁嶷讲："属毕业伊迩，而同人组织之北洋法政学会成，佥议创《言治》杂志，用泄积年蕴蓄，君翩然赴众人中，偕余朝暮经画，首期出版，海内日报杂志转录殆遍，尤以君文为最。"[①] 1913年4月1日，《言治》第一期出版，开始为月刊，后改为季刊，共出六期。李大钊最初的一些作品如《大哀篇》等大都发表在这个刊物上。

1913年夏，北洋法政专门学校毕业后，李大钊去北京与同人合作主编《法言报》。在这之前，李大钊加入了中国社会党。1913年7月，中国社会党北京支部负责人陈翼龙被北洋政府逮捕杀害，社会党解散，李大钊避走家乡乐亭，《法言报》被迫停办。

① 郁嶷：《送李龟年游学日本序》，《言治》1913年第四期。

1913年冬，李大钊去日本留学。1915年1月，他联络留日学生成立留日学生总会，并被推举为文牍干事，主编总会的机关刊物《民彝》杂志。1916年5月，李大钊在创刊号上发表了《民彝与政治》一文，集中表达了他的民主政治思想。

1916年7月，李大钊应研究系汤化龙等人的邀请，由上海赴北京创办《晨钟报》（为进步党的机关报，后改名为《晨报》）。他给报纸命名为“晨钟”，意在“振此晨钟”，以唤起“吾民族之自我的自觉”，担当起“青春中华之创造”的使命。他在报头印刻一古钟图案，每天在钟上刻一条警语，第六号的警语就是“铁肩担道义”。《晨钟报》发表了一系列宣传民主，抨击军阀、政客的文章，引起了研究系政客的不满。受到排挤后，李大钊与汤化龙的关系决裂，他便愤而辞去总编辑一职，离开了《晨钟报》。

1916年10月，李大钊与好友白坚武、秦立庵等创办了一个不定期刊物《宪法公言》，它以“阐明宪法之精微，助长法律思潮以荡涤专制邪秽，为涌现一尽善尽美之宪法”为宗旨（见《宪法公言》第一期《宪法公言章程》）。在这个刊物上李大钊发表了《国庆纪念》《制定宪法之注意》《宪法与思想自由》等文章，肯定宪法是自由的保障，而对保守势力利用宪法破坏公民自由的行径进行了抨击。

1917年1月，章士钊在北京创办《甲寅》日刊，约请李大钊为该刊编辑。高一涵在《回忆五四时期的李大钊同志》一文中谈到，在《甲寅》日刊期间，由李大钊和高一涵轮流每天给日刊写一篇文章，他们在文章中抨击研究系和北洋政府，对以孔子为代表的封建文化进行批判，认为批判孔丘为代表的旧道德“乃掊击专制政治之灵魂也”。这一年的七月，张勋复辟，李大钊避走上海，便离开了《甲寅》日刊。

1918 年 1 月，章士钊推荐李大钊任北京大学图书馆主任。此时，陈独秀主编的《新青年》改为同人刊物，李大钊、钱玄同、刘半农等参加了《新青年》编辑部，几个人轮流编辑刊物。

1918 年 6 月底，“少年中国”学会筹备会在北京召开，会上决定设临时编辑部，李大钊为主任，筹备会的宗旨是“振作少年精神，研究真实学说，发展社会事业，转移末世风气”。1919 年 8 月，李大钊当选为《少年中国》月刊编辑主任。

1918 年初，蔡元培在北大发起成立了“进德会”，提倡德行，禁嫖、赌、娶妾等陋习，李大钊为会员之一。1918 年 6 月，该会出版《北京大学进德会杂志》，李大钊参与了编辑工作。

由于《新青年》发表的大都是长篇论文，李大钊与陈独秀于 1918 年 12 月创办了以发短文为主的杂志《每周评论》，最初以北大国文系进步教授如胡适、钱玄同、刘复、沈尹默等做底子，每人出现洋五元。编辑部设在宣武门外米市胡同七十九号，主要是李大钊和他的几个朋友担任编辑和校对，常常是白天在北大工作，晚上进行编辑和校对，该刊发表了大量针对反动政府和封建势力的时评短论，直接参与了当时政治领域和思想领域的斗争。

1921 年初，为争取政府拖欠的教育经费，北京国立八所高等学校成立教职员代表联席会，李大钊被选为新闻股干事。3 月，联席会决定出版《半周刊》，李大钊为编辑，后任总编。

1922 年，北大决定出版《社会科学》等四种杂志，李大钊担任了《社会科学》《国学》季刊的编辑工作。

此外，李大钊还参与了《新时代丛书》等书籍的编辑工作，并担任过《国民杂志》《新潮》等刊物的顾问。

从 1913 年至 1922 年，正是新文化运动从酝酿、兴起到蓬勃发展的十年，十年间，李大钊先后参与编辑或主编了十余种报刊，编辑发表了大量文章，这些刊物和文章对中国的思想界和一代青年学生产生了巨大影响。当时在新文化运动中最有影响的三个刊物是李大钊参与编辑的《新青年》《每周评论》《少年中国》。《新青年》是反封建主义、进行思想启蒙运动的旗帜;《每周评论》在五四运动前对章宗祥、曹汝霖、陆宗舆的卖国嘴脸进行无情揭露，教育了青年学生，直接促进了五四运动的兴起，在运动爆发后，《每周评论》发表了大量消息、随感、时评、专论，如《秘密外交与强盗世界》《真正的解放》等，对运动的深入发展起了指导作用。李大钊还充分利用刊物传播马克思主义，他把《新青年》6卷5号编辑为“马克思主义专号”，向中国的思想界和广大青年学生集中介绍、宣传马克思主义，对一代青年走向马克思主义起了引导作用。

总之，在新文化启蒙运动和五四爱国运动中，李大钊不仅亲自参加、撰写了大量文章，而且通过办刊物、编辑报纸，成为运动的直接组织者、推动者，为传播新思想、新文化，为传播马克思主义作出了巨大贡献。

二

李大钊在编辑工作中逐步形成了自己的指导方针和原则，结合他的实践活动，我们认为，李大钊的编辑思想有以下几点内容和特征:

第一，主张言论、出版自由，反对思想禁锢和文化专制。

任何专制政府为维护自己的统治都必然推行文化专制政策，钳制言论，禁锢思想。秦始皇焚书坑儒、清朝的文字狱，是封建文化专制的典型表现。进入民国以后，腐败的北洋政府竭力压制言论，企图阻止新思想、新文化的传播，它颁布了种种条例，限制新闻、出版自由；破坏约法，任意查封报刊；同时，政府又利用自己的特权，操纵舆论，力图以自己的意志统一人们的思想。

对北洋政府的种种文化专制行径，李大钊给予了有力的揭露和抨击。他认为，中国专制文化形成了党同伐异的恶劣思想作风，既迷信前贤往圣，崇拜偶像，又唯我独尊，排斥异己。李卓吾就因不守圣训，倾心内典，而身陷囹圄，书遭焚禁，“爰乃于今，欧西自由之说，虽径东渐，神州共和之帜，亦既飘然高树。而社会言论武断之力，且与其庞杂喧阗之度而俱增，而是非乱，而真伪淆，公理正义乃更无由白于天下，自由之精神，转以言论自由愈湮而不彰。”[①]他所言的武断之力，就是政府的文化专制政策。“约法上明明有言论自由，可是记者可以随便被捕，报馆可以随便被封。约法上明明有出版自由，可是印刷局可以随便被干涉，背反约法的管理印刷法可以随便颁布，邮局收下的印刷可以随便扣留。”[②]宪法所谓言论、出版自由的规定实际上被种种补充规定和条例给取消了，宪法完全成了一纸空文，人民“那里还有自由”呢？1920年8月，李大钊与蒋孟麟、胡适等联名在《晨报》上发表《争自由宣言》，呼吁政府废止1914年12月4日公布的出版法、1914年公布的报纸条例、1919年公布的管理印刷出版条例等，强烈要求保障言论出版的自由。

1916年9月，保皇党人康有为上书黎元洪，主张定孔教为“国教”，列入宪法。当时出笼的《天坛宪法草案》中附上了“国民教育以孔子之道为修身大本”的内容。对政府这种利用政治权力以封

①《李大钊选集》，人民出版社1959年版，第51页。

② 同上书，第252页。

建思想强行统一国民意志的行为，李大钊极为愤慨，他在《宪法与思想自由》一文中指出，这“不啻将教授自由、言论自由、出版自由、信仰自由隐然为一部分之取消”。他提出，只有高扬“自我解放”之说，才能打破思想界的消沉局面，而实现自由的解放必须打破孔子的束缚，即打破思想专制。李大钊认为，政府利用政治权力标榜某种著作或某种理论，以“文饰文治的昌运”，这种行为“侵犯了人民的著作自由权、出版自由权”[①]。对守旧派想依靠政治势力阻止新思想、新文化传播的企图，李大钊给予了深刻的批判。在“新旧思潮激战”中，封建势力攻击新思想是“过激主义”“异端邪说”，要求政府对传播新思想的进步刊物进行查禁，对新文化运动进行压制。李大钊指出，抱着腐败思想的人，如果你们坚信自己的道理，就站出来同新派思想家辩驳、讨论，让公众来判断是非，鬼鬼祟祟地抱着“伟丈夫”的大腿，靠强暴的势力镇压鼓吹新思想的人，或靠造谣诬陷出卖以投机以邀功以自慰，乃是极端的无聊且无耻。真正觉醒的青年是不怕“伟丈夫”们的摧残的，当年俄罗斯暴虐政府的残酷杀戮、血腥镇压，并不能阻遏新思潮的发展、壮大，无论是政府还是宪法都无法剥夺自由思想的权利。

要求言论、出版自由实质上是要求思想自由，是争取追求、传播新思想、新学说的权利。李大钊积极鼓励和推动新思想的传播工作，除了自己撰写文章、编辑刊物外，1919 年 1 月，他又协助《晨报》副刊创设了《自由论坛》，倡导人们撰写新修养、新知识、新思想的文章。

李大钊鼓吹言论、出版、思想信仰自由不仅仅是针对文化专制，还针对着政治专制。他认为，立宪政治必须建立在自由基础

---

①《什么是歪史》，《新生活》第十七期。

上，“而自由之保障，不仅系于法制之精神，而尤需乎舆论之价值”。只有广泛的言论自由，树立舆论的权威，对政府进行有效的社会监督，才能建设真正的民主政治，“立宪国民之于言论自由也，保障之以法制，固为必要，而其言论本身，首当洞明此旨。但察其是，勿拒其非，纵喜其同，莫禁其异，务使一群秉彝之所好，皆得相当之分，反复辩论，获其中庸之理以去。最后彖定之辞，勿得轻用，终极评判之语，勿得漫加。健全之舆成，而美满之宪政就矣”[①]。

第二，批判现实，关心政治，启蒙民众，重建中华。

20世纪初，中华民族危机加深，社会矛盾激化。青年李大钊怀着强烈的社会责任感和民族忧患意识，“感于国势陵夷，慨然起研究政治，以期挽救民族，振奋国群之思想”。他撰写的文章和主办的报刊（多是同人刊物，编者即是主要撰稿人）都围绕着民族命运和国家前途这一主题，或批判现实，或揭露帝国主义和封建军阀，或传播新思想、新文化。他认为，知识分子的社会责任在于“当以全副血泪，倾注墨池，启发众生之天良，觉醒众生之忏悔。昭示人心来复之机，方能救人救世”[②]。比如他在《言治》第一期上发表的《大哀篇》，揭露批判了社会黑暗，“革命之前，吾民之患在一专制君主，革命以后，吾民之患在数十专制都督”，北洋军阀窃取了辛亥革命的果实，而人民则刀兵水火，天灾人祸，“荡析离居，转死沟洫，尸骸暴露，饿殍横野”。先烈掷无数头颅、骸骨、心思、脑血，乃是为“斯民易共和幸福也”，而今，“共和自共和，幸福何有于吾民也！”同学郁嶷称李大钊“同人之文，多拘挛法理糟粕之学，而君则振翰荦荦，发为感慨悲歌之篇，其造意树义，一以民生为

①《李大钊选集》，人民出版社1959年版，第53页。

② 李大钊:《文豪》,《言治》1913年第六期。

念，阐发先哲贻德为急。览者感发兴起，颂声交至”，“伤世痛俗之辞，绵绵汩汩，所以箴贬聩蒙，鼓舞群伦者”[①]。

李大钊利用新闻出版媒介揭露日本帝国主义对中国的侵略野心及北洋政府的卖国丑行。1912年，日本帝国主义分子中岛端出版了《支那分割之运命》一书，鼓吹列强瓜分中国。李大钊看到此书后，“怵于亡国之痛”，与同学一起将它翻译出来，并有针对性地加以批驳，以《〈支那分割之运命〉驳议》一名出版，“以为国人当头棒喝，警梦之钟，知耻知惧，竞奋图存”[②]。袁世凯准备接受日本灭亡中国的“二十一条”的消息传出后，在日本留学的李大钊与其他留学生义愤填膺，他当即撰写《警告全国父老书》，把“二十一条”的主要内容公之于众，痛陈亡国之危，号召“四万万忠义勇健之同胞，出其丹心碧血，染吾黄帝以降列祖列宗，光荣历史之末页”。其后，又编印《国耻纪念录》，历数日本帝国主义对中国的侵略给中国人民带来的奇耻大辱，指出袁世凯对日屈服，国将不堪，号召人民卧薪尝胆，奋起抗争。这些对激发人民的爱国热情，鼓舞人民的斗志都起到了巨大作用。

1916年8月15日，李大钊主编的《晨钟报》创刊，他在创刊号上发表了《〈晨钟〉之使命》一文，文章满怀激情地谈到，“今者，白发之中华垂亡，青春之中华未孕”，在这方死方生、方毁方成之际，吾侪创办《晨钟报》，目的在于与慷慨悲壮的青年一起，迎接黎明之朝气，尽二十世纪黎明中当尽之势力，追求“理想之中华，青春之中华”。他宣言：“中华自身无所谓运命也，而以青年之运命为运命；‘晨钟’自身无所谓使命也，而以青年之使命为使命。青年

① 郁嶷：《送李龟年游学日本序》，《言治》1913年第四期。

②《言治》1913年第一期。

不死，即中华不亡，‘晨钟’之声，即青年之舌，国家不可一日无青年，青年不可一日无觉醒，青春中华之克创造与否，当于青年之觉醒与否卜之，青年之克觉醒与否，当于‘晨钟’之壮快与否卜之矣。”“晨钟”的愤发与努力，在唤醒青年的自觉与反省，投身创造青春中华的运动，“盖青年者，国家之魂，‘晨钟’者，青年之友。青年当努力为国家自重，‘晨钟’当努力为青年自勉，而各以青春中华之创造为唯一之使命”。这些不仅是李大钊主编《晨钟报》的宗旨，也是李大钊一贯的编辑思想和办刊原则。

1917 年 1 月，李大钊参与编辑的《甲寅》日刊创刊，他在创刊号上发表了《〈甲寅〉之新生命》的发刊词，表示《甲寅》“谋以其自身之努力，奋发我国民使之努力，以其自身之进化，开导我国民使之进化，此又《甲寅》之唯一责任”。总之，李大钊在任何时候都把办刊目标同启蒙、唤醒民众、推动社会进步联系在一起，把刊物的命运同民族的命运联系在一起。

五四运动之后，新文化运动内部出现分化。胡适从实用主义哲学出发，逐渐走向学理主义，回避现实问题特别是政治问题，他后来曾谈到，陈独秀、李大钊 1918 年发起了一个谈政治的《每周评论》，他只送过两篇小说，而他从美国留学回来时，发誓二十年不谈政治。因此，他对《新青年》鲜明的政治色彩不满，1920 年底，胡适写信给陈独秀、李大钊，攻击《新青年》差不多成了《Soviet Russia》（《苏俄》，美国纽约出版的进步杂志）的汉译本，主张改变杂志的编辑方针，发表不谈政治的宣言。李大钊回信给胡适，坚决主张《新青年》照原样办下去，不改变它的性质和内容，否则，宁可分裂，决不停办。

总之，李大钊无论在认识上还是在实践中，始终坚持关心现实、参与政治的编辑方针，始终把唤醒民众、创造青春中华作为报刊的唯一社会使命。

第三，追求真理，宽容异端。

李大钊提出，“人生最高之理想，在求达于真理。”一个真正的知识分子应该站在真理和正义的立场上，站在自己的理性和良心的立场上，追求真理，捍卫真理，知识分子之所以成为社会的良心就在于他们对真理和正义的追求与信仰。他认为，人的一切思想、言论、行动应以真理为标准，既不为前贤往圣所惑，亦不被流俗世风所屈，更不能取媚权势，出卖人格。“苟其言之境合乎于真理，虽一时社会不听吾说，且至不容吾身，吾为爱真理之故，而不敢有所逡巡嗫嚅以迎附此社会；苟其言之确背乎真理，虽一时之社会欢迎吾说，而并重视吾身，吾为爱真理之故，而不敢有所附和唯阿，以趋承此社会。”[①]他坚信，人生于社会，“其持诚以遭世厌绝，犹胜违心以博世优容”。这一人生原则在他的编辑生涯中得到了充分体现，在《晨钟报》时，由于他追求真理，坚持正义，揭露军阀政客的丑恶嘴脸，与研究系发生冲突，他宁可辞职不干，离开他非常珍视的由他一手操办起来的《晨钟报》，也决不改变立场，向社会势力让步。在《甲寅》日刊时也是如此，据高一涵讲，他们在文章中攻击研究系，攻击现政府，主办刊物的章士钊不赞同他们的主张，“守常又只顾真理不顾什么情面，不合心意的他就要痛骂。章士钊不敢去和守常交涉，便托我去和他商量。这怎么行呢？一个人的主张是不能够随便更改的”[②]。正是由于李大钊把追求真理作为编辑刊物的

①《李大钊选集》，人民出版社 1959 年版，第 86 页。

② 高一涵:《回忆五四运动时期的李大钊同志》，载中国社会科学院近代史研究所编:《五四运动回忆录》上册，中国社会科学出版社 1979 年版，第 340 页。

唯一准则和方针，他才如此自信和坚决，不为迎合某种势力而牺牲自己的信仰。

李大钊看到，先进的知识分子对真理的追求是非常艰难的，统治阶级和保守势力总是把含有真理的新学说、新思想诬蔑为“异端邪说”，假借国家和社会的名义竭尽打击、压制之能事，实际上，这对社会对人生都是极为有害的。他指出：“思想自由与言论自由，都是为保障人生达于光明与真实的境界而设的，无论什么思想言论，只要能够容他的真实没有矫揉造作的尽量发露出来，都是于人生有益，绝无一点害处。”[①] 如果一种学说符合真理，是禁止不了的，真理不灭，学说也终不灭，“说出真理者之遭僇辱，自古已然，而真理之终能昭著于人间，必须在说出真理者之为举世所谤毁之后，亦几为人类历史上的常例”[②]。真理及真理的发现者、坚持者可以见弃于一时，但不能见弃于永远。如果一种学说违背真理，李大钊认为，那也不必禁止，只有让大家知道，才能避免盲目信奉，当权者不能霸道地认为装在自己口袋里的才是唯一的真理，而他人的就是谬误。只有在各种理论的推求比较中才能发现和发展真理，因此，对不同的思想、言论特别是有悖于正统观念的新学说、新理论应该宽容，允许其自由发表。“对于异说加以拒辟，无论其说之本非邪说淫辞，真理以是而隐，不得与天下后世共见，其害滋甚。即令为邪说矣、淫辞矣，其背理之实亦不能以昭示于天下后世，其害仍隐中而无由逃。”[③]况且，“邪说之未必果邪，淫辞之未必果淫。真理正义，且或在那邪说淫辞之中也”[④]。抛开真理、邪说的争执，大

①《李大钊选集》，人民出版社 1959 年版，第 217 页。

② 同上书，第 501 页。

③ 同上书，第 52 页。

④ 同上。

千世界，人生各异，信仰不同，也是自然现象，“世间本来没有‘天经地义’与‘异端邪说’这样东西。就说是有，也要听人去自由知识、自由信仰。就是错知识了错信仰了所谓邪说异端，只要他的知识与信仰，是本于他思想的自由、知念的真实，一则得了自信，二则免了欺人，都是有益于人生的，都比那无知的排斥、自欺的顺从还好得多”①。

对不同的思想是这样，对不同的刊物李大钊也持宽容态度。1919年他曾写信给胡适，提出要仿照日本的“黎明会”，把《新青年》《新潮》《每周评论》的人结合起来，为文学的革新奋斗，具体的主张不必相同，但都要向光明一面走。

从上述内容可以看出，李大钊既坚定地追求真理，又不党同伐异，唯我独革、唯我正确。他冷酷地批判一切陈腐、僵化的教条，批判禁锢人民思想和视野的圣训经典，又热情地宣扬新思想、新学说。作为编辑，这种态度和勇气是极为珍贵的。

革命先行者李大钊为捍卫真理，创建青春之中华献出了毕生心智、鲜血和头颅，先烈留下的不是一份只需守成的家业，而是需要不断开拓进取的事业。今天，无论是老一代还是青年一辈都没有资格和权利玷污先烈的信仰和遗愿。本文总结李大钊的编辑活动和编辑思想的目的在于，通过学习先烈的事迹和思想，坚定对马克思主义的信仰，为祖国的现代化事业而努力！而猛进！同时，李大钊思想作为我党一份宝贵的精神财富，对制定正确的社会主义的文化政策，对社会主义的新闻、出版事业的改革方向都具有重要的启发意义。

（惠吉星、王振良，原载《李大钊研究》第一辑，河北人民出版社1991年版）

---

①《李大钊选集》，人民出版社1959年版，第217页。

《黎明日本之曙光》（东京通信）的作者是李大钊

人民出版社 1984 年出版的《李大钊文集》上册和河北教育出版社 1999 年出版的 4 卷本《李大钊全集》第 3 卷收有署名“T.C. 生”的《黎明日本之曙光》（东京通信）（以下简称《黎文》）一文，该文原发表于 1919 年 2 月 16 日出版的《每周评论》第 9 号。但人民出版社于 1999 年出版的 5 卷本《李大钊文集》未收录该文，理由是“因根据欠充分，此次未予收录”[①]；2006 年出版的《李大钊全集》（最新注释本）也未收录该文。本人通过相关考证，认为该文作者就是李大钊。

一、不能把李大钊未去东京作为否定的理由

5 卷本《李大钊文集》和《李大钊全集》（最新注释本）虽然标注的是“中国李大钊研究会编注”，但“实际上干活的是刘桂生、朱成甲、张步洲以及他们的助手王宪明、杨琥、尚小明，古平则进行了组织工作”[②]。上述两书未将《黎文》收入的具体原因，参与编注者朱成甲在一篇文章中曾说：“《黎明日本之曙光》标明是‘东京通信’，也就是作者从东京向国内发来的信息……作者以亲身的见闻，报道当时场上的实况……现在问题是：李大钊这时到底在东京

① 中国李大钊研究会编注：《李大钊文集》第一卷，人民出版社 1999 年版，“出版说明”第 2 页。

② 张静如：《从〈守常全集〉到〈李大钊文集〉》，《北京党史》2007 年第 2 期。

并参加这次会没有？答案是否定的……由此可见，T.C. 生也不是李大钊的化名，李大钊没有条件，也没有可能去写这篇‘东京通信’。”[①] 以李大钊未去东京，就认为他没有可能写出《黎文》这篇“东京通信”，其理由是不充分的。事实上，李大钊撰写的许多涉及国外人物、事件的文章的素材，多是来自外文材料和他人文章。如，1913 年 11 月 1 日，他发表了《各国议员俸给考》一文，其题记说“斯篇考自日籍”[②]。1920 年 5 月 1 日，他发表了《“五一”May Day 运动史》，提到“我这篇记述，是根据下列诸书（其中日文书、英文书各两文，中文文章一篇——笔者注）作成的”[③]。同理，他也可以通过参考、引用日文材料，写出《黎文》这篇“东京通信”。至于在发表时不署真名“李大钊”，而署化名“T.C. 生”，可能是作者想把读者的注意力集中在文章内容上的考虑。因为在“五四”前后，作者用外文字母作文章化名的现象比比皆是，读者对这种现象早已司空见惯，极少有人会深究某个外文字母化名到底是谁。但如果署真名，且是一位知名人士，读者就会质疑作者是否在东京。

在“五四”前后，引用他人的材料，写出自己的文章，不独是李大钊这样做，田诚、张国焘也这样做过。1923 年 2 月 18 日，田诚在《向导》第十六期上发表了《英国帝国主义者在汉口之逞凶》一文，这篇文章的素材就是汉口作者提供给《向导》的，这有此文本身的话为证：“北京自接到此项消息后”。1923 年下半年，张国焘就“根据鲍罗廷（时在广州——笔者注）供给的资料，在《新民国》

① 朱成甲：《〈李大钊文集〉中几篇文章的辨考》，《近代史研究》1998 年第 1 期。

② 中国李大钊研究会编注：《李大钊全集》（最新注释本）第一卷，人民出版社 2006 年版，第 77 页。

③ 中国李大钊研究会编注：《李大钊全集》（最新注释本）第三卷，人民出版社 2006 年版，第 197 页。

杂志上发表了一篇题为《广州的新气象》的文章”[①]，而张此时却在北京。

二、“T. C. 生”符合李大钊起化名的习惯

笔者在阅读李大钊的著作时，留意了每篇文章后面的署名，结果发现有 5 篇文章的署名中含有字母“T. C.”。其一：1924 年 6 月 18 日，李大钊在《向导》第七十一期上发表了《新闻的侵略》，署名为“T. C.”[②]。其二：1923 年 4 月 18 日，李大钊在《向导》第二十一期发表的《普遍全国的国民党》，署名为“T. C. L.”[③]。其三：1923 年 5 月 1 日，李大钊在《晨报》副刊发表的《工人国际运动略史》，署名“T. C. L.”[④]。其四：1925 年 2 月 14 日，李大钊写了《致共产国际东方部》的信，署名为“T. C. Li”[⑤]。其五：1926 年 4 月 10 日，李大钊写了《致加拉罕》电，署名为“T. C. Li”[⑥]。

这 5 篇文章均已收录在《李大钊全集》（最新注释本）中，《新闻的侵略》在《李大钊文集》中也有收录。这说明已经认定这 5 篇文章是李大钊的著作，也说明李大钊在起化名时有使用“T. C.”的习惯。而在英文字母后加“生”，是五四时期起笔名人自我谦称的一个习惯，也是李大钊起笔名的一个习惯。在《李大钊全集》（最新注释本）中，笔者发现了署名“L. S. C. 生”“S. C. 生”的两篇文

① 张国焘：《我的回忆》（上），东方出版社 2004 年版，第 290 页。

② 中国李大钊研究会编注：《李大钊文集》第四卷，人民出版社 1999 年版，第 434~435 页。

③ 中国李大钊研究会编注：《李大钊全集》（最新注释本）第四卷，人民出版社 2006 年版，第 170 页。

④ 同上书，第 176 页。

⑤ 中国李大钊研究会编注：《李大钊全集》（最新注释本）第五卷，人民出版社 2006 年版，第 319 页。

⑥ 同上书，第 555 页。

章:1917年10月10日，他在《太平洋》杂志第1卷第7号发表《此日——致〈太平洋〉杂志记者》一文，署名“L. S. C. 生”[①];1918年7月1日，他在《言治》季刊第三期，发表译文《世界观》，署名“S. C. 生”[②]。综合李大钊起笔名的习惯，我们完全可以断定“T. C . 生”就是李大钊的笔名。

如果否定一篇作品的原作者，就应提出新作者。按朱成甲的说法，在当时有条件写出《黎文》的，只有担任《晨报》驻日本特派记者的陈溥贤才能做得到，不会有第二人。“陈溥贤（1891—1957年）……早稻田大学政治经济学科毕业后游学欧美，1916年前后回国，入《晨报》前身《晨钟报》，后任《晨报》主笔。1918年末，以《晨报》特派记者身份再度赴日，积极采访‘黎明会’及日本社会主义思想现状。”[③]但他赴日采访发表的文章都是署名“渊泉”，未见有与“T. C. 生”类似的署名。陈溥贤是有条件写，但还没有足够的证据证明《黎文》的作者就是他。因此，在提不出确凿可信的新作者之前，还是应认定其作者就是原来已经认定的“李大钊”。正如前文所提到的河北教育出版社出版的《李大钊全集》的做法。编者虽然已注意到有不同意见，注意到朱成甲的《〈李大钊文集〉中几篇文章的辨考》一文，但仍坚持认定该文为李大钊所作并收入全集。

因此，笔者建议，在目前的考证情况下，人民出版社如果再版《李大钊文集》和《李大钊全集》，应将《黎文》予以收录。

（冯铁金，原载《中共党史研究》2010年第6期）

① 中国李大钊研究会编注:《李大钊全集》（最新注释本）第二卷，人民出版社2006年版，第170页。

② 中国李大钊研究会编注:《李大钊全集》（最新注释本）第五卷，人民出版社2006年版，第421页。

③［日］石川祯浩著，袁广泉译:《中国共产党成立史》，中国社会科学出版社2006年版，第10页。

李大钊与《北京周报》

这里所说的不是目前我国对日本发行的《北京周报》，而是指20世纪20年代在北京创办的日文周刊。

一

《北京周报》创办于1922年1月22日，1930年9月28日停刊，共出版413期，历时达九年零八个月[①]。主编系日本人藤原镰兄，他在当时日本驻华公使伊集院彦吉和参事水野幸吉的支持下，创办了“极东新信社”，《北京周报》是该社的周刊。它以具有月刊的论说性及兼有日刊的报道性这一特点受到读者欢迎。并在发刊词中声明，要以独立、公平的立场，向日本界报道中国政治、经济方面的重要事件，也要将日本和世界各国的重要新闻介绍到中国来。但该周刊的主编藤原镰兄属君主立宪论者，政治上比较保守，竭力主张中国实行君主立宪制，他认为中国如实行共和制，将是对君主制日本的严重威胁。他要以新闻为阵地研究中国，表示日本民族对中国民族的意志，保持日本在中国的利益。这种立场反映在《北京周报》的方针和他本人的文章中。他对封建思想的卫道者辜鸿铭和君主立宪论的鼓吹者梁启超推崇备至，曾在其刊物上连续介绍他们思想的文章，借以倡导所谓的“东洋文明”。1927年9月，他看到中国在国民革命中，他梦想的君主立宪制已彻底破灭，即抱着失望的

① 参见《北京周报》总目录，东洋文库近代中国研究中心1964年出版。

心情返回日本。此后《北京周报》由聋泽与四二接办至停刊。

但是，在藤原镰兄担任主编期间，他尚能容许与自己政治主张截然不同的记者独立活动。因而，另有两位主要记者——丸山昏迷（幸一郎）和清水安三思想都比较激进。这就为李大钊与《北京周报》较深厚的关系提供了条件。

丸山昏迷，1894 年生于日本长野县北安昙郡八华村，1919 年曾任《新支那》的记者，后转任《北京周报》记者。清水安三，生于 1891 年，1917 年来华，1921 年经办北京崇贞女校，从事贫民儿童的救济与教育，《北京周报》创办后任记者。1924 年赴美留学，1926 年回到北京，曾到南方考察，写了不少报道中国大革命情况的文章。1979 年中国作家代表团访日时，他还以 88 岁高龄任樱美林大学校长之职，热情接待代表团成员，回忆他在中国的往事。

由于两位记者思想比较激进，对中国大革命持之同情，因之，与李大钊的来往也较密切，丸山昏迷与李大钊的关系则更深切。

二

早在 1920 年 10 月间，李大钊和丸山曾共同加入了日共的前身——日本社会主义同盟（1920 年八九月间成立）。两人的姓名并列在该组织的名簿上：“李大钊，支那北京大学内；丸山幸一郎，支那北京新支那社”。

在李大钊名字的上方还标有“50 枚”字样，表示领取了五十本同盟的章程。说明了两人之间具有共同的思想基础。

丸山昏迷非常敬佩李大钊，他在介绍李大钊的文章中写道：“现在的中国确实是很混乱的，对他的未来有种种预测。在日本人中间，有的持极端悲观论，认为中国将一年年地坏下去，也有人认为真正的新的中国必将产生，这种情况在中国人中间也差不多，大体可分为悲观论者与乐观论者两种。五四运动后的二三年，由于学生运动不很活跃，就有人对学生运动是否还会有真正的发展产生怀疑。然而唯独李大钊他始终认为，中国正在曲折的道路上一步步地前进着，它的前途始终是光明的，他对这个光明前途充满信心，充满乐观！”[①]

另外，丸山昏迷经常出入李大钊的寓所，征求他对时局的见解，然后将李大钊的谈话整理成文发表在《北京周报》上，据目前所查到的资料，通过这种形式《北京周报》在一年左右的时间就发表李大钊的六篇文章。一篇是在1922年1月香港海员开始大罢工后，丸山访问了李大钊，征询他对此次大罢工问题的观点，并加按语说：“最近中国也已建立工会等组织，以至出现了初具规模的劳工运动，为此我们访问了中国劳工问题专家，著名的北京大学教授李大钊氏，请他就中国的劳工问题的现状和未来，谈了如下意见。”冠以“中国工人运动的趋势”的标题，发表在《北京周报》第8号（1922年3月12日）。另一篇是在1922年夏，李大钊南下出席在杭州召开的中共中央特别会议，会后在上海与洛阳分别会见了孙中山与吴佩孚。回到北京第二天，丸山即对李大钊进行了访问。并把李大钊的谈话内容整理成《中国统一的方策与孙吴两氏的意见》，发表在《北京周报》第33号（1922年9月17日），文中首先介绍了他和孙中山会见的情况，阐明了孙中山决心把国民党改组为适合革命形势需要的群众性组织；反映了李大钊准备争取吴佩孚的态度，并强调了反对督军联省自治的观点。另还有四篇——《宗教妨碍进步》（1922年4月9日）、《实际改造的中心势力》（1923年5月

① 参见《北京周报》第33号。

17 日）、《中国今后的政治运动》（1923 年 7 月 22 日）、《中日俄三国关系日益接近》（1923 年 9 月 16 日）等，大体均以丸山等记者访问整理成文而发表。这些都是目前深入研究李大钊的珍贵资料。

三

《北京周报》除了与李大钊的关系较为密切外，清水和丸山这两位记者与鲁迅的关系也较深，同时，还和中国的不少文化界进步人士保持了友好的联系，并对中国新文化运动的宣传起到了提供阵地的作用。

该刊曾发表了鲁迅的《孔乙己》《兔与猫》及《中国小说史略》等许多作品。丸山、清水的名字曾多次在《鲁迅日记》中出现。当鲁迅与周作人由于政见分歧、关系恶化，鲁迅从北京故居——八道沟搬出时，也曾得到丸山和清水的不少帮助。

由于丸山昏迷和清水安三的努力采访联络，《北京周报》曾发表过大量介绍新文化运动的文章——包括专论、政论、报道和小说等，在相当一段时间里，该刊成了向日本人民介绍中国先进思想和当代文学的一个园地。如从第 2 号开始，就以“北京大学的沿革和现状”为题，连续介绍北京大学在蔡元培主持下的变革情况，第 8 号到第 12 号载有前所提到的李大钊的文章外，到 1923 年元旦时，同时发表的就有鲁迅、胡适、梁漱溟、许寿裳、吴虞、陈启修、高一涵、王孝英等人的文章，在此前后，还发表了冰心、成仿吾、叶绍钧、庐隐等人的作品。这些人中有的就是新文化运动的倡导者和宣传者。由于该刊发表的文章丰富多彩，栏目清新，在几年所发的近百篇文章中有人物介绍、调查报告，以及文、史、哲等各方面的专论，因此，也给今天研究革命史、思想史、军阀史以及中日关系史，提供了宝贵的资料。

可惜，20 世纪 20 年代出版的《北京周报》，无论在日本和中国现保存均不全，大连图书馆收藏最多也只达三百多册，这又使研究当时的史料受到了很大的局限。

（韩一德，原载《历史教学》1985 年第 7 期）

李大钊新闻思想研究

李大钊自学生时代起，就开始了办报活动。1913 年 4 月，当他还在天津北洋法政专门学校学习的时候，就担任了该校北洋法政学会编辑部部长，负责学会有关编辑出版方面的工作。《言治》就是该学会的机关刊物。自此开始，李大钊主编或指导编辑出版的报刊近 20 种。在日本留学期间，他先后任《神州学丛》和《民彝》的主编。回国后，担任过《晨钟报》的总编辑，参加过《新青年》《少年中国》《甲寅》日刊的编辑工作，协助过《每周评论》《新潮》《国民杂志》的出版，并积极为《宪法公言》《中华》《通俗》《太平洋》《言治》季刊等刊物撰稿[①]。李大钊的办刊活动，为马克思主义在中国的传播，作出了重要的贡献，同时，李大钊也形成了较为系统的、具有鲜明特色的新闻思想。

一、报刊职能

李大钊认为，报道新闻、开导国民是报刊最重要的职能。报纸最普通而且最重要的任务是用有系统、有趣味的笔法“尽力把日日发生的事实，迅捷的而且精确的报告出来，俾读报纸的人们，得些娱乐、教益与知识”[②]。为使报刊的职能尽可能地得以发挥，其本身业务必不断改进。李大钊在《甲寅》日刊创刊号上发表《〈甲寅〉

① 方汉奇:《中国近代报刊史》，山西教育出版社 1981 年版，第 757 页。
② 朱文通等整理编辑:《李大钊全集》第四卷，河北教育出版社 1999 年版，第 243 页。

之新生命》，称:《甲寅》由周刊改日刊，是适应世界变化频繁、迅捷、流动、短促的需要，刊物改进的目的在于“更进而谋以其自身之努力，奋发我国民使之努力，以其自身之进化，开导我国民使之进化，此又《甲寅》之唯一责任”。为吸引读者，“固阅者之爱”，报刊必先“成其自身之美”，即改进报道、美化版面，完善自身。新闻改革必须与时俱进，适应社会的需要，才能牢牢抓住读者，使新闻宣传发挥效能。

学富五车、才高八斗、壮志凌云的文人们若想实现其治国安邦的雄才大略必先发动起广大的人民群众。“洒一滴墨，使天地改观，山河易色者，文豪之本领也。”①而文豪们如若做到这一点必先借助于报刊这一大众传媒，使他的思想、观念、主张借此得以广泛地传播给广大的人民群众，使他们觉起，借以达到改造社会的目的。李大钊对此有着深刻的认识。他自觉地运用报刊来改造青年、改造社会。他在《晨钟》创刊发表《〈晨钟〉之使命——青春中华之创造》，声明《晨钟》是青年的喉舌，青年的朋友，其使命就是唤起青年的觉醒，为创造一个青春的中华而努力。李大钊在报刊上发表了大量的关于青年人的文章，如《“今”》《新的！旧的！》《今与古》《青春》《青年厌世自杀问题》《青年与农村》《现代青年活动的方向》《现在与将来》《中国学生界的“May Day”》《“少年中国”的“少年运动”》《亚细亚青年的光明运动》，这些文章振聋发聩，或研究青年问题，或指明青年运动的方向，或循循善诱。“人先失其青春，则其人无元气；国家丧其青年，则其国无生机。”②李大钊认为青年是国家的希望，是改造社会的主力军，没有青年的觉醒，便不会有青

① 朱文通等整理编辑:《李大钊全集》第一卷，河北教育出版社 1999 年版，第 638 页。
② 朱文通等整理编辑:《李大钊全集》第二卷，河北教育出版社 1999 年版，第 366 页。

春的中国，而青年的觉醒离不开报刊的宣传。

对于如何改造半殖民地半封建社会的中国，李大钊不断进行摸索。十月革命使李大钊看到了光明，他热情地讴歌：这是庶民的胜利，是自由的胜利，是民主主义的胜利，“人道的警钟响了！自由的曙光现了！试看将来的环球，必是赤旗的世界！”从此，李大钊开始自觉地在报刊上宣传、介绍马克思主义和十月革命，并运用马克思主义分析中国的社会问题。这些文章主要发表在《新青年》上，如《我的马克思主义观》《唯物史观在现代史学上的价值》《俄罗斯革命的过去及现在》《平民政治与工人政治》《由经济上解释中国近代思想变动的原因》《“五一”May Day运动史》。这些文章有一些被其他报刊转载，社会影响很大。如《“五一”May Day运动史》发表于《新青年》第七卷第六号（劳动节纪念号），1920年5月1日出版。《申报》4月30日、5月1日分两期发表，《东方杂志》第十七卷第九号（1920年5月1日出版）以《“五一”运动史》为题发表，《星期评论》（劳动节纪念号）、南京《少年世界》也于5月1日发表。

李大钊从《言治》的《大哀篇》，哀民生凋敝失所，斥豪暴窃权专政，到后来自觉的马克思主义宣传，反映了他对报刊社会职能的认识和对革命道路探索的过程。从一个民主主义者到成为一个自觉的共产主义战士，在这一转变的过程中，我们能够深刻地感受到他内心深处强烈的忧国忧民的意识和拳拳赤子之心，这些意识和思想深刻地影响了李大钊对报刊社会职能的认识。在十四年的编辑生涯中，李大钊对于报刊社会职能的认识也在不断深入。归纳起来，就是：报道新闻、传播知识、提供娱乐、开导国民、改造社会。他的文章风格和编辑艺术也随着这一认识的逐步发展而有所改变，《言治》《民彝》时期，他的文章基本属于文言文，《晨钟报》以后则开始使用白话文，政论文章短小精悍、通俗易懂。或针砭时弊，或指斥权弄，痛快淋漓，入木三分。他主笔《甲寅》时期，勤奋写作，几乎每日一篇，有时甚至一日数篇，1917 年 4 月 1 日的《甲寅》就刊登了他 9 篇文章。这一时期也是他文章风格和编辑艺术趋于成熟的时期。《每周评论》《新生活》时期则是他《甲寅》时期文章风格和编辑艺术的进一步发展。他在这两个刊物上发表了大量的文章，多为百十来字的随感，一事一议，题材广泛，文笔生动，思想深邃。他在《每周评论》发表此类文章 50 余篇，在《新生活》以“孤松”笔名发表此类文章达 70 余篇。这些文章不但在社会上发生重大影响，开启民智、唤醒国民，而且也对当时的新闻改革发挥了重要的推动作用。

二、记者修养

李大钊认为新闻记者应该具有广博的知识和历史学家冷静的头脑。1922 年 2 月 12 日，在北大新闻记者同志会成立大会上，李大钊应邀到会并发表演说。他在演讲中指出，新闻事业是社会的事业，而社会是复杂的、多方面的，“要想把这不断的发生的、多方面的社会现象描写出来，并加以批评或指导，非有相当的学问和知识不可”。新闻记者必须时刻关注社会，眼光要“映注到全社会的生活上”，利用活的问题宣传马克思主义、介绍科学知识，做一个先进文化的传播者。“新闻记者的责任，于纪述事实以外，还应该利用活的问题，输入些知识……一切的科学知识，都可以觅得机会，利用一种活的事实，输入给大家。”[①] 一个记者如果没有广博的

① 朱文通等整理编辑:《李大钊全集》第三卷，河北教育出版社 1999 年版，第 37 页。

知识、深厚的理论修养，不可能驾驭纷繁复杂的社会问题，不可能深入浅出地宣传科学知识、传播先进文化。

革命新闻记者还应该有团结合作的精神。他主张把《新青年》《新潮》《每周评论》的同人团结起来，为文学革新而奋斗。1919 年 3 月，北京军阀政府通过其御用报纸传播谣言，说什么北大教授陈独秀、胡适、钱玄同、刘半农等因在《新青年》鼓吹文学革命而被驱逐出学校，引起广大读者的关注和愤慨。对此，李大钊却从另一角度对此事件作出评断，认为这是《新青年》的同人合作团结精神的胜利，“我们愈该结合起来向前猛进”。在这个团体里，大家观念、主张不必尽同，“可是都要向光明一方面走是相同的”。李大钊规劝闹分裂的胡适，“《新青年》的团结，千万不可不顾”①。中国共产党成立后，他更加强调新闻记者团结的重要，强调新闻宣传要形成合力，以指导国民运动。北大新闻记者同志会成立，他非常高兴，认为有了这个团体，“总可以藉此情谊，立在同一的、知识的水平线上，常有机会来交换各人不同的意见。遇有国民的运动发生时，我们总可以定一大目标，共同进行，以尽指导群众，而为国民的言传的责任”②。

李大钊还屡次谈到报与史、记者与史学家的关系，说：史的要义有三，即察其变、搜其实、会其通。报纸也是这样。新闻记者必须本着史的这三个要义从事新闻报道，其报纸才有价值。报纸是现在的历史，历史是过去的报纸。现在的新闻就是将来的历史。所以，“新闻记者的职分，亦与历史研究者极其相近似。今日新闻记者所整理所记述的材料，即为他日历史研究者所当搜集的一种重要

① 朱文通等整理编辑：《李大钊全集》第二卷，河北教育出版社 1999 年版，第 218 页。
② 朱文通等整理编辑：《李大钊全集》第四卷，河北教育出版社 1999 年版，第 39 页。

史料”[①]。而作报与作史最不同的地方在于“作报大率多致于力求其报告的迅捷，求迅之念切，则与搜实之义不能两全，而新闻记者之纪事，又每易为目前发生的零碎事象所迷骛。因之于察变会通之义，常易纷失其因果联贯之系统，这是新闻记者应该特加注意的事”。所以，他主张“新闻记者要有历史研究者的修养，要有历史的知识，要具有与史学者一样的冷静的头脑，透澈的观察，用研究历史的方法，鉴别取拾关于每日新生事实的种种材料，这样子才可以作成一种好报纸，同时亦能为未来的史家预备些好史料”[②]。

新闻应该是社会现状的写真，就像历史不应只专记某一方面的事情或是只给一家一姓作起居注，而应注重社会的全方位的报道。李大钊本着这一认识，批评当时多数报纸不厌其烦地用大篇幅、显著位置刊登“阔人的一言一行”“督军的举动”，而对穷人的报道不加注意，只“排在报的末几版不注意的地方”，“这是旧习惯未退尽的一个最大的表现，也就是新闻界的一个大缺点”[③]。对于当时报纸上的一些颠倒黑白言论，他不以为然，“明明是相杀的世界，偏要说什么‘互助’。明明是黑暗的世界，偏要说什么‘光明’。明明是压缚的世界，偏要说什么‘解放’。明明是兽行的世界，偏要说什么‘人道’。明明是强权的世界，偏要说什么‘正义’。这正是我们的大罪”[④]。他希望青年们在将来改造、提高新闻界时对这些地方要特别注意，要有说真话的勇气。新闻报道不但要迅捷，而且要真实，通过报道“使人事发展、社会的现象，一一呈露于读者的眼前”[⑤]。

---

① 朱文通等整理编辑:《李大钊全集》第四卷，河北教育出版社 1999 年版，第 243 页。
② 同上书，第 244 页。
③ 同上书，第 39 页。
④ 朱文通等整理编辑:《李大钊全集》第三卷，河北教育出版社 1999 年版，第 281 页。
⑤ 朱文通等整理编辑:《李大钊全集》第四卷，河北教育出版社 1999 年版，第 243 页。

三、新闻自由

李大钊认为当时世界上出版最不自由的国家，就是当时的中国[①]。“天坛草案”第十条有“中华民国人民有言论著作及刊行之自由，非依法律不受制限”的字句。李大钊认为这一法律条文是否含有检阅制度，语意模糊。他主张“关于出版，绝不可施行检阅制度，除犯诽谤及泄漏秘密罪律有明条外，概不受法律之限制，仿各国以严禁检阅制度揭于宪法明文中为宜也”[②]。他对于北洋政府颁布《出版法》也提出诸多异议，如该法第十一条第二项有关于新闻出版不得“妨害治安”的规定，但却对于此四字的确切含义均未有明文解释。北京《国民公报》记者孙几伊因触犯《出版法》中妨害治安罪而被判刑。对此，李大钊仗义执言，认为所谓“妨害治安”就是扰乱社会的安宁秩序，而《国民公报》上孙的文章“究竟曾否扰乱社会之安宁秩序，并于社会秩序有无丝毫之影响，事实俱在，实令人索解无从”。“妨害治安”四字，实际上是黑暗统治压制言论自由的一个借口。他认为，“妨害治安”就像不定时炸弹，令舆论界的人们如履薄冰，时有“犯罪”的危险[③]。对于当时普遍存在的警察随便逮捕记者、封闭报馆的现象，李大钊也予以严厉谴责。他在《新生活》上著文直言不讳地指出：“哪里还有自由！哪里还有‘约法’！‘约法’上明明有出版自由，可是印刷局可以随便被干涉，背反‘约法’的管理印刷法可以随便颁布，邮局收下的印刷物可以随便扣留”[④]。为了争取言论自由，李大钊联合数人在《晨报》上发表

---

① 朱文通等整理编辑：《李大钊全集》第二卷，河北教育出版社 1999 年版，第 435 页。
② 同上书，第 436~437 页。
③ 朱文通等整理编辑：《李大钊全集》第三卷，河北教育出版社 1999 年版，第 504 页。
④ 同上书，第 375 页。

《争自由的宣言》（1920 年 8 月 1 日），主张废止 1924 公布的《出版法》《报纸条例》以及 1919 年公布的《管理印刷业条例》，因为这些条例把人民的言论自由交给警察署来处理，把个人意见和社会舆论的发表权寄附在警察官的喜怒之下，从根本上剥夺了宪法上现定的人民有出版自由的权利；主张对于言论自由、出版自由、集会结社自由、书信秘密自由不得在宪法外再设立限制的法律[①]。

为争取和宣扬新闻自由，李大钊撰写了大量的文章，如《民彝与政治》《宪法与自由思想》《自由与胜利》《暴力与政治》《强力与自由政治》《危险思想与言论自由》《自由与秩序》等。《民彝》于 1916 年 5 月 15 日创刊于日本，是中国留学生总会刊物。当时李大钊是编辑部主任，他在该刊上发表文章主张言论自由，认为自由的言论虽不一定是真理，但却与真理为邻。报刊应同时反映对立双方的言论，谁是谁非，才能愈辩愈明，健全的舆论也才能够得以形成。否则“非所言为是，则禁之者使天下后世无由得是以救非；其所言为非，则禁之者使天下后世无由得非以明是”。并且认为报刊不要对是非曲直妄下论断，因其“自能获于天下公论之中”[②]。他认为共同意见的基础在于充分的自由讨论，“商讨既至详尽之程度，乃依多数之取决以验稽其结果”[③]。在讨论中，多数应有容纳少数的胸怀，主决定之后，少数应服从多数。

李大钊特别强调报刊应容忍不同观点意见。人们可以在辩论中明白是非曲直，得是以明非，得非以察是，理会越辩越明，这样社会文化才能得以进步。他认为思想自由和言论自由是实现光明社会

① 朱文通等整理编辑:《李大钊全集》第三卷，河北教育出版社 1999 年版，第 517~518 页。
② 朱文通等整理编辑:《李大钊全集》第二卷，河北教育出版社 1999 年版，第 353 页。
③ 同上书，第 740 页。

的保障。无论什么思想言论，“只要能够容他的真实没有矫揉造作的尽量发露出来，都是于人生有益，绝无一点害处”。即便一种学说真的与情理相背，也不应禁止，而应让大家知道，他们才不会去信。如若对之禁止、隐蔽，倒容易被人误信。思想是绝对自由的，是不能禁止的自由。“你要禁止他，他的力量便跟着你的禁止越发强大。你怎样禁止他、制抑他、绝灭他、摧残他，他便怎样生存、发展、传播、滋荣，因为思想的性质力量，本来如此。”所以，“要利用言论自由来破坏危险思想，不要借口危险思想来禁止言论自由”[①]。

但是，李大钊也特别指出，新闻自由并非等同于无政府主义。中国共产党成立前夕，无政府主义的主张成为建党、宣传科学社会主义和开展工人运动的一大障碍。此时，李大钊发表了一系列文章，论述了自由与秩序的关系。他说：“真实的自由，不是扫除一切的关系，是在种种不同的安排整列中保有宽裕的选择的机会；不是完成的终极境界，是进展的向上进程。真实的秩序，不是压服一切个性的活动，是包蓄种种不同的机会使其中的各个分子可以自由选择的安排；不是死的状态，是活的机体。”[②]自由，是秩序中的自由；秩序，是自由间的秩序。自由只能从秩序中得来，秩序只能建设在自由的基础上。个人与社会、自由与秩序，是不可分的。一个人的自由不能损害他人的自由。在阶级社会，言论自由也是阶级的。在资本主义制度下，只有少数资本家的自由，劳动者是没有自由的。他认为苏俄革命的好处之一就是剥夺了压迫阶级的言论出版权[③]。劳

① 朱文通等整理编辑：《李大钊全集》第三卷，河北教育出版社 1999 年版，第 272 页。
② 同上书，第 579 页。
③ 朱文通等整理编辑：《李大钊全集》第四卷，河北教育出版社 1999 年版，第 127 页。

动人民要想得自由必须打倒资本主义制度，实现社会主义制度。对于当时人们对社会主义的种种误解，他先后撰文《社会主义释疑》《社会主义与社会运动》等，回答了人们对于社会主义的种种疑问。针对有人怀疑实现社会主义制度后个人自由会被干涉这一点，他回答：过渡时期的社会主义是要束缚个人主义的自由，“少数资本主义者之自由当然受束缚，不过对于大多数人的自由确是增加。故社会主义是保护自由、增加自由者，使农工等人均多得自由”[①]。为了实现多数人的自由，消灭阶级，流血牺牲在所难免。在回答日本《报知新闻》记者关于他的社会理想为何时，他不假思索地说：“与大多数人民一道，为推翻欺压人民的军阀和机会主义的政客，把政权夺回到人民手中。”[②]

为了维护农工利益，争得多数人的自由，他从宣传入手，为唤起多数人的自觉斗争作出了卓越的贡献。

四、新闻主权

在半殖民地半封建社会的中国，各地充斥着外国的新闻宣传机构。日俄战争后，日本从俄国手里取得了辽东半岛上的租界地，在租界地上大办刊物，推行殖民文化。据统计，从1905年至20世纪20年代末，日本人在东北办有近200种报刊，几乎占领了东北地区的报刊市场。不唯如此，日本人还在关内办有大量报刊。日满通信社、电报通信社在十几个城市设有分社。美、英、德等国也在中国各大城市办有新闻机构。这些机构凭借其雄厚的资本优势，操纵中国的内地新闻，传播于他们有利的消息，往往在一些重要问题和

① 朱文通等整理编辑:《李大钊全集》第四卷，河北教育出版社1999年版，第507页。
② 同上书，第127页。

关键时刻兴风作浪，造谣惑众。如路透社报道孙中山逝世的虚假消息，不但中国的许多报纸发文哀悼，外国的报纸也跟着凑热闹。莫斯科“各大报自《真理报》以下，均著论哀悼，把中山先生的肖像刊于论首”[①]。对此，李大钊痛切地指出：外国人在中国新闻事业的发展，就是对中国的新闻侵略；美、日争相在中国开办无线电台，也是利用传播敏捷消息的便利操纵中国的金融。商业，战时则利用来提供军事消息；认为广州政府驱逐路透社记者出境，是完全正当的。“中国政府应根本取缔外国利用通讯社在国内各地宣传，应将那些造谣生事的、侮辱中国的外国新闻记者，驱逐出境，一个不留。”对于外国人在华自由办报之事，李大钊痛陈其弊，认为其言论和报道一可使中国人盲目崇拜西方文明，二可使其操纵中国的经济命脉，三可提供军事消息，凡此种种均对中国不利。这种新闻的侵略，全世界只有中国才有。西方强国从不允许外人在他们的内地自由传播消息。所以，中国政府应从根本上取缔外国在华的新闻事业，同时强大国人的办报力量[②]。

同时，李大钊还主张对外国新闻侵略展开新闻战。他通过《大亚细亚主义与新亚细亚主义》《再论新亚细亚主义》《日本人听者》《日本帝国主义最近进攻中国的方策》等一系列文章，深刻地指出了日本帝国主义对华侵略的图谋。早在1926年，李大钊就通过分析日本人在中国和其本土办的报纸准确地预见到了日本帝国主义对于满蒙进攻的步骤，即“第一步是要取得土地所有权，第二步是大规模的移殖，第三步就是占领满蒙”，急切地呼吁全国同胞警惕日

① 朱文通等整理编辑：《李大钊全集》第四卷，河北教育出版社1999年版，第127页。
② 同上。

本帝国主义破坏中国国民革命及其侵略满蒙的阴谋和行动[①]。针对日本报刊所宣扬的大亚细亚主义，他提出新亚细亚主义，号召亚洲各弱小民族联合起来共同反对日本的大亚细亚主义，进行民族解放运动。他认为日本的大亚细亚主义是日本帝国主义企图夺取亚洲霸权的一种掩饰，是并吞中国的隐语，“表面上只是同文同种的亲热话，实际上却有一种独吞独咽的意思在话里包藏”[②]。而所谓的“中日亲善”就是“日本人的吗啡针，和中国人的肉皮亲善。日本人的商品，和中国人的金钱亲善。日本人的铁棍手枪，和中国人的头颅血肉亲善。日本的侵略主义，和中国的土地亲善。日本的军舰，和中国的福建亲善”[③]。他认为军国主义、资本主义不可怕，因为他们“都像唐山煤矿坑上的建筑物一样，他的外形尽管华美崇闳，他的基础，已经被下面的工人掘空了，一旦陷落，轰然一声，归于乌有”[④]。他规劝日本人放弃在中国的特殊地位，否则必然会步德国后尘，掀起一场世界大战。

综上所述，李大钊强调新闻的社会职能、重视记者的修养、主张新闻自由、维护新闻主权。强烈的爱国精神，创建青春之国家、青春之民族的热忱和对社会现象的敏锐观察贯穿于他办报的始末。他的办报思想是一笔巨大的精神财富，值得我们认真研究、学习。

（王晓岚，原载《安徽师范大学学报》2005 年第 5 期）

① 朱文通等整理编辑:《李大钊全集》第四卷，河北教育出版社 1999 年版，第 669 页。
② 朱文通等整理编辑:《李大钊全集》第三卷，河北教育出版社 1999 年版，第 146 页。
③ 朱文通等整理编辑:《李大钊全集》第四卷，河北教育出版社 1999 年版，第 669 页。
④ 同上书，第 358 页。

李大钊——中国现代图书馆之父

李大钊不仅是伟大的无产阶级革命家，而且是卓越的图书馆学专家。1918 年 1 月至 1922 年 12 月，他在任北京大学图书馆主任期间，“昕夕筹思，不遗余力”[①]，无论是在图书馆理论的研究上，还是在具体的业务实践中，都是“努力前去”[②]，为彻底打破中国旧式藏书楼格局，向现代图书馆发展作出了开创性的贡献，因此被美国图书馆协会出版的《世界图书情报百科全书》誉为“中国现代图书馆之父”[③]。

一、开创图书馆向社会开放的新纪元

图书馆向社会开放，开始于19世纪初叶，美国首倡图书馆“供全社会人之用”，后因“成效大著社会人民之视图书馆渐如其私有书室之不可一日无”[④]，欧洲各国的图书馆纷纷仿效，到19世纪中叶形成高潮。20 世纪初，国内虽然陆续建立了一些新式图书馆，也稍微改变了过去那种封闭状态，放宽了开放的尺度，但整个说来，发展极为缓慢。李大钊受聘北京大学图书馆主任之后，以开拓者的雄姿，披荆斩棘，冲破了旧式藏书楼“以藏为藏”的禁锢，为图书馆

①《申报》1920 年 8 月 15 日。

②《每周评论》1919 年 1 月 5 日。

③［美］R · 韦奇沃思主编:《ALA 世界图书馆和情报工作百科全书》，美国图书馆协会 1980 年版，第 333 页。

④《刘国钧图书馆学论文选集》，书目文献出版社 1983 年版，第 11 页。

走向社会，实现由封闭型向开放型的转变，在中国图书馆事业史上，第一次发射了一支呼啸着的嚆矢。

1. 动员全社会共同关心图书馆，开辟了图书馆与社会联系的重要渠道

李大钊为筹集建造新图书馆的资金和征集书刊，发动校内外、国内外人士捐款，并在各省及海外设募捐员或募捐代表机关。李大钊身体力行，为图书馆捐献了大量书刊。在李大钊的带动下，图书馆募集捐款、赠书一时蔚成风气，捐赠者甚至涉及海外。当时的《北京大学日刊》，仅图书馆征求各种书刊的启事和对捐献书刊的鸣谢就连日不断。这不仅补充了图书馆的藏书，而且是让社会了解图书馆，认识图书馆，关心图书馆，大大提高图书馆的知名度。

李大钊还鼓励读者为图书馆献计献策。他经常召集座谈会，请大家出主意想办法。跟读者交朋友，征求办馆的好意见[①]。一些读者积极响应，纷纷向图书馆出谋献策，如曾留学英国的刘复教授，根据他对英法等国图书馆的了解，在《北京大学日刊》发表的长达五千余字的《对于改良北京大学图书馆的意见》[②]，文科哲学门学生顾颉刚写的《上北京大学图书馆书》[③]，法科经济门学生周君南写的《本校图书馆改良刍议》[④]等，这些文章系统地陈述了对图书馆业务工作的各项改进意见。特别值得一提的是，李大钊建议北京大学成立的图书委员会。图书委员会的委员由校长提名，经校评议会通过任命，多是各系教授和校内外有名望的学者。图书委员会的职责是

①《北京大学日刊》1920 年 7 月 28 日。

②《北京大学日刊》1920 年 7 月 28 日 ~30 日。

③《北京大学日刊》1918 年 3 月 4 日 ~16 日。

④《北京大学日刊》1918 年 3 月 23 日 ~4 月 9 日。

“协助校长谋图书馆之扩张与进步”[①]。它既是咨询机构，又是决策机构，从图书馆的重大问题到一般性业务工作，均由图书委员会讨论通过，并报校长批准后执行。图书委员会的建立，在当时是一个创举，在今后恐怕也不失为一个行之有效的好办法。

2. 把图书馆作为革命活动的策源地，展示了图书馆“社会活动中心”的新貌

“图书馆的设立是要做社会活动的中心”这一理论，是 1928 年由我国图书馆界前辈杜定友先生在他的《图书馆在社会上的特殊位置》一文中提出来的。而李大钊把图书馆作为“社会活动中心”的实践，却早了杜定友先生的理论十多年。在五四前后，北京大学图书馆成了当时革命活动的中心之一。1920 年 10 月中国北方第一个共产主义组织，北京共产主义小组在北京大学图书馆主任室宣告成立。一些革命或进步组织，如北京大学社会主义研究会、北京大学马克思学说研究会、少年中国学会、《每周评论》编辑部、《新潮》杂志社等都是以北京大学图书馆为主要活动地点。此外，一些进步团体、革命青年到北京大学图书馆寻求思想上和政治上的指导，并秘密借阅马克思主义著作的也络绎不绝，甚至连朝鲜、日本革命党人也慕名来北京大学图书馆参观学习。据记载，在 1918 年底，李大钊的图书馆办公室里就经常举行研究马克思主义的讨论会了。一些青年学生在北大图书馆研读马克思主义的经典著作，探讨马克思主义和国内外大事。尤其是在“六三”以后，各地的代表汇集在北京大学图书馆里交流五四运动情况。“毛泽东早期生活的传记作者曾经指出，在毛泽东第一次由湖南来北京逗留期间，他曾参加了在

① 《国立北京大学现行章程》（1920 年），载吴晞编著:《北京大学图书馆九十年记略》，北京大学出版社 1992 年版，第 43~44 页。

李大钊办公室举行的讨论会。”[①] 五四运动后，周恩来领导的觉悟社等天津革命组织，也来附设在北京大学的通讯图书馆开会，共同商定了“改造联合”的方案，拟定了宣言和约章[②]。

李大钊利用图书馆进行革命活动，是李大钊接受北京大学图书馆主任一职的主要目的。章士钊先生在为张次溪编写的《李大钊先生传》写的序中说：“时北京民主运动正在萌芽，守常志在得北大一席，以便发踪指示，初于位分之高低，同事不合理之情绪，了不厝意。”在李大钊的努力下，北大图书馆成了当时指导中国革命的中心，正如章士钊先生所说的：“守常一入北大，比于临淮治军，旌旗变色，自后凡全国趋向民主之一举一动，从五四说起，几无不唯守常之马首是瞻，何也？守常之强，其诚挚之性感人深也。”对于这一点，连敌人也有察觉。直系军阀头子曹锟就从保定密电北京巡阅使王怀庆：“北大管理员李大钊在该校设有秘密机关，传布过极谬论。”[③]

3. 举办图书馆讲习班，使图书馆工作社会化

1920 年暑期，李大钊参加了北京高等师范学校举办的暑期图书馆讲习会工作，担任“图书馆教育”课程的讲授。这种讲习会在欧美各国早已盛行，但在我国却是有史以来的第一次。它不仅是图书馆教育的开端，更为图书馆向社会开放找到了一条新路子。参加听课的人说，中国自从开办图书馆以来，大家只知道图书馆，不知道什么是图书馆学，听了讲演图书馆组织法、管理法、分类编目，

① [美] 莫里斯・迈斯纳著，中共北京市委党史研究室编译组译：《李大钊与中国马克思主义的起源》，中共党史资料出版社 1989 年版，第 78 页。

② 肖超然等：《李大钊在中国共产主义运动中的历史地位》，载韩一德、王树棣编：《李大钊研究论文集》（下），河北人民出版社 1984 年版，第 247 页。

③《曹锟佳电》，《近代史资料》1957 年第 5 期。

以及图书馆教育等科学，才知道图书馆是一种科学，大有研究的价值。《晨报》报道这次讲习会为“中国图书馆界空前的大会”[①]，中国图书馆发展的新纪元。

图书馆面向社会的问题，今天也还是图书馆事业发展的头等大事。如图书馆协会管理圆桌会议已把图书馆事业的地位与社会声望问题定为一项重大研究项目。李大钊当时以他独特的思维、独特的方式闯出的这条新路，在今天依然具有借鉴价值，而且随着图书馆事业的逐步社会化，越来越显示它的生命力。

二、开发图书馆教育职能的先驱

李大钊在《北京高等师范学校图书馆2周年纪念会演说辞》中明确提出:“古代图书馆和现在的性质完全不同”，现代图书馆的“管理员不仅只保存书籍，还要使各种书籍发生很大的效用，所以含有教育的性质”。在这里，李大钊第一次明确提出了图书馆除了收集、保存、传递的职能外，还有教育职能的思想。

教育职能，是图书馆基本职能之一，只是在为上层统治者服务的藏书楼时代，这一职能被扼杀了。李大钊以“自己解放自己……靠自己的努力”的精神,“从那黑暗的牢狱中，打出一道光明来”[②]，把图书馆的铁锁打开，将这一职能开发了出来，在五四前后，使北京大学图书馆充分发挥了这一职能。这不仅对藏书楼向现代图书馆的转化具有积极的作用，而且对中国图书馆学理论建设也是一个新的贡献。

首先，他最早赋予了图书馆“第二课堂”的职能。李大钊多

①《晨报》1920年8月8日。

②《每周评论》1920年7月13日。

次在文章和演讲中赞扬美国大学图书馆在学校教学中所起的积极作用。他指出："想教育发展……非依赖图书馆不可。""现在图书馆已经不是藏书的地方，而为教育的机关。"在大学里，"在教科书和讲堂之外，还由教师指出许多的参考书作学生自动的材料……若没有完备的图书馆，藏了许多的参考书，决不能发生效果"①。为了将北大图书馆办成"教育机关"，发挥在教学研究中的重要作用，李大钊在图书馆采取了一系列措施。如加强学生参考书的管理，书刊采购由各系教授裁定把关，采购以教学需用图书为主，在图书馆中添聘助教，根据教学需要，整理加工馆藏，分门别类地向读者提供学术讲座、书刊专题展阅和陈列等。

其次，最先提出了图书馆教育为无产阶级服务的思想。1920年，在北京师范第一次举办的暑期图书馆讲习会上，清华大学图书馆馆长戴志骞提出了作为一个图书馆员的基本前提是"不可投入政治或党派范围"的观点。李大钊针锋相对地提出了图书馆员要以使进步的图书得到广泛的流通，以教育中国青年为任务的思想②。这一思想，可以说使李大钊的图书馆教育职能的思想发生了质的飞跃。如果说，李大钊图书馆具有教育职能观点的提出，从思想上挣脱了传统图书馆服务模式的羁绊，那么，他的图书馆教育是为无产阶级服务的思想，则是在实践上开始了向传统图书馆理论的宣战。

第三，开创了把图书馆作为研究传播马克思主义，向中国人民进行启蒙教育阵地的先例。李大钊指导成立的北京大学"马克思学说研究会"附设的图书馆便是一个例子。在1920年初的时候，马

---

①《李大钊文集》（下），人民出版社1984年版，第166~167页。

② 上海师大图书馆学系、上海师大图书馆：《李大钊与我国现代图书馆事业》，载韩一德、王树棣编《李大钊研究论文集》（下），河北人民出版社1984年版，第121页。

克思主义还未被多数人所认识，传入中国的马克思主义书籍为数很少，中文译本更为罕见。北大马克思学说研究会便把“搜集此项书籍”作为了“研究上重要的先务”。在他们的发起“启事”中有记载说：“各书现已陆续寄到，并且马上就要找定一个事务所，可以供藏书、阅览、开会、讨论之用。”[①]这个场所就是著名的“亢慕义斋”。现在北京大学图书馆还珍藏着盖有“亢慕义斋图书”印章的8本德文版马克思主义文献。值得我们注意的是，李大钊利用图书馆为阵地宣传和传播马克思主义的方式，对毛泽东日后的革命生涯也产生了一定的影响。1921年8月，毛泽东创办了湖南自修大学，就附设了一个藏书丰富的图书室。1922年下半年，毛泽东在长沙都正街创办了湖南青年图书馆，毛泽东和杨开慧是当时该馆的主要负责人，他们除了搜集马克思主义书刊，搜集那些翻译过来的有关新思想、新文化的外国著述外，还组织青年阅读进步书刊，发展团的组织，成为宣传马克思主义的阵地和青年之家。有时候，毛泽东还在图书馆召开党团员秘密会议。1926年，毛泽东在广州举办的农民运动讲习所，也附设了图书报刊阅览室，收集进步书刊，讨论和研究马克思主义[②]。

李大钊还开辟了介绍马克思主义和俄国革命的专题阅览室。1920年12月1日《北京大学日刊》刊登了一则《图书馆典书课通告》：“将本校所藏关于俄国革命问题之参考书23种陈列本课第四阅览室，以备同学诸君批阅。”北京大学图书馆提供的学习研究马克思主义的好环境、好条件，吸引了许多进步青年。他们经过在北大图书馆学习研讨，“对政治的兴趣越来越大，思想也越来越激

① 王世儒：《李大钊与毛泽东》，载河北省李大钊研究会编《李大钊研究》第四辑。
② 肖明：《毛泽东重视利用图书馆》，《江苏图书馆学报》1993年第6期。

进”[①]，得到了沿着汲取新知与抛弃旧识两个方面的同时演进，逐步清理着不良思潮的影响，进而对马克思主义的研究日益倾注了巨大的热情。青年毛泽东两次改变赴法留学计划，决定留在北京大学一段时间，以便汲取思想营养，研究自己国家的问题[②]。毛泽东后来说：“我在李大钊手下在国立北京大学当图书馆助理员的时候，就迅速地朝着马克思主义的方向发展。”[③]连李大钊本人也是在北大图书馆担任主任期间完成的由民主主义者向共产主义者的转变的。他阐述马克思主义基本原理的重要文章，如《庶民的胜利》《Bolshevism 的胜利》《我的马克思主义观》等都是在担任北大图书馆主任期间撰写的。

三、开改革图书馆工作之新风

当时的北京大学图书馆虽算一所新式的图书馆，但旧式官学藏书楼的遗风随处可见：管理混乱，人才匮乏，业务建设落后。李大钊接任图书馆主任之职后，一改前几任“其所以兼任图书馆主任者，无非为著述参考之便”[④]的态度，“力求改革，深筹伟划”[⑤]，打破了以往因循守旧、死气沉沉的局面，“第一步即从整理着手：凡编制目录，改良收藏陈列诸事，无不积极进行”[⑥]，对图书馆工作进行了大刀阔斧的改革。

---

① 王世儒：《李大钊与毛泽东》，载河北省李大钊研究会编《李大钊研究》第四辑。

② 同上。

③ 参见《斯诺文集》第三卷，新华出版社 1989 年版。

④ 章士钊：《李大钊先生传 · 序》，载张次溪编著《李大钊先生传》，北京宣文书店 1951 年印行。

⑤《北京大学日刊》1918 年 3 月 23 日。

⑥《申报》1920 年 8 月 15 日。

1. 制订了一系列新的规章制度，并付诸实施，开创了中国图书馆科学管理的先河

在李大钊任图书馆主任之前，北京大学图书馆就有一些成文的图书馆规则，但大都是一纸空文。李大钊重视规章制度的建立，并全力付诸实施。1918 年 4 月拟定了《修正图书馆借阅规则》（12 条），规定借书逾期“暂停其借书权”。其后，又进行了多次充实修订，使读者借阅制度日益合理完善。如对违章现象采取了坚决的措施，一方面征收“违约金”，另一方面连续在《北京大学日刊》上登载催还书启事，使所定制度付诸实践。

李大钊参照国内外管理经验，亲自拟订了《国立北京大学总务处图书部试行条例》[①]。条例共13条，内容涉及图书馆各个业务部门和各项业务工作，提出详细的职责分工和工作要求。这个条例体现出很高的管理水平，是我国图书馆史上的一份重要文献。北大图书馆根据这个条例进行了重大的工作调整。调整后的机构是：主任一人，“承校长之命商同总务长综理本部事务”，下设事务员、书记若干人。馆中设登录、购书、编目、典书四课。每课有具体的职责范围，如登录课有“新书之登录及公布”等 6 项；购书课有“本校图书杂志报章之购买”等 5 项；编目课有“书籍、小册子、杂志及图表目录之编纂”等 3 项；典书课有“参考材料之指导及介绍”等 8 项。各课设“领课”一人负责。另外附设装订室、打字室。这样图书馆的机构基本形成了，各项工作由此走上了正规[②]。

---

① 从 1920 年到 1930 年，北京大学图书馆与图书部两种名称并存，图书部是总务处之一下辖部门。

②《北京大学日刊》1920 年 5 月 10 日。

2. 实行人员招聘制，建立了一支较强的图书馆专业队伍，开创了优化图书馆人员素质的先河

北京大学图书馆原有工作人员 12 名，“大多是逊清时代留用下来的旧人员”[①]，很难胜任业务工作。李大钊就任后，公开招聘了一批新职员。新职员经过试用，择优录用。同时，为了提高图书馆工作人员整体素质，李大钊采用了国外在图书馆中聘任助教的办法，他认为这种办法“可以鼓励研究的兴趣”[②]。在李大钊的倡导下，北京大学图书馆从 1920 年开始聘用大学毕业生任助教，第一次聘任 6 名，扭转了馆内工作人员素质低的局面，使一些学术性较强的工作，诸如指导读者查找文献资料、解答读者咨询问题等得以开展起来。

3. 由以收藏为中心改变为以服务读者为中心，开创了图书馆为人民服务、优质服务的先河

1920 年 4 月 13 日《北京大学日刊》登载附设在北京大学通讯图书馆的《募捐启事》，体现了李大钊的为人民服务的思想。它开宗明义地宣布:“我们必须要使人人均有读书之机会，领受一点新知识、新学说。”“但是在今日私产制度之社会中，能够有长期研究学问的人，都是少数的资产阶级。”“我们所最崇敬的工人日出而作、日入而息，饥则耕而食，寒则织而衣，劳则筑而居，人类之能够生存，皆藉赖他们之力。乃因没有智识的缘故，致为他人所鄙视，且所应得之幸福，均为强有力者所夺去。我们若要援助他们，最好是增加他们的智识，使他们自己觉悟。”在这一思想指导下，他呼吁“多办市立的图书馆，通俗的尤其要紧”，并主张“图书馆宜一律公

① 罗章龙:《亢斋回忆录》，载《回忆李大钊》，人民出版社 1980 年版，第 30 页。

②《李大钊文集》（下），人民出版社 1984 年版，第 167 页。

开不收费”[①]，这是最早的图书馆为劳动人民服务的办馆思想。

外借和阅览是图书馆最基本的服务活动。为了方便读者，使读者借到所需要的图书，李大钊十分赞赏西方图书馆的开架式，是“图书馆的新趋势”[②]。但由于馆舍条件的限制，他的提倡未能实现。但这种尝试和做法成为后来开架服务的基础。

李大钊一切为便利读者的服务精神还体现在他十分重视工作人员的服务态度及延长开馆时间等方面。如李大钊在《北京大学日刊》上发表《图书馆主任通告》:“迭接学生诸君来函，陈述办事员办事不亲切之弊，除一面切嘱各办事员尽情待遇外，学生中有自感苦痛之实证……尽可指名函告本馆，以期切实整顿。”[③]同时，李大钊多次做出延长开馆时间的决定。在他任职期间，北京大学图书馆每天开馆时间长达 11.5 小时。

四、实现图书馆资源共享的奠基人

资源共享是现代图书馆的标志。我国资源共享思想大约提出于 20 世纪 50 年代至 60 年代，但推本溯源，其发韧者应该是李大钊。

李大钊在 1919 年 12 月 21 日与私立北京汇文大学图书馆主任高罗题共同发起，成立北京地区图书馆协作组织，定名为“北京图书馆协会”。明确规定协会的宗旨是“图谋北京各图书馆之协助互益”。主要活动内容为“图书互借”和“互换出版物”等。北京图书馆协会的出现标志着中国图书馆界破天荒地有了互相协作、资源共享的联络组织。虽然在北洋军阀黑暗统治时代，北京图书馆协会

---

①《李大钊文集》(下)，人民出版社 1984 年版，第 86 页。

② 同上书，第 167~168 页。

③《北京大学日刊》1917 年 11 月 25 日。

欲谋各图书馆之间的“协助互益”不能实现，但自此开始的图书馆之间互借图书和交换出版物，断断续续地沿传下来。协会作为图书馆界的“协助互益”组织起了开头的作用，我们可以把它看作资源共享思想和行动的发轫。

李大钊所处的时代，图书馆间本无联系。他从大处着眼，小处着手，从身边做起，为图书馆之间的协作，实现资源的分担与共享作出了建设性的贡献。

第一，李大钊任北大图书馆主任之后，带领北大图书馆的工作人员先后到清华大学图书馆、北京高等师范图书馆等单位参观学习；热情接待来北大图书馆学习的兄弟馆同仁；通过信函或请出国的朋友同国外图书馆进行联系，互通信息。北京图书馆协会就是在这些活动的基础上成立的。

第二，他上任一个月后，便在《北京大学日刊》上发布了三则通告：一是为了提高流通率，查照各国大学图书馆，修改借书规则；二是根据国史馆及各种研究所在本馆借书甚多又无期限等情况，为了“书籍之享用，究当谋一联络之方法，与国史馆及各研究所商定，互相借书之规定，次第可实行”；三是为欲将在北大图书馆“寄存私有图书者拟定简章数条”，欢迎寄存并照寄存图书简章办理。这三则通告是实现图书馆资源共享的最早声音。

第三，从 1918 年 10 月起李大钊开始组织编制新式西文卡片目录。“以杜威十进法为基础，而按本馆所藏书籍之情况，略有变通。”[①] 1920年编出书名、著者、分类三套简片目录。中文图书虽仍按经史子集分类，但增添了地理、丛书、类书、科学几类，也计划编制书名、著者、分类三套卡片目录。1922 年，请在美国学习的袁

①《北京大学日刊》1920 年 12 月 17 日。

同礼帮忙联络，美国图书馆赠送给北大图书馆一套近万张的目录卡片，并且此后按月付寄新卡片。这在当时东亚地区是唯一完整的一份目录。在这里，且不论中西文分类目录这项工作对后来按学科分图书、编制分类目录和引进西方图书分类法具有很大的影响，仅就这项工作的效果，健全目录体系对实现资源共享的意义来说，也是功在不朽的。

北京大学图书馆经历了转轨变型的关键时期——由旧式藏书楼到开放式图书馆的道路。李大钊的图书馆理论和实践为北京大学图书馆向现代转型起了决定的作用。它不仅为中国现代图书馆史写下了辉煌的一页，亦为今天探索中国特色的图书馆道路开拓了思路。

（陈旭霞，原载《李大钊研究》第五辑，《理论学习与研究》1995 年增刊）

李大钊的政论特色

李大钊（1889—1927 年）是中国共产主义运动的先驱、伟大的马克思主义者。他才思敏捷，能诗善文。从 1912 年到 1927 年，由他创办、主编及参与编辑的报刊有:《每周评论》《少年中国》《新青年》等 15 种。他以大钊、守常、常、明明、冥冥、孤松、李钊等 14 个笔名先后为 49 家报刊撰写稿件 400 多篇，近百万字。这些稿件中，主要是报刊政论文体。他思想清醒，见解独到，文笔雄健奔放，既有说服人的逻辑力量，又有感动人的热烈情感。罗章龙所谓“实大声宏，雄视当代”①，何香凝所谓“透彻而伟大的言论，一见便使人折服”②都是对他政论风格的褒赞。

思想敏锐　高瞻远瞩

在人类历史上新旧交替时代出现的伟大思想家、革命家，他们思想敏锐，高瞻远瞩，善于清醒地揭示旧世界的污浊，预示新天地的光明与希望。李大钊生于清末，辛亥革命时期他 23 岁，风华正茂；五四运动时，他已度过“而立”之年，英姿勃发。他的大量报刊政论主要写于这两个时期。他认为文学家的历史使命是“大声疾呼，以唤醒众生于罪恶迷梦之中”③，启发民众，使他们觉醒，不让

---

①《回忆李大钊》，人民出版社 1980 年版，第 32 页。

② 何香凝:《众志成城不可摧》,《大公报》1950 年 7 月 9 日。

③ 李大钊:《文豪》,《言治》1913 年第六期。

他们在腐朽黑暗中沉沦自绝，这才是救人救世之道。这些话说的是文学家，当然也是他的自况。他曾说，自己是目睹了“国势陵夷，慨然起研究政治，以期挽救民族，振奋国群之思想”[①]。这是李大钊撰写报刊政论的出发点。从这个基本点出发，就使他的文章见微知著，有深邃的洞察力，富于预见性，而又燃烧着火一样的感情。

1912 年 6 月，当反动的封建帝制刚刚推翻，许多人沉浸在快慰中的时候，李大钊就深深感到了祖国的“隐忧潜伏”“危机万状”。在《隐忧篇》中，他指出边患、兵忧、财困、食艰、业敝、才难等六项隐患，“足以牵滞民国建设之进行”[②]。这里把边患、兵忧摆在首位，说明他看到了中国有被帝国主义瓜分危险，当时能有这点认识是难能可贵的。但他认为要想民族自强，统治者去掉私心是关键，这种看法尚嫌肤浅。

到了 1913 年，李大钊同北洋法政学会一些人共同编辑出版了《蒙古与蒙古人》《〈支那分割之运命〉驳论》，对帝国主义的侵略扩张野心就有了进一步认识，并进行了揭露，他已经把帝国主义侵略者同中国反动派袁世凯之流的勾结看得清清楚楚。他在《大哀篇》[③]《论民权之旁落》[④]《裁都督横议》[⑤]等文章中，以极其愤怒和沉痛的心情反复揭露袁世凯的罪行。

李大钊还善于站在更高的基点上观察事物变化，从而科学地论述事物的性质。1914 年初，袁世凯准备称帝，他不但指使国内“名流”为之大造舆论，还拉上“公府顾问”美国人古德诺和“法律顾

①《李大钊文集》(下)，人民出版社 1984 年版，第 888 页。
② 李大钊:《隐忧篇》,《言治》月刊 1913 年第三期。
③ 李大钊:《大哀篇》,《言治》月刊 1913 年第一期。
④ 李大钊:《论民权之旁落》,《言治》月刊 1913 年第三期。
⑤ 李大钊:《裁都督横议》,《言治》月刊 1913 年第三期。

问”日本人有贺长雄当吹鼓手。一时帝制才合乎中国国情的云雾笼罩全国。李大钊这年 11 月发表了《国情》一文，指出“求国情于外人，窃恐此憾终难弥耳”[①]，告诉人们不要对帝国主义侵略者存在幻想，并揭露袁世凯暗中勾结帝国主义称帝的阴谋。这篇评论发表于袁世凯称帝的前一年，对全国人民的教育和警醒是非常及时的，它是反袁斗争的先声。

以呼唤光明、歌唱理想为内容的报刊政论，最能看出李大钊的思想敏感性。他看到了旧中国的黑暗落后，腐朽不堪，但是他更看到了一个新生的中国将要在世界东方出现。他写了大量论文唱出这种理想，鼓舞人们的斗争热情，加强了人们的胜利信心。他早在《新青年》上发表的《青春》就是这方面的脍炙人口的佳作。他雄世古今，洞察世界，较系统地提出了革命民主主义的宇宙观和人生观，表达了他的唯物主义思想和积极进取的革命精神。他指出，要看到两千年的封建统治给国家造成了极大的危害，但是对“白首中国之苟延残喘”，我们应该“冲决历史之桎梏，涤荡历史之积秽，新造民族之生命”[②]，他号召青年应不断以“青春”的精神来改造自我，要“前进而勿顾后，背黑暗而向光明，为世界进文明，为人类造幸福”[③]。文章明快清新，气势磅礴，足以振聋发聩。李大钊这一曲“青春”颂歌，冲破乌云笼罩的大地，给中国带来了振兴的希望。他的预言道出了时代的必然趋势。

李大钊是新民主主义革命时期第一批迎接光明的使者之一，当十月革命的礼炮传来的时候，他立刻感到十月革命将引起古老中国

① 李大钊:《国情》,《甲寅》杂志第一卷第四号。

② 李大钊:《青春》,《新青年》第二卷第一号，1916 年 9 月 1 日。

③ 同上。

的伟大变革。为了青春中国的再生，李大钊热情地宣传马克思主义，科学地介绍俄国十月社会主义革命的历史经验。

1917 年俄国爆发了十月革命，三天后，即 11 月 10 日上海《民国日报》、北京《晨钟报》、上海《申报》等报相继发表了消息和短讯；随后，《东方杂志》《太平洋》等期刊发了评论。但是，这些消息和评论都没有从本质上阐述十月革命的意义。李大钊在《法俄革命之比较观》中指出："俄罗斯之革命是二十世纪初期之革命，是立于社会主义上之革命，是社会的革命而并著世界的革命之采色者也[①]。"这年，他又在"旌旗满街，电彩照耀，鼓乐喧阗"[②]庆祝协约国的胜利中，发表了《庶民的胜利》《Bolshevism 的胜利》两篇文章。他指出第一次世界大战的胜利不是军国主义和北洋军阀的胜利，而是"庶民的胜利"[③]，"是民主主义的胜利，是社会主义的胜利"[④]。他还进一步指出，十月革命的实质是社会主义革命，鼓励人们不要为俄国革命后"一时之乱现象"抱悲观态度，而要"翘首以迎其世界新文明之曙光"。他坚定地预言："试看将来的环球，必是赤旗的世界！"[⑤]这些话，声如霹雳，响遏行云，惊醒了沉睡的旧中国；这些话光如闪电，划破长空，照亮了风雨如磐的沉沉暗夜。这从未有过的呐喊，使更多的人认识了：中国革命应该走俄国十月革命的路！只有马克思主义才能救中国！事实上正是如此，五四时期追求共产主义思想的进步知识分子，可以说毫无例外地都不同程度地受过李大钊的教育和影响，他是真正的革命的共产主义的先驱

① 李大钊：《法俄革命之比较观》，《言治》季刊第三期，1918 年 7 月 1 日。
② 陈独秀：《克林德碑》，《独秀文存》卷二，上海亚东图书馆 1922 年印行，第 343 页。
③ 守常：《庶民的胜利》，《新青年》第五卷第五号，1918 年 11 月 15 日。
④ 李大钊：《Bolshevism 的胜利》，《新青年》第五卷第五号，1918 年 11 月 15 日。
⑤ 同上。

者，伟大的思想家、革命家！他的作为正如林伯渠为《李大钊选集》出版题诗所云：“登高一呼群山应，从此神州不陆沉。大智若愚能解惑，微言如闪首传真。”

辩证分析　明快犀利

英国有一句谚语：“具有伟大人格的一支笔，胜似一把利刃。”李大钊的笔正是如此，他的报刊政论善于辩证地分析问题，明快犀利，不仅具有强大的哲理力量，也紧紧地与现实斗争结合起来，充满着时代精神。

李大钊立足现实，反对厌今复古，又反对厌今空想将来。因此，他在五四时期写下了一系列以“贵今”为宗旨的政论。如《“今”》《时》《今与古》《现在与将来》等都反复谈到这一问题。比如《“今”》，运用阐述正面观点和驳斥错误思想结合的方法，先提出“我以为世间最可宝贵的就是‘今’，最易丧失的也是‘今’。因为他最容易丧失，所以更觉他可以宝贵”[①]。问题提得很新鲜，很能引人入胜。然后他运用辩证法正面阐述过去、现在、未来的关系，“无限的‘过去’都以‘现在’为归宿。无限的‘未来’，都以‘现在’为渊源”。“‘过去’、‘未来’的中间全仗有‘现在以成其连续，以成其永远，以成其无始无终的大实在。一掣现在的铃，无限的过去未来皆遥相呼应。”[②]这就把“贵今”的必要性分析得清清楚楚了。

但是，作者为什么要选择这样一个论题大做文章呢？这是由于在五四时期有两种不知爱“今”的人：一种是厌今者，一种是乐今者。文章从现实社会事实出发又把厌今者分为厌今迷恋复古者和厌

① 李大钊：《“今”》，《新青年》第四卷第四号，1918 年 4 月 15 日。

② 同上。

今幻想将来者。迷恋复古是五四时期复古派的典型思想，幻想将来者也是“耽溺于虚无缥缈的空玄境界”[1]。既然厌今不对，那么“乐今”者为什么也不对呢？那是因为这些人对于现在一切都满足了，而躺在今天阻滞进化的潮流，同厌今者毫无区别。作者对这两种厌今者、一种乐今者的错误人生观概括得非常准确。第一种是一些封建遗老遗少们的通病；第二种是某些青年存在的不切实际的幻想；第三种是些饱食终日无所用心的富老阔少的人生哲学。和上述三种人相反，只有“宜善用‘今’以努力为‘将来’之创造”[2]的革命人生观才是当今世界应有之人生观。这些分析没有深奥的理论，但条分缕析，充满了辩证法，给人耳目一新之感，对于启发人们正视现实，为美好的未来而奋斗无疑是一个很大的鼓舞。

辩证的分析常常运用于揭破敌人的阴谋与谎言。这样的文章往往表现出作者那义正词严的雄健姿态。李大钊在《大亚细亚主义与新亚细亚主义》[3]一文中，就集中剖析了日本军国主义鼓吹“大亚细亚主义”的侵略野心。他指出，所谓“大亚细亚主义”，就是“并吞中国主义的隐语”，大亚细亚“不仅足以危害日本，并且可以危害亚细亚一切民族，危害全世界的和平”。李大钊反对大亚细亚主义，提倡新亚细亚主义。他响亮地提出“拿民族解放作基础，根本改造”中国和亚洲，然后与世界各民族结成大联合，从而“益进人类的幸福”。李大钊还在《放弃特殊地位》《秘密外交》《强国主义》《宰猪场式的政治》[4]等许多短论中连续猛烈抨击帝国主义的侵略和

① 李大钊:《今》,《新青年》第四卷第四号，1918 年 4 月 15 日。

② 同上。

③ 李大钊:《大亚细亚主义与新亚细亚主义》,《国民杂志》第一卷第二号，1919 年 1 月 1 日。

④《李大钊诗文选集》，人民文学出版社 1981 年版，第 43~49 页。

扩张，揭露他们在世界大战后玩弄的和平欺骗手段，并且提出，只有全世界被压迫民族联合起来才能制止帝国主义的侵略扩张。这是极其重要的马克思主义的观点。

毛泽东同志说：中国人民对帝国主义本质的认识，“是从一九一九年五四运动前后开始的”[①]。据现在所见史料看，在我国是李大钊第一次按照马克思主义的观点作出论述的。在此之前，“不能根本反对帝国主义，更不能把反对帝国主义和中国革命联系起来”[②]。革命实践证明李大钊的见解如此深刻，是他运用马克思主义分析问题的明显标志。

李大钊的报刊政论善于站在时代的制高点观察问题，从而得出精辟的结论，同时他也能见微知著，解剖具体社会现象，从中看出时代和社会变化的信息。他在《新的！旧的！》[③]一文中说：“欲研究一国家或一都会中某一时期人民的生活，任取其生活现象中的一粒微尘而分析之，也能知道其生活全部的特质。一个都会里一个人所穿的衣服，就是此都会里最美的市场中所陈设的；一个人的指爪上的一粒炭灰，就是由此都会里最大机械场的烟突中所飞落的。既同在一个生活之中，刹刹尘尘都含有全体的质性，都有着全体的颜色。”李大钊自己正是这样分析问题的。在他的笔下，拜年礼式，过节习惯，婚姻风俗，妇女解放，以及各种社会新闻等等都可以成为考察整个社会的生动素材，从而得出综合性的结论。

那么，李大钊在考察社会分析问题中主要运用的是什么方法呢？是比较的方法。

---

①《毛泽东选集》第一卷，人民出版社 1951 年版，第 288 页。

② 董必武：《中国共产党“一大”的主要问题》，《人民日报》1961 年 6 月 30 日。

③ 李大钊：《新的！旧的！》，《新青年》第四卷第五号，1918 年 5 月 15 日。

“有比较才能鉴别”，比较是马克思主义的辩证法的基本方法。通过比较异同可以分清是非，阐明事理，使事物的本质显露出来。这种方法，李大钊在政论中运用得非常娴熟。打开《李大钊选集》，就会发现许多这类对比鲜明的题目：《厌世心与自觉心》《Pan...... ism之失败与 Democracy 之胜利》《过激乎？过惰乎？》《现在与将来》《今与古》，等等。李大钊在文章中有意识地运用比较的方法，其比较形式主要有以下几种：

正反对比。对立统一规律是唯物辩证法的核心，论述观点，阐明道理，运用正反对比手法能给我鲜明感，使所阐述的道理增加稳固性。李大钊在政论中，论述“今”与“古”对比；论述“现在”又与“将来”对比；批判日本帝国主义的“大亚细亚主义”又用自己提出的“新亚细亚主义”作对比，等等。在这方面《新的！旧的！》是一篇颇有意思的文章。他站在倡导变革现实的立场上，观察现实生活，看到了现实生活充满矛盾现象：更夫与巡警，清室与国民，宪法与孔子，贤人政治与自我实现，禁止重婚与纳妾等并存。新的，旧的，相去几千万里的东西，偏偏凑到一起。因此，生活就“最是苦痛，最是无趣，最容易起冲突”。

对比并不是目的，作者反复把新的、旧的事物平列，意在说明现实社会中这种相差太远的事物竟能在“相距太近”的空间里存在，主要的原因是“新的气力太薄，不能努力创造新生活，以征服旧的”。因此，他号召青年们起来打破旧生活，创造崭新的生活。

正反对比，有时是利用论敌提供的现成材料进行的。1916 年 8 月，北洋军阀政府定孔教为国教，列入宪法。李大钊写了《孔子与宪法》这篇文章，说明孔子与宪法相提并论是风马牛不相及的怪诞之事。他指出：“孔子者，数千年前之残骸枯骨”，“历代帝王专制之护符”，“保护君主政治之偶像”；“宪法者，现代国民之血气精神”，“现代国民自由之证券”。以孔教入宪法，“则其宪法将为陈腐死人之宪法，非我辈生人之宪法也；荒陵古墓中之宪法，非光天化日中之宪法也”[①]，“将为野心家利用之宪法，非为平民百姓日常享用之宪法也”。这就把反动统治阶级乞用亡灵，祭用偶像的统治术揭露得体无完肤。

此后，李大钊又在《自然的伦理观与孔子》[②]一文中分析了古今道德观之不同。他指出，道德是宇宙的一个自然现象，“故其发生进化亦必应其自然进化之社会”。“古今之社会不同，古今之道德自异。”通过孔子之道与今日道德的比较，他大声疾呼，“孔子之道，施于今日之社会为不适于生存，任诸自然之淘汰，其势力迟早必归于消灭。吾人为谋新生活之便利，新道德之进展”，“虽冒毁圣非法之名，亦所不恤矣”。

把尊孔拉入宪法，以孔教为道德规范，这本身就是拙劣、可笑的，作者善于发现素材，向敌人进行战斗。这些写于五四前的重要政论，对五四运动来说是很好的思想准备和舆论准备。

相近比较。作者把处在不同时空下的相近事物进行比较，有助于从同中见异，这也是辩证分析的好方法。例如在《平民政治与工人政治》[③]一文中，李大钊叙述了平民政治的产生发展及工人政治提出的背景，指出平民政治含义和实行工人政治的目的和必要性。文中指出：“普通所说的平民政治，不是真正的平民政治，乃是中产阶级的平民政治”，是“为中产阶级装潢门面，而特权政治则在内幕

① 守常：《孔子与宪法》，《甲寅》日刊，1917 年 1 月 30 日。
② 守常：《自然的伦理观与孔子》，《甲寅》日刊，1917 年 2 月 4 日。
③ 李守常：《平民政治与工人政治》，《新青年》第九卷第六号，1922 年 7 月 1 日。

中施行”。为了区别于中产阶级的平民政治应以工人政治代之。工人政治，在革命时期是要“以劳工阶级的统治代替中产阶级的少数统治”实行无产阶级专政。李大钊通过平民政治同一词不同含义的辨析，区别开了不同阶级提出的平民政治的实质，明确表示了要在中国实行真正人民民主的愿望。

坚定乐观　激情澎湃

李大钊坚定乐观，激情澎湃，可谓“哀亦过人，乐亦过人”。读他的政论，几乎篇篇都沸腾着战斗的激情，时时感到有一股热气迎面扑来，这是他伟大的思想和品格的表现。有人说李大钊的许多政论饱含着诗情，这是有道理的。有的篇章的确是难得的革命抒情诗。他无心成为诗人，但是政论文中融入诗情却是他的突出特点。

李大钊的政论中充满着积极向上的热情。他反对在黑暗世界中自绝和沉沦，诱导青年积极向上，分析批判自杀自绝的错误做法。比如《文豪》[①]《厌世心与自觉心》就论述了这方面的问题。他指出：“中国至于今日，诚已濒于绝境，但一息尚存，断不许吾人以绝望自灰”[②]。有作为的青年，应该努力奋斗，改变环境，而不应该自暴自弃，绝望自灭。李大钊积极进取、乐观向上的精神，反映了他坚定的革命信念和运用正确的人生观对待现实社会的科学态度。

李大钊的文章充满了对光明的热情呐喊和呼唤。可贵的是，他并不单单地呼吁，而是在充分说理、分析问题的同时，发出热情召唤。比如，他号召青年努力奋进，但是也向他们说明旧社会的黑暗，奋斗的艰苦，让他们做好思想准备。在《现代青年活动的方

---

① 李大钊：《文豪》，《言治》1913年第六期。

② 李大钊：《厌世心与自觉心》，《甲寅》杂志第一卷第八号，1915年8月10日。

向》[①]中，他对青年提出三条要求，其中心意思是要求青年要埋头苦干，不图安逸，不怕苦痛，不避黑暗，承认现实，从而改造现实。李大钊感情热烈，思想却格外冷静，而只有思想冷静，同时又感情热烈才可以称之为真正的乐观主义者。

李大钊政论的乐观主义精神，尤其表现在当革命遭受挫折时他的革命坚定性。1923 年二七惨案后，中国工人运动转入低潮，在极其艰苦的条件下，一些人悲观失望，志气消沉，为此，李大钊写下了《艰难的国运与雄健的国民》[②]。文章开门见山提出论点：不平坦的道路，艰难险阻的境界要靠雄健的精神才能够冲过去。接着，他用自然现象作比，把我们民族生命的进展比作一条长江大河。“一条浩浩荡荡的长江大河，有时流到很宽阔的境界，平原无际，一泻万里。有时流到很逼狭的境界，两岸丛山叠岭，绝壁断崖，江河流于其间，曲折回环，极其险峻。”而“中华民族现在所逢的史路，是一段崎岖险阻的道路”。他号召大家，要拿出长江、黄河的雄健精神，“高唱着进行的曲调，在悲壮歌声中，走过这崎岖险阻的道路”。句句铿锵有力，打动人心，他的富于形象性和哲理性的语言，拨开了笼罩在人们思想里的阴云，使大家重新看到光明和希望，增添勇气和力量。

李大钊对敌斗争和思想论战的文章，大义凛然，气贯长虹。在这些文章中有对敌人一针见血的揭露（如《“中日亲善”》）；有义正词严的据理论争（如《再论问题与主义》）；有充满轻蔑的冷嘲热讽（如《特别体恤》）；有毫不畏惧的拍案叫阵（如《低级劳动者》《整顿学风》），等等。请看《整顿学风》：

---

① 守常：《现代青年活动的方向》，《晨报》1919 年 3 月 14 日—16 日。

② 李守常：《艰难的国运与雄健的国民》，《新民国》第一卷第二号，1923 年 12 月 20 日。

“五四”以来，学界的自由思想风起云涌。有些卑鄙无良的人，觉得这种思想的变动，对于他们作恶的生活不甚方便，乃妙想天开，说要整顿学风。我说：你们胆子好大，居然要整顿超越一切的思想了！好！我且看你们整顿的结果如何！①

从文章中我们可以感觉到李大钊的大义凛然和不屈不挠。这使我们可以想见他面对死亡的从容不迫，视死如归的态度，窥见他的伟大思想和人格。

为了表达坚定乐观的革命激情，李大钊的文章在写作上，特别注重以下方法：

第一，用排比句式表达不可遏止的思想感情。有的文章甚至通篇用排比。如《解放后的人人》《不要再说吉祥话》《那里还有自由》《“中日亲善”》，等等。我们试看《不要再说吉祥话》：

明明是相杀的世界，偏要说什么“互助”。明明是黑暗的世界，偏要说什么“光明”。明明是压缚的世界，偏要说什么“解放”。明明是兽行的世界，偏要说什么“人道”。明明是强权的世界，偏要说什么“正义”。这正是我们的大罪。②

这里，作者把五个同样结构的句式排列起来，像排炮一起发射出去，整齐而有力；一面揭露反动派制造舆论，粉饰现实的欺骗手法，一面忠告自己同志，不要跟着反动派随声附和。行文充满激情，如大河奔流，一泻千里。

第二，用反问加强正面观点的稳固性。有时候在论述问题时，

---

① 孤松：《整顿学风》，《新生活》第二十二期，1920 年 1 月 18 日。

②《李大钊诗文选集》，人民文学出版社 1981 年版，第 52 页。

摆事实讲道理，真理已经显而易见了，完全可以下个判断。然而作者偏不下结论，而用疑问的句式说出自己对问题的态度。这种方法在李大钊的文章中屡见不鲜。值得注意的是，他的反问常常是排比式的一组，构成一个反问群。如《新的！旧的！》在每列举了一番新的和旧的事物之后总用一句反问。请看：

"要用更夫，何用巡警？既用巡警，何用更夫？""既有民国，那有清室？若有清室，何来民国？""既重自由，何又迫人来尊孔？既要迫人尊孔，何谓信仰自由？""既要自我实现，怎行贤人政治？若行贤人政治，怎能自我实现？"

语似疑问，实际上肯定的语气更加强烈。在《现代青年活动的方向》中作者在谈到现代青年"应在黑暗的方向活动"时连续用了十五个反问句，显然作者运用这种写法是极其熟练，而且深知它的独特表现力的。

第三，用呼吁呐喊的句式进行动员和号召。这在他的文章的开头和结尾表现得很突出。请看《十月革命与中国人民》[①]的开头：

在十月革命的火光里，诞生了劳农群众的国家和政府！这是全世界劳农群众的祖国，先驱，大本营。

结尾：

我们有几句重要的话要外交当局仔细听着：

要即日无条件的承认劳农政府！

要即日无条件的开始中俄会议！

不许一味仰承资本主义国家外交团的意旨来办理对俄外交！

① 守常：《十月革命与中国人民》，《晨报》副刊，1922年11月7日。

不许沿用媚强欺弱的帝国主义式的无耻的外交手段来办理对俄外交！

我们要严重的监视外交当局的对俄外交！

他文章中的呼吁和呐喊充满着战斗的热情，有着五四新时代的声音，他动员起了反帝反封建的大军向旧世界同心协力进行战斗，开辟了中国的新时代。

李大钊堪称中国现代史上第一鼓吹手。“铁肩担道义，妙手著文章”这句话可用来概括他的思想作风和写作态度。他自幼勤奋好学，喜欢思考，又注重研究社会，深入群众，他的遗著如同他的人一样“‘青春’之气，万古常青”。

（乔云霞，原载《河北大学学报》1984年第4期）